BIBLIOTHÈQUE
DE PHILOSOPHIE CONTEMPORAINE

LES ÉLÉMENTS
SOCIOLOGIQUES
DE
LA MORALE

PAR

ALFRED FOUILLÉE

PARIS
FÉLIX ALCAN, ÉDITEUR
ANCIENNE LIBRAIRIE GERMER BAILLIÈRE ET Cⁱᵉ
108, BOULEVARD SAINT-GERMAIN, 108
—
1905

LES ÉLÉMENTS

SOCIOLOGIQUES

DE

LA MORALE

DU MÊME AUTEUR

La Philosophie de Platon. 2ᵉ édition. 4 vol. in-18 (Hachette) Chaque volume... 3 50

Ouvrage couronné par l'Académie des sciences morales et par l'Académie française.
La Philosophie de Socrate. 2 vol. in-8º (Alcan)............. 15 »

Ouvrage couronné par l'Académie des sciences morales et politiques.
La Liberté et le Déterminisme. 5ᵉ édition. 1 vol. in-8º (Alcan).. 7 50
Histoire générale de la Philosophie. 10ᵉ édition. 1 vol. in-8º (Delagrave), avec des chapitres nouveaux sur la philosophie contemporaine.. 6 »
L'Idée moderne du droit en France, en Angleterre et en Allemagne. 4ᵉ édition. 1 vol. in-18 (Hachette)............... 3 50
La Science sociale contemporaine. 3ᵉ édition. 1 vol. in-18 (Alcan).. 2 50
La Propriété sociale et la Démocratie. 2ᵉ édition. 1 vol. in-18 (Hachette)..
Critique des systèmes de morale contemporains. 7ᵉ édition. 1 vol. in-8º (Alcan)....................................... 7 50
L'Avenir de la Métaphysique fondée sur l'expérience. 2ᵉ édition. 1 vol. in-8º (Alcan)................................... 5 »
La Morale, l'Art et la Religion selon Guyau. 6ᵉ édition très augmentée. 1 vol. in-8º (Alcan), avec portrait de Guyau....... 2 75
Pages choisies des grands écrivains : J.-M. Guyau. 1 vol. in-18 (Colin). 5ᵉ édition...................................... 3 »
L'Évolutionnisme des Idées-forces. 3ᵉ édition. 1 vol. in-8º (Alcan). 7 50
Descartes. 1 vol. in-18 (Hachette, *Collection des Grands Écrivains français*)... 2 »
L'Enseignement au point de vue national. 2ᵉ édition. 1 vol. in-18 (Hachette)....................................... 3 50
La Psychologie des Idées-forces. 2ᵉ édition. 2 vol. in-8º (Alcan).. 15 »
Tempérament et caractère. 3ᵉ édition...................... 7 50
Le Mouvement idéaliste et la réaction contre la science. 2ᵉ édition. 7 50
Le Mouvement positiviste et la conception sociologique du monde. 2ᵉ édition.................................... 7 50
La France au point de vue moral, ouvrage faisant suite à la *Psychologie du peuple français.* 3ᵉ édition................. 7 50
Les études classiques et la démocratie (A. Colin). In-8º..... 3 »
La réforme de l'enseignement par la philosophie (A. Colin). In-18. 3 »
La conception morale et civique de l'enseignement. In-18 (Éditions de la *Revue Bleue*).............................. 2 50
Nietzsche et l'immoralisme. 3ᵉ édition. 1 vol. in-8º......... 5 »
Esquisse psychologique des peuples européens. In-8º. 3ᵉ édition. 10 »
Le Moralisme de Kant et l'amoralisme contemporain. 2ᵉ édition. 7 50

SOUS PRESSE :

Morale des Idées-forces.

LES ÉLÉMENTS
SOCIOLOGIQUES
DE
LA MORALE

PAR

ALFRED FOUILLÉE

PARIS
FÉLIX ALCAN, ÉDITEUR
ANCIENNE LIBRAIRIE GERMER BAILLIÈRE ET Cie
108, BOULEVARD SAINT-GERMAIN, 108

1905
Tous droits réservés.

PRÉFACE

Ce volume est une introduction nécessaire à la morale des idées-forces. Il en expose la partie sociologique, biologique et même cosmologique, par conséquent le côté objectif et, en quelque sorte, naturaliste, celui que fournissent les sciences tournées vers le dehors. La sociologie a pour base la biologie, pour couronnement la cosmologie : nous ne devions donc négliger aucun de ces points de vue. Un volume ultérieur sera consacré à la partie *psychologique* de la morale des idées-forces : il contiendra plus particulièrement, sous une forme aussi scientifique qu'il nous sera possible, l'exposé de notre doctrine personnelle et de ses derniers fondements. Notre ambition est d'opérer une synthèse des diverses morales au moyen d'idées supérieures à chacune d'elles ; nous devions donc d'abord nous placer au centre de perspective que fournissent les sciences de la nature et surtout de la société, avant d'aborder le domaine dit « subjectif » de la conscience, où se trouve précisément, selon nous, avec la vraie réalité fondamentale, le vrai fondement *objectif* de la morale.

En conséquence, dans le livre qu'on va lire, nous rechercherons les éléments positifs que peuvent fournir à la moralité les grandes lois qui dominent: 1° la science biologique; 2º la science sociologique; 3º la science cosmologique. De là les trois parties principales de notre ouvrage. Ce sera, croyons-nous, suivre une méthode vraiment scientifique que de montrer la hiérarchie de ces lois objectives, selon leur application plus ou moins étendue aux faits moraux et sociaux. Nous aurons à rechercher, par exemple, si telle loi biologique, comme la sélection, s'applique sans restriction dans l'ordre sociologique, si cette loi ne s'y subordonne pas à telle autre loi, comme celle de coopération. Nous aurons à déterminer aussi le rapport des lois bio-sociologiques avec les lois générales d'évolution que dégage la cosmologie.

I. — Les théories biologiques de notre siècle, dans leur application à la sociologie, ont été interprétées à plein contre-sens et sont devenues, si l'on peut dire, la plaie de la morale, y compris la morale politique et internationale. Jamais avec un tel cynisme ne s'était étalé le vice des généralisations précipitées. N'a-t-on pas vu de prétendus darwinistes soutenir le droit au meurtre, la philosophie de « l'assassinat scientifique », la théorie de l'égoïsme brutal et féroce, réveillant, dit A. Daudet, ce qui reste à quatre pattes dans le quadrupède redressé? N'a-t-on pas étendu aux races et aux peuples la loi du « fer et du sang », la force « accoucheuse des sociétés » ? — « La guerre est sainte et d'institution divine, disait Moltke; elle entretient chez les hommes tous les nobles sentiments : honneur, vertu, courage; elle empêche le monde de tomber dans la pourriture. » Telle est, selon la Bible darwiniste, la loi tragique des sociétés comme de la nature. Nietzsche n'a fait que développer en une poésie romantique les lieux communs du darwinisme interprété à la manière allemande. Pour Nietzsche, ce qu'il y a de radical dans la société, c'est le désir d'exploiter autrui, d'attaquer autrui, d'en faire sa propriété ou son instrument, de se l'incorporer comme on s'incorpore une proie : voilà, à l'en croire, le sens profond de la vie sociale. Si, conformément aux rêves des réformateurs français, la société humaine se donnait pour *but* d'éviter que les hommes s'attaquent, — comme elle se donne aussi pour but, semble-t-il, d'éviter qu'ils s'entre-mangent, — la société irait, selon Nietzsche, dans le sens d'une « négation de la vie ». La patrie de Darwin ne pouvait rester en arrière de ces doctrines. Depuis que l'impérialisme cache le vieux droit du plus fort sous le nom plus moderne de droit à « l'expansion », les revues anglaises et même américaines sont remplies d'études consacrées à justifier les guerres de conquête par les principes de Darwin. Ce sera l'honneur de la sociologie française, au xixe siècle, de n'avoir point cédé à ce courant prétendu scientifique qui nous ramènerait à la barbarie : la France n'a cessé de maintenir, contre l'Allemagne et l'Angleterre, la primauté du droit sur la force, de la fraternité sur la haine, de l'association sur la compétition brutale. Les sociologues français ont presque tous repoussé les fausses conséquences tirées du darwinisme. Nous sera-t-il permis de rappeler que, pour notre part, dans la *Science sociale contemporaine* et dans la *Propriété sociale*, nous avions déjà réfuté les attaques dirigées par Spencer contre la philanthropie et la fraternité ? M. Espinas a montré, on s'en souvient, que la morale même des animaux n'est pas une lutte pour la vie, mais un accord pour la vie. Guyau a soutenu que la vraie loi sociale et même vitale est l'expansion généreuse et pacifique, non l'expansion violente. Plus tard, M. Durkheim et Gabriel Tarde ont insisté sur le rôle de la division du travail, de l'imitation et de l'invention, en antithèse avec la lutte et la guerre. Nos économistes, surtout M. Gide, ont maintes fois défendu des thèses analogues. Quant aux socialistes français, — du moins ceux qui ne se sont pas faits les aveugles disciples de Marx et des Allemands, — ils ont le mérite d'avoir aussi réagi contre l'idée de *lutte pour la vie*, d'avoir représenté le véritable ordre social comme une organisation ayant pour but de supprimer cette lutte. C'est assurément en France que, de toutes parts, jusque dans les romans et les pièces de théâtre, on a le plus énergiquement flétri les *Struggle-forlifers*. Qu'on se rappelle seulement les Bourget et les Daudet. On peut donc dire que la France n'a pas renié ses principes sociaux au profit de doctrines qui, nous allons le voir, sont une adultération de la biologie, un transport illégitime, dans l'ordre social, de conséquences qui ne sont pas même vraies sans restriction dans le monde animal. Mais il ne s'agit pas ici de nationalité, il s'agit de vérité. Un examen impartial et approfondi des opinions en présence nous montrera par quelle sophistique on dénature certaines lois de la science pour les tourner contre la morale. Nous voudrions en finir une bonne fois avec les sophismes toujours renaissants que mettent en circulation les falsificateurs de denrées scientifiques.

II. — Pas plus que les résultats de la biologie, ceux de la sociologie ne nous semblent avoir été exposés dans leur vrai sens. Le positivisme, à nos yeux, s'est fait une idée trop étroite de la sociologie appliquée, de l'éthique sociale. Nos récents positivistes, allant encore plus loin que Comte, veulent substituer à la morale la simple science des mœurs de fait. Selon ces partisans exclusifs de la *Science des mœurs*, la morale théorique ne serait pas une vraie science des faits moraux ; elle serait tout simplement une façon de « coordonner aussi rationnellement que possible les idées et les sentiments qui constituent la conscience morale d'une époque déterminée [1] ». — Mais pourquoi, de la conscience actuelle, comparée à celle d'autrefois, le moraliste ne dégagerait-il pas par les méthodes scientifiques quelque chose de permanent et de normal, étant donnée la nature humaine et étant donné le pouvoir qu'a l'intelligence de concevoir d'autres êtres, bien plus, de concevoir la totalité des êtres ? Qui nous empêche de critiquer la conscience actuelle ou de prévoir la conscience future ?

« Il ne faut pas dire, soutient-on, qu'un acte froisse la conscience commune parce qu'il est criminel, mais qu'il est criminel parce qu'il froisse la conscience commune. » Ce renversement de l'ordre habituel est le pendant du paradoxe psychologique de William James : « Nous ne pleurons pas parce que nous sommes tristes, mais nous sommes tristes parce que nous pleurons. » *Nous avons changé tout cela!* Il reste à expliquer pourquoi un acte « froisse » la conscience commune, si la conscience de chacun n'aperçoit rien en cet acte d'incompatible avec les conditions essentielles de la société et avec celles de la personnalité, c'est-à-dire de l'humanité dans l'individu.

Les sociologues positivistes prétendent qu'il n'y a pas de théories morales qui aient jamais produit dans les esprits des révolutions mentales analogues à celle qui est résultée de l'enseignement de Galilée, par exemple [2]. — C'est faire trop bon marché de la doctrine morale des Bouddha, des Confucius, des Jésus et de leurs disciples. Comme nous le prouverons plus loin, les mœurs

---

[1] *Année sociologique*, septième année, 381, article de M. Durkheim.
[2] M. Durkheim. *Année sociologique*, septième année, p. 381.

données ne sont pas tout : les *idées* relatives aux mœurs *possibles* et à leur *valeur* comme objets de désir sont elles-mêmes, aux yeux d'une science exacte, des *forces* capables d'amener le possible au réel, le désirable au désiré, le désiré à l'accompli.

En son contenu pratique et en ses applications, la morale serait assurément tout autre si nous ne formions pas avec nos semblables une société; c'est ce que nous accorderons aux positivistes sociologues. En résulte-t-il que le fait moral soit, comme le soutiennent MM. Durkheim et Lévy-Bruhl, une chose objective au même titre que la réalité sensible? Nullement. Nous prouverons que la moralité n'est pas une réalité donnée : c'est une réalité qui se donne elle-même, une valeur qui se fait par l'idée qu'elle a de soi. Nous opposerons ainsi le point de vue vraiment expérimental des idées-forces au système tout métaphysique des idées-reflets. La morale n'est pas une science d'observation portant sur des choses faites. Les sciences mêmes de la nature n'ont pas le caractère de pures sciences d'observation ; elles ne sont pas exclusivement empiriques. On a fait observer cent fois qu'elles se servent de l'hypothèse scientifique, c'est-à-dire d'*idées* directrices et régulatrices qui, méthodiquement employées, deviennent les idées-forces de la théorie, puis de la pratique. Dans la morale proprement dite, il y a aussi des idées directrices qui sont, selon nous, non plus de simples « hypothèses », mais des thèses positives, fondées sur les données ultimes et conditions essentielles de notre conscience ou de notre intelligence.

Outre la morale purement sociologique des positivistes, nous aurons à examiner celle des utilitaires, puis celle des solidaristes. Celle-ci exigera de notre part une étude approfondie. N'est-ce pas dans l'idée de solidarité que les divers partisans de la morale sociologique viennent se réconcilier et s'unir ? N'est-ce pas l'idée de solidarité qui, de nos jours, tend à remplacer celles de charité et de fraternité, d'apparence encore mystique ? Le mot même de solidarité est devenu tellement populaire qu'il dispense trop souvent d'explication. Quand on y ajoute l'autre terme à la mode : *intégral*, de manière à promettre aux hommes la *solidarité intégrale*, on se considère comme un esprit « avancé » et on se persuade qu'on a substitué la sociologie nouvelle à la vieille morale. Ayant nous-même, à maintes reprises, insisté dans divers ouvrages sur l'idée de solidarité, y ayant même joint le premier, dans la *Science sociale contemporaine*, ces idées de contrat implicite et de quasi-contrat qui ont depuis fait fortune, nous nous sommes cru particulièrement autorisé à mettre en lumière ce qu'il y a de légitime et d'illégitime dans la conception de la solidarité aujourd'hui à la mode. Nous nous demanderons si elle peut, soit à elle seule, soit avec l'idée de quasi-contrat, servir de vrai fondement à une morale scientifique.

Une autre forme de l'éthique sociologique est l'absolu individualisme, qui pose l'individu en face de la société pour le délivrer de ces solidarités mêmes qu'on appelle dédaigneusement le « conformisme social ». La doctrine libertaire, au fond, est une forme sociologique de la morale ou, si l'on préfère, de l'amoralisme ; à ce titre, elle appelait notre examen.

III. — Enfin, dans la troisième partie de ce volume, nous avons donné à la morale sociologique son complément et sa pleine extension en y introduisant les lois générales de l'évolution cosmique. Nous nous sommes demandé, en terminant, si l'idée d'évolution mérite l'honneur qu'on lui a fait de la prendre partout pour une explication scientifique, soit en philosophie, soit en morale.

On verra, en lisant ce livre, combien est énorme ce qui revient à la science objective, non seulement dans l'histoire des faits moraux et de leur évolution, mais dans la *déduction* même et la *justification* de ces faits. *Faits* et *déductions*, voilà des points sur lesquels l'accord des esprits est inévitable et progressif, à mesure que la science avance. Mais, après avoir accordé ainsi dans la science morale la plus grande place possible à la biologie, à la sociologie et à la cosmologie, nous aurons à voir s'il ne reste point encore dans la moralité quelque *résidu* qui ait besoin de principes proprement psychologiques, distincts de ceux des sciences de la nature et de la société. Selon nous, ces principes existent. Ils seront l'objet de notre prochain ouvrage.

Telle est la marche rigoureuse que nous nous proposons de suivre, afin de ne sacrifier ni les sciences objectives à la psychologie et à la philosophie générale, ni la psychologie et la philosophie aux sciences objectives. Une morale digne de ce nom, pour être vraiment scientifique, doit être complète de tous points, c'est-à-dire adéquate à la totalité des *objets* de notre connaisance et à la totalité de l'*esprit humain*, qui, concevant ces objets, peut aussi les évaluer et les modifier par l'idée même qu'il se fait de leur valeur.

MORALE DES IDÉES-FORCES

CHAPITRE PREMIER
ACTION MORALE DE LA SCIENCE

I. Valeur de l'opposition entre la raison et le cœur. — La raison, vrai fondement de l'unité humaine et même universelle. — Qu'il est des idées-forces communes à tous les hommes. — Que ces idées-forces sont objets de science. — Science et religion. Est-il vrai que la religion unisse les hommes tandis que la science et la philosophie les divisent. — Pouvoir unifiant de la science. — II. Utilité de la science. — Son désintéressement. — Sa valeur humanitaire. Vérité et solidarité. — La science comme instrument de progrès moral et social. — Nécessité de ne pas confondre la science avec les systèmes pseudo-scientifiques, les idées-forces vraies avec les fausses.

I. — Auguste Comte a opposé la raison au cœur, comme un principe de division à un principe d'union. Il s'est fait ainsi des idées une conception inférieure, au lieu d'y voir, avec la tradition grecque, chrétienne et française, le vrai fondement de l'unité humaine et même universelle[1].

Pourtant, s'il est vrai que certains états du *cœur* unissent les hommes, — à savoir les sentiments sympathiques et surtout les sentiments liés aux *idées* les plus hautes de la raison même, — il est aussi des sentiments et passions, en bien plus grand nombre, qui séparent les hommes et les arment les uns contre les autres. La

---

[1] Une des plus étonnantes erreurs qu'aient soutenues, dans ces derniers temps, certains apologistes des religions positives, par exemple M. Kidd, c'est que la raison est essentiellement, si l'on peut dire, insociale et même anti-sociale, si bien qu'il faudrait un autre principe, irrationnel ou supra-rationnel, pour unir moralement les individus que la raison sépare. Cette erreur, sophistiquement développée, remplit le livre de M. Kidd sur l'*Evolution sociale*.

science, au contraire, les a peu à peu rapprochés et les rapproche chaque jour. Dès l'origine, les intelligences ont coïncidé dans les propositions géométriques tout autant que coïncident les côtés de deux triangles égaux. Les connaissances et croyances de toutes sortes ont unifié les intelligences, au moins dans les limites de la tribu ou de l'Etat ; de nos jours, elles ont débordé de beaucoup ces limites. Les *sentiments* eux-mêmes ne se rapprochent vraiment les uns des autres, chez les différents hommes, que par ce qu'ils renferment d'intellectuel ; jusque dans la simple « *sympathie* », il y a la perception d'une ressemblance, d'une substitution possible d'un terme à l'autre, qui fait que le moi souffre en autrui. La sympathie enveloppe une idée-force. Quant aux *intérêts* communs, s'ils éveillent des sentiments communs, c'est qu'ils sont avant tout des idées-forces communes, des biens conçus comme semblables pour l'un et pour l'autre. Le « sentiment », à lui tout seul, serait aveugle et sourd, borné de toutes parts, incapable de sortir de soi. Le prétendu « cœur » dont parlent les Pascal et les Comte, à la suite des chrétiens, est l'intelligence profonde, la conscience de soi enveloppant l'idée des autres, enveloppant même la connaissance des autres en tant que vivant d'une vie en partie commune avec notre vie [1]. Il faut commencer par avoir l'*idée* de l'humanité pour aimer l'humanité, l'*idée* de l'univers pour éprouver un sentiment qui offre un caractère universel. La séparation des divers éléments de l'activité mentale est donc artificielle : loin de s'opposer à la raison, le cœur est la raison vivante, la conscience jouissant de soi et de tout ce qu'elle enveloppe.

C'est chose non moins puérile que d'opposer la religion à la science comme un pouvoir d'union à un pouvoir de division. Tout le long de l'histoire, à côté des unions au sein d'un même groupe que les religions ont produites, elles ont aussi causé les plus abominables divisions entre les divers groupes humains. Si elles sont aujourd'hui plus *unifiantes*, c'est qu'elles se pénètrent de raison aux

---

[1] Voir plus loin, livre IV.

dépens de leur élément irrationnel et miraculeux, dogmatique, intolérant et de plus en plus intolérable. La science, d'autre part, poursuit son travail d'unification sans jamais entraîner de vraies discordes entre les hommes : elle n'a jamais fait couler le sang, jamais allumé de bûchers. De même pour la philosophie, qui, une fois revêtue de formes mythiques, fait le fond des religions et aboutit à une vue sur l'univers. Malgré le reproche de perpétuelles contradictions qu'il est banal de lui adresser, la philosophie est un pouvoir unificateur par l'unité de l'objet qu'elle poursuit et du sujet qui le conçoit. Les esprits différents ont beau se représenter cet objet différemment au point de vue philosophique, il y a, sous l'opposition des systèmes, une même idée d'*universel* et un même amour de cet universel.

II. Outre son rôle *utile* pour la vie et les intérêts de la vie, la science a une vertu de *désintéressement*, d'élévation à la fois intellectuelle et morale. Dans une société ou dans un individu, l'intelligence ne peut vraiment se hausser à la contemplation et à l'amour des grandes idées scientifiques, soit de l'ordre physique, soit de l'ordre mental, sans que l'esprit tout entier, et aussi le « cœur », ne se haussent et ne s'élargissent. En développant notre faculté de concevoir l'universel, la science nous habitue à penser de plus en plus *universellement*, à jouir d'autant mieux de notre pensée que celle-ci embrasse un plus vaste horizon, comme on respire avec plus de force en s'élevant vers le sommet d'une montagne. Universaliser ainsi les esprits, c'est moraliser les cœurs.

En même temps, la science développe la faculté de penser *individuellement*, c'est-à-dire d'une manière indépendante par rapport aux autres hommes, aux habitudes ou préjugés sociaux de toutes sortes qui pourraient nous tromper. Elle combat la servilité et fait de nous des hommes libres. Elle combat la routine et fait de nous des hommes d'initiative, des créateurs. Elle combat le mensonge ou l'hypocrisie, et fait de nous des hommes sincères avec nous-mêmes, sincères avec les choses, sincères avec les autres hommes. Non seulement notre intelligence individuelle devient ainsi plus intense et plus forte, mais on en peut dire autant de notre volonté individuelle. La science ne demande-t-elle pas énergie, patience, courage en face des obstacles, sacrifice du présent en vue de l'avenir, intensité et extension tout ensemble du vouloir? Sous tous les rapports, elle nous rapproche, par ses nobles voies, de ce centre intime où nous sommes le plus nous-même et où nous sommes le plus toutes choses.

L'utilité pratique de la science lui communique aussi une valeur *humanitaire*, en même temps que sa vérité lui confère une valeur *cosmique.* Comment celui qui étudie les moyens de rendre service à l'humanité en tournant à notre profit les lois du monde, comment celui qui ne cesse de chercher l'avantageux dans le vrai, le vrai dans les lois de la nature, comment celui-là, dis-je, ne finirait-il pas par s'intéresser au but qu'il poursuit et aux objets de ses perpétuelles pensées, je veux dire l'*humanité dans la nature?* Le savant a une invincible tendance à devenir philanthrope. En fait, tous les grands savants l'ont été, parfois sous des formes ingénues et avec un optimisme naïf. Il y a là une loi psychologique bienfaisante : on ne peut travailler sans aimer son travail, aimer son travail sans en aimer et les objets et les résultats. On ne peut rendre perpétuellement service à un groupe d'hommes et à tous les hommes, sans aimer à la fois ce groupe et la totalité des hommes; leur bien devenant en partie notre œuvre, nous nous aimons en eux et nous les aimons en nous. Aristote a dit que celui qui agit le plus pour autrui est aussi celui qui, en raison de cette action, aime le plus. Si donc le simple ouvrier manuel finit par s'attacher à son outil, au coin de terre où il travaille, à l'objet, au but, aux résultats de son labeur, comment le travailleur intellectuel demeurerait-il indifférent à tous ceux sur qui il répand, comme autant de bienfaits, les rayonnements de la vérité ? Il le peut d'autant moins que le résultat de toute pensée scientifique, en établissant des *lois*, est d'établir des *liens*. Toute « vérité » est aussi une « solidarité ». Et si la solidarité découverte ne suffit pas pour lier une volonté qui, par hypothèse, serait indifférente à la vérité universelle ou à l'utilité universelle, elle ne peut manquer de lier toute volonté qui n'a pas au fond de soi cette insouciance égoïste. L'esprit scientifique, d'ailleurs, exclut par lui-même l'indifférence. Il est donc clair que, dans l'ensemble et en moyenne, la science agit de manière à changer la solidarité naturelle et intellectuelle en solidarité volontaire.

Parmi les conditions de la vie morale et sociale, il y en a de nécessaires, il y en a d'autres d'arbitraires, et le malheur est qu'il est difficile de bien distinguer les unes des autres ; la science seule, par son progrès incessant, peut faire ce départ. L'ignorance et l'erreur confondent l'arbitraire, l'inutile, le nuisible avec l'utile et l'indispensable. L'histoire des religions et celle des États nous en fournissent d'innombrables preuves : que de fois les religions sont allées contre la nature, alors que la science va toujours *selon* la nature ! C'est moins la méchanceté des hommes que leur folie qui a élevé les bûchers, inventé les pratiques religieuses les plus infâmes, les codes religieux les plus sanglants ou les plus libidineux. Une mauvaise physique, une mauvaise psychologie, une mauvaise sociologie ont pour inévitable conséquence une mauvaise morale.

Les savants n'ont pas tort de voir dans la science une religion nouvelle ayant, comme toutes ses devancières, une vertu morale et sociale. Il est bon qu'eux-mêmes finissent par apparaître aux foules comme des prêtres, des prophètes, des mages : car les autres prêtres ont presque perdu leur empire et l'on ne croit plus ni à la clairvoyance de la prophétie, ni à la puissance de la magie. Certains savants, qui parlent trop au nom de la Science comme d'une papauté infaillible, causent sans doute au philosophe une sourde irritation ; mais cet orgueil de récents parvenus finira par disparaître. Ce qui restera, ce sera l'exemple de vies intellectuelles tout entières consacrées à la recherche de la vérité et, par la vérité, de l'utilité pour tous. Que le peuple ait déjà la foi à la science et aux savants, cette foi nouvelle est un bien et une nécessité. Quand les savants diront au peuple, au nom de la science, que la solidarité est la loi du monde entier, que l'homme est engagé dans les liens d'une solidarité sociale à laquelle il ne saurait échapper sous une forme ou sous une autre, mais à laquelle il peut donner la forme la plus utile pour tous, cette idée-force de destinée une, de services communs, d'union nécessaire et, en somme, bienfaisante, en se montrant ainsi sous l'aspect d'une vérité scientifique, ne pourra manquer d'acquérir en même temps l'autorité qui appartient à la vérité. Nous montrerons plus loin que, logiquement, la solidarité de fait n'implique pas, par elle seule, la solidarité morale; mais, étant donné l'instinct social et même moral qui est déjà au fond de nous tous, ainsi que l'instinct rationnel et l'instinct esthétique également communs à tous, l'idée de la solidarité ne peut pas, en moyenne, ne point engendrer une tendance à l'acceptation et au perfectionnement pratique de la solidarité [1].

L'essentiel est que la science soit vraiment *science*, qu'elle s'élève au-dessus des doctrines exclusives parées de son nom; car les défauts et bornes théoriques deviennent toujours des vices et mutilations pratiques. Si, par exemple, un prétendu savant ne veut voir dans le monde entier que lutte et combat, en fermant les yeux aux éléments d'union et de coopération, il contribuera, par son idée de la guerre universelle, à réaliser cette guerre, à entretenir ou à allumer l'esprit de haine dans l'humanité. Si le

---

[1] La science a aussi une vertu éducative. Aussi faut-il, dans l'éducation, se défier de l'esprit littéraire *pur*, surtout de l'esprit *rhétoricien*, qui a si longtemps fait le fond de l'instruction classique; il faut y ajouter l'esprit scientifique et surtout philosophique. Une société où la science devient le grand moteur et où les moteurs d'autrefois, surtout la religion, perdent leur force, une telle société a besoin de cultiver chez ses enfants le sens du vrai en même temps que celui du beau, et de chercher le beau, dans le vrai scientifique et philosophique, qui vaut mieux encore que tous les rêves des poètes. Par malheur, ceux qui enseignent les sciences n'y voient le plus souvent qu'un amas de choses à ingérer, au lieu d'y voir des humanités scientifiques, qui n'ont de valeur que par leur couronnement *philosophique*.

monde entier est représenté comme un sauve-qui-peut universel, comme une bataille sanglante où le seul droit est celui du plus fort, l'humanité sera entraînée à voir, dans ce qui *est*, le secret de ce qui *peut* être et, dans ce qui peut être, l'inflexible limite de ce qui *doit* être. Vous aurez beau ensuite, au nom de la morale, prêcher la révolte contre la nature, c'est la nature qui sera la plus forte. Si, au contraire, avec la vraie et complète science, nous parvenons à montrer dans la nature, à côté des lois d'antagonisme, les lois d'accord ; si nous prouvons que ces dernières, qui sont le principe de la sociabilité, vont étendant leur empire à mesure qu'on monte vers l'humanité et, dans l'humanité même, vers les humanités supérieures[1], croyez-vous que cette *idée* sera sans *force*, qu'elle restera, pour l'ensemble du genre humain, un simple objet de curiosité intellectuelle accompagnée d'indifférence pratique ? Non ; la loi d'association ou, si vous voulez, de « transfert » psychologique, une de celles qui engendrent la force des idées, les empêchera toujours de demeurer à l'état inerte et neutre : la haute figure du Cosmos ne pourra jamais se laisser entrevoir à l'homme sans qu'il éprouve le besoin d'imiter ce modèle, de conformer ses actes aux lois de la réalité dont il fait partie et sur laquelle, dans sa sphère propre, il peut réagir victorieusement : *imperare parendo*.

Nous l'avons montré ailleurs, c'est la « faillite » de la fausse science, non celle de la vraie, qu'il faut proclamer[2]. Le remède à la science incomplète, *ignorante*, c'est la science plus complète et plus savante. Le remède à la lumière faible, ce n'est pas de se replonger dans l'obscurité, c'est de dire sans cesse, en paroles et en actions : « Plus de lumière, encore plus de lumière ! » Plus d'idées, encore plus d'idées !

[1] Voir plus loin, livre I.
[2] Voir *le Mouvement idéaliste et la réaction contre la science*.

CHAPITRE II

LA MORALE SCIENTIFIQUE. — RÉPONSE AUX OBJECTIONS

I. Tâche propre de la science. Sa matière et sa forme. — L'art comme application de la science. — Systèmes incomplets qui mutilent l'idée de la morale scientifique. — La morale, même purement scientifique, peut-elle se réduire à l'histoire naturelle et sociale des faits moraux. — Examen des opinions de Taine, de MM. Durkheim, Lévy-Bruhl, Simmel, etc. Que la morale doit étudier non seulement des faits et des lois, mais des fins et des valeurs.
II. Possibilité de la morale scientifique; réponse à ceux qui nient cette possibilité. — 1° La morale comme science peut-elle, non seulement constater des faits et établir des lois, mais établir des *fins* et des *moyens*. — 2° La morale comme science admet-elle la *vérification ?* — 3° Admet-elle la *prévision* conditionnelle de l'avenir ? — 4° Admet-elle les hypothèses sur le *possible* et sur l'*idéal ?* — 5° Admet-elle les *prescriptions* et les règles hypothétiques ? — 6° Admet-elle les règles assertoriques ? — 7° Pose-t-elle la question entre un impératif catégorique et un persuasif suprême ?
Unité de la théorie et de la pratique dans la morale des idées-forces. — Action mutuelle de la science morale et de l'art moral. — Conclusion : la morale scientifique des idées-forces est indivisiblement théorique et pratique, pratique parce qu'elle est théorique, théorique parce qu'elle est pratique.

I

TÂCHE PROPRE DE LA MORALE SCIENTIFIQUE

Le propre de la *science*, c'est de *demander des raisons pour toute assertion*. De plus, *la science n'admet que les raisons qui se tirent, soit de l'expérience intérieure ou extérieure, soit des lois essentielles de l'intelligence et des conditions de la connaissance*. Jusqu'à quel point la science, telle que nous la concevons, peut-elle servir à la constitution de la morale? Tel est le problème capital que, dans ce livre, nous aurons à résoudre. Il y a dans la morale une *partie proprement scientifique* et *positive* que nous devrons dégager, avant de passer à la partie philosophique.

Est positif, d'après le discours même de Comte sur l'*Esprit positif*, ce qui est *réel*, c'est-à-dire réductible à des faits et à des lois intelligibles de ces faits. Il y a alors à la fois réalité et rationalité. Mais, selon Comte, la certitude positive ou la probabilité positive ne sont pas nécessairement une certitude mathématique ou une probabilité mathématique, c'est-à-dire exactes, susceptibles de mesure, conséquemment précises. 1° Nous ne savons pas, théoriquement, si toutes les choses sont régies par les nombres, comme le soutenaient les Pythagoriciens, et si elles comportent ainsi une connaissance exacte ; 2° nous ne savons pas, pratiquement, si nous avons besoin, en toute matière, d'une telle connaissance. Sans doute l'idéal de la connaissance scientifique est la *précision* en même temps que la *certitude* : aussi les mathématiques tendent-elles à tout préciser; mais ce n'est là qu'un idéal, et il peut exister, selon la remarque de Comte, des connaissances *positives* qui ne soient pas précises.

Ces observations, dues au fondateur du positivisme même, sont utiles à rappeler quand certains esprits qui se croient positifs refusent toute valeur à la philosophie et à la morale, sous le prétexte qu'on n'y trouve pas la précision et l'exactitude mathématiques.

Les données de la science proprement dite, ce sont les *faits*, les *lois* et les *hypothèses*. La *méthode* distinctive de la science est l'établissement : 1° *de faits déterminés avec certitude* ; 2° *de déductions et d'inductions* ; 3° *d'hypothèses fondées sur les faits seuls et sur leurs lois*. La morale doit, elle aussi, acquérir de plus en plus cette forme scientifique, puisque désormais, en dehors de la science, rien de durable ne peut se fonder.

Ces principes une fois admis, gardons-nous d'entendre la science au sens étroit du mot, comme connaissance de faits purement *objectifs*. Les *idées*, elles aussi, sont des faits ; les *sentiments* attachés aux idées sont des faits ; les *impulsions* qui résultent des idées sont des faits. Quand nous parlons d'*idées-forces*, nous établissons précisément un lien *scientifique* entre l'idéal conçu et la réalité. Toute la morale, nous l'avons dit[1], a pour objet de réaliser des idées-sentiments, des sentiments-idées, de développer la force efficace, à la fois psychologique, physiologique et sociale, qui peut changer ces idées en actions et en mouvements. La moralité consiste pour l'homme à *vivre* le plus haut *idéal* qu'il *conçoit ;* elle est donc la puissance prépondérante de l'idée spéculativement et pratiquement suprême.

La science pure, la *science positive* a en morale une première tâche : — *Constater d'abord les faits moraux, les analyser, en démêler les lois immédiates, rechercher leur développement à travers l'histoire, leur variation dans le temps et dans l'espace, ainsi que leurs éléments stables et communs*. C'est la science des *mœurs*.

Tout *art*, quand il n'est pas purement empirique, est la mise en pratique d'une science : pour améliorer la réalité, il faut d'abord la connaître ; pour perfectionner les mœurs, il faut acquérir la science des mœurs.

Mais la science des *mœurs de fait* ne suffit pas : il faut savoir *en quel sens l'amélioration doit se produire*. Certains sociologues tendent cependant à remplacer toute la morale par la science des faits sociologiques. On nous dit : — Dans la question du suicide, par exemple, « quelques chiffres bien choisis sur les rapports de ce phénomène morbide avec l'état civil, les conditions sociales, la société ambiante, seront infiniment plus instructifs que la dissertation traditionnelle sur la *légitimité* ou l'*illégitimité* du suicide et serviront mieux à résoudre la question ». De même, s'agit-il de la conscience morale, « au lieu de reprendre à nouveaux frais la description littéraire du remords et de la satisfaction intérieure, comparez la conscience morale de l'Européen normal d'aujourd'hui avec celle du sau-

---

[1] Voir la Préface.

vage, du malade, du criminel[1] ». — Mais est-ce faire de la pure « littérature », ou n'est-ce pas faire de la vraie philosophie que de rechercher la *valeur* du remords et celle de la conscience ? Et l'*histoire* du remords, comme de tous les autres *faits* moraux, suffira-t-elle à déterminer cette valeur ? De même, la *statistique* du suicide est-elle une suffisante appréciation de sa légitimité ? Enfin peut-on admettre que la morale domestique soit simplement « la description et l'explication de la famille sous la forme la plus parfaite, c'est-à-dire la plus récente, où elle soit parvenue[2] ? » *Description* et *explication* ne sont pas *appréciation*. Que le plus *récent* soit relativement le plus *parfait*, du moins à prendre les choses en leur ensemble, on peut l'accorder, si l'on a d'ailleurs une théorie sur la perfection et sur le perfectionnement par évolution ; mais le relativement parfait est, par rapport à l'avenir, relativement imparfait : comment donc nous guider ? Si chacun se contente pour toujours de la famille actuelle, la famille future ne viendra jamais. Si on ne s'en contente pas, que faut-il faire ? La famille future ne se créera pas toute seule : elle sera ce que nous l'aurons faite par notre idée même et par nos actions. *Histoire* et *sociologie* ne sont donc pas *morale*, malgré les services considérables qu'elles rendent dans l'application.

On comprend une science purement naturelle des minéraux et des végétaux, ou même des animaux,

---

[1] Durkheim. *Introduction à la sociologie de la famille.* Annales de la Faculté des lettres de Bordeaux, 1883. — C'est la méthode que Taine pratiquait et qu'il nous avait décrite tout au long dans une lettre personnelle, à propos de notre *Critique des Systèmes de morale contemporains.* « Si j'avais eu le loisir nécessaire, nous écrivait-il,... j'aurais traité la morale comme j'ai traité l'esthétique, expérimentalement, en analysant et comparant les principaux systèmes de morale pratiqués (et non pas seulement professés) en Chine chez les bouddhistes, chez les Grecs du temps de Cimon et les Romains du temps de Caton l'Ancien, dans le Christianisme primitif, en France sous saint Louis, dans l'Italie de 1500, dans l'Espagne de 1600, etc. » Voir la lettre tout entière dans notre *Réforme de l'enseignement par la philosophie*, p. 6.

[2] Durkheim. *Ibid.* Cf. Lévy-Bruhl, *la Morale et la Science des mœurs.*

en tant qu'ils ne sont que ce que les font des lois d'ordre exclusivement physique ou physiologique, lois toujours les mêmes et produisant des effets toujours les mêmes. Mais l'homme, lui, se transforme continuellement, sous l'influence de causes qui sont, non plus purement physiologiques, ni purement sociologiques, mais encore psychologiques. Parmi ces causes figure l'influence des idées-forces, comme celle des sentiments-forces inséparables des idées. Ces mots : *l'histoire naturelle de l'humanité*, deviennent donc une expression peu exacte pour exprimer un sujet réagissant à chaque instant sur soi par la conscience qu'il prend de soi et produisant ainsi un ordre de choses nouveau. Cet ordre de choses est *artificiel* ou œuvre d'*art* en ce sens qu'il provient de la réalisation d'idées ; il n'est nullement pour cela factice et arbitraire. Il est *naturel* en tant qu'il est conforme à la nature psychique et intellectuelle de l'homme, non plus simplement à la nature mécanique ou organique de l'animal. En un mot, si « histoire naturelle » veut dire ici histoire physique et physiologique, ce n'est pas assez ; si ce mot veut dire : histoire mentale, morale et sociale, il faut alors en étendre le sens bien au delà de la signification ordinaire : l'histoire naturelle de l'homme ne ressemble pas à l'histoire naturelle d'une plante. On pourrait mieux l'appeler l'histoire *idéale* de l'humanité, puisqu'elle nous montre *comment une idée-force de perfection humaine et de bonheur humain agit pour se réaliser progressivement par le fait même qu'elle est conçue et aimée.*

Les *faits* moraux, répond-on, sont « des phénomènes comme les autres », il est donc possible et nécessaire « de les observer, de les décrire, de les classer et de chercher les lois qui les expliquent[1] ». — Sans doute. Mais faut-il, avec M. Durkheim, nommer cette étude la *science de la morale* ? L'expression nous semble ambiguë. C'est simplement la science de la formation et du développement des idées morales ou sentiments moraux considérés comme *données de fait*, indépen-

[1] Durckheim, la *Division du travail*. Introduction.

damment de leur *valeur* vraie ou utile et même de leur *origine* première. La science *de* la morale, ainsi entendue, n'est pas encore la science morale, ni la morale *scientifique*, car il reste à *apprécier* ce qu'on a *expliqué*, en supposant qu'on l'ait complètement expliqué. Il reste à nous persuader que nous devons, par exemple, continuer de nous dévouer à la société, de servir les autres hommes, de ne pas léser leur intérêt au profit du nôtre, de ne pas léser leur droit, fût-ce pour conserver notre propre vie.

Quant à nous, ce n'est pas seulement la science des *faits* moraux et de leurs *lois expérimentales* que nous nous proposons de construire ; c'est, tout ensemble, la *science* morale et la *philosophie* morale, en un mot la *morale* même, science de causes et de fins, conséquemment de *valeurs*, d'idées sur le vrai, l'utile et le bon.

II

POSSIBILITÉ DE LA MORALE SCIENTIFIQUE

1. Si certains philosophes et sociologues, comme MM. Durkheim, Lévy-Bruhl et Simmel, croient possible une *science* morale, mais s'en font une idée trop étroite, il en est d'autres qui, au contraire, déclarent une telle science impossible.

Un premier argument contre la possibilité d'une science du bien est tiré de ce que, dit-on, la science « ne connaît point de *fin* dans la nature[1] » ; la morale, elle, pose des fins, donc elle ne peut être scientifique. — Mais, quand on remarque ainsi que la science ne connaît point de fins dans la nature, on veut dire simplement qu'elle recherche les faits et leurs lois naturelles, qu'elle ne doit pas *présupposer* des fins qui tiendraient lieu d'explication *causale*. Ce n'est pas à dire que la *recherche des fins* ne puisse être elle-même reconnue 1° comme *fait*, 2° comme *droit* chez les êtres

---

[1] Boutroux. *Questions de morale et d'éducation.*

vivants et surtout *intelligents*, tels que l'homme. Il n'est pas *scientifique*, assurément, de vouloir expliquer le mouvement d'un astre ou d'un minéral par la recherche d'une harmonie des lignes, d'une simplicité des trajectoires, d'une beauté des formes, soit qu'on attribue la recherche de cette fin aux corps eux-mêmes, soit qu'on l'attribue à un démiurge. Si je demande pourquoi les astres décrivent des ellipses voisines du cercle, il n'est pas scientifique de me répondre que cette orbite est plus simple ou plus belle, plus agréable à l'œil ou à l'esprit ; donnez-moi des raisons causales, qui seront ici d'ordre mathématique et mécanique. Mais, quand on arrive aux êtres vivants, sentants et pensants, les raisons causales aboutissent elles-mêmes à ce fait scientifique que de tels êtres *désirent le plaisir* et *fuient la douleur*, qu'ils se proposent parmi leurs *fins* de jouir et de ne pas souffrir, qu'ils emploient spontanément ou délibérément des moyens propres à atteindre cette fin ; que l'homme, qui conçoit cette fin, conçoit aussi d'autres fins *possibles* que son plaisir, d'autres fins *idéales*, que même il confère à certaines de ces fins une *valeur suprême*, etc. Dès lors, la science de l'homme et de la société ne peut pas se désintéresser de l'idée des fins, en tant que les poursuites de ces fins sont des faits, psychologiques et sociologiques. — Mais, répondra-t-on, « la science ne connaît que des causes et effets purement *mécaniques*[1] ». Nous répliquerons, à notre tour, que c'est là borner arbitrairement la notion de la science. Qui assure d'avance que les effets dont la science cherche les lois soient tous purement mécaniques, que toute *loi* soit *mécanique?* C'est là un système particulier de *philosophie* que vous voulez imposer à la science. *Il y a science s'il y a des faits réglés par des lois, de quelque genre qu'elles soient; il y a science, s'il y a détermination par des raisons, s'il y a déterminisme.* Quant à savoir si tout déterminisme est réductible, par exemple, aux lois du choc, c'est un problème de philosophie générale que l'on n'a nullement le droit de

---

[1] Boutroux, *ibid.*, p. 49.

supposer résolu quand on fait de la psychologie, de la sociologie, de la morale. En tout cas, quelles que soient les lois mécaniques de nos actions, elles apparaissent de fait à notre conscience comme des tendances actuelles vers une certaine satisfaction finale. Le psychologue étudie donc des *fins*, et ces fins sont en même temps des *faits*, puisqu'elles sont des désirs et des pensées ; si tout se passe mécaniquement dans notre cerveau, tout se passe téléologiquement pour notre conscience, puisque nous éprouvons des sentiments et des désirs, concevons des buts et faisons effort pour les atteindre. Mécaniques par un côté, les lois de la vie sont ainsi, par l'autre côté, finalistes. C'est un fait scientifique parfaitement *certain*, universellement *vérifié*, universellement *admis* que les êtres vivants cherchent à conserver leur vie ; pourquoi? parce qu'elle est agréable ; si bien que la vraie loi vitale est la recherche de la satisfaction. La vie devient-elle trop pénible chez un être capable de réagir sur lui-même et de disposer des moyens en vue de fins, cet être pourra préférer la non-existence à une existence insupportable : de là le suicide. Le suicide est un *fait* qui nous révèle la *tendance au bonheur* ou, tout au moins au *bien-être*. Cette tendance est une des *lois* fondamentales que découvre la *psychologie*. Elle est aussi une des lois fondamentales de la *sociologie*. De là ce dilemme : — Ou bien, dans la biologie, dans la psychologie, dans la sociologie, on ne peut constater scientifiquement aucun fait ni établir aucune loi ; ou, si on le peut, les faits de tendance, d'appétition, de volonté, de bien conçu, désiré et voulu, c'est-à-dire les faits d'idées-forces et de sentiments-forces, doivent être pris en considération. Ce sont précisément ces faits, ce sont ces idées-forces dont l'étude constitue, selon nous, la *partie scientifique de la morale*.

On a beau soutenir que la science doit rester « étrangère à toute idée de *fin* », prétendra-t-on que la science ne peut pas s'occuper de construire un pont, de désinfecter un navire ou un hôpital, d'ouvrir un débouché commercial et d'y constater l'offre ou la demande? Prétendra-t-on qu'un aliéniste ne peut employer les distractions, la musique, la danse pour dissiper la mélancolie de ses malades ? Non ; la science elle-même, dès qu'elle devient *technologie*, ne s'occupe que de fins à atteindre. Or il y a une *technologie éthique*, qui peut ne pas être *toute* la morale concevable et désirable (c'est un problème dernier à résoudre pour le philosophe), mais qui, assurément, fait partie de l'éthique et doit être traitée *scientifiquement*.

Non seulement la science, malgré ses détracteurs, n'est pas opposée à toute idée de fin, mais elle présuppose elle-même une fin dont elle dérive. Elle n'existe, en effet, que si nous nous imposons comme but la connaissance de la vérité, soit pour la valeur propre du vrai comme satisfaction de notre intelligence, soit pour les résultats utiles du vrai dans l'application. La science du vrai est donc, pour ainsi dire, fille d'une *fin*, et elle engendre elle-même des moyens et des fins. D'ailleurs, la science n'est pas une entité en l'air : elle est l'humanité savante, désirant savoir davantage et appliquer ce qu'elle sait à ce qu'elle fait. Aussi pouvons-nous poser cette loi de la recherche : — *Le complet désintéressement scientifique constitue lui-même le plus grand intérêt intellectuel ou scientifique :* si je veux savoir, je dois, jusqu'à nouvel ordre, me désintéresser de toute autre considération que celle de savoir ; mais je ne me désintéresse pas de penser, je ne me désintéresse même pas d'agir, sinon *provisoirement*. Le chirurgien, avant d'opérer, veut d'abord *voir*, et il veut voir ce qui est, comme cela est, non pas comme cela serait le plus commode pour son opération ou le plus désirable pour son malade ; quand il aura *vu*, il opérera. Voir, c'est savoir ; savoir, c'est pouvoir. D'où cette seconde loi qui régit la pratique : du pouvoir, combiné avec tel désir ou vouloir prédominant, suit l'action.

Concluons que l'éthique scientifique est légitime théoriquement et désirable pratiquement, dût-elle, en fin de compte, ne pas paraître de tous points suffisante, — ce qu'on ne saura qu'après un essai « exhaustif » de la méthode scientifique en morale.

II. Cette méthode comporte avant tout, comme premiers procédés, l'observation, l'induction et même la vérification. Le critérium scientifique ne peut, objecte M. Darlu, « *vérifier, si peu que ce soit*, un devoir de conscience, à plus forte raison le grand devoir, le devoir social ». — Pourtant, les motifs qui recommandent la tempérance, le courage, la sagesse prévoyante, ne sont-ils pas vérifiables? Les raisons qui démontrent l'impossibilité d'un ordre social quelconque sans la justice, sans la bienveillance et la bienfaisance, ne sont-elles pas scientifiques? Le devoir social n'est-il pas, dès lors, vérifié dans son contenu et ses effets par le critérium scientifique? Tout ce qu'on peut dire, c'est que, s'il se produit une opposition radicale entre le devoir social et l'intérêt individuel, la science ne pourra peut-être pas trouver des raisons absolues de sacrifice; mais, — en accordant ce point, qui sera plus tard à examiner, — pourquoi refuser à la science ce qui lui appartient?

Non seulement la science morale peut vérifier ses observations et inductions, mais encore elle peut faire des *hypothèses* et des *théories*, pourvu qu'elles soient scientifiques, c'est-à-dire composées de faits et de lois scientifiques elles-mêmes. Etant donnés, par exemple, certains sentiments altruistes, on peut se demander si, par hypothèse, ils n'auraient pas leur origine dans des sentiments personnels, combinés et modifiés de telle ou telle manière : c'est là une hypothèse scientifique que nous aurons à essayer et à vérifier, pour la rejeter s'il y a lieu. On peut se demander encore si l'idée de justice ne proviendrait pas d'une transformation du mouvement vital de défense : c'est une autre hypothèse scientifique à examiner. Le malheur est que les auteurs d'hypothèses, par amour paternel, les transforment volontiers en théories démontrées et en fragments de la science. Mais c'est là une faute de méthode dont la *Science* même, si elle était une personne vivante, ne serait pas responsable, puisqu'elle serait la première à protester.

Outre que l'hypothèse est permise à la science sur le *possible* et sur le *probable*, nous ajouterons que l'*idéal* lui est ouvert. L'idéal est un *possible désirable*, — possible parce qu'il est en harmonie avec les lois de la réalité découvertes par la science, désirable parce qu'il est la satisfaction de la nature humaine dont la science constate les lois. Il y a donc une espèce d'idéal qui est entièrement scientifique. Quand l'idéal est considéré comme *suprême* et premier, il devient objet de la philosophie première, mais c'est un abus manifeste que de retirer à la science toute considération de l'idéal. La méthode positive, prétend M. Darlu, « ne nous aide point à dépasser le fait actuel ou passé, mélange de bien et de mal, pour concevoir une vérité, un idéal à venir différent. » — A ce compte, le médecin positif n'aurait pas même le droit de concevoir, au-dessus de la santé imparfaite et de la maladie, un idéal de santé.

Un autre caractère essentiel de la science, c'est la *prévision* de l'avenir. *Or, la science positive de la morale, qui n'est d'abord qu'une histoire, finit toujours par devenir, elle aussi, une prédiction.* Après l'autorité qui s'attache à la connaissance du passé, toute science acquiert l'autorité qui s'attache à la connaissance de l'avenir. La géologie raconte ou annonce ; elle nous apprend que notre planète offrait hier telle apparence et qu'elle offrira telle autre apparence demain, en vertu du changement de ses conditions. De même, embrassant d'un sommet élevé l'horizon qui est derrière nous et l'horizon qui est devant nous, la science positive des mœurs, après nous avoir raconté notre passé, nous annonce en partie notre avenir : elle nous montre d'où nous venons et où nous allons. L'humanité est en marche, dit-elle, l'humanité évolue ; sortie de l'animalité, elle s'avance, selon des lois déterminées, vers un état de perfection intellectuelle et sociale inconnu aux animaux. Nous sommes comme les Hébreux marchant vers la terre promise ; la colonne de lumière qui luit sur nos têtes, c'est la vérité même : cette colonne éclaire la route et en montre d'avance le terme lointain. Le savant est semblable à ces « voyants » qui annonçaient l'avenir ; s'il ne dit pas en vertu d'une autorité *surnaturelle* :

« Tu ne tueras point », il peut dire en vertu des lois mêmes de la *nature :* « En vérité, un jour viendra où les hommes ne tueront plus ». Du moins peut-il prédire que le nombre des crimes ira sans cesse diminuant par le progrès des mœurs, des lois, des institutions sociales. Or il y a une vertu *pratique* attachée à ces prophéties en raison de leur valeur scientifique. Ainsi que, parfois, les prophètes ont amené la réalisation de leurs prophéties par cela même qu'ils les avaient formulées, grâce à l'influence des idées sur les événements, ainsi la science, en annonçant l'avenir, travaille à le réaliser. Ses prédictions sont des suggestions ; la lumière qu'elle répand sur le chemin n'est pas un simple éclairage sans influence sur ce qu'il éclaire. La vision anticipée du terme et des intermédiaires de l'évolution ne peut manquer d'être une force nouvelle qui vient s'ajouter aux forces instinctives, pour pousser l'humanité en avant. La colonne de feu marche elle-même avec l'humanité entière, et non seulement elle brille, mais elle guide et, pour sa part, elle entraîne. Ainsi se produit peu à peu, dans les consciences, une détermination intellectuelle du vouloir, un instinct corroboré par la connaissance d'une loi. L'appui que la morale trouve dans la science, c'est la conviction de ce qu'il y a d'inévitable dans tout ce qui est conforme au vrai. La science nous dit, elle aussi : *magna est veritas et prævalebit.* Elle aboutit même, chez quelques-uns de ses partisans, à l'optimisme serein de Spinoza. La certitude finale qu'elle oppose aux erreurs de la conduite individuelle, c'est celle d'un lever de soleil lointain, mais certain, en dépit des ténèbres que tels ou tels individus auront amoncelées.

Cet optimisme a assurément besoin d'être examiné et critiqué, mais il ne le peut être que pour des raisons scientifiques. On peut montrer scientifiquement ce qu'il y a d'inexact dans le fatalisme paresseux des mahométans et dans tout système qui s'en rapproche. L'avenir ne se réalisera pas sans nous : il dépendra de nos idées-forces et de nos sentiments-forces. Il n'en reste pas moins vrai que la science morale peut, elle aussi, énoncer des prédictions certaines ou probables, en se fondant sur les moyennes et sur les grands nombres.

Il n'est donc pas exact, comme on l'a prétendu, que la science ait seulement pour objet « le *donné* », non le *donnant*, et que, en conséquence, elle ne puisse poser des lois pour une volonté productrice du *nouveau ;* il n'est pas exact que la science soit toute confinée dans le passé et que le « véritable avenir », celui qui n'est pas *fait* déjà, lui échappe. La science s'occupe des lois de causation et de succession ordonnée, du changement des effets par le changement des conditions ; elle conjugue donc tout aussi bien au futur qu'au présent ou au passé. Le monde, y compris l'humanité, n'est pas seulement ce qui est donné, mais ce qui donne et devient sans cesse, non au hasard, sans doute, mais selon des lois. La volonté même, pour quiconque n'admet pas *à priori* un libre arbitre inexplicable, n'échappe point à la science, car la volonté est une réaction très particulière de la part d'une individualité très complexe, sous l'influence de causes plus simples et plus générales ; cette réaction est donc, au point de vue scientifique, un cas plus compliqué de la loi de causation. En outre, l'*idée* du *pouvoir causal* intervient parmi les facteurs, ainsi que l'idée de *but* à atteindre : de là des phénomènes d'autodétermination, maintes fois étudiés par nous. Si donc l'avenir rentre dans l'objet de la science, si même, au fond, malgré les nouveaux partisans de la « contingence », l'avenir est le principal objet de la science, puisque la plus haute ambition de la science est de prévoir, de prédire et d'accomplir, il n'y a plus qu'un dernier pas à faire pour changer la série des effets en série de moyens, les prédictions en *prescriptions*.

La science positive des mœurs établit en effet des *lois* proprement *pratiques*. Sans doute elle ne descend pas de la montagne avec les tables de la loi divine ; les seules règles qu'elle promulgue sont celles qui peuvent sortir de la réalité à la fois physique et mentale. Mais, si elle n'est pas législatrice à la manière de Moïse, ni même à la façon dont Kant conçoit son impératif, elle aboutit cependant à des préceptes, tout comme l'hygiène ou la médecine. Rappelons-nous cette loi de psychologie : — *Il suffit de poser comme désirable ou désiré en fait tel et tel but pour que les conditions qui en amènent la réalisation deviennent des moyens, susceptibles de prescription.* Si, par exemple, la vie est un objet de désir pour les hommes, tout ce qui tendra à conserver et à promouvoir la vie deviendra objet d'impératif hypothétique. Si le médecin et le malade désirent couper la fièvre, la quinine deviendra objet de prescription. En d'autres termes, *si, parmi les choses futures, il y en a auxquelles nous ne soyons pas indifférents, tout ce que la science nous apprendra sur ces choses et sur leurs conditions deviendra pour nous mobile d'action, raison de choix, idée-force. La théorie est donc pratique par elle-même.* Les hommes ne peuvent pas, par exemple, ne pas arriver à s'entendre sur des points comme les suivants : — Là où la santé, le bien-être et le bonheur de l'individu sont pris pour but, telles conditions sont nécessaires ; là où le bien et le bonheur social sont pris pour but, telles conditions sont nécessaires, etc. — Non, répond-on, la science ne peut rien nous *prescrire* « pas même de cultiver la science[1] ». Nous ne saurions admettre cette impuissance prétendue. Lorsque la science, par exemple, établit une loi de dégénérescence individuelle et sociale par l'alcoolisme, elle prescrit *ipso facto* de ne pas se livrer à l'alcoolisme, si on veut la santé pour soi et ses enfants. De là la question : — Voulez-vous la santé et aimez-vous vos enfants ? — A vous de répondre. — La règle est hypothétique, dira-t-on avec Kant. — Assurément ; ce n'en est pas moins une prescription. De plus, la condition à laquelle la prescription se réfère peut être tellement normale et universelle, qu'il y ait lieu de ranger parmi les exceptions et même parmi les monstres ceux qui ne veulent pas en tenir compte. Il est normal de vouloir vivre et jouir de la vie, quoiqu'il y ait des gens qui se tuent ; et s'ils se tuent, l'exception confirme encore la règle, car ils se tuent faute de pouvoir jouir de la vie.

[1] M. Boutroux, *Questions de morale et d'éducation.*

D'hypothétiques qu'ils étaient d'abord, les impératifs prennent la forme *assertorique* dès qu'on ajoute : en fait, l'homme veut vivre et vivre heureux ; en fait, la société humaine veut vivre et vivre heureuse ; donc tels moyens s'imposent pour atteindre ce but, qui, dans la réalité, est désiré.

Quant à juger si un tel but est ou le *suprême désirable*, le suprême *persuosit*, ou le *suprême obligatoire*, si un tel but s'impose à chacun *catégoriquement*, s'il y a ou s'il n'y a pas un principe absolu de la conduite, etc., ce sont là des problèmes de philosophie première, puisqu'il s'agit de ce qui est ultime. Ils doivent être réservés à la philosophie proprement dite.

— Toute *nécessité* manque, dira-t-on, aux impératifs scientifiques, même assertoriques. — La science peut, répondrons-nous, parmi les conditions réelles auxquelles ses prescriptions sont subordonnées, en établir qui soient *nécessaires de fait, nécessaires étant donnée la constitution humaine*. Par exemple, elle pourra dire : non seulement en fait, vous désirez être heureux, mais *vous ne pouvez pas* ne pas le désirer. Il y a là une inclination inévitable, qui existe nécessairement chez tous les hommes ; elle coexiste peut-être *avec* d'autres désirs, mais enfin elle existe. Dès lors, il y a lieu de rechercher scientifiquement les moyens du bonheur. C'est d'une manière analogue que raisonne l'économiste : en fait, dit-il, les sociétés humaines veulent vivre et, pour cela, manger, boire, se loger, se vêtir, etc. Étant donné ce désir, qui existe pour toute société et dans toute société, selon quelles lois théoriques se satisfait-il, selon quelles lois pratiques *doit-il nécessairement*, une fois posé en fait, se satisfaire ?

La science peut donc établir quelque chose de final en tant que nécessité de fait. Seule l'absolue nécessité de *droit* lui échappera, *si* toutefois il est démontré qu'aucune nécessité de droit ou, plutôt, de *devoir*, ne peut s'établir elle-même sur un fait ou sur plusieurs faits, qu'il est impossible à l'*idéal* obligatoire de plonger « les racines de sa noble tige » dans la réalité, — je ne dis pas dans la réalité purement extérieure, mais dans la réalité psychique, sociale et cosmique, dans la réalité aussi *totale* que nous la pouvons saisir. Un tel problème est de ceux qu'on ne peut résoudre d'avance. — « Il est impossible, répond-on, de ramener ceci à cela », ce qui doit être à ce qui est. — Mais c'est encore là une question qu'on n'a pas le droit de préjuger. Ne peut-il se faire que le *doit être* ait son fondement dans quelque chose qui *est*? Savez-vous à l'avance s'il n'y a aucun point de coïncidence entre les deux, si, par exemple, il n'y a dans la *conscience* humaine rien qui, d'une part, *soit* et soit constatable à la conscience et qui, d'autre part, fonde un idéal ou *devoir-être*? Est-il même probable *a priori* que le *doit* ne soit fondé sur rien qui *soit*? Si la morale était ainsi en dehors du réel, il serait à craindre qu'elle ne fût chimérique. En tout cas, le savant ne doit pas ici prendre parti d'avance. La vraie méthode scientifique et philosophique consiste à épuiser d'abord tout ce que la science peut constater de *faits* et établir de *lois*, par cela même tout ce qu'elle peut fournir de *règles*. Après cela, nous aurons à nous demander si rien au delà n'est désirable et nécessaire, si notre conscience même, notre conscience d'homme ne réclame rien de plus. Peut-être aurons-nous alors à constater des faits qui nous imposeront précisément de dépasser les limites de la science positive et de nous former une conception proprement philosophique de l'univers. Seul ce qui est *premier* et *dernier* appartient à la philosophie, qui n'est pas en dehors de la science, mais au commencement et à la fin de la science. Le sommet d'un cône n'est pas en dehors du cône.

Concluons que la morale des idées-forces est, comme toute science applicable à la conduite, indivisiblement théorique et pratique. Elle est pratique, nous venons de le voir, par cela même qu'elle est théorique ; mais, inversement, nous pouvons dire aussi qu'elle est théorique par cela même qu'elle est pratique. Elle roule, non pas sur des choses toutes faites, mais sur des choses à faire, sur un devenir qui se réalise en se pensant. Elle s'éclaire donc elle-même par l'action : si savoir est faire, faire est aussi savoir et apprendre. Nous avons ici la synthèse de l'idée et de l'action.

La science morale et l'art moral réagissent l'un sur l'autre beaucoup plus encore que ne font, par exemple, la science physiologique et l'art médical. L'application de la physiologie à la médecine peut bien, indirectement, produire des découvertes jusqu'en physiologie ; cependant, la physiologie est, par elle-même, indépendante des applications qu'en peut faire la médecine. Il n'en est pas ainsi en éthique, parce que la science n'y a pas pour objet une chose déjà donnée, indépendante du sujet qui la conçoit, mais un *sujet* et des *relations mutuelles de sujets*, relations qui varient selon la manière dont les sujets les *comprennent* et les *veulent*. Nous nous trouvons ainsi, une fois de plus, en présence d'un devenir qui se pense et s'actualise lui-même par ses *idées*. Dès lors, le déterminisme moral, et social n'est jamais entièrement *déterminé*, fixé ; la matière de la science morale se modifie par l'art moral elle est en grande partie œuvre de cet art. Ce n'est pas là, d'ailleurs, une raison pour que les sceptiques s'écrient : rien de certain en morale. Cette incertitude apparente tient à une supériorité et non à une infériorité.

Ainsi conçue, la doctrine des idées-forces nous préservera de ce fatalisme mahométan qui, sous couleur de positivisme, menaçait naguère d'envahir la morale. Réaction outrée qu'avait produite un intellectualisme également outré. Sous prétexte de science positive, on assimilait les volontés humaines aux forces aveugles, comme si la science ne devait pas avant tout distinguer ce qui est distinct, comme si les activités conscientes pouvaient se confondre avec les forces inconscientes.

CHAPITRE III

L'IDÉE-FORCE ET SON DÉTERMINISME COMME FONDEMENT DE LA PARTIE SCIENTIFIQUE DE LA MORALE

La force efficace des idées est le fond de la théorie purement scientifique de la volonté. — Triple sens auquel on doit entendre cette force efficace : sens psychologique, sens physiologique, sens philosophique. — I. L'idée-force au point de vue psychologique et physiologique. — Loi générale des idées-forces. — Lois particulières. — Tendances et idées. — Thèse de l'idée sans force. Opposition artificielle de la volonté et de l'intelligence. — Influence constructive de l'idée. — Action des idées abstraites et générales. — Influence destructive de l'idée. — Exemples empruntés à la morale. — II. L'idée-force au point de vue philosophique. — Positivisme. — Philosophie de la contingence. — Théorie matérialiste des épiphénomènes. — Monisme des idées-forces. — III. La morale des idées-forces, dans sa partie purement scientifique, doit être, déterministe.

I

L'IDÉE-FORCE AU POINT DE VUE PSYCHOLOGIQUE ET PHYSIOLOGIQUE

En parlant d'idées-forces, nous emploierons le terme de force en un sens large et plus que mécanique, pour insister sur le côté *actif* de nos idées ou formes de conscience. Actif signifie : capable de produire du changement. L'*idée-force* est une formule commode et synthétique, qui résume 1° les résultats acquis à la science dans la théorie purement scientifique de la volonté, 2° les conclusions synthétiques et systématiques qu'en peut tirer, selon nous, la philosophie générale.

La force, ou pouvoir conditionnant de l'idée, doit, comme nous l'avons montré dans tous nos ouvrages antérieurs, s'entendre en un triple sens : *psychologique, physiologique, philosophique.*

I. — Au point de vue psychologique, nous avons maintes fois rappelé cette loi incontestable, dont les conséquences morales sont visibles : *toute idée enveloppe un élément impulsif ; nulle idée n'est un état simplement représentatif*, lequel ne serait qu'un extrait et un abstrait du vrai fait de conscience. En d'autres termes, selon le jargon à la mode chez certains savants, l'idée est une « psychose » complète, un « processus » concret et intégral de la conscience. De cette loi générale des idées-forces résultent deux lois particulières qui en sont les corollaires. En effet, toutes les formes de détermination de la conscience, toutes les images et idées, au sens large de ce mot, à plus forte raison les idées morales et sentiments moraux ont une double puissance de réalisation :

1° Par l'impulsion spontanée ou réfléchie que les idées supposent.

2° Par leur projection au dehors sous forme d'objet.

En d'autres termes, toute idée s'*extériorise*, et par une *action* plus ou moins complète qui la traduit au dehors, et par la *conception* simultanée de quelque *objet extérieur*. Ces deux modes de réalisation, en acte et en pensée, sont un même fait sous deux aspects, l'un impulsif et volontaire, l'autre représentatif et intellectuel.

Au point de vue physiologique (inséparable du précédent), rappelons que la loi des idées-forces n'implique pas une action directe qu'elles exerceraient *mécaniquement*; il y a simplement un *rapport* nécessaire de concordance et d'harmonie entre le physique et le psychique. Ce rapport peut s'exprimer ainsi : — *Tout état de conscience plus ou moins distinct et représentatif*, toute « idée », au sens cartésien et spinoziste, est *liée de fait et physiologiquement à un mouvement conforme, lequel, s'il n'est pas empêché, exprime l'idée au dehors.*

Il en résulte cette loi secondaire : *Une idée qui, par hypothèse, serait seule, se réaliserait par cela même en mouvements*. Il y aurait alors du même coup : 1° *projection motrice de l'image*, 2° *croyance à sa réalité*. En fait, *il y a toujours quelque conflit d'idées multiples et diverses, qui est un conflit d'appétitions et de tendances motrices*, mais l'idée-force dominante se subordonne à la fin toutes les autres. De là une direction ou adaptation de mouvements, d'abord dans le cerveau, puis, secondairement, dans les muscles.

Cette théorie résume les résultats les mieux acquis de la science psychologique et physiologique. Les psychologues s'accordent à reconnaître que l'idée, qui est le contenu de toute connaissance scientifique et aussi de toute connaissance pratique, vient de l'action et aboutit à l'action. Les physiologistes, de leur côté, disent : l'idéation a une origine motrice, une fin motrice et, par elle-même, tout le long du *processus*, une efficacité motrice. L'idée, en effet, enveloppe quelque représentation, qui vient de la perception ; or, il n'y a point de perception sans *mouvement reçu* et *restitué*. De plus, outre la représentation, il y a toujours en nous l'appétition ; or, dans l'appétition, un certain nombre de *mouvements* convergent vers certains objets de perception ou de représentation ; la conscience de l'appétition, qui en fait un désir, enveloppe une certaine représentation de ces objets et des *mouvements* propres à les atteindre, c'est-à-dire des moyens propres à réaliser la fin de l'appétition même. Quand l'appétition rencontre un obstacle ou quand elle se trouve en conflit avec quelque autre appétition, le résultat est un *arrêt*, une *inhibition* de *mouvements* visibles, qui permet aux mouvements intestins et invisibles du cerveau de se produire. Le corrélatif mental de ce phénomène est la pensée plus ou moins réfléchie, l'*idée* proprement dite, au sens étroit du mot. L'idée marque ainsi un point nodal entre plusieurs appétitions ou tendances motrices en conflit. Enfin, comme l'activité est sans cesse mobile, l'idée elle-même n'est jamais un tout achevé, clairement délimité et refermé sur soi ; c'est quelque chose qui, en tant que pensée pensante et mouvante, est en perpétuel développement ou devenir. Toutefois, pour la commodité de l'analyse et de la synthèse, le langage donne une fixité de forme aux idées et les emprisonne artificiellement dans des cadres, qui sont les *mots*.

Nous sommes loin, on le voit, d'admettre un pur intellectualisme, puisque l'idée est, à nos yeux, essentiellement appétition, tendance devenue consciente de soi et de ses limites. Nous admettons encore que, sous les idées claires, il y a toujours des *tendances motrices* profondes qu'on ne peut expliquer ni par des *sensations*, ni par des *représentations* claires et elles-mêmes plus ou moins représentatives d'objets externes. Sensations et représentations objectives sont l'occasion du déploiement de ces tendances, mais n'en expriment jamais tout le contenu. Les tendances semblent, en d'autres termes, irréductibles soit à des sensations ou images externes, soit à des idées complètement analysables; en conséquence, elles ne peuvent être, d'une manière adéquate, « traduites extérieurement en langage d'entendement[1]. » C'est ce qui est manifeste pour nos tendances les plus intimes et les plus dominatrices. L'amour, par exemple, est pour l'esprit incomplètement analysable, et c'est peut-être, par son côté inanalysable qu'il est le plus *fort*. Malgré cela, au point de vue psychologique, cette difficulté de traduire nos états de conscience les plus profonds en idées claires, en représentations et comme en dessins précis de conscience, ne les empêche pas d'être toujours eux aussi, des directions plus ou moins nettes de la *vie consciente ou subconsciente*, des formes complexes d'existence intérieure, qui, par leur complexité même et leur confusion synthétique, échappent aux classifications tranchées de l'analyse réfléchie. Souvent aussi, l'organisme joue le grand rôle : c'est alors l'état des viscères ou du système nerveux qui accumule de la force dans une certaine direction plus ou moins vaguement déterminée, laquelle se précise dès que surgit l'idée d'un objet capable de satisfaire en servant de point d'application. Mais, à y regarder de près,

[1] Expression de M. Rauh dans son livre sur les *Sentiments*.

jusque dans les tendances obscures, dans les sentiments vagues, il y a déjà des éléments perceptifs et représentatifs, quoique confus et mêlés en une synthèse complexe ; il y a des *idées* en germe.

De cette confusion primitive, qui est la vie végétale ou animale, peut et doit sortir la vie rationnelle, la vie non plus seulement *en soi*, mais *pour soi* et *pour autrui ;* et c'est celle-ci qui est seule morale. Or, cette vie est celle des *idées* proprement dites. La moralité, en effet, consiste à ramener sous des idées définies nos appétitions, sentiments, tendances indéfinies : il n'y a *règle* que là où il y a *idée.* A la force de la spontanéité naturelle nous devons ajouter ou opposer la force de la réflexion volontaire. La *morale* scientifique est donc bien la *connaissance des moyens par lesquels nous pouvons assurer la force de certaines idées*, 1° par rapport à certaines autres *idées*, 2° par rapport aux *appétitions spontanées et sentiments naturels*, d'où la *réflexion* finit par jaillir.

II. — La thèse de l'idée sans force et sans action est une séparation artificielle introduite dans les fonctions psychiques : elle nous ramène à la vieille théorie des facultés séparées. Schopenhauer et Nietzsche disent que notre fond est constitué par un ensemble de tendances, de désirs, de sentiments, qu'ils comprennent sous le nom de volonté et qui est, selon eux, le *seul* moteur des actions. L'intelligence n'a par elle-même aucune efficace, elle ne fait que nous éclairer plus ou moins mal sur la nature intime de notre activité sans pouvoir la modifier. — Ce sont là des hypothèses métaphysiques. D'abord, la volonté séparée de tout élément d'intelligence est absolument indéfinissable et insaisissable : vouloir, c'est tendre, mais tendre *à quoi ?* tendre *comment ?* Il n'y a pas de tendance en l'air et sans *objet ;* or cet objet, chez un être conscient, est toujours plus ou moins vaguement *représenté* ou *représentable*, sans quoi cet être n'aurait pas conscience de *telle* tendance plutôt que de *telle* autre. La chose est plus évidente encore quand Schopenhauer parle de *désir*, car tout désir enveloppe une représentation quelconque. Quant à l'état de *sen-*

sibilité, il a nécessairement tel *degré* d'intensité, telle *forme*, enfin tel *ton* sensitif (pour parler comme les Allemands) ; or le degré, la forme, le ton sont des différenciations immédiatement saisies par la conscience et qui peuvent servir de base à des distinctions intellectuelles ou « discriminations ». Un plaisir ou une douleur enveloppent donc toujours des représentations plus ou moins indistinctes, prêtes à monter au seuil de la conscience, qui font qu'il y a *tel* état et non tel autre, que cet état est la faim, non la soif, qu'il est l'appétit sexuel, qu'il est une brûlure, etc. Quand il s'agit de *sentiments* proprement dits, c'est-à-dire de plaisirs et douleurs d'ordre intellectuel, l'intervention de la représentation et de l'idée est encore plus manifeste. Aimer sa famille, sa patrie, aimer l'honneur, aimer l'argent, etc., tout cela n'est tel sentiment que grâce à l'idée qui le définit.

De même, d'ailleurs, que tout sentiment déterminé implique un élément représentatif, de même toute représentation, pour être distinguée des autres, pour être aperçue et distinctement consciente, a besoin d'une certaine attention, d'une concentration aboutissant à un arrêt de mouvements d'une part, à une libération de mouvements d'autre part. C'est une des raisons pour lesquelles la représentation est toujours *active* et *volitive*, appétition en même temps que perception. Ni la volonté n'a de sens en dehors de la représentation, ni la représentation n'a de sens en dehors de la volonté. L'opposition entre la volonté et l'intelligence, dans Schopenhauer, est un reste de dualisme métaphysique.

Selon certains psychologues et moralistes qui se sont inspirés de Schopenhauer, l'intelligence serait en elle-même quelque chose de froid et même de glacé. Les hommes à caractère intellectuel seraient, comme disent M. Ribot et Nietzsche, des « apathiques » : les idées remplaceraient chez eux les sentiments et la volonté. — Mais tout dépend de ce qu'on nomme des intellectuels. Si vous entendez par là des dilettantes passant d'une idée à l'autre avec indifférence ou sans autre mobile que celui de l'amusement intellectuel, que celui d'une curiosité détachée et lointaine, vous pourrez dire que ces hommes sont apathiques ; mais ils sont intellectuellement apathiques, puisqu'ils ne demandent à l'intelligence qu'un plaisir de jeu superficiel. Sont-ils alors de vrais *intellectuels,* ces hommes qui attachent, en définitive, si peu de prix à l'intelligence ? Non, les vrais intellectuels sont ceux qui sont enivrés d'intelligence, qui ne peuvent chercher la vérité et la découvrir sans être remués dans tout leur être, sans vivre leurs idées, sans se sentir ainsi vivants par l'intelligence plus que par tout le reste. De même, les vrais savants ne sont pas des apathiques ; ce sont des volontaires, puisqu'ils cherchent opiniâtrément, et ce sont des sentimentaux, puisqu'ils ont la passion de la science. Si Humphry Davy, après avoir découvert le potassium, se met à danser dans son laboratoire, ce n'est pas sans doute par apathie. Aristote n'était pas un contemplatif froid : il avait l'enthousiasme de la contemplation. Plus les sociétés avancent, et plus elles s'intellectualisent, acquièrent de connaissances et de science ; mais nous ne voyons pas qu'elles deviennent pour cela apathiques et inactives. Tout au contraire, ne parle-t-on pas sans cesse de l'*activité fébrile* qui caractérise l'âge contemporain, de la *passion* qui soutient toute cette activité et qui, au lieu d'être tournée exclusivement vers le dehors, se tourne de plus en plus vers les idées ? S'il y a des intérêts en lutte dans les questions sociales, il y a aussi en lutte des *idées d'intérêts,* il y a surtout des *intérêts d'idées*. Les convictions sont des idées qui mettent en jeu tout l'être sentant et voulant, en même temps que pensant. On prétend que, de nos jours, ces convictions se font plus rares : elles changent plutôt d'objets. Si elles étaient tellement rares, il n'y aurait pas dans les sociétés modernes un tel déploiement d'action. Le dilettantisme de quelques blasés et de quelques sceptiques ne doit pas nous faire croire que la masse de l'humanité, ni même la vraie élite intelligente, résume son état d'esprit en ces mots : « Que m'importe ? » Jamais ne fut moins doux et mou le prétendu oreiller de l'insouciance. Le renanisme ne fut qu'une mode passagère, une attitude, un « geste », et, dans le fond, ce n'était pas un « beau geste ». La paralysie des volontés, qui suivit alors celle des intelligences, a fini par être reconnue comme le pire des fléaux, en un âge où nous avons tant de vérités à découvrir, tant de transformations sociales à accomplir. La prétendue intelligence supérieure des renanistes et de Renan lui-même était, au fond, un manque d'intelligence. Incalculable est le nombre d'ignorances dont les paradoxes de Renan font preuve et, s'il fut souvent sceptique, ce n'est certes pas parce qu'il avait trop de science, mais parce qu'il n'en avait pas assez. Un savant amateur et un philosophe amateur, fût-il doublé d'un érudit et d'un grand artiste, ne sera jamais qu'un demi-savant et un demi-philosophe. Les beaux côtés de Renan furent ceux où son prétendu intellectualisme détaché de tout, qui croyait que tout comprendre est tout confondre, fit place à un enthousiasme réel, quoique encore trop honteux de soi. Au reste, Renan passa sa vie à penser et à chercher; son indifférence n'était donc qu'un masque de vanité littéraire[1].

III. — Les idées manifestent, dans l'individu et surtout dans la société, une véritable force *impulsive*, *modificatrice* et même *constructive*. Cette force est sans doute moins visible que celle des intérêts et des passions, dont la puissance éclate aux yeux et produit des transformations matérielles faciles à constater ; mais elle est plus profonde et plus durable. L'idée, en effet, exprime non un état particulier et passager du système nerveux, mais une modification acquise, qui, par l'éducation, devient le patrimoine d'un peuple entier.

On objectera peut-être que, plus la représentation s'éloigne de la sensation pure, comme dans l'idée morale, plus l'élément moteur perd d'importance et d'efficacité

---

[1] Les imitateurs arriérés de son attitude et de son style ont fini par sentir le besoin de chercher quelque titre plus sérieux, aux yeux de l'humanité, que l'adresse qui consiste à jongler avec les idées. « M. Bergeret » lui-même, le principal imitateur de Renan pour le fond et pour la forme, tend aujourd'hui à nous instruire, à nous faire réfléchir et, en conséquence, à nous faire agir.

pratique. — Oui, quand vous ne considérez l'idée que dans les effets moteurs qu'elle pourrait produire *si elle était seule* et sans rapport avec d'autres idées. L'idée de devoir, l'idée d'honneur, l'idée de patrie, en tant que pures conceptions abstraites et abstraitement considérées, ne mettent pas en branle tout notre être; mais, quand elles surgissent au milieu d'un cas concret, d'une action à accomplir ou en train de s'accomplir, leur relation avec toute la masse de nos autres idées, de nos sentiments, de notre caractère, leur communique une *force impulsive ou inhibitive* qui est considérable. Cette force tire sans doute son origine, en grande partie, du caractère même, mais, quand l'idée se trouve précisément en harmonie avec le caractère, elle devient comme la clef sans laquelle rien ne peut entrer ou sortir. De plus, ce que cette clef ouvre à l'individu, c'est le monde social ; le « caractère individuel » est mis par elle en rapport avec la totalité des autres caractères qui, en se combinant, forment la patrie et l'humanité. Comment de pareilles idées demeureraient-elles sans force ?

Aussi les idées *abstraites*, qu'on prétend incapables de rien mouvoir, se montrent souvent plus puissantes encore que les autres, par la force latente qu'elles ont extraite de tout le reste, emmagasinée, rendue prête pour l'action. Dégagées des « contingences » de temps, de lieu, de personnes, elles survivent aux circonstances où elles sont nées. Quant aux idées *générales*, elles acquièrent aussi une fixité singulière, parce qu'elles ne représentent plus des impressions momentanées et fugitives : elles répondent à un élément stable de la constitution mentale, à un élément stable de la constitution des choses. Par cela même, de *générales*, elles deviennent facilement *collectives* : elles sont partagées par un grand nombre d'hommes. Comme une série de sensations particulières trouve son point de coïncidence dans l'idée générale, qui résume ainsi une série d'événements extérieurs, de même une série d'esprits particuliers coïncide dans l'idée générale et y forme société. Les plus générales des idées, devenant les plus sociales, deviennent aussi, comme nous l'avons souvent répété, les plus *généreuses*. Elles exercent dès lors une influence prépondérante sur le développement de la société et sur les formes sociales qui en résultent.

Nous ne méconnaissons pas que, si des idées morales nouvelles, comme celles du christianisme, ont pu réussir, se propager, construire une société nouvelle, c'est qu'elles répondaient dans le fond à un *besoin*. Mais ce n'était pas seulement un besoin économique, comme le soutient Marx : c'était un besoin social et moral. Mille aspirations intellectuelles et sentimentales trouvaient dans le christianisme leur satisfaction. Le succès d'une doctrine morale ou religieuse, à coup sûr, n'est pas l'œuvre exclusive du raisonnement philosophique : on peut ne pas professer les mêmes théories et s'accorder dans les mêmes pratiques ; mais ce n'est là qu'un état provisoire de la pensée et du sentiment. Dans nos sociétés de plus en plus éclairées, les hommes ne peuvent s'unir d'une manière solide et durable en faisant abstraction de leurs idées et de leurs doctrines ; ils ne peuvent vraiment fraterniser sans savoir pour quel but, par quels moyens, et même, grâce à un besoin logique de plus en plus irrésistible, en vertu de quels principes.

IV. — Fortes pour élever et construire, les idées ne le sont pas moins pour renverser et détruire. Elles peuvent même, chez les individus et les sociétés, être un agent de démoralisation, non moins que de moralisation. Notre époque troublée en est un frappant exemple. On a contesté l'influence dissolvante de l'analyse, sur laquelle Mill et Guyau avaient tant insisté ; « toute *valeur morale* scientifiquement analysée et *connue*, dit Simmel, n'est pas pour cela une valeur *perdue* ». — Sans doute, mais à la condition que l'analyse et la connaissance scientifiques n'aboutissent pas précisément à montrer que la « valeur » en question n'est qu'une idée *illusoire*. Aucune analyse scientifique ne dissoudra la valeur attribuée à la santé, car toutes les études d'anatomie ou de physiologie ne font que démontrer combien l'hygiéniste a raison de croire la santé précieuse. Si la science prouve que l'absinthe, au lieu d'être un tonique comme le croit le peuple, est un poison, la foi à l'absinthe pourra être dissoute, ce qui, dans l'espèce, serait un bonheur. Au contraire, si l'on dissout toute foi aux idées morales, ce sera un malheur. Aussi faut-il y regarder à deux fois, avant de déclarer scientifique une analyse ou une genèse historique des sentiments moraux. — L'histoire, dit-on, en nous montrant que tel sentiment des civilisés a été précédé par tel sentiment barbare, n'enlève pas pour cela son prix au sentiment des civilisés : de ce qu'une chose en a *précédé* une autre, il n'en résulte aucune conséquence contre la *valeur* de la seconde. — Assurément. Par malheur, ceux qui font l'*histoire* empirique des idées morales ont aussi la prétention d'en montrer l'*origine* première ; or, s'ils présentent leur histoire dans le temps, plus ou moins incomplète et inexacte, comme une adéquate *explication* des sentiments moraux, une telle « genèse » ne sera plus indifférente au moraliste. Si la racine de la moralité, que Kant renonçait à découvrir, se trouve vraiment être, comme le prétend Nietzsche, quelque chose de grossier et de non moral, la moralité sera ruinée en son principe. Si l'explication scientifique de l'altruisme consiste vraiment, comme le croient les disciples de La Rochefoucauld, d'Helvétius et de Nietzsche, à le réduire en égoïsme transformé, direz-vous que la nature, la genèse et l'histoire de ce sentiment n'influeront en rien sur sa valeur, pas plus que la réduction du diamant au carbone transformé ne l'empêche de briller et de séduire ? La vérité est que l'altruisme apparaîtra alors, non plus comme sacré, mais comme utopique et impraticable. Que deviendra le précepte : « Aimez-vous les uns les autres » ? Il sera l'équivalent de : « Faites un voyage dans l'étoile d'Aldébaran ». La genèse d'une idée peut donc fort bien, selon les cas, ou en fortifier ou en affaiblir le prix. C'est pourquoi le vrai savant ne saurait mettre trop de prudence dans les déductions qu'il présente comme scientifiques.

Le prix d'une chose, répond Simmel, ne se « déduit » point : il est « un fait ». — Pas le moins du monde. Le prix de tel aliment se déduit de sa nature, de ses éléments, de son utilité consécutive pour l'entretien et la conservation de la vie. Quant au prix de la vie même, il se déduit et du caractère agréable de la vie et de la valeur attribuée aux fonctions intellectuelles, esthétiques, sociales, dont la vie est le moyen. Seule une valeur suprême, un « souverain bien » ne pourra se *déduire*. M. Simmel se réfute d'ailleurs lui-même. Selon lui, tout *impératif* est hypothétique; seulement, ajoute-t-il, quand le but de l'acte en vue duquel cet impératif existe est oublié et disparaît de la conscience, l'impératif prend l'*apparence* catégorique ; ce qui n'était au fond qu'une « utilité », une « habileté », ou même simplement une « contrainte », apparaît comme un « devoir ». — Fort bien : admettons provisoirement cette théorie dite « scientifique »; croit-on qu'elle restera sans influence sur la pratique ? L'acte ne me paraissait un devoir que parce que j'en ignorais la fin, la vraie nature et la vraie origine ; votre « science de la morale » me rend la conscience de la fin, de la nature et de la genèse ; donc elle supprime le devoir. Voyez plutôt ce que Nietzsche a conclu de raisonnements analogues. Si l'idée que le devoir est une *illusion* n'avait pratiquement aucune « force », quelle idée en aurait ? Cherchons une analogie dans le monde social. Du jour où nombre d'ouvriers se sont persuadé que la propriété était irrationnelle en sa *nature*, qu'elle avait son *origine* dans une spoliation injuste, sa *fin* dans le maintien injuste d'un privilège de classe, voyez, sous l'influence de ces trois *idées*, le respect qu'ils ont montré pour la propriété, en dépit de tous les *sentiments* ! Maintenant, persuadez encore à ces mêmes ouvriers, dans l'ordre moral, que la jouissance personnelle est le souverain bien pour chaque homme pris à part, qu'il y a d'insolubles antinomies entre la jouissance de l'un et celle de l'autre, sans aucun principe supérieur capable de subordonner la jouissance personnelle à un bien impersonnel, et vous ne tarderez pas à voir dans les faits mêmes le résultat pratique de votre morale prétendue « fondée sur les *faits* » indépendamment des *idées*.

Une notion morale, en s'expliquant à elle-même, ne saurait rester immobile comme un papillon fixé par une épingle sous l'œil de l'observateur ; la conscience qu'elle prend de sa propre nature et de ses propres origines constitue une idée nouvelle qui vient se joindre au total des précédentes et peut, selon les cas, introduire une force nouvelle ou, au contraire, affaiblir, annuler même la force de l'ensemble préexistant. Sans doute l'*explication* demeure toujours distincte de l'*appréciation* morale ; mais, quand il s'agit de l'homme et de la société, ce qu'il s'agit d'*expliquer*, ce sont précisément, en grande partie, des *appréciations* : il faut montrer comment certaines idées de valeurs agissent pour leur réalisation propre. Il y a donc là une implication de points de vue inévitable, si bien que l'explication des appréciations peut, tantôt confirmer, tantôt détruire et briser la « table des valeurs ». Aussi voyons-nous que Nietzsche, voulant cette destruction, s'est efforcé d'écrire à sa manière la « *généalogie* » de la morale ; il a prétendu retrouver les sentiments dits immoraux au fond même des sentiments dits moraux : instinct de cruauté sous le remords, vengeance sous la justice, désir de domination et d'exploitation sous l'amour, etc. Il croyait bien ne pas perdre son temps, frapper à mort les « idoles » de la conscience, étouffer dans l'œuf les sentiments prétendus moraux. Il cherchait de vraies « destructions », et il connaissait la force *destructive* des idées [1].

C'est précisément en raison de cette force qu'il importe de se faire des opinions justes en morale, de n'y pas confondre des idées pseudo-scientifiques avec des idées véritablement scientifiques. De là l'urgence du travail d'analyse et de synthèse que nous entreprenons et où, s'il est possible, nous voudrions remettre au point tant d'assertions risquées par l'ignorance au nom de la science.

---

[1] Aussi, dans ses annotations à l'*Esquisse d'une morale sans obligation ni sanction*, il applaudit à la théorie des idées-forces, dont il signale l'importance. Voir notre livre : *Nietzsche et l'immoralisme* livre III.

II

L'IDÉE-FORCE AU POINT DE VUE PHILOSOPHIQUE

La théorie psychologique et physiologique des idées-forces, telle que nous venons de l'exposer, est, croyons-nous, la seule qui puisse faire le fond de la morale purement scientifique, où elle représente la théorie de la volonté considérée au point de vue de la science[1].

Quant au point de vue *philosophique*, — spéculation sur le fond des choses, — nous avons toujours soutenu que la force de l'idée provient de ce que le mental, dont l'idée est la forme pour la conscience, n'est pas un simple *reflet* de mouvements extérieurs, mais une *condition réelle* du changement et de l'évolution. Si la réalité radicale est de nature psychique, non physique, il en résulte que l'idée nous met en rapport avec cette réalité, en possession de cette réalité. Dans tous nos ouvrages, nous avons posé et développé ce principe philosophique : — *L'idée est la réalité même prenant en nous conscience de son action et de sa causalité.* — Dès lors, par la pensée et la conscience, nous sommes en plein dans le réel, non dans le domaine superficiel de la simple représentation. « Au cœur de la nature, dis-tu, ô Philistin, ne pénètre aucun esprit créé. Ne répète pas cela à moi et à mes frères. Partout et toujours nous sommes au fond intime ». Ainsi parle Gœthe, et il a raison. Il n'y a pas deux mondes dont l'un serait purement représentatif et conscient, l'autre étranger à toute conscience ; par la vie mentale, surtout par la vie *morale*, nous vivons et agissons dans le monde *réel* et *causal*[2]. Nous ne sommes pas simplement, selon l'étrange conception qui avait prévalu dans la seconde moitié du

---

[1] Nous avons longuement exposé et apprécié cette théorie, sa portée et ses limites, non seulement dans *La Liberté et le Déterminisme*, mais encore dans *La Psychologie des idées-forces*, tome II.

[2] Voir la *Préface*.

xixe siècle, des illusions conscientes. Dès lors, la moralité n'est pas plus que la vie même une série d'illusions : elle est une réalité causée et causante qui se fait en prenant conscience de ce qu'elle doit se faire.

Cette conception moniste des idées-forces nous paraît l'aboutissant normal du mouvement philosophique accompli par le positivisme d'une part et, de l'autre, par les partisans de la contingence, car ces deux systèmes aboutissent également à montrer que l'explication par le déterminisme mécanique et physique aboutit à des lacunes et à des hiatus ; nous comblons ces lacunes et ces hiatus au moyen du déterminisme psychologique, qui est le plus voisin de la spontanéité primitive du réel.

Nos arguments en faveur de la thèse des idées-forces, au sens d'idées psychiquement efficaces, ont été récemment repris et confirmés par M. Durkheim sous une forme ingénieuse et profonde. C'est, remarque-t-il, un lieu commun de la science comme de la philosophie que toute chose est soumise au devenir ; mais changer, c'est *produire* des *effets*, car le mobile même le plus passif ne laisse pas de participer *activement* au mouvement qu'il reçoit, ne serait-ce que par la *résistance* qu'il y oppose. Sa vitesse, sa direction dépendent en partie de son poids, de sa constitution moléculaire, etc. Si donc tout changement suppose dans ce qui change une certaine efficacité causale, et si pourtant la conscience, une fois produite, est, comme quelques-uns le prétendent, incapable de rien produire à son tour, il faut en conclure que, à partir du moment où elle est, elle est « *hors du devenir* ». Mais alors, elle restera ce qu'elle est, tant qu'elle est ; la série des transformations dont elle fait partie s'arrêtera à elle : au delà il n'y aura plus rien. « Elle serait, en un sens, le terme extrême du réel, *finis ultimus naturæ*. Il n'est pas besoin de faire remarquer qu'une telle notion n'est pas pensable ; elle contredit les principes de toute *science*[1]. » Si donc l'observation

---

[1] Cet argument est à peu près le même que nous avions déjà employé dans notre étude de la *Revue des Deux Mondes* (1891) sur le *Physique et le mental*.

révèle l'existence d'un ordre de phénomènes appelés représentations, idées, pensées, qui se distinguent par des caractères particuliers des autres phénomènes de la nature, il est contraire à toute méthode scientifique de les traiter « comme s'ils n'étaient pas ». Sans doute « ils ont des causes », mais « ils sont causes à leur tour [1] ». C'est précisément ce que nous avions toujours soutenu et essayé de démontrer.

M. Durkheim pousse même la doctrine des idées-forces plus loin et, ajoutant au point de vue scientifique le point de vue philosophique, il en revient à une sorte de conception herbartienne : il admet que les représentations et idées subsistent *psychiquement*, non pas seulement *physiquement*, alors même que nous n'en avons pas la conscience claire et ne pouvons les *apercevoir*. — Si l'on prétend, dit-il, que, à chaque moment du temps, la vie psychique consiste exclusivement dans les états actuellement donnés à la conscience *claire*, il vaut autant dire « qu'elle se réduit à rien [2] ». M. Durkheim rappelle, avec Wundt, que le champ de regard de la conscience est très peu étendu : on en peut compter les éléments. Si donc ces éléments sont les uniques facteurs *psychiques* de la *conduite*, même morale, il convient d'avouer que celle-ci est placée presque tout entière sous la dépendance de causes *physiques*. En effet, ce qui nous dirige vraiment ou, tout au moins, nous détermine, ce ne sont pas les quelques idées qui occupent actuellement notre attention ; ce sont « les résidus laissés par notre vie antérieure » —, avec lesquels ajouterons-nous, se combinent les idées actuelles et les sentiments corrélatifs ; — « ce sont les habitudes contractées, les préjugés, les tendances qui nous meuvent sans que nous nous en rendions compte, c'est, en un mot, tout ce qui constitue notre caractère ; si donc rien de tout cela n'est *mental*, si le passé ne survit en nous que sous forme *matérielle*, c'est proprement l'*organisme* qui *mène* l'homme [3] ».

---

[1] Durkheim, *Revue de métaphysique et de morale*, mai 1898.

[2] *Revue de métaphysique et de morale*, mai 1898, p. 275. 276.

[3] *Ibid*, p. 278.

Et de nouveau la morale retombe dans la physiologie. M. Durkheim admet, en conséquence, que les représentations subsistent psychiquement comme telles.

Il faut ici, croyons-nous, faire des distinctions. M. Durkheim semble supposer que le psychique se ramène tout entier à de pures *représentations;* que, par exemple, le plaisir et la peine sont uniquement des représentations ; que, de même, tout ce qu'on appelle appétition se ramène à des représentations ou images quelconques d'objets quelconques. Or, c'est ce qui n'est point scientifiquement démontré. Selon nous comme selon M. Durkheim, les faits psychiques doivent subsister psychiquement, mais ils peuvent subsister sous une forme autre que la forme purement *représentative;* ils peuvent subsister sous forme d'*appétition*, prête, quand l'occasion se renouvelle, à provoquer de nouveau la représentation de tel objet. En outre, comme la représentation d'un objet est, en définitive, une sensation ou un résidu de sensations, dont le système nerveux et cérébral est la condition manifeste, on comprend que la réviviscence des représentations proprement dites soit liée à tel mouvement cérébral ou à telle structure du cerveau acquise par l'habitude, sans qu'il en résulte ni que tout, dans la représentation, soit purement physique, ni que toutes les *conditions* de la représentation soient purement physiques ou, pour parler avec plus de précision, purement mécaniques. Le vrai *physique*, en tant que non réductible au pur mécanique, peut déjà envelopper lui-même du *psychique;* et on peut dire la même chose du *physiologique* et du *vital*. Donc, comme nous ne connaissons pas de connaissance scientifique ce qui constitue le physique et surtout le physiologique, comme ce peut être précisément le psychique qui le constitue, l'opposition ne doit s'établir qu'entre le mécanique abstrait et mathématique, d'une part, et le sentiment concret, la représentation, l'appétition, d'autre part.

On voit que, au point de vue philosophique comme à tous les autres points de vue, les idées peuvent être appelées des forces ou conditions réelles, et les idées morales, en particulier, des forces morales.

Les difficultés que la philosophie rencontre dans le rapport du physique au psychique viennent de ce qu'on se figure un physique sans mental, qui se suffirait et se développerait par lui-même, un cerveau qui, une fois tout phénomène de sentiment et de conscience ôté, serait toujours le cerveau et fonctionnerait comme auparavant en vertu des mêmes forces. Pure mythologie, contraire à la science, puisque, pour la science, il n'y a rien d'inutile et d'inerte dans le monde. Les mouvements qui s'accomplissent dans et entre les diverses cellules cérébrales sont des corrélatifs d'appétitions plus ou moins élémentaires, inhérentes aux derniers éléments cérébraux ; ces appétitions enveloppent une gêne ou aise rudimentaire, et tout cela se retrouve amoindri, presque éteint, mais non tout à fait mort, dans le végétal et le minéral. Encore une fois, il n'y a pas *deux réalités*, l'une physique et l'autre psychique, ni, comme le croyaient Spencer et Taine, une réalité en soi à *double aspect*, physique et psychique ; il n'y a qu'*une réalité psychique* immanente, avec des modes dits physiques [1].

Quant aux *lois* des représentations, sentiments et appétitions, nous avons montré dans notre *Psychologie des idées-forces* qu'elles ne sont pas une simple transposition en langage mental des lois mécaniques qui régissent la matière, — transposition qui, au fond, ferait double emploi. Les lois de l'appétition, du sentiment, de la représentation expriment, au point de vue philosophique, le contenu profond et les raisons concrètes des lois abstraites de la matière et du mécanisme. Si, par exemple, il y a mouvement, c'est qu'il y a quelque part changement pour repousser un état de malaise ou pour retenir un état d'aise plus ou moins rudimentaire. S'il y a économie de force dans le mécanisme de la nature, c'est qu'il y a économie d'effort pénible dans le dynamisme psychique, etc. Les lois mécaniques

---

[1] Voir, sur ce point, l'*Évolutionnisme des idées-forces*, la *Psychologie des idées-forces*, le *Mouvement positiviste et la conception sociologique du monde*.

sont des lois dérivées et résultantes, qu'une illusion d'optique nous fait prendre pour fondamentales, parce qu'elles sont les plus commodes à formuler et qu'elles s'étendent à toutes choses ; les lois psychiques les plus élémentaires sont, selon nous, les lois les plus primitives et les plus intérieures que nous puissions atteindre, malgré l'obscurité de notre vision sur les profondeurs du réel. C'est pourquoi le moraliste, non plus que le psychologue, n'est point à la surface des choses; il travaille sur le fond même, et c'est grâce à la connaissance des vraies lois psychiques qu'il pourra assurer le perfectionnement moral de l'homme.

Telles sont les conséquences proprement *philosophiques* qu'on peut tirer de la doctrine des idées-forces ; mais ces considérations n'entrent pas dans la partie purement scientifique et positive de la morale. La valeur et l'efficacité qu'ont les idées-forces au point de vue psychologique et physiologique subsistent indépendamment des déductions générales que nous y avons rattachées. C'est sur cette valeur positive qu'une morale positive se fonde, sans exclure pour cela la morale *philosophique*, qu'elle prépare et appelle comme complément.

On le voit, dans sa partie purement scientifique, la morale des idées-forces est déterministe : elle ne peut admettre, comme ayant une valeur positive, d'autre liberté que l'*idée même de la liberté avec son action essentielle*, qui est un *auto-déterminisme*. Nous avons longuement, dans nos autres ouvrages, décrit cette action. Nous ne supposerons donc, dans la partie *exclusivement scientifique* de la morale, aucun *liberum arbitrium indifferentiæ*, aucun *commencement absolu* de série; nous poserons simplement la loi de causalité ou, plus généralement, de raison suffisante. Mais nous ne représenterons pas pour cela, avec l'évolutionnisme anglais, toute causalité comme purement *mécanique*, — affirmation qui dépasse infiniment la science et qui, nous venons de le voir, réduirait arbitrairement à l'inertie tout le mental. Nous nous en tiendrons à cette position qui, désormais, est la seule strictement scientifique : déterminisme n'excluant pas l'action du mental et comprenant l'auto-détermination intelligente. Tant que la morale reste purement et strictement positive, elle doit appliquer au libre arbitre le mot de Laplace : — Je n'ai pas besoin de cette hypothèse. — Il ne s'agit pas pour cela de nier le libre arbitre (question de philosophie première), pas plus que de l'affirmer ; il s'agit de n'introduire dans la partie scientifique de la morale que ce qui peut être constaté scientifiquement, à savoir l'*idée* de notre pouvoir sur nous-mêmes et le *pouvoir* réel qui, dans de certaines limites et sous certaines conditions, dérive de cette idée. La *morale purement scientifique* n'est qu'un *système rationnel d'idées-forces* dirigeant la conduite : le problème consiste à trouver la véritable *hiérarchie de ces idées selon leur valeur*, et à leur assurer *l'efficacité pratique selon les lois de l'auto-déterminisme individuel et du mutuo-déterminisme social*, sans autre postulat que celui du déterminisme, commun à toutes les sciences. C'est seulement quand la morale scientifique a donné tout ce qu'elle est capable de donner, que surgissent les problèmes proprement philosophiques sur le fond des choses, sur le caractère absolu ou définitif du déterminisme même, sur la spontanéité féconde et informulable qui peut exister au-dessous du formulable, sur la possibilité et la nature de la causalité libre, etc. Ces problèmes ne doivent venir qu'à leur heure et à leur place. Il faut, ce qu'on n'a pas fait assez jusqu'ici en morale, sérier les questions.

CHAPITRE V

LA VRAIE MÉTHODE SCIENTIFIQUE EN MORALE
FAUSSE IDÉE QUE S'EN FONT LES SAVANTS DE PROFESSION

I. — Caractères de la méthode scientifique. 1° Désintéressement absolu. 2° Recherche de la complète analyse et de la complète synthèse. — Caractère pseudo-scientifique des analyses partielles et des synthèses prématurées. Fausses idées que se font certains savants de profession de la morale scientifique. — Comment, à toutes les époques, les sciences les plus récemment constituées ont prétendu au rôle d'explication universelle. — Abus actuel de la biologie en sociologie, de la sociologie en morale. — Vraie méthode scientifique. Qu'elle poursuit *l'entière adéquation de la morale aux faits et aux lois directrices de la nature et de l'esprit.* — II. — Nécessité d'une méthode de synthèse et de conciliation par subordination des vérités. — Fausse méthode de l'éclectisme et du néo-criticisme. Abus dialectiques de l'hégélianisme. — Que la méthode de synthèse qui réunit les principes positifs des diverses doctrines est conforme à l'évolution pratique de l'humanité.

I. — Le premier caractère de la vraie méthode en morale, c'est le *désintéressement absolu* et la recherche sincère du vrai. Nous ne devons pas repousser *a priori* comme fausse toute doctrine dont les conséquences probables nous semblent devoir être mauvaises pour l'individu et la société ; nous ne devons pas prendre le bien comme critérium du vrai. Le moraliste qui veut traiter scientifiquement la question morale doit commencer par mettre sur une même ligne, au nombre des choses à analyser et à critiquer, tous les faits de l'ordre moral, toutes les données de notre conscience, toutes les idées et tous les sentiments qui dirigent notre conscience, les mœurs, les traditions, etc., etc. Il ne doit pas, renversant l'ordre méthodique, dire : cela est bon, donc cela est vrai ; cela est mauvais, donc cela est faux. Une des questions qu'il aura à résoudre, c'est précisément de savoir si la vérité coïncide avec ce que nous, hommes, nous appelons le bien. A ce point de vue, l'impératif catégorique n'est qu'une chose à examiner et à critiquer. En fait, nous croyons que nous *devons*. En droit, cette croyance est-elle conciliable avec les données certaines de la science et de la philosophie? C'est chose à voir. Pour cela, nous aurons à examiner les conditions et les limites de la science, et nous rechercherons si la vérité du *devoir* est incompatible ou compatible avec ces conditions et ces limites. Kant a-t-il réussi à ne point dépasser en morale les bornes de la critique qu'il avait faite en philosophie? C'est encore une question à examiner[1]. Certains philosophes ont prétendu, avec les Renouvier et les Secrétan, qu'on a d'abord le devoir de croire au devoir et que ce devoir règle ce que nous devons admettre comme vrai. C'est le renversement de toute méthode scientifique. Le devoir de croire au devoir, si nous le trouvons dans notre conscience, ne peut être, au début, qu'un fait mental à apprécier. Si c'est une illusion, nous devrons la dissiper; si c'est une loi de notre intelligence même, compatible avec tous les autres principes de l'intelligence, nous devrons l'admettre; mais qu'on ne commence pas par nous imposer philosophiquement un devoir de croire au bien, quand nous n'avons encore établi ni la *vérité* du *bien*, ni celle du *devoir*.

Le second caractère d'une méthode vraiment scientifique, c'est de poursuivre la *complète analyse* et la *complète synthèse* et, en tous cas, de ne rien affirmer au delà de l'analyse actuelle ou de la synthèse actuelle. L'abstraction est le grand mal de l'intelligence, en même temps qu'elle est une de ses conditions et, un de ses biens. En nous faisant voir seulement une partie de la vérité, elle nous porte à croire que telle autre partie est inconciliable avec la première. Ne jugeons pas le réel sur nos abstractions, la forêt sans limites sur un seul arbre. Une des grandes sources de l'erreur philosophique et morale, c'est la synthèse hâtive et la combinaison

---

[1] Voir, dans notre *Critique des systèmes de morale contemporains*, les chapitres sur Kant.

précipitée sans suffisante analyse des éléments combinés. Le sophisme de l'énumération incomplète est le péché mignon des savants égarés dans le domaine moral et social. Par un étrange abus de mots, ils appellent une morale « scientifique » et même « positive » sous le prétexte que son auteur, au lieu d'invoquer un principe *a priori*, a emprunté *a posteriori* certaines propositions, thèses, lois, généralisations partielles, à une ou à plusieurs sciences positives, que ce soit la biologie, la sociologie ou même la psychologie. L'un prendra pour point de départ la lutte pour la vie, rattachera *toute* la morale à ce fait, qui, dans le domaine même de la biologie, n'est qu'un fait partiel, complété par d'autres faits ou lois ; et il donnera pompeusement à son système le nom de scientifique. Un autre empruntera à l'astronomie la loi de l'attraction et de la répulsion, puis, à force de métaphores et d'analogies, il retrouvera dans l'humanité des attractions et des répulsions passionnelles ou autres, et voilà un roman astronomico-social érigé en morale scientifique. Non moins romanesque au fond est tel système qui, prenant parmi les faits psychologiques la recherche égoïste de l'intérêt propre, ou encore la « volonté de puissance », rapetisse à ce seul fait la morale entière. La myopie, l'étroitesse de vues, l'*unitéralité*, voilà aujourd'hui le commun caractère de presque toutes les morales prétendues scientifiques et positives.

En chaque siècle, d'ailleurs, on a vu celle des sciences qui avait reçu les plus récents et les plus hauts développements prétendre au rang de méthode universelle et même d'explication universelle. Au xviie siècle, les mathématiques avaient pris un immense essor ; la méthode mathématique fut en singulier honneur chez les philosophes, notamment Descartes, et l'on vit Spinoza exposer la morale *more geometrico*. Au siècle suivant, les sciences physiques et chimiques se développent ; aussitôt la méthode physique et même chimique prétend envahir la philosophie et, en particulier, la psychologie : on finit par rechercher la chimie des sensations, par assimiler aux synthèses chimiques la spécificité des synthèses mentales par rapport à leurs éléments. Puis, dans le xix° siècle, on assiste à la montée triomphale des sciences naturelles ; la nature entière finit par être conçue comme une évolution analogue à celle des êtres vivants. La biologie devient alors la science dominatrice, à laquelle on demande la clef de tous les mystères. De nos jours, enfin, la sociologie tend à l'emporter et à fournir des explications d'ordre supérieur[1]. Dans cette succession hiérarchique des sciences, dans cette ambition de dominer qu'elles ont tour à tour, il y a un côté qui est légitime, un autre qui l'est moins. Que la science qui a apporté les lumières les plus nouvelles sur les objets les plus complexes soit considérée comme la plus capable, provisoirement, d'éclairer le fond même de la réalité, quoi de plus naturel ? L'explication physique est, à coup sûr, plus vraie que l'explication purement mathématique ; l'explication biologique est plus vraie que la physique ; l'explication psycho-sociologique est plus vraie que la biologique. Mais il ne faut pas qu'une science particulière, si haute soit-elle et fière de ses découvertes, s'érige en science universelle. Cette prétention est, notamment, devenue insoutenable pour les sciences naturelles : c'est revenir en arrière que de vouloir leur subordonner entièrement la science sociale, qui, au contraire se montre de plus en plus originale et indépendante. De même pour la morale. A chaque serrure il faut sa clef, à chaque ordre de sciences sa méthode. Un savant a dit, non sans ironie, à propos des empiètements de l'histoire naturelle : « Au début de la science, c'était le Créateur qui dictait les lois ; plus tard, son rôle de législateur passa à la Nature, et maintenant ce sont Messieurs les Naturalistes qui se chargent de cette besogne ». La sociologie et la morale ont été envahies par l'argot biologique, qui donne aux théories les plus erronées un faux air d'exactitude. C'est l'éternelle poudre aux yeux des termes techniques, devant lesquels les simples restent ébahis, admirant d'autant plus qu'ils comprennent moins. On substitue au mys-

---

[1] Voir notre livre : *le Mouvement positiviste et la conception sociologique du monde.*

tère religieux le jargon savant, mais la croyance qui en résulte n'est toujours que la foi du charbonnier. Une formule incomprise vaut un dogme ; qu'il s'agisse d' « évolution différenciée » ou qu'il s'agisse de « transsubstantiation », le commun des mortels ne saisit pas davantage le sens et n'en adore que mieux.

Pour prendre un exemple, écoutez avec quelle assurance M. de Lilienfeld déclare : « La condition *sine qua non* pour que la sociologie puisse être élevée au rang de science positive et que la méthode d'induction puisse lui être appliquée, c'est la conception de la société humaine en sa qualité d'organisme vivant, réel, composé de cellules à l'égal des organismes individuels de la nature. »[1] — Et nous répondrons, au contraire : — La condition *sine qua non* pour que la sociologie, dont la morale découle en partie, puisse être élevée au rang de science positive et que la méthode d'induction lui soit appliquée, c'est de ne pas confondre des analogies plus ou moins lointaines avec des inductions scientifiques, des métaphores avec des raisons ; c'est d'observer directement et immédiatement les phénomènes sociaux, c'est de chercher leurs lois de causation, qui seules pourront nous dire s'il y a finalement évolution et en quel sens ; s'il y a organisation et quel genre d'organisation ; s'il y a des cellules dans cet organisme, — ce que nous ne croyons pas, pour notre part ; — ou si la société est tout autrement organisée qu'un végétal ou un animal, — ce que nous croyons. Mais dire : — La biologie, science positive, étudie des organismes composés de cellules ; donc la sociologie, pour être positive, doit aussi étudier des organismes composés de cellules, c'est faire un raisonnement aussi enfantin que si on s'écriait : — La botanique, science positive, étude des tiges, des feuilles et des fleurs ; donc la zoologie et la sociologie, pour être positives, doivent étudier des tiges, des feuilles et des fleurs.

La construction d'une morale suppose assurément une connaissance suffisante, non pas seulement de la biolo-

---

[1] *Pathologie sociale*, p. 22.

gie, mais surtout de la sociologie et de la psychologie. La tâche est considérable pour le philosophe. Encore est-il habitué par le caractère même de ses recherches à ne pas se confiner dans un seul point de vue. En outre, un philosophe qui a étudié la psychologie sera plus apte à étudier la sociologie, et celui qui aura étudié les deux n'aura pas de peine à redescendre vers une science relativement plus simple, telle que la biologie : il ira du plus au moins, du supérieur à l'inférieur, du plus compliqué au moins complexe. Au contraire, quand un biologiste, enthousiasmé par quelque fait ou quelque loi dont il voit la fécondité en son domaine, part de là pour une généralisation hâtive, qui embrasse la sociologie, la psychologie et, comme conséquence dernière, la morale, comment ne pas lui rappeler qu'en s'imaginant ainsi faire œuvre scientifique, il fait, tout au contraire, œuvre antiscientifique par excellence? Il prétend dépasser les prémisses dans la conclusion : d'une loi ou de deux ou trois lois qu'il a choisies, il prétend tirer *la loi*, je veux dire la règle dernière de l'activité individuelle et sociale.

La vraie méthode exclut ces conclusions absolues, universelles et radicales; elle ajoute à toute affirmation des limitations. *En certains cas*, par exemple, nous verrons que la concurrence vitale, livrée à elle-même, peut produire d'heureux résultats pour l'humanité, — mais non : *dans tous les cas*. L'esprit scientifique consiste, répétons-le, à ne jamais aller plus loin que les faits constatés ou les lois établies, tout au moins à présenter ses hypothèses comme de simples suppositions idéales prolongeant l'expérience réelle. L'esprit scientifique consiste à tenir compte de toutes les données possibles et à ne jamais croire cependant que l'on a épuisé la réalité en la ramenant à ce que nous en pouvons saisir : le pêcheur s'imagine-t-il qu'il a retiré toute la mer et tous ses habitants dans son filet? L'esprit scientifique est la prudence, la volontaire suspension de jugement, la lenteur voulue de raisonnement; il a en horreur cette exubérance prodigieuse d'affirmations dont tant d'esprits nous donnent aujourd'hui le spectacle. Combien de savants égarés hors de leur science (surtout en Allemagne) qui n'ont pas plus de rigueur que les poètes et les prophètes ! Nous verrons plus loin toutes les divagations à la mode sur la sélection naturelle dans l'humanité, sur la lutte pour la vie, sur le transformisme, sur la beauté et l'utilité de la guerre, sur le droit des plus forts, sur la supériorité de telles ou telles races, etc.; en les entendant, l'humble logicien, habitué à réfléchir sur les méthodes et sur les règles du raisonnement, ne peut s'empêcher de sourire. Il songe, avec Socrate, que, s'il ne sait rien, il sait du moins, lui, qu'il ne sait rien et ne prétend pas personnifier la Science. « O Liberté, que de crimes commis en ton nom », ô Science, que d'ignorances, que d'erreurs, que d'absurdités débitées en ton nom !

Il est temps de mettre fin à cette dangereuse manie des savants, de mettre le pied sur le domaine où, faute d'études, ils ne sont que des ignorants. Si la science humaine ne peut épuiser toute l'analyse ni embrasser du regard toute la synthèse, qu'elle apporte toujours à ses propositions les restrictions nécessaires. Qu'elle se défie de tous les systèmes étroits et fermés, fondés sur un seul principe ou sur un petit nombre de principes choisis dans la masse. Qu'elle s'en défie principalement quand il s'agira de dicter à l'homme sa conduite, car notre conduite est notre moi tout entier engagé dans l'action. C'est le cas ou jamais de ne pas oublier des données essentielles. Un tel problème est une question de vie ou de mort morale, comme quand il s'agit, pour le médecin, de sauver un malade en danger. Le plus cohérent des systèmes peut être ici le plus dangereux, s'il est exclusif : le médecin peut tuer sûrement le malade selon les règles. Si on laissait faire les biologistes, ils tueraient aussi l'humanité selon les règles.

Pour notre part, nous tirerons de chaque principe tout ce qu'il peut contenir, rien que ce qu'il peut contenir ; par exemple, du principe biologique nous déduirons non pas seulement une ou deux conséquences, mais *toutes* les conséquences possibles dans l'état actuel de la science et applicables à la morale, afin de voir jusqu'où nous mènera et où nous abandonnera la biologie. Pareillement, nous tâcherons d'extraire tout le suc moral de la sociologie, non pas seulement une ou deux conclusions plus ou moins hasardées. Le « simplisme » est la perte de la vraie science et surtout de la vraie philosophie ; l'unilatéral est presque toujours faux, sinon en soi, du moins par tout ce qu'il semble exclure. Le vrai moraliste doit poursuivre l'*entière adéquation de la morale aux faits et aux lois directrices de la nature et de l'esprit.*

II

Si notre ambition est de ne négliger aucun des éléments de vérité morale que peuvent contenir les diverses sciences, les diverses philosophies, même les diverses religions, nous ne sommes nullement pour cela un « éclectique ». Refuser, par exemple, de prendre la sélection naturelle pour explication adéquate de l'évolution morale, tout en lui faisant sa part à côté d'autres principes, ce n'est pas faire de l'éclectisme ; tout au contraire, ceux qui sont éclectiques, ce sont ceux qui choisissent un ou deux faits dans la masse, puis prétendent que c'est là le tout. Ils ne *choisissent* vraiment que pour *exclure*. La vraie synthèse n'est pas un choix dans la réalité, mais, nous venons de le dire, un effort pour égaler la réalité. La méthode synthétique, que nous avons appelée méthode de conciliation, s'appuie sur la convergence de toutes les théories possibles sur un sujet, une fois rectifiées ; l'éclectique, lui, choisit dans l'histoire et arrange à son gré des doctrines isolées, incomplètes, qui n'ont de prix pour lui que parce que, dans le fond, elles coïncident avec sa manière de voir. L'éclectisme est ainsi frappé de subjectivité, tandis que la méthode de synthèse poursuit une unification objective. *Concilier*, c'est *marquer la place de toutes les parties dans l'ensemble*, au lieu de se borner à l'une ou à l'autre de ces parties, détachée du tout et indûment présentée comme le tout ; concilier, c'est découvrir la commune raison d'être des théories opposées dans l'esprit humain lui-même et dans son rapport avec les choses. L'implication naturelle des vérités et leur subordination hiérarchique, qui est le grand caractère de la philosophie doit être aussi celui de la morale. Les principes moraux qui, pour un regard superficiel, semblent s'exclure, s'appellent l'un l'autre comme complément l'un de l'autre ; en voulant s'isoler, ils se détruisent. Qui nous empêchera donc, par exemple, d'accepter les éléments *biologiques* de la morale, pourvu que nous les subordonnions aux éléments *sociologiques*? Et ces derniers, pourvu que nous les subordonnions aux éléments *psychologiques*? Et ces derniers encore, pourvu que nous les subordonnions aux éléments *philosophiques*?

La vraie méthode n'est pas seulement, comme se le figure M. Renouvier, de faire la chasse aux contradictions, de les découvrir, de les lever. Et il faut nous défier des incompatibilités que nous croyons voir. Descartes lui-même, comme le remarque M. Boutroux, ne voulait pas qu'on posât d'abord la question des rapports et des incompatibilités. Considérez d'abord séparément les parties, disait-il, avant de prétendre les relier entre elles ; si vous ne voyez pas le lien, supposez-le ; si vous ne pouvez même pas le supposer ou l'imaginer, quoique les diverses vérités s'imposent chacune à part, dites-vous que votre intelligence est trop bornée pour apercevoir l'unité foncière des choses. Leibnitz voulait, lui aussi, qu'on ne refusât aucun élément de vérité, qu'on ne « méprisât » rien, qu'on cherchât le côté par où chaque système est plausible, qu'on se plaçât successivement aux divers centres de perspective, pour obtenir la perspective d'ensemble la plus complète. Voilà la vraie et grande tradition, trop oubliée de nos jours, à laquelle nous prétendons revenir, pour en finir avec l'étroitesse et la myopie qui enferment tant d'esprits dans leurs idées propres comme en une prison.

Il y a d'ailleurs une fausse méthode d'unification, qui consiste à ramener les systèmes à une unité *abstraite* en les vidant de tout ce qu'ils contiennent de précis et de concret ; et c'est justement celle-là que M. Renouvier a suivie dans sa *Science de la morale*. Il finit par tout réduire à un principe commun de *devoir-être*, lequel signifie tout aussi bien le nécessaire ou le convenable des stoïciens que le « désirable » de Mill ou que l'impératif catégorique de Kant. Il est clair que, en ce sens vague, tout le monde accordera que l'homme doit faire quelque chose plutôt que de rester les bras croisés. Mais ce qu'il faut, c'est de déterminer comme principe d'action une unité synthétique, concrète et réelle, non pas seulement formelle, et de trouver, au-dessus des principes antagonistes, un principe supérieur par rapport auquel les autres soient des moyens inséparables pour une même fin.

Cette méthode est le seul moyen d'échapper aux systèmes exclusifs que nous voyons aujourd'hui en lutte non pas seulement dans les cerveaux des individus, mais encore dans la société, qu'ils divisent contre soi. Quand on aperçoit quelque part des éléments imparfaitement unifiés, par exemple l'action *individuelle* et l'action *sociale*, on prend instinctivement une attitude de négation et d'antagonisme relativement à l'un ou à l'autre de ces éléments ; de là, dans l'espèce, l'individualisme et le socialisme exclusifs, qui se combattent sous nos yeux. Beaucoup d'esprits sont portés à croire que l'incomplète unification dont nous sommes témoins entre l'individu et la société s'explique par une exclusion mutuelle et radicale qui se cache au fond des choses ; si donc ils veulent opérer un rapprochement des deux éléments dans la pratique, ils croient qu'il faut *limiter* l'un de ces éléments par l'autre, l'individu par la société, l'Etat par l'individu. L'idée de *limite* devient ainsi essentielle à leurs yeux, et il en résulte ce qu'on nomme un *compromis*, sorte d'opération de partage analogue à tout équilibre de forces *mécaniques*. Une telle situation, selon nous, est provisoire et, en réalité, inférieure. La vraie méthode, encore une fois, et la seule scientifique, consiste à trouver, non un compromis ou une limitation mutuelle, mais une synthèse.

Cette synthèse, nous ne prétendons pas l'établir, comme le fait trop souvent Hegel, par un jeu dialectique de pures notions dont l'une, contredisant l'autre, entraînerait, avec la négation de la négation, un processus simultanément logique et téléologique. Sans nous perdre dans ce « procès » de contradictions et dans cette trichotomie de la pensée, nous admettons que le point de vue supérieur est celui d'une *unité concrète*, dont les points de vue inférieurs et mutuellement contraires n'étaient que des abstraits. C'est, par exemple, l'unité concrète du bien individuel et du bien social qu'il s'agit, en morale, de déterminer, non pas seulement un *compromis éclectique* entre les deux, ni un *équilibre*. Cet équilibre serait chose plus ou moins provisoire, aussi peu scientifique dans le fond que le fameux « équilibre européen ». La morale n'est pas une politique d'expédients et de transactions ; elle doit s'établir sur un principe de réelle *unité*, par rapport auquel elle puisse *évaluer* et *organiser* tout le reste. Il faut donc que, par quelque point essentiel, *mon bien* et *le bien universel* coïncident, soient absolument *un* ; et s'il y a d'autres points de non-coïncidence, la tâche de la morale sera de trouver le moyen de les ramener progressivement à l'unité finale.

Cette *méthode de conciliation par subordination des doctrines* est d'autant plus nécessaire en morale, qu'elle exprime mieux ce qui, d'après l'histoire, s'est accompli au sein de l'humanité même. En effet, l'humanité a trouvé moyen de vivre moralement avec les croyances les plus diverses, opposées sur bien des points et pourtant conciliables par l'essentiel. Que d'individus, au sein de l'humanité, ont aussi vécu des doctrines les plus contraires en apparence, bien plus, sont morts pour elles ! Comment n'y aurait-il donc pas, dans toute conception morale, un des éléments de l'universelle vérité pratique ? Rectifiez et poussez le plus loin possible les doctrines morales opposées, vous les verrez se rapprocher l'une de l'autre et tendre vers la même unité.

LIVRE PREMIER
ÉLÉMENTS BIOLOGIQUES DE LA MORALE
MORALE BIOLOGIQUE

CHAPITRE PREMIER
LA BIOLOGIE PRATIQUE ET SON OBJET
LA VIE ET L'IDÉE-FORCE DE LA VIE

I. — La Biologie pratique et son objet. — Idée-force de la vie. Nécessité d'une interprétation exacte de la vie, dont la biologie pratique poursuit la préservation et le développement dans l'individu et dans l'espèce. — Influence des théories de Bichat et de Schopenhauer. Influence des théories de Darwin.

II. — La vie. — Est-elle essentiellement destruction ou production. Théorie de Claude Bernard. Son insuffisance. Théorie des physiologistes contemporains. — L'assimilation et la construction sont le fond de la vie. — Différence du travail opéré par une simple machine et du travail opéré par l'être vivant. — Unité profonde de la forme et de la matière, de la fonction et de l'organe. — La vie est synthèse et harmonie. La morale biologique n'est pas un code de destruction.

III. — La nutrition. — Est-il exact de définir la vie par la faim et l'insatiabilité. Rolph et Nietzsche. — Le sommeil. — La nutrition au point de vue psychologique et moral. Comment elle finit par entraîner la division du travail et la coopération, d'abord *intra-individuelle*, puis *inter-individuelle*. Sympathie et synergie finales.

IV. — La génération. — Sa nature chez le protozoaire et chez le métazoaire. — Rapports de la nutrition et de la génération. — Côté individualiste et côté altruiste de la génération. Comment elle finit par ouvrir l'individu à autrui. Littré et Guyau. Objections de Nietzsche. — Que la biologie nous montre déjà l'effort universel des êtres pour franchir l'égoïsme.

V. — Théorie des sentiments et émotions dans leur rapport avec la vie organique. Opinions de Bichat, de Schopenhauer, de Lange, de James, de Ribot. Les émotions ne sont-elles que des répercussions de la vie végétative et organique. — Nécessité de tenir compte de la vie cérébrale. Autonomie relative du cerveau. — L'émotion ne varie pas seulement en fonction des modifications organiques périphériques, mais en raison des modifications intra-cérébrales et, par cela même, inter-cérébrales.

VI. — LA MORT. — L'idée de mort est-elle inséparable de l'idée de vie. — Rôle attribué par certains théoriciens à la destruction. Théorie de Claude Bernard : la vie, c'est la mort. — Son inexactitude. — Théories plus récentes. — Doctrine de Weissmann sur l'immortalité du protoplasma germinatif. — Que l'idée de mort n'est pas inhérente à l'idée de vie. — Spéculations de certains Allemands sur les conséquences morales de l'immortalité des cellules reproductrices. — Est-il vrai que l'individu soit entièrement subordonné à l'espèce.

I

LA BIOLOGIE PRATIQUE ET SON OBJET

Pendant que les philosophes dissertent, a dit Schiller, la faim et l'amour mènent le monde. Qu'est-ce que la faim et l'amour, ces deux grands actes de la vie, sinon les deux principes essentiels de ce que le moraliste appelle l'égoïsme et l'altruisme? Les plus récentes découvertes de la science, ont apporté quelques lumières nouvelles sur la nature, le rôle et la relation réciproque de ces deux moteurs universels. Question capitale non seulement pour la biologie, mais aussi pour la sociologie et la morale. En Allemagne, toute la lignée de philosophes qui devait aboutir à Nietzsche, en Angleterre, tous les disciples plus ou moins fidèles de Darwin ont prétendu que la faim insatiable, avec l'insatiable besoin de tout s'assimiler et de tout dominer, était la caractéristique même de ce qu'on appelle vivre. Les philosophes français, au contraire, avec M. Espinas, M. Guyau, M. Tarde, M. Durckheim, — et nous-même, depuis longtemps, — n'ont cessé de protester contre la théorie qui ramène la vie entière à l'égoïsme et à la lutte des forces [1].

Au dix-neuvième siècle, cette dernière théorie a paru

[1] Voir, outre notre *Critique des systèmes de morale contemporains*, nos livres déjà anciens sur l'*Idée moderne du droit* et sur la *Science sociale contemporaine*.

trouver ses deux principaux points d'appui dans la doctrine de Bichat, reprise par Schopenhauer, et surtout dans celle de Darwin. « Les observations de Bichat et les miennes, disait Schopenhauer, se corroborent mutuellement ; les siennes sont le commentaire physiologique des miennes ; les miennes sont le commentaire philosophique des siennes. Les unes et les autres sont le mieux comprises quand on les lit ensemble. » Quelle était donc l'idée fondamentale de Bichat ? — C'est que l'organisme contient deux systèmes d'organes radicalement distincts, chacun ayant sa forme de vie différente. Considérez ensemble les organes internes, estomac, ventre, foie, cœur, organes sexuels, etc., voilà le domaine de ce que Bichat appelle la « vie organique », siège des *passions* et *appétits*. Les organes ouverts à l'extérieur, cerveau, sens, muscles volontaires, voilà le domaine de la vie animale et des relations externes. Or, selon Bichat et selon Schopenhauer, cette seconde vie n'existerait que pour fournir aux besoins et appétits de la première, seule fondamentale. Et ces appétits, à leur tour, auraient pour unique fin la *préservation de la vie* individuelle et spécifique. De là, selon le langage de la biologie, subordination des organes de « l'ectoderme » à ceux de « l'endoderme ». Ainsi, en définitive, la faim et l'amour seraient essentiellement égoïstes, l'amour même, sous sa forme première, n'étant qu'un besoin analogue à celui de la faim. Sur cette base de l'égoïsme physiologique Schopenhauer essaiera sans doute d'élever la « pitié », en la justifiant par des raisons de haute métaphysique ; mais la substance vivante demeurera toujours à ses yeux (comme à ceux de son disciple Nietzsche) radicalement égoïste et, au fond, impitoyable. Dans cette hypothèse, toute l'éthique animale se réduirait à : — Manger et, au besoin, s'entremanger. Quant à l'éthique humaine, elle ne serait qu'une forme adoucie de la même morale ou du même « immoralisme ». Cette prétendue « morale de la nature », Victor Hugo l'avait d'avance résumée dans ces vers :

> Soit. Qu'importe la mort des autres ? J'ai la vie.
> Je suis une faim vaste, ardente, inassouvie.

On le voit, c'est bien le sens même de la vie, dans l'ordre individuel et social, qui est en cause. Il s'agit de savoir quelle est, au point de vue de la science, la vraie loi de nature, avec laquelle les lois sociales et morales ne sauraient être en antinomie absolue et irrémédiable.

Nous voyons se développer de nos jours une *biologie pratique*, ou *biologie appliquée à la conduite individuelle et collective*. Une telle science n'est pas sans doute la morale proprement dite et ne devrait pas prétendre à la remplacer, elle en est cependant une préparation et peut, une fois posés les principes moraux, contribuer utilement aux applications de ces principes. Sur cette biologie pratique, qui relève de la science positive, l'accord des savants est possible ; il doit se faire, il se fait de plus en plus. Et cet accord ne pourra manquer de passer des idées dans les actions. Après n'avoir été d'abord qu'une force qui se développe par une nécessité interne, identique à la spontanéité interne, la vie, en prenant par la science même conscience de soi, de sa nature, de ses conditions, de sa direction, devient une *idée-force* et, à ce titre, réagit sur son développement intérieur. De vie réelle et machinale, elle s'élève à la dignité de vie idéale et réfléchie, par cela même déjà morale.

Pour la biologie pratique (abstraction faite de la morale proprement dite) le but dernier à atteindre ne peut être que la *conservation* et le *perfectionnement* de la *vie* dans l'*espèce* et dans l'*individu*. C'est déjà là, en fait, le grand résultat auquel aboutissent toutes les fonctions et toutes les lois de la vie. Cet *effet* ultime, pour un être intelligent en même temps que vivant, devient une *fin*. Nous ne disons pas que ce soit là *la fin*, le but suprême de toute volonté raisonnable : problème réservé. Nous disons simplement qu'un être qui vit et se rend compte des conditions de sa vie peut réagir sur ces conditions en vue de conserver et de perfectionner cette vie. Si, de plus, il conçoit la vie des êtres de même espèce avec lesquels il est en relation nécessaire, il conçoit du même coup un *but collectif*, qui est la *conservation* et le *perfectionnement de la vie collective*. Nous déterminons ainsi scientifiquement le domaine de la biologie pratique, — qui, encore une fois, pourra acquérir une valeur morale si, par ailleurs, on arrive à établir l'existence d'une *moralité*, soit supérieure à la vie, soit inhérente à la vie même. Il serait sans doute hasardeux de vouloir faire tout dépendre, en éthique, d'une notion aussi mystérieuse scientifiquement que celle de la vie ; malgré cela, la science essaie de dérober au Sphinx, sinon son secret, du moins une partie de ce secret, et la morale n'y peut rester indifférente.

II

LA VIE

L'idée fondamentale de la biologie pratique, comme de la biologie théorique, étant celle même de la vie, il importe avant tout de savoir en quoi la vie consiste, si elle est essentiellement destruction ou création, et si, par rapport aux autres êtres, elle est par essence lutte ou concours, c'est-à-dire, psychologiquement, haine ou amour.

La vie est aujourd'hui considérée, comme liée à des actions et réactions chimiques. L'être vivant emprunte au monde extérieur toute l'énergie qu'il consomme et il la lui emprunte sous forme d'*énergie chimique potentielle*. Claude Bernard avait beaucoup insisté sur cette considération que le fonctionnement vital s'accompagne d'une *destruction du matériel organique*. Quand le mouvement se produit, disait-il, quand un muscle se contracte, quand la volonté et la sensibilité se manifestent, quand la pensée s'exerce, quand la glande sécrète, la substance des muscles, des nerfs, du cerveau, du tissu glandulaire se désorganise et se consume. Dès lors, la *réserve d'énergie* qui vient d'être *dépensée* devra être *reconstituée*, pour que l'organisme se conserve en son équilibre. C'est l'*alimentation* qui y pourvoit : elle fournit les matériaux : le jeu de l'appareil digestif les prépare à être assimilés, c'est-à-dire qu'il les amène à la place convenable et les incorpore à l'état de *réserves*. De là les deux catégories dans lesquelles, depuis Claude Bernard, les physiologistes distribuèrent les phénomènes de la vie animale : phénomènes de *destruction des réserves*, ou *catabolisme*, et phénomènes plastiques de *construction organique* ou *anabolisme*.

Mais ce n'était encore là qu'une notion extérieure et confuse de la vie. La grande question qui se pose aujourd'hui pour la biologie théorique et pratique est la suivante : — Les phénomènes vraiment *vitaux*, ceux par lesquels se manifeste *la vie* même dans son action, en d'autres termes les phénomènes *fonctionnels*, accompagnent-ils et impliquent-ils en soi la *destruction* des substances *plastiques*, de même que la chaleur accompagne la destruction par combustion du gaz d'éclairage ? C'était là précisément, nous venons de le voir, l'opinion de Claude Bernard. Ou, au contraire, les phénomènes fonctionnels accompagnent-ils la construction et *synthèse* des substances plastiques, de même que la production de chaleur et de lumière accompagne la synthèse de l'eau ? C'est l'opinion qui a été récemment soutenue, principalement par un physiologiste philosophe, M. Le Dantec.

Examinons d'abord l'opinion de Claude Bernard. Elle se fondait sur une inférence hasardeuse de ce qui se passe dans la chimie des corps *bruts* à ce qui se passe dans la chimie des corps organisés. Chez les corps bruts, toute substance se *détruit*, en tant que composé défini, chaque fois qu'elle réagit d'une manière quelconque, si bien que *réaction* et *destruction* vont ensemble. Faites réagir un poids P d'acide chlorhydrique sur du sodium, il vous restera ensuite, outre une certaine quantité de chlorure de sodium, un poids d'acide chlorhydrique *inférieur à P*. Mais le fait contraire a lieu pour les plastides vivants : le protoplasma est le siège d'un grand nombre de réactions : si donc le protoplasma n'était qu'une substance chimique *ordinaire*, sa quantité diminuerait constamment ; or, loin de diminuer, elle augmente, et cependant ses propriétés restent les mêmes. Nous sommes donc là en présence d'un composé défini qui, au cours de réactions chimiques avec des corps *différents* de lui, *s'accroît en quantité* tout en restant composé défini[1]. C'est cette propriété nouvelle qui est la vraie caractéristique des êtres vivants. Elle constitue, au sens étymologique du mot, l'*assimilation*, qui fait que l'être vivant se maintient *semblable* à lui-même en s'adjoignant sans cesse ce qu'il *s'assimile* ou se rend semblable. Tel est le processus fondamental et essentiel de la vie. Toute autre fonction, par exemple la fonction locomotrice, ne fait qu'*accompagner la construction* de la substance vivante, construction qui résulte d'un système de réactions *assimilatrices*. Quant à la *désassimilation*, quelque constante qu'elle puisse être, elle n'est pas liée à la présence même de l'activité vitale, mais plutôt à sa défaillance ou absence plus ou moins partielle. C'est proprement l'assimilation qui constitue l'activité vitale elle-même, indépendamment de ses limites et des obstacles extérieurs. Telle est la théorie qui nous semble aujourd'hui la mieux démontrée.

De là dérive la grande différence des machines et des vivants. Les machines que l'homme construit s'usent sans doute en fonctionnant et ne fonctionnent qu'en s'usant, — et ce fait a frappé Claude Bernard ; mais c'est *qu'elles ne se construisent pas elles-mêmes*. Le contraire a lieu pour les êtres vivants[2]. Ces derniers, en fonctionnant, se construisent, et *ne fonctionnent qu'en se construisant* : leur fonctionnement extérieur est la manifestation même de leur mouvement intérieur de *construction*. Les phénomènes de *destruction*, eux, ne sont qu'une conséquence ou un dérivé, et ce n'est pas à ces phénomènes qu'est liée *directement* et *primitivement* l'activité vitale. Le fonctionnement d'un élément histologique est la manifestation extérieure de réactions chimiques internes, mais ces réactions sont précisément celles qui déterminent la *synthèse* de la

---

[1] Voir le profond ouvrage de M. Le Dantec, *Théorie nouvelle de la vie*, p. 89.
[2] *Ibid.*

substance, non son analyse. Assurément, lorsqu'un travail mécanique se produit dans l'être vivant, c'est au prix d'une « dépense » quelconque ; mais cette dépense peut fort bien ne porter que sur les substances du *milieu* et sur les substances de *réserve* ; intérieurement, elle coïncide avec une *production* de substances plastiques dans l'élément même qui *travaille* ou fonctionne. Aussi voit-on cet élément se nourrir et croître, comme dans le muscle qu'on exerce. C'est précisément ce qui produit l'habitude.

La vieille comparaison entre le travail d'une machine et celui d'un être vivant ne se soutient donc pas. Une machine à vapeur dépense du charbon et rend du travail ; elle n'a pas changé au bout de quelques heures de fonctionnement ; son activité a été exclusivement physique ; chacune de ses pièces a reçu une impulsion provenant de la force élastique de la vapeur, et a transmis cette impulsion sans la modifier. Considérez, au contraire, l'organisme vivant ; les biologistes vous diront que, là, il n'y a pas d'activité purement *physique*. Un muscle se contracte-t-il, c'est qu'il est le siège de réactions *chimiques* dans lesquelles interviennent : 1º sa *propre substance* ; 2º les matières de *réserve* et 3º celle du *milieu*. Le phénomène mécanique de la contraction du muscle ne fait, encore une fois, qu'accompagner et manifester extérieurement ces réactions chimiques internes[1]. C'est le *travail* résultant de cette contraction qui a fait comparer faussement le muscle à une machine : comme une machine qui fonctionne s'use à la longue, on a pensé que le muscle s'use également en fonctionnant ; mais il peut fort bien ne pas s'user dans sa substance et même s'accroître « tout en usant et dépensant les matières de *réserve* et celles du *milieu*, ce qui est bien différent ». Là gît la vraie explication de l'habitude active, qui adapte les organes en les faisant croître selon une direction nouvelle, et celle de l'habitude passive, qui, par le manque d'usage d'un organe, en produit l'atrophie ou la dispa-

[1] Le Dantec, *la théorie nouvelle de la vie*.

rition. La fonction *entretient* l'organe, au lieu de l'user par elle-même ; l'usure est une conséquence dérivée de conditions autres que la fonction. On voit le grand contraste qui existe entre la matière inanimée et l'organisme vivant. Ainsi s'explique, chez ce dernier, l'*équilibre mobile* perpétuel, inconnu des autres êtres. L'ensemble des phénomènes vitaux a pour résultat la *constance* de la composition chimique et la conservation de toutes les propriétés de l'être vivant.

En même temps, nous comprenons par quel déterminisme la vie *informe* la matière. Le système déterministe de Claude Bernard s'était arrêté à moitié chemin et pendait interrompu. Il était obligé, pour ajouter une forme à la matière, de faire appel à je ne sais quelle finalité mystique, à je ne sais quelles Idées plastiques, où Ravaisson croyait retrouver l'*Idée* platonicienne et la *forme* d'Aristote. Claude Bernard s'imaginait naïvement que la matière n'entraîne pas la forme, que la substance vivante, que le protoplasme n'a point de morphologie par lui-même, ou que, s'il n'est pas « amorphe », il est du moins, selon l'expression de Claude Bernard, « monomorphe ». Dès lors, la forme ne serait pas une « conséquence de la nature de la matière vitale ». Un protoplasme *identique dans son essence* ne saurait, prétend Claude Bernard, « donner origine à tant de figures différentes »[1]. C'était raisonner comme un cristallographe qui croirait que la forme des cristaux ne dépend pas de leur nature même, des réactions que cette nature produit et de son équilibre final dans un milieu déterminé ; il faudrait alors que je ne sais quel démiurge vînt ajouter à la substance chimique les formes de rhomboïde ou de parallélipipède ! En réalité, pour un protoplasma dont la composition chimique est déterminée, il y a aussi une forme spécifique déterminée, qui est, comme l'a bien dit M. Le Dantec : « la forme d'équilibre de ce protoplasma à l'état de vie élémentaire manifestée[2]. » *Fonctionner*, c'est *construire* et

---

[1] *Leçons sur les phénomènes de la vie*, p. 292.
[2] Le Dantec, *Théorie nouvelle de la vie*, p. 148.

Fouillée. — Morale des idées-forces.

informer : voilà le grand principe auquel aboutit aujourd'hui la biologie. Réciproquement et indivisiblement, construire et informer, c'est fonctionner. Il y a identité profonde entre activité vitale et construction, entre la vraie fonction et l'organe dont elle détermine la forme. Le processus qui aboutit à la synthèse *chimique* et, conséquemment, *morphologique* d'un organe ou, plus généralement, d'un plastide quelconque et d'un système de plastides, aboutit du même coup : 1° à des manifestations extérieures de mouvement et de chaleur ; 2° à une plus ou moins vague conscience intérieure d'action et de plaisir, toutes choses qui sont l'activité de l'organe ou de l'être vivant considéré. La *matière* (avec ses processus chimiques), la *forme* (résultant des conditions de l'équilibre dans un milieu déterminé), enfin l'*action* mêlée de *passion*, le *fonctionnement* mêlé de *réceptivité*, tout cela est donc un seul et même processus. On ne saurait trop le répéter pour le fixer dans la mémoire, l'être se construit physiologiquement et prend forme morphologiquement par son déploiement même ; d'autre part, il ne peut prendre matière et forme, il ne peut être organe ou organisme sans se manifester par telles actions et réactions. En d'autres termes encore, construire, c'est *produire*. Bien plus, *se* construire, c'est produire certains effets non seulement *en soi*, mais *au dehors*, et c'est construire quelque chose d'*autre* que soi ; c'est modifier le milieu physique ou physiologique. La fonction et l'organe étant ainsi une seule et même évolution considérée sous des aspects différents, vivre c'est agir, travailler, se transformer et transformer le dehors. La biologie moderne confirme la théorie aristotélique, encore vague, qui faisait consister l'*être* dans l'*action* ; et elle confirme aussi la même théorie aristotélique qui faisait consister le *plaisir* dans l'*action*, dans la *fonction* exercée, laquelle suppose *production* et, en dernière analyse, construction, *organisation*, imposition de forme.

De ces considérations se dégage un résultat important, c'est que l'idée négative de destruction n'est pas essentielle à l'idée positive de vie. Si vivre est construire et unir, ce n'est pas nécessairement détruire, sinon dans la mesure où une destruction peut devenir la condition préalable ou concomitante de la construction, le mal nécessaire au bien. Dès lors, la morale de la vie, la biologie pratique, n'est pas non plus, en son essence, ce qu'on pourrait appeler un code de destruction; l'idée de destruction n'y est pas absolument attachée à celle de construction comme en une antinomie insoluble; elle y demeure secondaire, progressivement éliminable, tandis que l'autre idée y est principale et rend possible l'*harmonie* progressive de l'être.

III

LA NUTRITION

La question qui se pose maintenant est la suivante : Est-il exact de définir la vie par la *faim* ou même, comme le soutient le philosophe allemand Rolph, par l' « insatiabilité »? — Théorie que Nietzsche n'a fait qu'emprunter à Rolph. — La cellule vivante *travaille, se répare et se divise* : voilà ses trois caractères essentiels. Mais, nous l'avons vu, c'est le *travail* seul qui est fondamental et non pas la nutrition ; c'est la synthèse chimique avec production de mouvement, non pas la restitution ultérieure d'énergie à l'organisme par la nourriture. Même pour la locomotive, l'essentiel est de fonctionner, non de recevoir du charbon dans son foyer ou de l'eau dans sa chaudière. La nutrition n'est jamais qu'un moyen de réintégration ; les organes intérieurs, dont Bichat a montré l'importance et qui servent à l'appropriation de la nourriture, ne sont, en définitive qu'un simple département culinaire, chargé de la préparation complexe et délicate des matériaux qui serviront à restaurer la vie dans ses rapports avec le milieu. Mais ces rapports avec le milieu demeurent toujours à déterminer, surtout du côté psychique, encore bien mieux du côté moral.

Quant à la faim, elle est encore plus secondaire ; elle est un signe exprimant pour la conscience des animaux le besoin d'emprunter au milieu pour pouvoir agir *dans* et *sur* le milieu. Rolph, Stirner et Nietzsche ont confondu la conséquence avec le principe. La faim est si peu essentielle qu'il serait possible qu'un organisme simple fût altéré physiquement par le manque de nourriture sans l'être en même temps d'une manière psychique. Peut-être en est-il ainsi dans la plante, où il est difficile de constater la faim. Il est cependant plus probable, selon nous, qu'il y a partout un accompagnement psychique, un sentiment ou pressentiment plus ou moins vague de manque et de malaise, germe de la faim. Mais, à coup sûr, l'être ne vit pas pour avoir faim ; il a faim pour pouvoir préserver sa *vie* avec ses *fonctions* essentielles, quelles qu'elles soient. L' « insatiabilité » n'est donc que la conséquence d'une incessante activité, et ce n'est pas le besoin, c'est, ici encore, la fonction qui constitue la vie. Le besoin résulte, au contraire, comme nous l'avons vu, de ce que la fonction, en produisant une synthèse d'éléments chimiques, doit emprunter ces éléments aux matières de « réserve » et à celles du « milieu », qui s'usent.

A la réparation de l'organisme se rattache cette faim de repos qui est le sommeil, moyen de restauration et de rajeunissement silencieux, où, dans une demi-inconscience, s'organisent les résultats de l'expérience consciente. Il est clair que l'appétit de sommeil, comme l'appétit de nourriture, est un simple moyen, non une fin. Au point de vue biologique, pas plus que l'être ne vit pour manger, il ne vit pour dormir. S'il dort, c'est pour pouvoir veiller et agir.

Considérez maintenant la nutrition au point de vue psychologique et moral, elle vous paraîtra sans doute en elle-même une fonction égoïste. Si elle a pour but une organisation de substance et, en dernière analyse, une harmonie interne, son moyen est le plus souvent la destruction d'une autre harmonie et la subordination forcée d'une autre vie par le moyen de la mort. La fonction nutritive est ainsi manifestement, pour parler comme Nietzsche, accapareuse et conquérante. Cependant cette fonction, impliquant un certain *travail* pour être satisfaite, a fini par produire, entre les organes d'un même animal, la *division du travail* et la *coopération*, qui augmentent l'efficacité de la fonction nutritive. Comme les cellules bien nourries produisent d'autres cellules qui leur sont accolées et ont des besoins analogues, ce voisinage entraîne déjà un certain *consensus*, qui va en augmentant jusqu'à séparation finale des tâches avec collaboration. La solidarité pénètre ainsi dans la nutrition et finit par faire retentir en chaque cellule le bien-être ou le malaise des autres cellules. Toutes accomplissent ensemble une série à la fois divisée et ordonnée de mouvements. C'est pourquoi l'individu vivant différencie ses propres organes par l'exercice et l'habitude; il finit par réaliser et fixer dans son corps la division même des opérations : l'œil aperçoit la proie, l'organe de locomotion permet de courir après elle, l'organe de préhension permet de la saisir. L'organisme « multicellulaire » réalise ainsi une association interne de cellules : voilà déjà l'accord dans la vie et pour la vie.

Bien plus, — et c'est ici une loi importante, — la division et la coopération, après avoir été *intra-individuelles*, tendent à devenir *inter-individuelles*. Voici plusieurs êtres rapprochés dans l'espace et dans le temps par la génération, qui a fait sortir les uns des autres et, par conséquent, les a déjà associés jusqu'à un certain point avant qu'ils eussent une pleine existence individuelle ; que ces êtres éprouvent simultanément des *besoins* analogues, ils en viendront à *sympathiser* mécaniquement et physiologiquement, puis à s'*imiter* l'un l'autre dans leurs actions en vue d'un même but. D'abord indépendantes, ces actions tendront à se *solidariser*, parce que l'union est une multiplication de forces, par exemple devant un ennemi commun. Un seul n'eût pas résisté, plusieurs triomphent. Ils ont éprouvé un même *sentiment de peur*, une même *impulsion défensive*, et l'unité de l'objet a mécaniquement uni leurs divers *efforts* en les faisant converger vers un même point. Ainsi se produit de nouveau la division du travail et la coopération, non plus seulement au sein d'un vivant, mais entre plusieurs vivants. Il y a accord mutuel, soit pour la nutrition, soit pour la lutte et la défense, soit pour l'action en général ; il y a donc de plus en plus accord pour la vie. Vous voyez poindre l'éthique animale.

Chez les animaux supérieurs, la nutrition aboutit à s'approprier et à mettre de côté des *provisions*. Elle provoque par un progrès plus grand encore, une *production* de nourriture, comme chez les abeilles qui élaborent le miel : il en résulte que la division du travail et la coopération vont encore croissant. Les deux mobiles de cet accroissement sont, au point de vue objectif, l'*utilité réelle* qui en résulte, au point de vue subjectif, la *sympathie*. Sans avoir besoin de calculer leur intérêt, les animaux, en sympathisant, atteindront leur plus grand intérêt. L'oubli même de l'utilité deviendra une condition pour l'atteindre : plus les membres d'une association, comme celles des abeilles ou des fourmis, seront unis par une sympathie spontanée, capable de leur faire faire abstraction de toute représentation de l'utile pour eux, plus ils coopéreront de fait à l'œuvre objective d'utilité commune. Leur « altruisme » individuel sera le meilleur moyen de bien collectif, ou, si l'on veut, d'égoïsme collectif. Mais ce mot d'égoïsme implique un calcul dont La Rochefoucauld n'a pas compris l'inutilité pratique et le danger. Non, il n'y aura pas vraiment égoïsme *intentionnel*, même chez la collectivité, mais il y aura réel progrès d'utilité collective et de bonheur collectif. De la tendance à vivre, sinon *pour soi* (ce qui impliquerait un calcul), du moins *en soi*, nous voyons sortir peu à peu la tendance à vivre *en autrui*, puis, — par un progrès dernier de la faculté représentative et de la faculté sympathique, — la tendance à vivre *pour autrui*. La vraie morale de la vie, même animale, se dessine de plus en plus : elle n'est pas celle de La Rochefoucauld.

Si, en partant de la nutrition, où semblait devoir

dominer à jamais le féroce égoïsme de la faim, adoré des Hobbes et des Nietzsche, nous avons fini par rencontrer les germes de l'amour, que sera-ce si nous prenons pour point de départ la génération même ?

IV

LA GÉNÉRATION

La provision fournie à la faim du « protoplasme », dans le cours de la vie, est le plus souvent supérieure aux nécessités du moment ; il reste donc, après la réparation, un excédent de matériaux pour une construction nouvelle. Cette construction constitue la *croissance*, essentielle à l'acte même de la vie. Mais la croissance de la cellule a une limite. Quand cette limite est atteinte, la cellule se *divise* et forme ainsi un être nouveau, une nouvelle cellule. Chez les « métazoaires », cette division des cellules entraîne une *chaîne d'êtres contigus en coopération*, une vraie *colonie* de cellules en contact, une *association* rudimentaire qui constitue le *corps*. Chez le protozoaire », certaines conditions d'équilibre mécanique et chimique font que, après avoir acquis une taille déterminée, l'être vivant ne peut dépasser cette taille. Comme l'assimilation continue cependant d'augmenter en lui la quantité des « substances plastiques », il faut bien que sa masse se divise naturellement en deux masses plus petites, dont chacune contiendra, en moindre quantité, toutes les substances constitutives du protozoaire primitif. Ces substances étant, par cela même, douées de vie élémentaire, on a deux masses vivantes au lieu d'une. On dit alors que le protozoaire s'est reproduit, « à peu près comme une goutte d'huile qui, en vertu de certaines conditions mécaniques d'équilibre, se divise en deux gouttes d'huile »[1].

Si maintenant nous revenons au métazoaire, nous voyons que certains éléments de son corps, les *germes*,

---

[1] Voir Le Dantec, *Théorie nouvelle de la vie*.

peuvent être séparés du corps sans être atteints de mort. Ces germes conservent leur vie élémentaire en dehors des conditions spéciales de milieu qu'entretenait, dans le tout dont ils faisaient partie, la vie même de ce tout. En cas de *parthénogénèse*, ces éléments peuvent se suffire et reproduire un corps analogue au premier. En cas de *fécondation*, ils sont des plastides incomplets, qui ont besoin d'être complétés par un autre plastide encore incomplet, mais de nature complémentaire (ovule ou spermatozoaire).

Si on recherche la nature ultime de la reproduction, on voit que celle-ci est aussi primitive que la nutrition, surtout dans l'être multicellulaire, et que la nutrition peut être représentée elle-même comme une reproduction continuelle du protoplasme. « Toute nutrition, dit Hutschek, est de la reproduction. » Dans cette sorte de conjugaison égale qu'on a nommée *isophagie*, la faim et l'amour deviennent impossibles à distinguer : les deux êtres s'unissent et se dévorent tout ensemble. A vrai dire les quatre grandes opérations vitales, — soustraction de substance, addition de nouvelle substance, division, multiplication, — sont différents moments d'une même histoire et ne se comprennent que les unes par les autres.

Entre la croissance et la multiplication, entre la nutrition et la reproduction, entre la faim et l'amour primitivement confondus, il se manifeste à la fin une antithèse, qui se traduit par un rythme dans la vie des organismes. Les naturalistes nous montrent, à ce sujet, la plante ayant d'abord une longue période de croissance végétative, puis fleurissant soudain et parfois s'épuisant dans sa fleur, comme le lis tigré ou l'agave. La fleur occupe d'ailleurs le bout de l'axe végétal, qui est le plus loin de la source de nourriture, si bien que, en exagérant un peu, on pourrait l'appeler « le point de la famine[1] ». Au moins serait-il vrai de dire, croyons-nous, que la fleur est le point de la plus forte et active dépense. Chez certains animaux, comme le saumon et la grenouille, les

---

[1] Geddes et Thomson, *l'Evolution des sexes*.

périodes de nutrition active sont suivies de temps de jeûne, au bout desquels a lieu la reproduction. La pondaison et la mise à fruit, les périodes de nutrition et les crises de reproduction, la faim et l'amour doivent être interprétés, a-t-on dit, comme des flux et reflux de vie, expression du rythme organique fondamental entre la construction et la dépense, le repos et le travail, le sommeil et la veille, qui, du côté du protoplasme, se traduisent en « anabolisme » (ou processus d'assimilation) et « catabolisme » (ou processus de désassimilation) ; ce sont les balancements du pendule de l'organisme [1].

Considérée psychologiquement et moralement, la génération a son côté, sinon égoïste, du moins individualiste ; mais, comme nous l'avons vu, elle donne naissance à un *autre* être, qui est *relié* au premier : 1° dans l'*espace* ; 2° dans le *temps* ; 3° dans l'ordre de la *causalité*, puisque le premier se sent plus ou moins vaguement *producteur* du second ; 4° dans l'ordre de la *similitude*, puisque le premier se *reconnaît* encore lui-même dans le second ; 5° dans l'ordre de la *finalité*, puisque bien des besoins leur sont communs. Il en résulte immédiatement une tendance toute particulière à la *sympathie* et, par cela même, à la *synergie*.

En outre, le fait essentiel de la reproduction est la séparation d'une partie de l'organisme parent destinée à commencer une vie nouvelle et individuelle. Or, cette séparation suppose une rupture, une sorte de crise et, matériellement, de *sacrifice*. La division cellulaire, qui est parfois le résumé de l'acte de la reproduction et qui l'accompagne toujours, est un abandon d'une partie de soi, comme une mort de cette partie au profit du reste. Parfois même, la reproduction entraîne une mort totale : on sait combien les naturalistes insistent sur les intimes relations de l'amour et de la mort, qui ont fourni un thème poétique à Leopardi. En quelques heures les libellules, émergeant en liberté ailée, dansent leur danse d'amour, déposent leurs œufs et meu-

[1] Voir notre *Tempérament et caractère*, livre premier.

rent avec leurs compagnons. Le « vol nuptial » de l'abeille est aussi un vol vers la mort[1]. Gœthe et Weissmann ont fait voir qu'il en est de même pour beaucoup d'autres insectes. Chez les Nématodes, les jeunes vivent aux dépens de la mère, jusqu'à ce qu'elle soit réduite à rien. Dans beaucoup d'espèces, la mère est sacrifiée; dans d'autres, c'est le père. Le « balancement » qui va vers la génération d'êtres nouveaux n'a donc plus, pour le spectateur, la direction objectivement égoïste de la faim primitive. L'être qui se reproduit finira par avoir lui-même conscience de la direction expansive et « altruiste » inhérente au fond de l'amour : ce ne sera plus alors ce *bellum omnium contra omnes* auquel on veut réduire l'éthique de la vie.

Littré et, après lui, M. Arréat, Guyau, Geddes et Thomson, ont rattaché l'égoïsme aux besoins de la conservation, l'altruisme aux besoins de la reproduction. L'égoïsme, en d'autres termes, c'est l'individu ; l'altruisme, c'est l'espèce. Guyau, surtout, a montré comment, grâce à la génération, l'organisme individuel cesse d'être isolé psychiquement, comment son centre de gravité se déplace par degrés, dans le passage de la génération asexuée à la génération sexuée, qui inaugure une nouvelle phase pour le monde en produisant un premier groupement des organismes, germe de la famille. Vainement Nietzsche objecte à Guyau que la génération est simplement « l'impuissance de l'être générateur à étendre sa domination sur toutes les cellules de son organisme, si bien que certaines cellules le quittent et fondent ailleurs des colonies[2] ». Guyau aurait pu répondre que, là où s'est brisé le lien primitif entre l'organisme parent et l'organisme enfant, un lien nouveau prend place, non plus matériel, mais psychique et moral, et c'est ce lien qui importe.

Sans doute il ne faut pas confondre, d'une manière générale, l'altruisme avec l'amour sexuel ; mais, de tous

---

[1] Voir le livre de Mœterlinck sur la *Vie des abeilles*.

[2] Voir les jugements de Nietzsche sur Guyau, que nous avons publiés pour la première fois dans notre livre : *Nietzsche et l'immoralisme*.

les faits qui précèdent on peut conclure que la faim proprement dite n'est pas vraiment le fond de l'existence, que la direction vers soi n'est, ni objectivement, ni subjectivement, l'orientation unique de l'être vivant, que, dans les organes internes eux-mêmes et dans la vie « organique » de Bichat ou de Schopenhauer, il y a déjà place pour les *relations à autrui*; que la biologie, en un mot, ne justifie nullement les conclusions antimorales qu'on en veut tirer, mais nous montre plutôt l'effort universel des êtres pour *franchir l'égoïsme*.

V

THÉORIE DES SENTIMENTS
ET ÉMOTIONS DANS LEUR RAPPORT AVEC LA VIE ORGANIQUE.

La vie organique a son efflorescence dans la vie cérébrale, qui réagit sur elle et transforme les impulsions primitivement bornées au moi en impulsions embrassant des ensembles où les autres ont leur part. La théorie de Bichat et de Schopenhauer, négligeant la part du cerveau, fait dépendre uniquement les émotions de l'état où se trouvent les organes profonds de la vie végétative, depuis le cœur jusqu'au « ventre ». L'intensité de nos sentiments ne serait ainsi proportionnelle qu'à celle de la vie organique, et le cerveau ne ferait qu'exprimer cette vie, qu'en noter les variations à la façon d'un chronomètre. Pour Lange, James Ribot et Paulhan, les émotions sont des mouvements ou arrêts de mouvements, et ces mouvements sont toujours centripètes ; ils appartiennent à la vie végétative, dont ils sont l'expression directe et immédiate. La psychologie redescendrait ainsi dans la biologie, et la morale l'y suivrait. — Mais nous avons fait voir ailleurs qu'on ne saurait faire consister le réel des émotions dans des mouvements ; qu'il faut tout au moins dire qu'elles sont des phénomènes qui correspondent, dans l'ordre mental, à des mouvements dans l'ordre physique. Ce qui demeure vrai, c'est que les causes des émotions *primitives* appartiennent à la vie végétative ; les émotions secondaires s'ajoutent aux primaires par des complications successives, mais leur degré de force et leur qualité affective ne dépendent plus absolument et exclusivement de la vie végétative. En effet, un élément nouveau s'introduit, même au point de vue physiologique : le développement cérébral, avec tous les rapports conscients qu'il établit entre l'individu et son milieu physique ou social. Or, la vie cérébrale n'est plus simplement la vie viscérale et végétative [1].

Certaines tendances particulières qui ne peuvent ne pas naître et de la conformation native du cerveau et de ses réactions ultérieures au sein du milieu physique ou social. Le cerveau est, physiquement, un organe accumulateur de forces qui demandent à se dépenser dans certaines directions. A l'exertion de ces forces, qui s'accompagne d'idées, répondent des sentiments intellectuels. Sans doute ces sentiments jaillissent toujours du fond intime de l'individu, de son organisation indivisiblement physique et psychique ; mais cette organisation, du côté physique, est devenue *cérébrale*, non plus seulement viscérale ; de plus, par le système nerveux, elle est en relation nécessaire avec le milieu, dont elle ne peut être séparée. Les émotions intellectuelles s'expliquent donc par une vibration de l'organisme tout entier sous l'influence de certains processus cérébraux d'idéation, représentatifs à la fois de l'individu et du milieu. Ces processus spécifient et dirigent les courants de force accumulée dans le cerveau et dans tout l'organisme.

---

[1] C'est l'un des arguments que nous avons jadis opposés à M. James à propos de sa théorie de l'effort, dans notre *Evolutionisme des idées-forces*, puis dans notre *Psychologie des Idées-forces*. « La réaction cérébrale ne commence pas, avons-nous dit, avec la réaction musculaire (ni viscérale) : elle existe déjà dans la *sensation* même, elle existe dans la *perception* ; elle n'est pas moins nécessaire dans l'*idéation*. Aussi le sentiment d'énergie déployée, le sentiment de *force* et de *travail* est inhérent à toute idée et en fait une idée-force. En pensant vous évoquez soit des images, soit des mots, soit les deux ensemble ; comment le faire sans un *travail* mécanique dont nous avons le sentiment confus ? Ce sentiment s'exprime dans les phrases de ce genre : je sens que mon cerveau *travaille*, je sens que ma tête s'échauffe, j'ai la tête *en feu*. » *Evolutionisme des idées-forces*, p. 188.

Chez les animaux supérieurs, le cerveau a acquis lui-même une vie non seulement plus haute, mais en partie indépendante des viscères, qui ne sont plus que des conditions nécessaires sans être des conditions suffisantes. En outre, puisque la vie de relation avec le milieu naturel, social et cosmique est développée au plus haut point dans le cerveau, celui-ci ne peut être seulement l'écho de la symphonie organique et végétative : il est une partie plus ou moins *dirigeante*, ou même *créatrice* d'une symphonie plus haute. La réduction du cerveau au rôle de simple enregistreur n'a rien de scientifique : elle méconnaît que, chez l'homme, le cerveau devient gouverneur et producteur et que, même en tant qu'enregistreur, il n'enregistre plus seulement l'état organique des viscères, mais les innombrables relations avec la nature ou avec la société. Enfin, par l'enregistrement même de ces relations, il les modifie dans un sens qui n'existerait pas sans lui et que n'auraient pas déterminé, à eux seuls, les organes de la vie végétative ou animale. On peut donc poser en principe *l'autonomie relative du cerveau*, sa capacité de produire, par l'idéation, des effets propres, des changements dont il est, pour la plus grande part, l'auteur et le maître[1]. Cela revient à dire, psychologiquement, que la *force* des *idées* n'est pas uniquement empruntée à l'état des viscères et des organes de la vie végétative : elle l'est encore et surtout à l'état de la vie cérébrale, non seulement chez l'individu, mais chez les divers individus dont les cerveaux, au sein d'une même société, sont en perpétuelle action réciproque. Ce qui se passe chez l'un trouve en grande partie son explication dans ce qui se passe chez les autres. Il est des émotions et sentiments dont on rendra compte beaucoup mieux en regardant dans mon cerveau et dans le vôtre, ou dans celui des gens qui nous entourent, qu'en regardant dans mon estomac, dans mon ventre, dans mon cœur même. L'origine prétendue périphérique et

---

[1] On en trouve d'excellents exemples dans le livre de M. Rauh sur la Méthode dans la psychologie des sentiments.

viscérale des émotions intellectuelles est un paradoxe. Si l'on m'annonce subitement la mort de ma mère, j'éprouve aussitôt un choc mental effroyablement douloureux et, pour souffrir, pour être ému, je n'ai pas besoin d'attendre que mes larmes tombent; c'est l'idée de la perte, et non pas l'état de mes glandes, qui me fait souffrir. Cette première douleur est le germe d'une émotion qui va croissant, s'exaltant de plus en plus, et finit par retentir sur la vie végétative ; mais cette émotion n'y a pas eu le moins du monde son point de départ. Si, pour prendre un autre exemple, mon cœur bat au récit de quelque action héroïque accomplie sous l'idée du devoir ou sous celle de la fraternité universelle, les battements de mon cœur appartiennent bien toujours à la vie végétative ou animale, mais le sentiment et l'idée centrale à laquelle il est lié sont des phénomènes cérébraux et mentaux d'un ordre supérieur. Il y a sophisme à dire que ce sont les battements de mon cœur qui produisent mon émotion et qu'elle est toute viscérale ; c'est seulement par sa propagation sympathique à l'organisme entier qu'elle finit par *devenir* viscérale. Plus on s'élève dans l'échelle des sentiments, plus le cerveau et son rapport aux autres cerveaux deviennent dominateurs ; l'émotion ne varie donc pas seulement en fonction des modifications organiques périphériques, mais en raison des modifications organiques intra-cérébrales et, par cela même, inter-cérébrales. Telle est, selon nous, la théorie qu'il faut opposer au paradoxe, de plus en plus réfuté, des James et des Lange, qui est juste l'inverse de la vraie marche des phénomènes.

VI

LA MORT

1. — Nous devons maintenant nous demander si l'idée de mort est, comme on l'a soutenu, inséparable de celle de vie, — ce qui semblerait justifier le rôle

attribué dans le progrès par certains théoriciens à la destruction. Claude Bernard s'est ici complu en des formules hégéliennes qui semblaient poser l'identité des contraires : « la vie, c'est la mort. » Pour lui, nous l'avons vu, la « manifestation d'un phénomène dans un être vivant est « nécessairement liée à une destruction organique » ; mais, nous l'avons vu aussi, la nécessité de ce lien n'est qu'une hypothèse, fondée sur une induction non démontrée. De nos jours, on ne peut plus admettre la proposition célèbre de Claude Bernard : « Il est *impossible* de séparer les deux idées de vie et de mort ; ce qui est vivant mourra, ce qui est mort a vécu ». Dans un plastide, la vie élémentaire représente un ensemble de phénomènes *essentiellement* différents de l'ensemble des phénomènes qui aboutissent à la mort. Une cellule de levure de bière introduite dans un moût sucré fait fermenter ce moût et, en même temps, loin de s'y détruire, s'y multiplie ; au sein d'un liquide non sucré, elle se trouve dans une condition qui l'empêche de fonctionner et de vivre : elle se détruit chimiquement. « Dire que la vie élémentaire manifestée implique fatalement la mort, revient à dire ceci au point de vue chimique : La destruction d'une substance est le résultat fatal de la synthèse même de cette substance[1] ». Pendant que des ouvriers construisent une maison, ils la détruisent[2]. Pour les êtres monoplastidaires, la vie n'est nullement la mort et ne l'entraîne pas ; elle est, comme l'avait dit Bichat, « le contraire de la mort » et indépendante de l'idée de mort. Etant donné un plastide, à un certain moment de l'histoire du monde, il n'est nullement impossible que les divers plastides qui en proviennent soient entraînés par des courants dans des directions telles que, pour quelques-uns d'entre eux, la condition de destruction ne soit jamais réalisée. En ce cas, on pourra suivre une série ininterrompue de vies élémentaires à partir du premier plastide, une chaîne de *germes* reproduisant des

---

[1] Le Dantec, *Théorie nouvelle de la vie*, p. 171.
[2] *Ibid.*

êtres similaires. Pour Weissmann, le plastide qui s'est ainsi reproduit est *immortel*. C'est seulement chez les organismes multicellulaires que l'espèce souffrirait s'ils se perpétuaient indéfiniment : ne serait-elle pas composée, pour la majeure partie, d'individus décrépits ou déformés par les accidents et les maladies ? La sélection naturelle a mis bon ordre à ce péril, et la mort est devenue la loi universelle pour les individus multicellulaires. Mais les éléments premiers, reproducteurs de l'espèce, ont seuls gardé le caractère essentiel du protozoaire : comme lui, ils sont « potentiellement » immortels. S'ils meurent, c'est uniquement par suite de circonstances défavorables. De sa nature, la matière vivante est impérissable; elle continue à être telle dans les organismes unicellulaires qui se reproduisent par scissiparité ou gemmation; c'est seulement lorsque, dans l'évolution de la vie, ces modes primitifs de multiplication ont été remplacés par d'autres modes que l'individu a cessé d'être immortel. Néanmoins, dans tous les organismes multicellulaires, on vient de voir que le don primitif d'immortalité persiste pour les cellules-germes : une chaîne continue de ces cellules impérissables s'est transmise de génération en génération, à travers une longue suite d'organismes périssables, depuis le premier de ces organismes jusqu'à ce jour. « Les *corps*, dit Weissmann, ne sont que des appendices de cette chaîne immortelle que forment les cellules sexuelles. »

Si, dans cette théorie, bien des points demeurent contestables, il reste vrai que l'idée de mort n'est pas inhérente à l'idée de vie. Les doctrines aujourd'hui les plus plausibles ne justifient pas l'importance excessive attachée à l'idée de destruction par certains moralistes ou « immoralistes » qui prétendent s'inspirer de la biologie. Certes, la destruction est universellement répandue, mais elle est un dérivé de lois plus primitives qui, agissant dans un milieu favorable, n'entraîneraient pas par elles-mêmes destruction et mort. Il appartient donc aux êtres intelligents, qui conçoivent ces lois, de faire effort pour diminuer, écarter, annuler le plus possible les causes de destruction, au lieu d'entonner, comme Nietzsche, l'hymne aux grands Destructeurs.

II. — Les Allemands, amoureux des spéculations métaphysiques et religieuses jusque dans les sciences biologiques, n'ont pas manqué de déduire une morale et même une religion de « l'immortalité du protoplasme germinatif ». Selon quelques-uns, la fin de tout animal serait de préserver, de nourrir et de protéger la série de cellules reproductrices qui se développe continuellement en lui, de choisir un compagnon convenable et de soigner ses enfants. Toute la structure des êtres vivants n'aurait été acquise, par le moyen de la sélection, qu'avec ce seul objet comme *résultante* ou, à un autre point de vue, comme *fin*. L'individu, dans cette doctrine, perd sa signification propre et devient « l'esclave des cellules reproductrices, qui sont les parties importantes, essentielles et immortelles de son organisme [1] ». La série des cellules germinales donne continuellement naissance à d'autres séries de cellules qui s'embranchent sur le tronc des germes, et, après une existence plus ou moins longue, aboutissent à la destruction; les rejetons de ces branches sont les « individus ». « A part la préservation de la série des cellules reproductrices, les individus sont *sans but.* » Le culte des ancêtres et le souci de la descendance, fondements de la morale, sont aussi les fondements de la religion; l'idée même de l'immortalité de l'âme est une traduction symbolique de l'immortalité du protoplasme germinatif. La sanction des bonnes actions, c'est qu'elles sont avantageuses après la mort, sinon à l'âme vulgairement conçue, du moins à la série des germes, qui est l'espèce immortelle.

Enlevez les comparaisons, trop souvent prises en Allemagne et ailleurs pour des raisons, il reste cette vérité banale que les individus métazoaires sont mortels, que l'espèce est immortelle (comparativement), enfin que l'individu, au point de vue biologique,

[1] R. von Lendenfeld, in *Humboldt*, 1891.

Fouillée. — Morale des idées-forces.

est, dans une large mesure, subordonné à l'espèce

Mais, d'autre part, au point de vue biologique, l'espèce est tout aussi bien subordonnée à l'individu ; car qu'est-elle, après tout, sinon une simple reproduction d'individus, en vertu de la réaction chimique circulaire? Si la première onde produite dans un lac par une pierre se reproduit en s'étendant, peut-on dire que la première onde soit « subordonnée » aux suivantes ? L'espèce est déterminée par les individus tout comme les individus par l'espèce ; la supériorité de l'espèce n'est que celle d'une quantité plus grande d'individus ayant, par hypothèse, des qualités *valables*. Si la valeur de l'individu était zéro, celle de l'espèce serait aussi zéro. D'ailleurs, la conservation de l'individu est aussi bien un devoir biologique que celle de l'espèce, et même elle en est la condition. Se maintenir en bonne santé, être fort, être « un bel animal », comme dit Spencer, c'est le meilleur moyen d'avoir beaucoup de « cellules reproductrices ». Toutes les considérations de ce genre sont donc insuffisantes pour déterminer de vraies valeurs morales. L'éthique des animaux elle-même, nous le verrons, n'a pas pour unique but la préservation de l'espèce comme telle ; à plus forte raison l'éthique humaine. Si les naturalistes voulaient bien s'occuper d'histoire naturelle au lieu de faire des excursions aventureuses et folles en morale, tout le monde y gagnerait.

CHAPITRE VII

L'HÉRÉDITÉ VITALE ET L'ÉDUCATION

I. L'HÉRÉDITÉ CHEZ L'INDIVIDU ET L'ÉDUCATION. — Comment la biologie rétablit de plus en plus la puissance morale de l'éducation et de l'habitude. — Influence simultanée de la sélection sociale.

II. L'HÉRÉDITÉ DANS L'ESPÈCE. — Peut-on améliorer le caractère d'une race. — Problème de la transmissibilité des qualités acquises. — Partisans de Lamarck et partisans de Darwin. — Weissmann. — Parties fixes et parties mobiles du système nerveux. — Qu'il ne faut point transporter en morale des conclusions hâtivement tirées de la biologie.

Solidarité que l'hérédité produit avec les ascendants et avec les descendants. — Cette solidarité a-t-elle un caractère moral ou purement physique.

La question de l'hérédité et de l'éducation, si importante en éthique, nous fournit un nouvel exemple de la précipitation avec laquelle certains biologistes tirent de leur science des conclusions non démontrées, pour les étendre ensuite à l'ordre moral ou social.

I

HÉRÉDITÉ ET ÉDUCATION CHEZ L'INDIVIDU

Le premier problème qui se pose est la valeur comparative de l'éducation et de l'hérédité.

La puissance de l'éducation, qui avait été niée naguère au nom de la physiologie, est de plus en plus rétablie au nom de cette science même. Ce qui résulte, en effet, de tout le travail contemporain en biologie, c'est la suprême importance de la *variation*, d'abord chez l'individu, puis dans l'espèce. Quand les « blastomères » dont se compose un être vivant sont des plastides complets et se suffisant à eux-mêmes, leur arrangement particulier n'influe pas d'une manière considérable sur le sort de chacun d'eux : ils sont comme les éléments d'un arbre, qui, quoique soudés, conservent leur indépendance. Mais, chez les êtres supérieurs et notamment chez l'homme, il y a des plastides incomplets coordonnés par des éléments nerveux : c'est ce qu'ont mis encore plus en lumière les récentes découvertes sur la nature amœboïde des nerfs. Dans ce cas, les physiologistes montrent que des variations faibles peuvent entraîner des divergences considérables, qui constituent les différences individuelles. Chez les animaux supérieurs, le développement de l'individu est dirigé par ses parents ; l'éducation qu'ils lui donnent, déterminant les diverses manifestations fonctionnelles de l'esprit et a sur lui une « influence morphogène » considérable. « L'adulte est le fruit de l'éducation autant que de l'hérédité. » Voici un Annamite qui parle annamite et qui, ayant construit son appareil vocal (centres nerveux, larynx) en parlant annamite, ne peut articuler le français. Prenez son fils à sa naissance et transportez-le en France, ce fils construira son appareil vocal tout autrement que celui de son père ; il conservera sans doute certains caractères qui le feront reconnaître pour Annamite, mais il n'aura pas l'organe vocal caractéristique de sa race. Voilà donc un caractère morphologique qui est le résultat de l'éducation, non de l'hérédité. Il y en a des milliers, qu'on traduit par le vieil adage : *L'habitude est une seconde nature* [1]. En somme, si l'adulte est déterminé d'abord par son œuf, il l'est ensuite par tout ce qu'il a fait ou subi depuis l'œuf ; c'est ce qu'on peut désigner, d'une façon générale, par le mot éducation. L'œuf détermine l'espèce, mais le fonctionnement individuel détermine les particularités individuelles. Le moraliste voit donc s'ouvrir devant lui un champ illimité, au lieu de demeurer impuissant contre l'hérédité, la race, le milieu, le tempérament, etc. [2].

[1] Le Dantec, *Théorie de la vie*.
[2] Le physicien Charles (le mari d'Elvire) ne put jamais inculquer à Grétry certaines règles d'acoustique. Il échoua de même avec Méhul

Quelques biologistes, qui refusent d'admettre la puissance de l'éducation, prétendent que les effets qui lui sont attribués sont explicables par la sélection sociale. Ils font remarquer que les individus qui, d'ailleurs bien doués, ont reçu une éducation convenable, arrivent généralement à des situations sociales plus élevées.. grâce à ces conditions meilleures, ils font souche. Leurs descendants, profitant à leur tour de ces mêmes conditions, ont plus de chance de survivre. Enfin, comme ces descendants ont hérité eux-mêmes des qualités congénitales de leurs parents, il se produit un succès perpétuel et une survie de certaines familles, tandis que les familles mal douées disparaissent à la longue. L'éducation serait ainsi un simple moyen de mettre en valeur les qualités *congénitales*, de les reconnaître et de les développer. — Dans cette hypothèse, le rôle de l'éducation serait encore énorme, tout comme l'art de la culture pour la terre et pour les animaux. Mais on conviendra que la culture de l'homme le modifie un peu plus que la pisciculture ne modifie les poissons. A tous les points de vue, l'influence de l'éducation sur l'individu apparaît donc comme considérable, et c'est là un résultat des progrès de la biologie qui ne saurait être indifférent au moraliste.

Examinons maintenant l'influence de l'éducation et celle de l'hérédité non plus seulement sur l'individu, mais sur l'espèce elle-même.

II

L'HÉRÉDITÉ DANS L'ESPÈCE

Nous assistons aujourd'hui à une lutte héroïque entre les partisans de notre grand Lamarck et les dis-

---

et d'autres musiciens célèbres. Des aptitudes naturelles sont donc nécessaires. Mais, d'autre part, supposons les aptitudes naturelles sans les connaissances acquises, et les voilà le plus souvent paralysées. Si Méhul avait été aussi étranger à l'harmonie qu'il était rétif à l'acoustique, il n'aurait pas plus été grand musicien qu'il ne fut grand physicien.

ciples exclusifs du grand Darwin. Les premiers soutiennent, on le sait, que les modifications dues au milieu extérieur (climat, circonstances, etc.) et celles qui sont dues au milieu intérieur (je veux dire les habitudes acquises, soit dans l'ordre physiologique, soit dans l'ordre psychologique et moral) peuvent devenir héréditaires chez les descendants. Les seconds, plus darwinistes que Darwin lui-même, refusent d'admettre que l'adaptation acquise au milieu et les habitudes acquises puissent directement se transmettre par hérédité ; ils s'en tiennent exclusivement à la sélection naturelle, par laquelle survivent seuls les êtres qui, dès leur naissance, se sont trouvés accidentellement les mieux adaptés.

La question est d'importance majeure au point de vue biologique de la formation des espèces ; au point de vue moral et social, elle revient à savoir si nous pouvons faire profiter *directement* et *corporellement* nos descendants des qualités psychiques et morales acquises par nous pendant notre vie, ou si nous ne pouvons leur transmettre que nos qualités de naissance. Dans ce dernier cas, en perfectionnant notre caractère, nous travaillerions bien pour nous, mais non pas directement pour notre postérité, du moins au point de vue biologique. Les enfants d'un homme devenu instruit, doux et patient par ses efforts personnels n'auraient, de ce seul fait, aucune chance d'être intelligents ou doux. Ils ne reproduiraient que les qualités congénitales de leur père, jamais le fruit physiologique de ses efforts ultérieurs et de sa longue éducation à travers la vie.

Les biologistes, — dont on voudrait faire nos maîtres en morale —, discutent à perte de vue, et sans pouvoir s'entendre, sur chacun des exemples d'hérédité qui ont été mis en avant pour démontrer la transmission de particularités acquises. Chacun sait, par exemple, que dans les îles où l'homme n'a pas encore pénétré, les oiseaux ne manifestent aucune crainte à la vue de l'homme, viennent boire dans sa main, se laissent frapper à coups de bâton ; mais, après quelques générations, ils acquièrent la peur de l'homme, fuient à son approche, et leurs petits manifestent cette crainte dès la naissance.

Voilà donc une modification dans le caractère psychologique des animaux. Là-dessus, les hypothèses vont leur train, et chaque faiseur d'hypothèses présente la sienne comme démontrée. Faut-il supposer qu'il y a simplement eu « sélection », en ce sens que les oiseaux doués d'un caractère moins peureux auraient été tués par l'homme, tandis que les plus peureux de naissance, échappant par cela même au danger, auraient été conservés, se seraient seuls multipliés, se seraient ainsi trouvés fortuitement mieux adaptés au nouveau milieu ? C'est ce que Weissmann est obligé de soutenir ; mais, si l'on songe au petit nombre d'oiseaux tués par l'homme, l'hypothèse est bien invraisemblable. Faut-il dire, avec W. James, que l'expérience personnelle des oiseaux les plus vieux a été transmise par l'exemple aux jeunes, qu'il s'est ainsi établi une nouvelle « tradition » dans l'éducation des petits ? L'hypothèse est encore bien détournée, pour rendre compte d'un sentiment aussi instinctif que la peur, aussi inhérent au caractère même, comparable à la crainte que nos enfants éprouvent dans les ténèbres. Selon les partisans de Spencer, chez les animaux qui ont survécu aux coups de l'homme et échappé à sa poursuite, il s'est établi d'abord une association entre l'image d'un grand animal inconnu et celle de la souffrance ; puis cette association est devenue universelle et sympathique parmi tous les oiseaux ; elle a façonné peu à peu leur cerveau à vibrer d'émotion sous l'influence de la grande image inconnue ; quelque chose de cette corrélation entre l'image et l'émotion s'est transmis par l'hérédité, et enfin, de nos jours, les oiseaux ont peur devant l'homme, comme l'homme a peur, dans son enfance, au milieu de la nuit.

Nous ne saurions nous perdre dans ces discussions de détail, qui n'ont encore abouti à rien de certain. Nous sommes obligé, pour exposer notre opinion propre, de nous en tenir à l'argumentation déductive. Dans un organisme, tous les organes sont solidaires : une partie ne saurait varier sans entraîner des modifications corrélatives chez les autres parties. Or, les éléments sexuels participent, comme tous les autres éléments du corps, à la nutrition générale de l'être vivant. Ils peuvent ou acquérir un grand développement, ou rester dans un état inférieur ; ils peuvent être fortifiés ou affaiblis. Ils peuvent aussi et doivent participer à la direction générale de la nutrition, qui tantôt présente la prédominance des acquisitions et constructions sur les dépenses et destructions, tantôt celle des dépenses sur les acquisitions. On se rappelle que cette direction générale des échanges nutritifs contribue à déterminer la direction sensitive ou active des tempéraments et des caractères[1]. Tout ce qui produit une notable altération physique ou psychique dans l'individu doit donc retentir, à quelque degré, sur les éléments sexuels dont il est le dépositaire, sur les germes qui procèdent de son organisme et sont destinés à perpétuer la race. Vous ne pouvez, dans un système astronomique, altérer la relation de deux parties sans altérer l'ensemble ; de même dans tout système mécanique ; et, à plus forte raison, dans ces mécanismes compliqués et subtils qu'on appelle êtres organisés. Il semble donc improbable qu'une intime modification nerveuse et cérébrale, acquise par un être vivant, n'ait aucune espèce de contre-coup sur les germes élaborés par lui et que l'on reconnaît lui ressembler par ailleurs. L'action profonde des idées mêmes et images sur les organes qui semblent les plus indépendants du cerveau, — action que l'hypnotisme a mise en pleine lumière —, doit s'exercer aussi, en une certaine mesure, sur les germes appelés à reproduire l'organisme.

La ressource de Weissmann, c'est d'attribuer les modifications du plasma germinatif aux seules influences extérieures. Mais pourquoi le milieu extérieur aurait-il un tel privilège, et le milieu intérieur aucun ? De plus, l'extérieur même n'agit qu'à travers l'intérieur. Certes, les mutilations accidentelles ou artificielles d'un organe, comme la queue des souris ou des chats, l'oreille ou les doigts de l'homme, ne se transmettront pas, car elles ne modifient pas le milieu intérieur ; mais les maladies qui empoisonnent ce milieu se transmettent. Pourquoi les

---

[1] Voir notre livre : *Tempérament et caractère*.

habitudes assez descendues dans les profondeurs de l'être pour le modifier intimement ne transmettraient-elles rien d'elles-mêmes? Les négations de Weissmann sont tout *à priori* et pour les besoins de son système. Bien des faits semblent prouver l'hérédité de certains caractères acquis : par exemple, on sait aujourd'hui atténuer le pouvoir virulent de diverses bactéries, dont les descendants présentent ensuite la même atténuation acquise. Cependant, la question est toujours pendante dans quelque sens qu'elle soit résolue, nous ne saurions admettre que la morale s'y trouve intéressée dans ses principes ; elle ne peut l'être que dans certaines de ses applications particulières et pratiques.

Les adversaires de l'hérédité des caractères acquis soutiennent que, si cette espèce d'hérédité existait, elle nuirait aux phases les plus avancées de l'évolution. Tantôt, disent-ils, elle produirait un mélange confus d'habitudes héritées, une *panmixie;* tantôt elle produirait des instincts stéréotypés et fixes, comme ceux de certains insectes, et détruirait la plasticité nécessaire au progrès. — A quoi l'on peut répondre que, si l'accroissement de plasticité nerveuse et d'intelligence progressive se trouve être utile à une espèce, cet accroissement se produira et réduira ainsi au minimum le rôle de l'instinct, ainsi que l'hérédité des caractères acquis. C'est précisément ce qui est arrivé pour l'espèce humaine. L'instinct est lié au fonctionnement des parties *adultes* et *fixées* du système nerveux, tandis que l'intelligence et la volonté, conséquemment la moralité, sont liées au fonctionnement des parties *modifiables* du système nerveux. L'espèce humaine, à côté des parties fixes, conserve donc des parties presque indéfiniment modifiables. Ici encore, quelque doctrine qu'on adopte, le progrès moral demeure possible par la force des idées ou sentiments et par leur enregistrement dans l'organisme.

D'une manière générale, quel que soit le poids de l'hérédité, il n'exclut nullement ni l'individualité, ni son développement propre. L'action des ascendants et du milieu n'empêche pas la différence des personnalités et de leurs capacités, même au sein d'une seule famille.

Les deux Tennyson étaient poètes, et poètes habiles, comme les deux Corneille ; comment se fait-il qu'Alfred seul ait eu du génie, comme Pierre Corneille? De même, le frère de Darwin paraissait d'abord le plus intelligent, et c'est Charles qui, vers l'âge de cinquante ans, se révéla au monde. Chaque cerveau réagit et résonne selon sa forme et sa puissance ; il en est qui ne sont que d'humbles grelots, on a beau les agiter fort, ils ne peuvent que tinter ; d'autres rendent le son grave et puissant des cloches. Le génie natif tient à un concours de circonstances antérieures à la naissance, à un accident de la vie spermatique ou embryonnaire, à une heureuse combinaison physiologique dont le secret nous échappe. Voici des nuages chargés d'électricité, et c'est sur tel point déterminé que jaillira l'étincelle de la foudre ; pourquoi ? Nous ne pouvons l'expliquer en détail. On a donné pour exemple des « heureux accidents » de la vie embryonnaire l'aptitude à la musique : cette aptitude n'a pas d'utilité biologique, elle ne correspond à aucun objet proprement dit dans le milieu environnant; c'est un pur accident au sein des centres auditifs, et cet accident dépend de conditions si instables, si peu essentielles, qu'un frère peut être très bien doué et l'autre non. Nous sommes donc ici dans le « royaume moléculaire », c'est-à-dire en plein inconnu.

Toute théorie excessive et unilatérale, qui prétend mettre des bornes au pouvoir de la nature, comme aussi au pouvoir de l'éducation, est destinée à se voir renversée par les faits et par les lois que découvrira la science.

Puisqu'il y a tant de divergences entre les biologistes sur le rôle de la race et de l'hérédité, comme sur le rôle de l'individu et de son action propre, il est impossible au moraliste de compter, ici encore, sur les lumières de la biologie. Il doit se garder avec le plus grand soin de toutes les conclusions hâtives, de toutes les analogies hasardeuses par lesquelles on veut transporter au monde moral et social des lois dont la portée et la valeur ne sont pas même établies pour le monde biologique.

Tout ce qu'on peut affirmer, c'est que les lois générales de l'hérédité, quel que soit leur domaine exact, entraînent toujours une solidarité double, 1° avec les ancêtres ; 2° avec les descendants. Mais il faut ajouter que c'est là une solidarité toute naturelle et non vraiment morale. C'est ce qu'oublient certains apologistes du péché originel, qui dénaturent à la fois les dogmes et les vérités scientifiques pour nous faire croire que les premiers sont une expression des secondes. Ils s'appuient sur l'hérédité et sur notre solidarité physiologique avec nos ancêtres pour soutenir que nous sommes responsables du péché d'Adam, que nous avons péché en Adam. Mais la solidarité biologique n'est pas la liberté et la responsabilité psychologique. Plus on nous rappelle que nous subissons une fatalité héréditaire, plus on nous montre que nous sommes innocents et non coupables, que notre personnalité consciente est moralement étrangère à l'acte par lequel nos ancêtres auraient choisi le mal, que la réversibilité de la peine est la plus révoltante des injustices.

D'ailleurs, la relation de parenté plus ou moins étroite qui existe entre l'ascendant et le descendant a donné lieu aux paradoxes moraux les plus opposés. Demandez aux biologistes : « — Avons-nous, pour aimer nos enfants, des raisons biologiques ? » Les uns vous répondront : — Oui, car ils sont un prolongement naturel de vous-même. — D'autres vous répondront : — Non, car ils sont pour vous, biologiquement, des étrangers qui n'ont fait que traverser votre organisme et en emprunter la forme pour aller ailleurs vivre d'une vie indépendante : leur ressemblance avec vous n'est que celle d'une photographie qui se serait fabriquée mécaniquement à l'intérieur de votre corps. L'élément reproducteur, étant dépourvu de connexions nerveuses avec l'ensemble du corps, est en dehors de l'individualité du père, en tant que définie par la « continuité du système nerveux dans son organisme ». Le germe se comporte donc dans l'organisme absolument comme un parasite, dont il ne diffère « que par sa communauté d'origine avec les autres éléments anatomiques[1] ». — Selon nous, cette communauté d'origine est capitale et exclut l'expression de « parasite » que M. Le Dantec propose. Avec des raisonnements de ce genre, les biologistes pourraient soutenir aussi que, quand tout un organisme individuel a été renouvelé, — par exemple au bout de cinquante ans, — ce n'est plus le même « individu », qu'un vieillard n'est pas la vraie continuation du jeune homme. Il est bien clair que le corps est en écoulement perpétuel; mais, du côté psychique, il y a toujours une certaine identité malgré la rénovation corporelle. De même, il existe une similitude des parents et des enfants dans le cas de la reproduction, et peu importe que ce ne soient pas les mêmes atomes. Nos enfants ne sont pas plus des « parasites » que le vieillard n'est une substitution de personne par rapport au jeune homme. Nous sommes donc naturellement solidaires de nos ascendants.

Quant à notre solidarité avec nos descendants, elle est aussi une conséquence manifeste des liens de l'hérédité. Directement ou indirectement, nous travaillons pour ou contre la prospérité et la moralité de notre race. L'alcoolisme, la débauche, la stérilité volontaire en sont des exemples mille fois cités. La solidarité dans les conséquences du vice a beau être encore toute naturelle et non morale, elle n'en oppose pas moins de réelles difficultés à la moralisation de nos descendants. Ces malheureux sont victimes, non pas d'un péché originel auquel ils auraient pris part, mais d'un péché ancestral dont ils subissent physiquement, puis moralement, l'aveugle fatalité.

On le voit par toutes les discussions qui précèdent, la biologie est remplie d'obscurités et même de mystères; vouloir en faire dépendre la moralité, c'est rattacher le certain à l'incertain. Malgré cela, puisqu'on a proposé une « morale de la vie », il importe d'en déterminer les vrais principes et les vraies conclusions, alors même qu'à la fin cette morale se montrerait, à elle seule, incomplète et insuffisante.

---

[1] Le Dantec, *Théorie nouvelle de la vie*, p. 301.

CHAPITRE II

LA MORALE DE LA VIE

I. — Le supérieur en biologie. — Loi de différenciation des organes. Division du travail physiologique. — Loi d'unification. — Mesure de la supériorité biologique: complexité plus grande dans une plus grande unité. — Intensité de la vie. Qu'elle implique variabilité, flexibilité, un certain degré de liberté et, finalement, d'individualité. — Extension et expansion de la vie vers le social et l'universel.

II. — Portée et vraies conclusions de la morale biologique. — Toute nécessité morale et sociale enveloppe une nécessité vitale. — Direction centripète et centrifuge dans le règne inorganisé et dans le règne organisé. — La vie est-elle uniquement indépendance interne ou est-elle aussi interdépendance et solidarité.

III. — Limites de la morale biologique. — Que la morale de la vie vient se suspendre à celle du bonheur. — Comment le point de vue biologique tend vers le point de vue psychologique. — L'idée du besoin. — Limites de la morale biologique. — Obscurité, ambiguïté et insuffisance de l'idée de vie. — Son double aspect.

I

LE SUPÉRIEUR EN BIOLOGIE

La morale de la vie prend pour objet la vie même, à son maximum de quantité, de qualités et de relations. Pour cela, il faut qu'il existe un moyen de discerner le supérieur et l'inférieur dans l'ordre vital.

On a dit que les prétendues formes supérieures ou inférieures de la vie ne sont telles que pour nos préjugés esthétiques. C'est là une opinion insoutenable. Un plus grand degré d'énergie vitale et d'activité, entraînant, du côté mental, plus de satisfaction sensible et d'intelligence, n'est pas une supériorité purement esthétique ni imaginaire : l'être qui a ainsi une vie plus intense et plus joyeuse se sent lui-même supérieur, et il n'a pas tort. S'il est assez intelligent pour comparer un état présent de vie plus pleine et mieux satisfaite à un état passé de vie moindre, plus maladive et jouissant moins de soi, nul sophisme ne l'empêchera d'attribuer une valeur proportionnelle à la vie plus intense et plus heureuse. Au point de vue psychologique, nous ne pouvons, chez les êtres vivants, concevoir une autre mesure du progrès que la satisfaction de la sensibilité, de l'intelligence et de la volonté ; or, au point de vue physiologique, ce progrès suppose une organisation capable d'accroître la vie en variété, en unité, en intensité, en extension, en durée. C'est donc là sous le rapport biologique la perfection *interne*. Passons en revue ses divers caractères.

Quand des cellules sont enfermées dans ce milieu limité qui est l'organisme et occupent des positions différentes, elles baignent par cela même dans des milieux nutritifs différents. Elles sont donc obligées de s'assimiler des aliments différents, qui produisent en elles des réactions chimiques d'espèces diverses, des conditions physiques différentes, des conditions mécaniques d'équilibre et de mouvement différentes, enfin des *formes* différentes et un *fonctionnement* différent. C'est pour cela que les cellules se diversifient et finissent par entraîner cette différenciation visible des organes sur laquelle Milne-Edwards a tant insisté. Celle-ci, à son tour, entraîne une croissante diversité de fonctions et d'actes, compensée par la croissante nécessité de la coopération au sein d'un même organisme. Tout être vivant en qui ne se réalisent pas ainsi variété et unité est condamné à disparaître ; ceux-là seuls survivent qui se sont à la fois diversifiés davantage dans leurs organes particuliers, unifiés davantage dans le rapport intime de leurs organes. La centralisation est tellement inséparable de la différenciation, que les effets de celle-ci, sans celle-là, ne seraient ni utiles à la vie, ni durables. Aussi voit-on les organismes supérieurs, par une nouvelle différenciation qui couronne toutes les autres, se constituer un organe général de centralisation ayant la spécialité de diriger l'ensemble : le cerveau.

Tous les biologistes, depuis Von Baër jusqu'à Darwin, se sont appuyés sur les lois précédentes pour évaluer les divers degrés de supériorité organique. Selon eux, la supériorité intrinsèque appartient aux êtres vivants chez qui la division du travail physiologique est poussée au plus haut degré, et où, en conséquence, les diverses parties du corps sont aussi peu semblables entre elles qu'il est possible, quoique inséparables : l'une accomplit la fonction de voir, l'autre celle d'entendre, l'autre celle de digérer, etc. Quand les divers appareils, de plus en plus différents, se montrent à la fois moins capables de se remplacer les uns les autres et moins capables de vivre les uns sans les autres, la supériorité est encore plus manifeste. En d'autres termes, elle a pour marque le maximum de différenciation dans le maximum de solidarité. Or, tous ces caractères sont ceux mêmes des sociétés, et cela se comprend, puisque l'animal vivant est, au fond, une association de vivants. Si donc on veut mêler les idées morales aux idées biologiques, ne pourra-t-on dire que, parmi les êtres vivants, celui qui a su réaliser en lui-même une plus grande union dans les différences apparaît *objectivement* comme le meilleur et, en quelque sorte, comme le plus moral, étant le plus social ? Pareillement, une nation que sa diversité et son unité internes rendent plus forte à l'égard des autres est, indépendamment de l'usage qu'elle fera de sa force, intrinsèquement plus *sociale* et plus *morale*. Il est clair, d'ailleurs, que la vraie *moralité* est subjective et voulue, non objective et involontaire comme l'organisation.

Outre la supériorité intrinsèque, il faut aussi considérer, chez les espèces vivantes, la supériorité de prospérité dans les relations avec le milieu extérieur. Cette prospérité se manifeste, 1° par la *quantité* des individus qui parviennent à vivre dans le milieu donné ; 2° par la *qualité* de leur vie. Voici deux espèces, à peu près équivalentes pour la complication anatomique, conséquemment pour la solidarité interne des organes ; mais l'une n'a que des représentants rares et misérables, exclusivement occupés à chasser et à fuir ; l'autre est formée d'individus nombreux, habiles à faire des provisions d'aliments pour les périodes de disette, ayant des animaux domestiques qu'ils exploitent, sachant se mettre à l'abri des intempéries par des demeures construites avec art. On dit alors que la seconde espèce a mieux réussi et est plus *prospère*. Elle est même plus *civilisée*. « Un animal est d'autant plus civilisé qu'il pratique des industries plus *variées* et surtout plus *superflues*, c'est-à-dire moins directement nécessaires à la recherche des aliments et à la défense contre les ennemis[1] ». Chez les animaux supérieurs, les espèces prospères ont toutes une même qualité, à savoir « l'aptitude à vivre en société » et toutes les espèces douées de cette qualité sont prospères [2]. D'où cette loi : *la prospérité est proportionnelle à la sociabilité*. Et nous ajouterons, pour notre part, que la prospérité est, du même coup, proportionnelle à la moralité ou à ce qui lui ressemble le plus chez l'animal.

Comme exemple de « prospérité », on cite les fourmilières, on cite les essaims d'abeilles, où florissent des arts variés : récolte et préparation des provisions pour les beaux jours, construction de greniers et de demeures selon des règles parfaites, curieuse hygiène d'aération, etc. Les abeilles, comme on sait, vont jusqu'à embaumer les gros cadavres qu'elles ne peuvent tirer au dehors ; elles construisent des barricades de cire contre les sphinx mangeurs de miel.

La supériorité interne et externe, résultant et de la constitution harmonique de l'être et de son rapport harmonique au milieu, entraîne ce que Guyau a appelé une vie plus *intense* et plus *extensive*.

L'intensité de la vie enveloppe une exaltation de l'individu et de son activité spontanée. Selon Spencer et son disciple original Clifford, les lois mêmes du mécanisme aboutissent à une différence de valeur entre

---

[1] Houssay. *Revue phil.*, mai 1893.
[2] *Ibid.*

les actes des êtres vivants, selon qu'ils favorisent ou non le déploiement spontané de la vie. Chacun connaît la différence du mouvement moléculaire et du mouvement de masse : les particules des corps mêmes qui semblent en repos sont réellement dans une agitation rapide, appelée mouvement moléculaire ; la chaleur corporelle et les ondes qui parcourent les nerfs sont des cas de ce mouvement. Quant au transport de masse, il est un déplacement dans l'espace assez considérable pour devenir visible. Ceci admis, le caractère particulier de la matière vivante, au point de vue biologique, c'est qu'elle peut combiner ensemble et transformer les uns dans les autres les mouvements moléculaires invisibles et les transports de masse visibles. C'est ce qui produit, pour le spectateur, l'apparence du mouvement spontané. En réalité, par l'air, par la chaleur, par la nourriture, l'être vivant emprunte du mouvement moléculaire au milieu environnant pour pouvoir le transformer ensuite en mouvements de translation; il n'y a donc pas là ni vraie spontanéité mécanique, ni réelle production de mouvement. Les changements visibles, dus à l'agrégation des mouvements moléculaires, n'en peuvent pas moins, dit Clifford, s'appeler avec justesse une action venue du dedans de l'être, parce que la force motrice est fournie par la substance animée elle-même, non par une source extérieure. L'action la plus organique, la plus vivante en quelque sorte, celle qui suppose la vie la plus intense, c'est celle qui vient ainsi du dedans, non du dehors. Chez l'homme, comme l'action provient de notre propre substance, du support de notre individualité, et que, de plus, nous avons conscience de la vouloir, nous disons qu'elle vient de nous-mêmes, qu'elle est la réaction de notre caractère propre et de notre volonté propre. En ce sens, elle doit nous paraître libre, s'il est vrai de dire avec Kant : « La liberté est cette propriété de la volonté qui rend les êtres vivants capables de donner origine à des événements indépendamment des causes *extérieures* déterminantes. » Le caractère d'une action vraiment organique, c'est donc bien la spontanéité motrice, l'activité *du dedans*.

Toute action qui a ainsi ses antécédents immédiats dans l'organisme tend, en modifiant l'organisme même, à le rendre plus organique encore, à le faire s'élever le long de l'échelle vitale. Au contraire, l'action toute déterminée par des causes extérieures fait que l'organisme agit comme s'il était inorganique, comme s'il ressemblait à la poussière soulevée par le vent, à la pierre qui tombe. Le changement produit dans l'organisme par un tel genre d'action tend à le faire descendre dans l'échelle vitale, en déprimant son intensité de vie intérieure. La biologie s'accorde ainsi avec Spinoza pour dire que la *passion* rabaisse l'être vivant, le rend esclave, tandis que l'action, qui, du côté psychique, est accompagnée de conscience et de raison, élève l'être et rend sa vie plus libre. Par toutes les voies, la morale biologique aboutit à la même formule : le progrès a lieu dans le sens d'une vie de plus en plus individuelle et indépendante, qui, au point de vue psychique, est de plus en plus consciente et volontaire.

On peut pousser plus loin encore les considérations biologiques, dans leurs rapports avec les considérations psychologiques et morales. La conscience distincte n'est possible que pour la substance vivante qui n'est pas encore tout entière tombée dans des relations fixes et automatiques entre ses atomes; elle suppose que la spécialisation biologique de toutes les parties de l'organisme n'est pas complète. Aussi, dans la plus haute forme de l'évolution, qui est l'évolution cérébrale, l'automatisme est l'ennemi, la conscience est la condition du progrès. Flexibilité, possibilité de se déterminer en divers sens, voilà des preuves d'une plus haute vie cérébrale, immanente à l'individu et, jusqu'à un certain point, indépendante du dehors. L'automatisme, il est vrai, peut marquer une certaine perfection acquise : c'est une sorte de mémoire organique qui répète toujours le même acte, c'est une utile fixation de la force ; mais le vrai progrès est l'acquisition de forces nouvelles, et cette acquisition suppose que tout, dans l'organisme, n'est pas déjà fixé. Les espèces d'animaux qui ont présenté le mécanisme le plus spécialisé et le plus automatique ont disparu, ou bien, n'admettant plus désormais aucun changement, elles ont été témoins du progrès et de la suprématie finale des espèces qui étaient autrefois leurs inférieures. Pareillement, dans l'humanité, les genres de vie immuables, comme en Chine, se sont vu dépasser par les civilisations plus flexibles. Les prédécesseurs de tous les types vivants très caractérisés et très spécialisés furent des types non spécialisés et plus généraux. Le protoplasme est une forme d'une matière non encore spécialisée : et il en est de même du cerveau des espèces supérieures. Les instincts et les actions réflexes sont des actes inconscients dérivés sans doute d'actes conscients à l'origine. Wundt a raison de le dire : les fonctions purement végétatives des animaux et des plantes sont le produit tardif d'une « métamorphose rétrograde de l'*énergie* », qui, comme la *matière*, est passée de l'état non spécialisé à un état spécialisé, conséquemment automatique. L'automatisme est la conscience déchue, « *lapsed intelligence* », comme disent les Anglais, et, en réalité, une diminution de l'énergie vitale sur certains points. Le non-spécialisé, le plastique, telle est la source toujours vive de l'évolution : la perfection acquise et fixée mécaniquement par chaque âge n'a été que la condition préalable, non la vraie cause efficiente de la perfection ultérieure ; c'est du fonds de force vive non encore fixé et incorporé au mécanisme que cette perfection est sortie. Ce que nous appelons liberté, c'est, en partie, cette flexibilité interne de l'être qui vient de ce que tout n'est pas encore déterminé en lui ; c'est surtout la conscience de cette flexibilité. La volonté à l'état libre représente l'inconnu du progrès ; elle est comparable au bourgeon terminal de l'arbre qui grandit : de ce bourgeon sortiront de nouvelles branches et de nouvelles fleurs. Ajoutons qu'il y a toujours un certain degré de liberté là où il y a conscience, là où il y a vision de plusieurs actes possibles, conflit d'idées-forces, ambigüité du moins apparente des futurs, absence d'une spécialisation qui enferme l'être en un seul genre d'actes, comme l'insecte qui ne peut bâtir qu'un seul genre de cellules.

Le progrès de la vie en intensité va donc vers l'accroissement, non vers la diminution de cette volonté consciente et autodéterminante qui constitue l'individualité.

Enfin, la vie plus intense ne peut pas, — Guyau l'a fait voir —, ne pas devenir plus extensive ou expansive, ne pas se répandre au dehors, non seulement pour exercer son action sur autrui (point de vue exclusif adopté plus tard par Nietzsche), mais pour s'unir à autrui. « L'être a toujours besoin d'accumuler un surplus de force, même pour avoir le nécessaire... Que deviendra ce surplus de force accumulé par tout être sain, cette surabondance que la nature réussit à produire? » Il pourrait dépenser d'abord par la génération, mais l'intérêt générateur n'est qu'une forme supérieure, encore particulière, du « besoin général de fécondité ». Or, ce besoin, « symptôme d'un surplus de force, n'agit pas seulement sur les organes spéciaux de la génération, il agit sur l'organisme tout entier; il exerce du haut en bas une sorte de pression. » De là « fécondité intellectuelle »; de là « fécondité de l'émotion et de la sensibilité »; de là enfin la « fécondité de la volonté ». Nous avons besoin « de produire, d'imprimer la forme de notre activité sur le monde ». Guyau, dessinant le système que Nietzsche devait bientôt soutenir, « déployer sa puissance », montre que cette puissance se déploie mieux dans l'union que dans la lutte. Il conclut que le vie a deux faces : par l'une elle est nutrition et assimilation, par l'autre production et fécondité. Plus elle acquiert, plus il faut qu'elle dépense : c'est la loi. La dépense n'est pas philosophiquement un mot, c'est l'un des termes de la vie. « C'est l'expiration suivant l'inspiration[1]. » En l'unissant de plus en plus à autrui, en se multipliant dans autrui, la vie individuelle devient de plus en plus voisine d'une vie universelle. Même au point de vue biologique, les deux pôles de l'individualité vraie et de la vraie universalité s'appellent réciproquement; leur unité apparaît comme le

---

[1] Voir tous les remarquables théorèmes de Guyau dans son *Esquisse d'une morale sans obligation ni sanction*, 5ᵉ édit., p. 95 à 106.

terme idéal du progrès biologique. En d'autres termes, la vie tend à se socialiser.

II

PORTÉE ET VRAIES CONCLUSIONS DE LA MORALE BIOLOGIQUE

Loin d'être en contradiction nécessaire avec les lois de la vie, la morale peut, on le voit, en être présentée comme une interprétation supérieure. Tout devoir, toute nécessité morale, quelle qu'en soit la nature intrinsèque, enveloppe parmi ses éléments (comme Guyau l'a soutenu avec Darwin et Spencer) une nécessité vitale. Les hommes qui n'auraient pas l'instinct de préserver leur vie, celle de leurs descendants et celle de leurs compatriotes par la morale privée et publique, disparaîtraient. « C'est pourquoi la préservation de la vie personnelle, dit Spencer, et de la vie de ses compagnons devient, par transmission héréditaire, une fin instinctive. » Nous tirons instinctivement un enfant de dessous une voiture. Les vices sont des contre-sens biologiques. Les buveurs d'absinthe se tuent et tuent leur postérité. — « Sois moral, ou meurs dans ta race ! » L'instinct moral, que Nietzsche prétend « ennemi de la vie », est un instinct vital par excellence ; une race en qui il s'éteindrait, s'éteindrait elle-même avec lui. La moralité doit devenir, comme dit Spencer, « organique » dans l'espèce, au moins en une certaine mesure, pour que l'espèce même puisse subsister. De même que l'amour des sexes et l'amour maternel, de même toute vertu est une condition d'existence *sine qua non* pour l'espèce ou pour la société. C'est juste le contraire de l'immoralisme de Nietzsche, qui d'ailleurs, dans tant de pages où il redevient sensé, parle absolument comme Spencer ou Guyau et se réfute ainsi lui-même.

Toutes les théories qui veulent justifier l'égoïsme exclusif et absolu au nom de la biologie reposent sur une interprétation inexacte des faits. Si vivre est agir, il n'en résulte nullement que ce soit toujours agir *pour* soi et même, comme le soutient Nietzsche, *contre* autrui. Les idées d'opposition et d'union sont toutes deux essentielles à l'idée même de l'existence concrète et finie, mais ces deux idées ne doivent pas être mises sur le même plan : c'est l'union qui est la loi supérieure. La monade isolée et sans fenêtres ne pouvant exister, le prétendu « atome » des physiciens est lui-même composé de parties qui, sans doute, diffèrent et s'opposent en une certaine mesure, mais qui n'en sont pas moins unies, grâce à la synthèse finale[1]. Au point de vue physique, le mouvement est tantôt centripète, tantôt centrifuge, ce qui suppose attraction et répulsion. C'est une remarque ancienne que l'attraction, à elle seule, concentrerait l'univers en une masse immobile ; qu'à elle seule, la répulsion l'éparpillerait dans l'infini. Quelle que soit l'explication finale de ces deux grandes directions du mouvement, elles subsistent comme faits. Ce n'est pas sans raison que les philosophes du xviiie siècle et ceux de la première moitié du xixe, notamment Fourier et Comte, ont aperçu une naturelle analogie entre l'attraction astronomique et l'attraction sociale, comme entre les forces centrifuges de l'astronomie et les forces de dissolution dans la société. Le même contraste se retrouve chez cette société en petit qu'est l'être vivant : ce dernier manifeste, lui aussi, des directions centrifuges et centripètes, des oppositions et des harmonies, des antithèses et des synthèses ; mais nous avons vu que, la synthèse finale étant ce qui constitue la vie même, la loi des lois est sympathie et synergie.

Le fonctionnement vital consiste en une action et réaction de la cellule et du milieu ; l'idée du milieu est donc, dès le début, inséparable de celle de l'être vivant. Dès lors, ce dernier ne saurait être conçu d'une manière en quelque sorte isolée et uniquement égoïste.

[1] Nulle part dans la nature, a remarqué un naturaliste, il n'existe un corps, même minéral, qui puisse, s'il est isolé, résister aux agents innombrables de destruction dont il est entouré. Les pierres et galets emportés par les eaux usent les roches et dissolvent le granit.

Fausse et abstraite idée de la vie que de se la figurer, avec Nietzsche, comme une sorte d'autonomie et de suffisance interne ! La vie, au contraire, est *une existence dont les parties et les phases successives ne sont définissables que dans et par le tout auquel elles appartiennent.* Elle implique une corrélation de toutes les parties entre elles et avec le tout, ce qui n'est autre chose, par définition même, que la *solidarité*. La dépendance augmente avec l'indépendance même, *et invicem*. L'organisme unicellulaire est celui qui ne dépend pas, pour sa vie et sa croissance, d'une « interaction chimique » avec d'autres cellules, mais qui dépend seulement d'un milieu chimique où ses propres conditions de vie sont réalisées, et c'est pour cela qu'il est inférieur. L'organisme multicellulaire est celui qui dépend d'une « interaction chimique » non plus seulement avec un milieu quelconque, mais encore avec d'autres cellules, et c'est pour cela qu'il est supérieur. Dans l'être unicellulaire, il y a déjà une organisation, puisqu'il y a un noyau et du protoplasme ; dans l'être pluricellulaire, il y a une organisation plus complexe et plus une, car il faut que chaque partie ressente à quelque degré ce qui arrive aux autres et réagisse de concert avec les autres. Chez les êtres de ce genre, tout développement exagéré et pour ainsi dire égoïste d'un organe compromet la vie de l'ensemble. Aussi les animaux sont-ils d'autant plus *forts* que la synergie est plus considérable dans leur organisme ; or, pour réaliser cette synergie, il faut que leurs parties s'ajustent continuellement au tout organique et le tout organique au milieu extérieur, animé ou inanimé. L' « équilibre mobile » qui constitue la vie est ainsi une mutuelle adaptation, un accord d'éléments associés ; par conséquent, quoi qu'en puissent dire les partisans de Nietzsche, nous l'avons vu rentrer sous l'idée d'*union*, non de division, sous celle de *construction*, non de destruction. L'idée de vie est celle d'un accord pacifique en voie de réalisation, fût-ce à travers des luttes transitoires. La *persistance du type*, qui est caractéristique de la vie, et dont les oppositions éventuelles avec l'extérieur ne sont qu'un moyen de développement interne, est un accord constant avec soi et avec toute la race, dans le passé, dans l'avenir. L'idée d'*organe* est celle d'un concert de phénomènes simultanés ; l'idée de *fonction* est celle d'un concert de phénomènes successifs. L'atrophie, le dépérissement, la mort sont la conséquence de tout désaccord profond. Physiologiquement, la vie est donc bien une série de mouvements solidaires, supposant des organes solidaires, réductibles à des cellules solidaires, c'est-à-dire à une société de cellules. De tout cela il résulte que l'idée de vie est voisine de celle d'*association*. Or, toute harmonie d'êtres associés, pour peu qu'elle soit consciente et volontaire, devient moralité. Nous avons donc le droit de conclure que les notions de *vie*, de *société* et de *moralité* recouvrent une identité profonde.

Même chez les animaux, nous le verrons, la vie dépasse le moi, et elle le dépasse d'autant plus que les animaux sont plus parfaits, d'abord en organisation individuelle, puis en organisation sociale. Loin d'être, comme se l'imaginent les demi-savants, en opposition avec la morale, la science naturelle nous montrera, jusque chez les plus humbles animaux, les premiers linéaments de ce qui doit devenir, chez l'homme, moralité consciente et volontaire.

III

LIMITE DE LA MORALE BIOLOGIQUE

Maintenant, qu'est-ce qui fait le prix de la vie même ? Les biologistes purs ne peuvent que répondre, avec les hédonistes : le sentiment de jouissance que la vie entraîne avec elle, conséquemment le bonheur. Une existence qui ne se sentirait pas et ne jouirait pas d'elle-même ne serait plus *bonne* à proprement parler, sinon comme premier degré et lointaine espérance d'une vie plus complète, d'une vie sensible et consciente, d'une vie heureuse. La morale de la vie n'a donc de sens que comme morale du bonheur et finit par se transformer en morale eudémoniste. On sort alors de la biologie pour entrer dans la psychologie.

L'avantage du point de vue biologique sur le point de vue exclusivement mécanique, c'est précisément de « culminer », selon l'expression allemande, vers une considération de finalité, qui aboutit elle-même aux considérations psychologiques. L'idée de moyens pour la vie est inséparable de l'idée même de vie. Vivre, c'est tendre, agir, vouloir, c'est poursuivre un but alors même qu'on l'ignore. La biologie est obligée, en définitive, de rattacher l'évolution organique au *besoin*. Mais le besoin lui-même a un caractère psychique et ne se comprend que comme activité plus ou moins gênée, qui tend à se délivrer de la gêne et du malaise, par cela même à jouir. L'évolution vitale se rattache donc finalement à l'évolution psychique et les deux sont inséparables. De plus, les besoins vont s'élevant avec les plaisirs, : ils s'intellectualisent de plus en plus.

Le point de vue biologique, à lui seul, aboutirait à considérer l'homme comme on considère les fourmis et les abeilles. Ces animaux ont une série d'instincts sociaux enregistrés dans leur tête et leurs membres ; que, chez l'homme, les lobes postérieurs arrivent à dominer les lobes antérieurs sous la forme de l'instinct social, la fourmi humaine deviendra aussi nécessairement dévouée à la communauté que la *formica fusca* ou toute autre. Par malheur, il y a la pensée et la réflexion qui gâtent tout : elles gênent l'instinct et peuvent même le dissoudre. D'autre part, pensée et réflexion font ce que ne fera jamais l'instinct : celui-ci est routinier, la pensée est progressive. On arrive donc à se demander, avec Weissmann, si toute l'efflorescence luxuriante des sentiments proprement humains et des idées humaines (bien plus, ajouterons-nous, *universelles*) n'a d'autre objet que de conserver ou de développer la vie organique de l'individu ou de l'espèce. Le résultat ne dépasse-t-il point énormément les nécessités purement vitales et purement physiologiques ? N'implique-t-il pas une évolution plus profonde et une forme d'existence mentale supérieure ? Il y a là, non pas seulement adaptation aux conditions extérieures et matérielles de vie organique, mais adaptation au cosmos tout entier, à la réalité universelle et à l'idéal universel : car l'homme pense et veut universellement. L'intelligence, en prenant conscience de la vie à laquelle elle est liée et qu'elle a commencé par servir, arrive ainsi à poser devant la vie même un point d'interrogation, à se demander quelle en est la valeur finale. Par là, le point de vue de la vie est dépassé, et les limites de la biologie pratique apparaissent avec celles mêmes de la biologie théorique.

Outre la valeur finale de la vie, la nature de la vie laisse la pensée en présence d'un mystère. Et c'est cependant sur ce mystère que quelques-uns voudraient fonder *toute* la morale. *Obscurum per obscurius*. Pour le philosophe, la vie est à la fois un phénomène de mécanisme et la manifestation de quelque chose qui dépasse de beaucoup le mécanisme même, de quelque chose qui sent ou tend à sentir, à penser, à vouloir. Ce n'est pas avec une simple transposition d'atomes inertes dans l'espace et dans le temps qu'on pourra expliquer les manifestations de la vie, surtout celles de la vie *morale* : l'action, le sentiment, la pensée, toutes les fonctions de la conscience. Quant à savoir en quoi consiste finalement l'essence même de la vie, ce n'est pas la biologie qui pourra nous l'apprendre : elle ne voit que le dehors. Ce qu'elle nous enseigne, nous l'avons fait voir, c'est que vivre, avant tout, c'est fonctionner, travailler au sein d'un milieu et sur ce milieu. Si, du côté physique, la vie semble se réduire finalement à un pur mécanisme, du côté psychique, elle se ramène à une *impulsion* accompagnée d'un *sentiment* plus ou moins obscur. Plus l'explication purement mécanique du « processus vital » est poussée loin et complétée dans l'abstrait, plus elle met en relief la nécessité d'une vue psychique parallèle, d'un principe quelconque de sentiment et d'action présent à la matière. L'idée de vie est donc ambiguë et à double aspect, à la fois physique et mentale. Dès lors, il reste toujours à savoir quel est l'aspect qui doit se subordonner l'autre. S'il en est ainsi, on ne peut pas prendre pour principe moral la vie à l'état concret et confus, telle que la conçoivent les biologistes de l'école positive.

Guyau a représenté l'idée de vie comme plus fondamentale et plus primitive que toutes les autres, que celles de mouvement, de pensée et même d'existence, qui, à ses yeux, n'en sont que des extraits et des abstraits. Nous accorderons que l'idée de vie est supérieure à l'idée de *force* ou, comme dit Nietzsche, de *puissance*, qui n'en est au fond qu'un substitut ou une image affaiblie ; nous accorderons surtout que l'idée de vie est supérieure, philosophiquement, à l'idée brute de mouvement dans l'espace, dernière silhouette de l'existence, ombre inanimée de l'animé. Le mouvement n'est qu'un ensemble de rapports que nous prenons pour l'être même qui s'y manifeste, et dont les sciences positives, jusqu'ici, ont trop fait une idole. Mais, d'autre part, l'idée de la vie nous semble inférieure à celle de la conscience et surtout à celle de la volonté, qu'elle présuppose : il n'y a pas de vie sans une tendance ou appétition sourde. C'est, à vrai dire, de notre conscience que nous extrayons l'idée d'existence, non de l'idée de vie proprement dite. De même, au point de vue de la valeur, qui est capital en morale, la vie ne vaut que par la conscience, qui, sous la pensée, enveloppe la volonté. Il faut donc toujours en venir, pour édifier une morale, à déterminer la vraie nature, la vraie valeur, la vraie direction de la volonté.

Guyau, dans son éthique, a cru devoir prendre pour base le domaine de l'inconscient, et c'est aussi ce qu'a fait Nietzsche ; mais, selon nous, la morale a essentiellement pour objet la réaction de la volonté consciente et de la raison sur la volonté inconsciente et sur l'instinct, que ce soit l'instinct de puissance ou tout autre ; la moralité n'est-elle pas la soumission de la nature à une pensée qui la règle ? Cette règle ne peut être l'activité naturelle telle qu'elle existe à l'état primitif, c'est-à-dire ce mélange d'inconscience et de conscience qu'on appelle la vie ; car c'est précisément ce mélange naturel qu'il faut transformer et régler. Pour cela, il est nécessaire que l'un des deux termes réagisse sur l'autre, que la conscience se subordonne l'inconscient, que la pensée, qui sort de la vie, impose à la vie même un idéal supérieur, une idée-force qui la dirige. C'est ce que Guyau, du reste, a parfaitement reconnu dans les chapitres où il montre la nécessité de thèses philosophiques et métaphysiques comme couronnement de la morale scientifique.

Ajoutons que les idées d'intensité ou de plénitude de la vie, d'extension ou d'expansion de la vie, enfin de durée de la vie, demeurent des notions trop purement quantitatives, puisqu'elles se ramènent à la quantité intensive, extensive et protensive de Kant. Si on les prend trop au pied de la lettre, elles conservent un caractère trop physique. Si on les considère métaphoriquement et par analogie, elles ne fournissent plus une solution exacte : elles posent des problèmes au lieu de les résoudre. Guyau a eu raison d'y ajouter encore la notion de fécondité de la vie ; mais, quoique supérieure aux autres, cette idée est encore insuffisante à nous faire pénétrer dans le fond même de la question, qui ne peut être vraiment traité qu'en termes de *conscience*, non en termes de vie.

Quelle est donc la conclusion générale qui ressort de l'examen des principes de biologie pratique soutenus par Spencer et Littré, développés jusqu'au bout par Guyau d'une manière profondément originale, et dont se rapprochent, malgré tant de divergences, les systèmes de miss Simcox, de Simmel et de Nietzsche ? C'est que la science biologique des mœurs sera toujours à la vraie morale ce qu'est le polygone d'un nombre croissant de côtés au cercle qu'il ne peut entièrement remplir. Chimérique ou non, notre idée de la moralité emporte avec elle quelque chose de définitif, au moins *pour nous*, étant donnée notre constitution mentale ; et la vie n'a pas pour nous ce caractère définitif. La vraie morale doit déterminer ce que nous devons faire non plus en vue d'autre chose (ce qui nous entraînerait à l'infini), mais pour soi-même, ou, si l'on veut, pour nous-mêmes tels que nous sommes normalement constitués ; elle s'efforce, en un mot, de fixer l'objet dernier du vouloir, en tant qu'il nous est possible de nous le représenter dans notre conscience. Ce n'est pas là une prétention de luxe, c'est une recherche de première nécessité. Nous sommes engagés tout entiers dans les problèmes moraux, engagés de notre vie même ou de notre mort; comment la morale pourrait-elle s'arrêter à moitié chemin ?

CHAPITRE III

LA MORALE DE LA VIE CHEZ LES ANIMAUX

I. — La famille et la société chez les animaux. — La société provient-elle de la famille. — Examen des deux écoles opposées. — Que la famille constitue déjà une vraie société en petit et qu'elle est le germe de la grande société. — Preuves empruntées à l'histoire naturelle.

II. — Genèse et lois de formation de la société chez les animaux. — 1° *Loi d'action et de réaction ou d'adaptation de la réponse au stimulus.* — Son rôle primordial dans la formation de la société, d'abord familiale, puis grégaire. — Adaptation de la mère aux petits, des petits à la mère, du père aux petits, etc. — Que la loi d'adaptation fonctionnelle est un cas de la loi des idées-forces. — 2° *Loi d'imitation.* — Son caractère dérivé et secondaire. — Qu'elle suppose des similitudes déjà établies et organisées. — Qu'elle implique la *possibilité* d'imiter et le *désir* d'imiter. — Qu'elle rentre elle-même sous la loi des idées-forces. — Origine de la vie sociale chez les animaux. — Cette origine est-elle l'égoïsme ou l'altruisme. — 3° Loi des images-forces, qui explique l'attrait du semblable pour le semblable, la sympathie, puis la synergie. — Concours permanent, réciprocité, solidarité. — Parasitisme et commensalisme. — Les sentiments de *famille*. Altruisme parental, altruisme conjugal; leur importance pour le progrès de l'espèce. — Les sentiments *sociaux*. Idée-force du groupe. Moi collectif. Conscience de l'espèce. Tendance à persévérer dans l'existence collective.

III. — Morale des images-forces chez les animaux. — Lutte mutuelle des images-forces. Comment elle aboutit à une sorte d'impératif. — Sentiment du juste et sentiment de la bienveillance chez les animaux. Exemples. — Sociétés animales ; qualités morales qui s'y développent. Exemples d'assistance mutuelle, de dévouement, de sacrifice, d'obéissance aux chefs, etc. — Que l'intelligence des animaux est supérieure au simple instinct. — Restriction morale des actes au sein de la communauté. — La question sociale posée et résolue en partie dans le monde animal.

« Aujourd'hui, dit Aristote, ceux qui cherchent à approfondir les questions relatives à la nature de l'esprit ont le tort de ne s'occuper que de l'âme de l'homme ; ils restreignent trop la recherche et il importe de l'étendre beaucoup plus. » — « Si l'homme n'était pas *comparable*, a dit Buffon, il serait inintelligible. » Auguste Comte reprochait aussi aux psychologues de son temps et surtout aux idéologues de ne pas s'occuper de la vie animale. La psychologie comparée a, depuis un certain nombre d'années, accumulé une masse de faits qui rapprochent les animaux de l'homme et qui, en tout cas, établissent les bases d'une sorte d'éthique animale, transition entre la biologie et la sociologie.

Si le darwinisme moral et social était la vérité, c'est avant tout aux animaux qu'il devrait s'appliquer ; l'éthique animale devrait être purement et simplement la concurrence universelle pour la vie avec le droit du plus fort pour seule règle. Nous verrons si l'étude des sociétés animales confirme cette hypothèse.

I

LA FAMILLE ET LA SOCIÉTÉ

Il y a dans Lucrèce une page profonde sur les origines de la société chez les animaux et chez les hommes. Dans la formation de la société, Lucrèce attribue une part importante à l'action des enfants sur leurs parents : il nous les montre, par leurs caresses, adoucissant le caractère farouche de leurs pères.

Blanditiis facile ingenium fregere superbum.

Selon les naturalistes de l'école de Lucrèce, les sociétés animales sont une extension de la famille : c'est dans la famille qu'elles ont leur origine, c'est la famille qui a créé l'instinct social. Selon une école opposée, la famille ne serait pas le vrai germe de la société. D'après M. Ribot, l'instinct social, c'est-à-dire « la conscience plus ou moins vague d'une solidarité, d'une réciprocité, au moins temporaire » n'apparaîtrait à aucun des moments de l'agrégat familial : rapprochement sexuel, amour maternel, amour paternel. — Pourtant, répondrons-nous, dans l'union sexuelle, quand elle n'est pas purement aveugle et grossière, quand elle aboutit à une vie en commun plus ou moins prolongée, il est difficile de ne trouver « ni solidarité ni réciprocité ». De même dans les relations entre la mère et les petits. Ne pourrait-on dire que mère et petits se sentent solidaires dans les dangers ou dans les agréments de la vie, quoique la faiblesse des petits empêche ces derniers de coopérer à la défense ou au bien commun? N'y a-t-il pas toujours réciprocité d'affection? De même enfin quand il s'agit du père et des enfants. En outre, la hiérarchie, élément social, est déjà visible dans la famille, avec le commandement et l'obéissance, avec la protection et la confiance.

Il est à noter aussi que la famille est un phénomène plus ancien et plus général que la horde ou le troupeau ; il est donc probable qu'elle a été le premier lien social. « Autour de la sexualité, a dit Littré, se coordonnent les sentiments altruistes dont l'animal est capable. » Si c'est trop de dire qu'ils se coordonnent tous autour de la sexualité, on peut du moins se demander s'ils n'ont pas eu, comme le croyait Guyau, la sexualité pour première origine et pour première manifestation. L'union sexuelle offre un caractère qu'il est impossible de ramener à la lutte pour la vie, qui même implique, au moins pour un temps, la suppression de toute concurrence vitale ; on ne peut donc méconnaître que l'union des sexes soit un premier germe d'association et, en général, de sociabilité. Dans la relation des sexes, la force joue un rôle opposé à celui qu'elle a dans la sélection naturelle : si la sélection naturelle en faveur des forts existait seule, elle aurait bientôt éliminé les femelles au profit des mâles, qui sont presque toujours les plus forts. Mais la sélection sexuelle agit le plus souvent au rebours de l'autre, et l'instinct de reproduction tient ici en échec la concurrence vitale. Enfin, une fois que la progéniture a vu le jour, elle réclame le plus généralement des soins : elle maintient ainsi l'union entre la mère et le petit, souvent entre le père et les petits. Il y a même des sociétés animales où le soin de la progéniture joue un rôle prédominant ; ce soin n'est-il pas un des plus grands ressorts qui retiennent ensemble les abeilles ou les fourmis? Les naturalistes font remarquer que le respect de « l'individu sexué, » de la reine, est un des liens de la ruche, exemple typique d'une société mono-familiale. La naissance de nouvelles reines est l'occasion de divisions, qui aboutissent à l'essaimage et à la formation de nouvelles sociétés. Selon Burdach, si l'instinct de procréation était permanent chez tous les animaux, ils auraient constamment des dispositions sociales. Comme cet instinct dure plus longtemps chez les femelles et produit des effets plus durables, comme il s'étend, chez elles, jusqu'aux soins à donner aux petits, comme enfin ce sont ordinairement les mâles qui recherchent l'autre sexe, « la famille paraît être le lien proprement dit des espèces et le véritable fondement de la société[1] ». On reproche à la famille d'avoir le caractère exclusif d'un égoïsme à plusieurs ; mais il n'y a là, selon nous, qu'une question de degré. Si on veut voir partout de l'égoïsme, une grande nation sera elle-même un égoïsme à plusieurs.

Les animaux, objecte-t-on, ne fondent une famille qu'en rompant avec la société de leurs pareils, et ils ne recommencent à vivre en bande qu'en rompant avec la famille. — Sans doute, mais cela tient à certaines conditions de vie particulières, qui suspendent plus ou moins provisoirement l'instinct grégaire au profit de l'instinct familial. Certains oiseaux sociables d'Australie abandonnent la vie en commun quand vient le temps des amours et chaque couple se retire à part pour se construire un nid solitaire ; mais la vie en commun reprend quand les jeunes peuvent essayer leurs ailes. Il n'y a donc pas, selon nous, d'antithèse absolue entre famille et société chez les animaux, pas plus qu'il n'y en a dans le genre humain quand l'homme fonde une famille ; seulement, chez les animaux, les nécessités de la famille peuvent exiger, comme pour les cerfs et les rennes, la sus-

[1] *Traité de physiologie*, II, trad. fr. 1893.

pension plus ou moins temporaire de la vie en commun, *et invicem*. Tout dépend des circonstances ; mais la famille reste, chez les animaux, la forme la plus primitive et la plus générale de la vie sociale.

II

GENÈSE ET LOIS DE FORMATION DES SOCIÉTÉS ANIMALES

I. — Le développement psychologique des sociétés animales a été précédé d'un développement tout mécanique. La loi d'action et de réaction domine l'être organisé comme elle domine l'être inorganisé ; elle prend, dans le domaine de la vie, la forme de l'action excitatrice provoquant une réaction appropriée. Il y a *stimulus* et *réponse* au stimulus, pour parler le langage psycho-physiologique. Quand se consolide dans les organes un système d'excitations sensorielles et de mouvements, en réponse à ces excitations on a le *réflexe*, dont le rôle dans la vie animale est trop connu pour qu'il y ait lieu d'insister. La formation des sociétés, familiales ou grégaires, rentre elle-même sous la loi d'action et de réaction, ou de causation réciproque. Cette loi prend ici la forme d'*adaptation mutuelle*. L'ajustement de la mère à l'enfant et de l'enfant à la mère, surtout chez les mammifères, en est un premier exemple. L'enfant éprouve-t-il le besoin de nourriture, la mère est là qui lui donne le sein, organe adapté à cet effet par la constitution même de l'organisme. La mère trouve ainsi dans l'enfant quelque chose qui, sorti d'elle-même, est cependant encore en relation d'ajustement à elle-même et qui est un complément de sa propre vie. D'autre part, l'enfant trouve dans sa mère un complément dont il a encore plus besoin, un être adapté à lui et auquel il s'adapte, prolongement de lui-même au dehors, dont la représentation presque permanente fait partie du groupe de représentations qui constitue son propre moi. La mère est pour lui, à l'origine, un ensemble d'images objectives, apportant avec elles la satisfaction du besoin, s'associant ainsi d'une façon indissoluble au souvenir ou à la prévision du besoin satisfait. Cet ajustement mutuel constitue un déterminisme réciproque, mécanique par un côté, organique et téléologique par l'autre. L'enfant et la mère forment un tout naturel, si bien qu'il est impossible, soit à la mère, soit à l'enfant, de se représenter comme un tout complet sans cette partie intégrante qui est un autre soi-même. Nous trouvons donc ici tout ensemble une solidarité mécanique d'actions motrices en réciprocité et une solidarité organique de fonctions vitales en réciprocité.

Cette solidarité s'exprime dans la conscience de la mère et dans celle de l'enfant sous forme de *représentations* solidaires et d'*appétitions* solidaires, en un mot d'*images-forces*. Ces images-forces sont systématisées en un tout psychique dont la mère et l'enfant ne sont plus que des parties, ayant cependant le privilège de se représenter chacune subjectivement le tout objectif. On voit que la loi d'adaptation fonctionnelle, en devenant consciente, rentre sous la loi générale des idées-forces.

Par un processus pareil se produisent, d'abord l'adaptation mutuelle du père et des enfants, lien plus lâche que le lien maternel, puis l'adaptation des enfants entre eux, enfin l'adaptation réciproque des divers êtres de même espèce rapprochés dans l'espace par des besoins semblables. Il y a un contre-coup mécanique et organique des sentiments ou actions de l'un chez l'autre. Cette communauté d'intérêts et d'actions finit par être vaguement sentie ou comprise ; il y a alors un commencement d'association volontaire, une acceptation plus ou moins implicite par chacun de son lien avec le tout, enfin une image-force du tout.

Ce n'est pas (nous le voyons de nouveau) la vie grégaire qui « manifeste pour la première fois les véritables tendances sociales par l'habitude d'agir en commun » : car le mâle, la femelle et les petits agissent et pâtissent en commun. Ce qui est vrai, c'est que la vie grégaire élimine l'élément du *sexe*, qui est celui de la famille proprement dite, pour ne laisser subsister qu'une sociabilité plus large, celle du semblable avec le semblable, dont nous allons maintenant montrer l'origine psychologique.

Toute représentation qui, selon la loi des idées-forces, tend à s'exprimer dans les organes, enveloppe en soi un sentiment agréable. Ce sentiment est d'autant plus grand que l'action est plus facile et qu'il y a augmentation finale d'activité. Or, pour un animal, la représentation d'un animal semblable est plus aisée et plus familière, conséquemment plus agréable, plus voisine d'une sorte de miroir où le moi se retrouve et se reconnaît. De là résulte, dès l'origine, l'attraction du semblable pour le semblable. C'est ce que M. Espinas a magistralement démontré. Ses remarques sur les sociétés animales nous semblent une éclatante confirmation de la loi des idées-forces [1].

Par une conséquence de la même loi, un animal a d'autant plus de peine, partant de déplaisir à se représenter un autre animal, que celui-ci est plus éloigné de lui dans l'échelle (pourvu que la comparaison reste possible); ainsi, dit M. Espinas, un singe en présence d'un caméléon montre une terreur comique.

Entre les membres d'un groupe d'animaux semblables l'*unisson* sensitif étant plus rapide, la vue du plaisir de l'un doit engendrer le plaisir de l'autre. De même, un cri de douleur doit éveiller un sentiment de douleur et d'effroi. De là provient la *sympathie* proprement dite, vrai fondement psychologique des sociétés animales. C'est un plaisir pour tout être vivant d'avoir présents autour de lui des êtres semblables à lui, et ce plaisir, fréquemment ressenti, ne peut manquer de créer un besoin. Plus ce besoin sera satisfait, plus il deviendra impérieux, et la sympathie se développera davantage à mesure qu'elle sera plus cultivée [2].

Comme on le voit, pour tous ceux qui observent et raisonnent scientifiquement, c'est la sympathie instinctive, non l'égoïsme, qui joue le premier rôle dans la vie

---

[1] M. Espinas, *les Sociétés animales*. Alcan, 2º édition.
[2] *Ibid.*

sociale des animaux ; et c'est un résultat important au point de vue de la morale. L'utilité ne fera que cimenter ultérieurement les liens spontanés de la sympathie. Elle présuppose, en effet, selon la remarque de Comte, l'expérience des avantages de la vie sociale, qui eux-mêmes ne peuvent que *suivre* l'établissement de la vie sociale. Les deux phénomènes fussent-ils simultanés, comme cela est possible, la vue de l'utilité est une représentation « trop analytique, trop abstraite en quelque sorte, pour influer d'une manière durable sur l'activité d'êtres aussi primesautiers que les animaux[1] ». On reconnaît de nouveau combien est fausse l'interprétation de la vie qui voit partout utilitarisme et égoïsme.

La sympathie, une fois produite, engendre chez les animaux la « synergie », qui n'est d'abord qu'une imitation mutuelle, mais devient ensuite une aide mutuelle. En vertu de cette même loi des idées-forces qui veut que toute représentation ait une puissance de traduction en actes et tende ainsi à réaliser son objet, un animal ne peut voir un animal semblable courir pour jouer, ou, au contraire, courir pour éviter un danger, sans éprouver lui-même une tendance à réaliser la représentation joyeuse ou craintive. Le seul fait de voir un acte entraîne un commencement d'exécution de cet acte : l'animal ne peut se le représenter sans le refaire en soi-même. C'est là, selon nous, la véritable origine de l'imitation, sur laquelle M. Tarde a tant insisté, mais qui n'est à nos yeux qu'un principe secondaire. Son rôle est seulement de rapprocher davantage les êtres semblables, de produire des idées analogues, des sentiments analogues correspondant aux idées, des tendances analogues correspondant aux sentiments : elle est donc une réciprocité d'idées-forces qui transfère à l'un ce qui s'est produit chez l'autre et aboutit ainsi à une identité de réflexes, puis d'actes réfléchis. Quelque vérité que renferme la théorie sociologique de l'imitation, si ingénieusement développée par M. Tarde et par M. Baldwin, on a eu raison, selon nous, de soutenir

[1] M. Espinas, *ibid*.

qu'elle demeure exposée à ce que les Anglais appellent le « sophisme du psychologue ». Ce sophisme assimile ce qui se passe dans les consciences élémentaires à ce qui se passe dans la conscience du psychologue lui-même. Par exemple, le psychologue appelle *imitation*, chez l'enfant, beaucoup d'actes qui ne sont que des cas d'ajustement de la réponse au stimulus. Le stimulus dû à la vision met en mouvement la main, en vertu d'une coordination qui, à cause de son importance vitale, s'est établie peu à peu dans la race : l'observateur s'imagine alors que l'enfant *imite*. L'enfant réagit simplement. Plus tard, il est vrai, l'enfant imitera volontairement et se fera singe; mais cette imitation même ne sera *possible* que parce qu'*il existe préalablement dans les diverses organisations humaines des similitudes de fait*, héréditaires et constitutionnelles, qui font que les *stimulus* analogues entraînent des réactions analogues. L'imitation suppose d'ailleurs la tendance à imiter. Or, cette *tendance* même implique que nous avons le *pouvoir* d'imiter; ce pouvoir, enfin, implique que nous avons déjà des similitudes réelles et actuelles avec l'être à imiter, — similitudes qui ont seulement besoin d'être complétées. *L'imitation subjective n'est donc possible qu'en vertu d'identités objectives déjà existantes* : telle est la vraie loi. De même, au sein d'une société, certaines conditions de vie commune, préalablement établies, engendrent des réponses analogues de la part d'organismes semblablement constitués; mais ces organismes ne s'*imitent* pas pour cela l'un l'autre, comme peut se l'imaginer un spectateur du dehors. Si deux décharges électriques produisent deux mouvements du bras analogues chez deux patients, on ne dit pas pour cela que l'un imite l'autre. Si même mes deux bras sont agités d'une seule secousse, ils ne s'imitent pas. Deux vagues semblables soulevées par un même souffle ne s'imitent pas. L'action identique de certains milieux produit des réactions identiques de la part des divers individus vivants; ces réactions finissent par se trier et par se fixer quand elles sont *utiles*, grâce à la *sélection*; elles deviennent ainsi des *habitudes* et des tendances *héréditaires*. Tel ou tel stimulus, comme la faim, se trouvant être le premier terme d'une chaîne constituée par l'habitude, comme la série des actes de la manducation, on verra, sous l'influence du stimulus initial, les autres anneaux de la chaîne apparaître. C'est ce même mécanisme qui rend plus tard possible, dans la société, l'imitation proprement dite. Les hommes ne s'y imitent l'un l'autre qu'en raison de modes communs de vie préalables, en raison de leur *compagnonnage* et de leur *socialité* préalablement établis. L'imitation est donc une *marque*, un *signe*, un *effet* de la socialité, beaucoup plus qu'elle n'en est une *cause*. Considérez, par exemple, l'invention du télégraphe et ses effets sociaux. Le vrai critérium de la grande œuvre sociale accomplie par l'inventeur du télégraphe, est-il, comme le soutiendrait M. Tarde, le nombre d'hommes qui *imitent* son action ou sa pensée? N'est-ce pas plutôt, comme le soutient M. Dewey, le réajustement mutuel d'actions, l'exercice nouveau de fonctions, la nouvelle mise en œuvre d'intérêts que l'inventeur a rendus nécessaires, le nouveau stimulus qu'il a apporté, le nouveau mode de direction qu'il a introduit[1]? L'inventeur du télégraphe a changé le prix du pain quotidien, produit le journal quotidien, amené de nouvelles façons de traiter les affaires quotidiennes, « toutes choses qui m'affectent profondément comme être social, alors même que je n'userais du télégraphe qu'une fois par an[2] ». Dès lors, l'imitation n'est plus qu'un cas important, mais non le seul, du principe général d'ajustement de la réponse au stimulus, qui, du côté psychologique, devient la loi des idées-forces. Si on apprend par l'imitation, c'est qu'elle est un mode d'action et de coordination, mode qui suppose déjà des coordinations antérieures et les complète par des coordinations nouvelles.

En résumé, pour imiter, il faut avoir 1° la *possibilité* d'imiter, ce qui suppose des ressemblances déjà organiques, 2° le *désir* d'imiter, qui vient ordinairement de la sympathie et de ses lois, 3° la *représentation* ou idée-force

---

[1] Voir sur ce point John Dewey, *The New-World*, sept. 1898.
[2] *Ibid.*

impulsive de la chose à imiter. Il existe donc d'abord, chez l'individu, une organisation de tendances et d'habitudes en un tout qui fonctionne, et ce tout, empiriquement, est l'individu même : voilà le côté dynamique, qui est primitif. Plus tard, il y a représentation de ce tout dans la pensée de l'individu sous une forme statique, qui est le moi de l'expérience. Puis se produit la représentation d'un tout plus vaste dont l'individu fait partie, par exemple la famille, la horde, la nation, etc. Ces représentations, à leur tour, deviennent actives et dynamiques : elles apparaissent comme idées-forces. Là se trouvent les germes de l'ordre moral en même temps que de l'ordre social. Dans la société comme dans le monde entier, « au commencement était l'action », d'où l'*idée* proprement dite surgit. L'idée, à son tour, amène une action nouvelle, consciente et maîtresse de soi.

II. — La société, chez les animaux, se manifeste à la fin comme un concours permanent que se prêtent, pour une même action, des êtres vivants séparés. La permanence de ce concours n'est pas même nécessaire pour les formes inférieures : il existe des sociétés temporaires, qui n'en diffèrent pas moins totalement de ces agrégats hétérogènes et fortuits, sans concours mutuel, qu'on nomme les foules. Réciprocité, dit M. Ribot, et solidarité, telles sont les deux seules conditions fondamentales de la société [1]. Le « parasitisme », dans lequel il n'y a pas réciprocité, n'est qu'une forme mitigée de la lutte pour la vie : — lutte qui est précisément, pourrait-on ajouter, l'insociabilité, non la sociabilité. Le « commensalisme », où les animaux ne se réunissent que pour manger, ne comporte aucune action nuisible, mais n'implique non plus aucun service : il n'est donc pas encore une vraie société. Le propre de la vraie société, dit avec raison M. Espinas, est « de procurer à tous ceux qui la contractent un perfectionnement réciproque »; et cette belle définition s'applique aux animaux comme aux hommes.

[1] *Psychologie des sentiments.*

La loi de perfectionnement par l'instinct social se vérifie d'abord dans la famille. Considérez les formes inférieures de la vie animale, par exemple les poissons qui peuplent la mer. Il y a des espèces qui ne prennent aucun soin de leur progéniture ; dès lors, pour se maintenir, les voilà obligées à une fécondité énorme, à une énorme dépense génératrice. En outre, les petits abandonnés à eux-mêmes sont plus exposés à la mort ; ils sont aussi moins capables de progrès, car ils n'ont pas eu le temps de recevoir aucune éducation, ni de développer leur intelligence. Aussitôt nés, il faut qu'ils se suffisent à eux-mêmes comme s'ils étaient déjà grands. Au contraire, quand le poisson prend soin de sa progéniture, la dépense génératrice est beaucoup moindre ; un nombre de petits moins considérable suffit pour assurer la préservation de la race ; enfin les petits ont le temps de développer davantage leur intelligence. Le même raisonnement s'applique aux animaux supérieurs : plus ils sont haut dans l'échelle, plus ils ont l'amour familial développé. Le soin des enfants produit donc le progrès de trois manières : 1° en amoindrissant chez les parents le drainage qu'entraîne la reproduction ; 2° en adoucissant, comme Lucrèce l'a remarqué, les mœurs des parents ; 3° en assurant aux enfants une plus longue enfance, pendant laquelle les facultés mentales peuvent s'élever bien au-dessus du niveau qu'atteignent des espèces plus humbles et plus rapidement développées. Chez les animaux à sang chaud, le soin des parents, qui n'était d'abord qu'une attention instinctive, se transforme en sollicitude consciente, en affection. Dans l'humanité, les races les plus inférieures sont caractérisées par une faible sollicitude des parents pour les enfants et par la maturité précoce des enfants. Ceux-ci étant forcés de mûrir le plus tôt possible et par eux-mêmes, on voit disparaître ceux qui s'attardent trop et qui sont moins bien doués pour un développement immédiat. La conséquence dernière est une éducation défectueuse. Chez les races supérieures, au contraire, la sollicitude des parents est très forte et le résultat est un progrès sous tous les rapports.

Les biologistes arrivent ainsi eux-mêmes à cette conclusion capitale : le développement de l'altruisme, notamment de l'altruisme « *parental* » est pour les animaux la condition nécessaire, non seulement du progrès moral, mais tout aussi bien du progrès intellectuel et matériel.

Ils arrivent à la même conclusion en partant de l'altruisme conjugal. Là où l'amour mutuel est plus fort entre les deux sexes, la coopération est plus grande et plus durable, la division des travaux mieux déterminée, l'intelligence des parents plus perfectionnée et plus variée, les enfants mieux élevés et plus intelligents, enfin le bien-être matériel plus considérable.

M. Perrier a fait voir que, chez les animaux, les instincts les plus intéressants, les plus répandus et les plus caractéristiques sont « d'origine féminine ». Ces instincts sont faits de dévouement sans limites, de prévoyance infinie, de sollicitude délicate et vigilante pour une progéniture qui doit souvent demeurer inconnue. « La progéniture ne saurait être, dans l'esprit de la mère, qu'une sorte de vision d'avenir, pour laquelle elle épuise cependant toutes ses forces, déploie toutes les ressources d'une impeccable sagacité, accomplit vaillamment, simplement, sans même l'espoir ou le souci d'un retour d'affection, tous les actes d'héroïsme par lesquels, dans nos familles humaines, les mères se sont acquis notre pieuse admiration et notre respect. » Cet amour maternel que, « par l'ingéniosité de sa tendresse et par l'étendue de son abnégation, la femme a su faire si noble et si grand, » est déjà répandu, sous les formes les plus diverses, dans tout le règne animal. Depuis les humbles zoophytes jusqu'aux poissons, une foule d'animaux couvent leurs petits. « Ils ne le font pas toujours exprès, et les petits mettent peut-être plus d'indiscrétion à rester accrochés à leur mère que la mère ne met d'empressement à les garder ; mais enfin, elle les garde, tantôt tout à fait inconsciemment, tantôt avec une certaine conscience qui ressemble à un commencement d'affection[1]. »

---

[1] Les feuilles socialistes aiment à répéter que la famille est « une

Mais c'est dans la vie proprement sociale que nous allons voir se produire le perfectionnement mutuel et l'élargissement de la vie individuelle, qui finit par déborder les limites étroites du moi et même celles de la parenté.

III

MORALE DES IMAGES-FORCES CHEZ LES ANIMAUX

I. — Nous avons vu que les animaux ont les représentations ou images 1° de tout le groupe des animaux qui leur sont semblables, 2° des sentiments semblables par eux éprouvés, 3° des actes semblables par eux accomplis. Cet ensemble de représentations finit par former une sorte d'image générique, qui fait partie intégrante de la conscience animale et y produit ses effets propres. Le moi individuel enveloppe alors un moi collectif. Les deux sont en constant rapport, si bien que le second devient un élément essentiel de la vie consciente.

Si les différents individus qui composent les sociétés n'étaient pas ainsi « présents à la pensée les uns des autres », ils ne vivraient pas agglomérés ; « l'*idée*, dit M. Espinas, est la *force* qui tient unis ces éléments épars ». « Une société, ajoute-t-il, est une conscience vivante ou un organisme d'idées ». La société la plus humble « ressemble plus à la conscience qu'à toute autre chose ». Des êtres vivants peuvent s'unir sans y être contraints, comme dans la famille, par les insuffisances mutuelles de leurs organismes, mais à une condition, c'est que les êtres ainsi unis soient de même espèce ou d'espèces voisines, c'est-à-dire « puissent reconnaître et embrasser en autrui leur propre image, et jouir d'eux-mêmes en la contemplant ». Telle est la plus durable et la plus étendue des barrières opposées à la concurrence vitale. Elle est fondée encore, sans doute, sur l'amour de soi,

convention, » comme la propriété et la patrie. D'après tous les faits et toutes les lois qui précèdent, on voit ce qu'il faut penser de cette doctrine au nom de la science naturelle elle-même, sans parler de la science morale.

mais plutôt « sur l'amour de sa propre *idée* que sur l'amour de son organisme » ; bien que les avantages qui en résultent ne manquent pas de la consolider. Mais s'aimer dans son image, « c'est aimer tous ceux qui la reproduisent, tous ceux du moins en qui on peut la reconnaître ». Tous les membres de la peuplade font donc partie du moi de chacun, ou plutôt il n'y a pas de moi distinct pour eux, il n'y a qu'un *nous*.

La « conscience de *l'espèce* », proposée plus récemment par M. Giddings comme base de la sociologie et aussi de la morale, n'est qu'une faible et vague expression de cette reconnaissance de soi dans les autres. L'animal n'a aucune « conscience » de l'espèce; mais il a une image spécifique dans laquelle il se reconnaît et s'aime lui-même, d'un amour qui n'exclut plus celui d'autrui.

Avec ce développement de l'idée-force du groupe se développe l'impulsion à agir *comme* le groupe et *pour* le groupe. Selon le principe spinoziste, être et vouloir persévérer dans son être ne font qu'un. D'où l'on peut conclure, avec M. Espinas : « être collectivement et vouloir persévérer dans son existence collective, vouloir, en un mot, le bien de la société, ne font également qu'un seul et même acte ». L'amour de soi, loin d'être exclusif de l'amour des autres, « comprend naturellement cet amour (dans des limites définies, bien entendu) ». Une action pour autrui n'est possible que là où plusieurs moi sont fondus en un seul, par le moyen d'une représentation qui enveloppe le sentiment, par le moyen d'une idée-force. Nous voyons donc la conscience psychologique se changer, jusque chez les animaux, en une sorte de conscience morale par le fait qu'elle y devient une conscience sociale.

La volonté suit la même évolution et finit par s'élever au dévouement spontané. L'attachement jusqu'à la mort serait impossible chez les animaux, « si le moi de chacun n'embrassait véritablement celui de tous les autres, si le sentiment que chacun a de soi n'était dominé par le sentiment qu'il a de la communauté[1] ». Ce qui revient à dire que l'idée-force de la communauté, avec le sentiment et la tendance à la réalisation qui en sont inséparables, finit par dominer l'idée-force de l'individu.

D'après ce qui précède, on pourrait appeler le système de la conduite, chez les animaux, une éthique de représentations-forces, enveloppant elles-mêmes des sentiments-forces et produisant des impulsions corrélatives. Il y a ainsi, jusque dans ce domaine inférieur, l'ébauche d'une morale des idées-forces. Seulement, chez les animaux, l'idée pure n'existe pas et ce sont, comme nous venons de le dire, des *images* sensitives qui, jointes à de certains sentiments, ont la force impulsive et motrice.

II. — Innombrables sont les exemples de ce que peut produire l'image-force d'*autrui* chez les animaux. L'autruche même, en dépit de son apparence stupide, a assez de cœur, dit Romanes, pour mourir d'amour, comme le prouve la mort d'un mâle du *Jardin des Plantes* qui avait perdu sa femelle. Ces cas s'expliquent par une fusion de représentations mutuelles assez complète pour que l'idée d'un compagnon fasse partie intégrante de la conscience qu'un autre compagnon a de lui-même ; c'est un moi à deux, et le second moi devient plus essentiel au premier qu'un des membres de son corps ; l'un ne peut donc vivre sans l'autre.

La lutte mutuelle des représentations, ainsi que des impulsions qui les accompagnent, est visible chez les animaux. L'image-force de l'acte sympathique et social se trouve parfois en conflit avec celle de l'acte égoïste et peut prendre ainsi, jusque chez l'animal, la forme *impérative*. Elle ne produit pas une impulsion toujours irrésistible : l'animal résiste parfois et, en tout cas, peut donner le spectacle d'une hésitation. Il y a là comme une préfiguration de ce qui, chez un être raisonnable, prendra la forme du devoir. C'est une opposition plus ou moins consciente entre deux représentations dont les objets diffèrent en généralité. Nous ne trou-

[1] Espinas, *les Sociétés animales.*

vons pas encore ici, assurément, « l'universalité » dont parle Kant, l'animal n'ayant pas la faculté d'abstraire et de généraliser ; mais l'animal n'en a pas moins la conscience plus ou moins obscure d'une nécessité d'agir en vue d'un *groupe* plus large que son individualité, groupe dont la représentation est *permanente* en son cerveau et, dans le cas particulier, se présente sous une forme concrète. Le chien forme avec son maître une véritable société où l'un des compagnons se sent inférieur à l'autre, gouverné par l'autre, et le chien a la conscience plus ou moins nette d'une obligation envers le maître et l'ami. Dans les sociétés entre animaux, on retrouve le sentiment, soit de la hiérarchie, soit de l'égalité et de la réciprocité, ainsi que des obligations corrélatives de justice ou de bienfaisance. Aussi beaucoup de faits peuvent-ils, chez les animaux, annoncer et simuler des tendances ou des actes qui, chez l'homme, auraient un caractère de moralité[1].

[1] L'histoire du chien de Romanes est bien connue. Ce chien n'avait jamais volé qu'une fois dans sa vie. Un jour qu'il avait grand faim, il saisit une côtelette sur la table et l'emporta sous un canapé. J'avais été témoin de ce fait, mais je fis semblant de n'avoir rien vu. Le coupable resta plusieurs minutes sous le canapé, partagé entre le désir d'assouvir sa faim et le sentiment du devoir. Ce dernier finit par triompher, et le chien vint déposer à mes pieds la côtelette qu'il avait dérobée. Cela fait, il retourna se cacher sous le canapé, d'où aucun appel ne put le faire sortir. En vain je lui passai doucement la main sur la tête : cette caresse n'eut pour effet que de lui faire détourner la face d'un air de contrition vraiment comique. « Ce qui donne une valeur toute particulière à cet exemple, conclut Romanes, c'est que le chien en question n'avait jamais été battu, de sorte que ce ne peut être la crainte du châtiment corporel qui l'a fait agir. »

J'ai moi-même à Menton deux beaux chiens des Pyrénées fort intelligents, capables de réflexion et de calcul. Le sentiment de la propriété est développé au plus haut point chez tous les deux, et chacun se bat avec acharnement pour défendre contre l'autre son écuelle de soupe. Mais les ruses pour voler autrui sont nombreuses et caractéristiques. L'un des chiens, sachant que sa compagne ne résiste jamais au désir de faire tapage quand des chevaux passent, fait semblant d'entendre au loin quelque chose d'insolite, se précipite en aboyant, entraîne après lui la chienne, se laisse devancer par elle, puis, la plantant là, retourne en arrière et se hâte de manger la soupe. L'autre revient furieuse et lui administre une correction, mais se laisse bientôt reprendre au même tour. Si je surprends le chien en train de voler sa compagne et que je le gronde, il baisse le nez d'un air confus. Il a bien conscience de voler, mais la gourmandise est plus forte. Comme il s'agit d'un bon tour fait à un compagnon, le remords

Arago[1] racontait à Ampère l'histoire du chien qui refusait de tourner la broche parce que ce n'était pas son tour, et qui n'y consentit que lorsque son compagnon eut accompli régulièrement l'opération. « Ne résulte-t-il pas de là, mon cher Ampère, que des chiens peuvent avoir le sentiment du juste et de l'injuste ? » Ce jour-là, Ampère modifia son opinion sur l'instinct et admit, dit Arago, « que les êtres animés offrent dans leur ensemble tous les degrés possibles de l'intelligence, depuis son absence la plus complète jusqu'à celle dont les confidents du Très-Haut, selon l'expression de Voltaire, doivent être jaloux. »

M. Thauziés, colombophile bien connu, a cité dernièrement un curieux trait de mœurs qu'il avait pu observer dans son colombier. Un gros pigeon mâle, en travail de nid, volait et revolait, quêtant par les prés, cours et jardins du voisinage des fétus et des brindilles, qu'il venait déposer ensuite dans le coin par lui choisi. M. Thauziés remarqua qu'un second pigeon, aposté derrière un pilier, guettait les allées et venues de son congénère et, au fur et à mesure, dérobait clandestinement chaque brindille, pour la porter dans un autre coin, où il construisait ainsi sans fatigue son propre nid. Le pigeon exploité donnait à chaque retour des signes de surprise, regardait autour de soi, cherchait en vain son bien disparu, puis, à court d'expédients, recommençait. Après quelques instants de ce manège, il lui vint une idée. Il déposa dans l'emplacement toujours vide la brindille qu'il tenait, puis, feignant de repartir, il alla se mettre en observation à quelques pas de là. Le voleur aussitôt d'accourir et de

semble ici tout à fait nul ; s'il s'agissait de voler le maître, qui apparaît nettement au chien comme un supérieur, faisant la loi et ayant droit à l'obéissance, il est probable qu'une sorte de pré-remords se produirait.
Un terre-neuve et un mâtin se livraient un combat furieux sur la jetée de Donaghadee ; ils tombent ensemble à la mer ; le mâtin, mauvais nageur, manque de se noyer ; mais le terre-neuve, oubliant sa colère et rappelé à ses instincts de sauveteur par le contact de l'eau, saisit le mâtin en péril et le ramène au rivage[1]. Ici il y a plus qu'un sentiment de justice : on voit poindre la bienfaisance instinctive.

[1] Arago, *Œuvres*, partie II, p. 66.

s'emparer du fétu ; mais le légitime propriétaire fond sur lui et, du bec et de l'aile, lui administre une furieuse correction. L'autre ne se défendit que mollement et se sauva tout penaud. Peut-on, demande le naturaliste, méconnaître en cet exemple la manifestation, chez le premier sujet, d'un sentiment très net du droit de propriété et, chez le second, d'une conscience non moins nette de la violation de ce droit social ?

Selon les naturalistes, dans un grand nombre d'espèces animales, l'indépendance de la conduite individuelle est limitée par la nécessité de faire concorder sa conduite avec celle des autres membres de la société[1] ; il semble bien que les divers membres ont la conscience plus ou moins vague de cette limitation nécessaire en vue du groupe, de cette subordination du moi individuel à un moi collectif qui en est inséparable. Aussi l'intérêt personnel accepte-t-il un « retard » dans la compensation qui lui est due par autrui. Quand la compensation du service rendu subit un retard indéfini ou devient irréalisable, il y a sacrifice, parfois de la vie, pour aider un autre membre de la même famille ou de la même société. Les naturalistes citent des cas de ce genre chez les animaux. M. Houssay, qui a choisi les canards pour sujets de nombreuses expériences, jette de petites pierres à des canards prenant leur ébats sur une pièce d'eau, jusqu'à ce qu'il en atteigne un derrière la tête. Complètement étourdi par le coup, le canard perd l'équilibre et bascule, de façon à flotter sur le dos, la tête sous l'eau et les deux pieds en l'air. Les autres, qui jusqu'à ce moment n'avaient songé qu'à fuir de tous côtés en évitant les projectiles, ne s'en soucient plus maintenant ; on peut continuer à faire pleuvoir les pierres autour d'eux et sur eux sans qu'ils s'en émeuvent. Chacun à tour de rôle approche de la victime, la pousse de la patte, la pousse de l'aile, plonge en dessous, la soulève jusqu'à ce qu'elle ait retrouvé son aplomb : « cette résurrection est accueillie avec une satisfaction manifeste et

---

[1] M. Houssay, *Revue philosophique*, *ibid.*

manifestée[1] ». Qu'est devenue ici la prétendue loi universelle de la lutte égoïste pour la *vie* ou encore « pour la *puissance* ? » Les membres d'une même bande de canards ont toujours beaucoup d'affection les uns pour les autres et ne s'abandonnent jamais dans les cas critiques. M. Houssay raconte que, si l'on s'empare d'un d'entre eux et qu'on lui enveloppe la tête d'un sac en papier ou en toile, ses amis, dispersés par le premier émoi, l'aperçoivent dans son embarras et, malgré la peur que cause la présence du mauvais plaisant, tirent, lacèrent le papier ou la toile, jusqu'à ce qu'ils aient délivré leur camarade. Au contraire, le même tour joué à un chat devant ses commensaux fera souvent détaler ceux-ci, préoccupés de leur danger personnel ; ce qui n'empêche pas le chat d'être capable aussi d'affection dévouée[2].

[1] *Revue philosophique*, mai 1893.

[2] Voici, chez un chat, un exemple de bienfaisance réfléchie, qui, ayant pour objet un homme, prend un caractère déjà humain. M. le baron de Ring, ancien directeur politique au ministère des affaires étrangères m'a fait la communication suivante :

« A l'époque où j'étais chargé, comme ministre plénipotentiaire, de l'agence et consulat général de France en Egypte, il y avait à ma résidence au Caire un beau chat noir, que je gratifiais parfois d'une cuisse de volaille. Ces bons procédés me gagnèrent son cœur, et il finit par me suivre comme un chien dans mes promenades au jardin, en venant souvent se frotter contre mon pantalon. Un jour, au moment où je passais devant un bouquet très serré d'arbrisseaux plantés à 1 mètre environ de l'allée que je suivais, le chat donna des signes d'inquiétude ; il quitta le chemin pour décrire un demi-cercle de 4 à 5 mètres vers la gauche, visiblement dans le but d'éviter le petit fourré en question, miaulant sourdement et jetant des regards aigus alternativement sur moi et sur le fourré. Cela me parut bizarre. Je continuai néanmoins ma promenade jusqu'au bout de l'allée, et revins ensuite sur mes pas, toujours suivi par le chat. Lorsque je m'approchai de nouveau des arbrisseaux, mon compagnon recommença son manège, mais en l'accentuant. Il miaula de façon plus lamentable, puis mordit mon pantalon et tira sur lui de toutes ses forces. Enfin, voyant qu'il ne parvenait point à me faire dévier de la ligne droite, il bondit vers le rebord du chemin et se planta entre moi et le buisson dans l'attitude bien connue de ses congénères lorsqu'ils craignent une attaque. Pour le coup la lumière se fit dans mon esprit et je compris que le buisson recélait un danger. Mais lequel ? Lorsque je revins à la maison, je contai l'aventure à un de mes drogmans, M. Naggiar, actuellement vice-consul de France à Volo, qui me dit : « Je suppose qu'il y a là un serpent. Le chat n'aurait pas fait tant de façons pour une tarentule ou un scorpion. Je connais l'adresse d'un psylle ; je le

Dans les sociétés animales, les diverses qualités morales, telles que l'obéissance, la fidélité, la sympathie mutuelle, l'abnégation, le sentiment du devoir et de la solidarité, etc., sont plus ou moins généralisées selon que l'organisation est plus ou moins définie et étroite. Chez les abeilles et les fourmis, les diverses vertus sociales ont acquis un haut degré de développement. La fourmi ouvrière est à tel point consciencieuse dans l'exécution des travaux, qu'elle s'y use très vite ; sir J. Lubbock a vu des ouvrières travailler plus de seize heures par jour. Aussi ne vivent-elles qu'environ six semaines. Elles pourraient vivre facilement une ou même plusieurs années en invoquant, comme certains socialistes, le « droit à la paresse ». Lubbock a vu ses fourmis cap-

ferai chercher demain matin, pour qu'il tire la chose au clair ». — « Très bien », répondis-je ; « seulement ayez soin de veiller à ce que votre spécialiste n'apporte pas un serpent avec lui dans ses vêtements. On dit que ses pareils le font quelquefois ». — « N'ayez crainte », reprit M. Naggiar, « il opérera en caleçon de bain ». — C'est ce qui eut lieu. Le lendemain, en effet, le psylle fut conduit par nous devant le bouquet d'arbrisseaux ; il était vraiment en caleçon de bain, et avait passé entre le caleçon et son flanc un morceau de bois en forme de règle. A la main il tenait un flageolet, dont il se mit à jouer, à peine arrivé à l'endroit désigné. Après cinq ou six minutes, un serpent sortit lentement du fourré, et, prompt comme la foudre, le psylle, laissant tomber sa petite flûte, le saisit par la queue de la main gauche, un peu plus haut de la main droite, qu'il fit glisser jusqu'au cou de la bête, afin de l'empêcher de mordre. Ceci fait, il lâcha la queue, prit, de la main devenue libre, le morceau de bois, et s'en servit pour casser les crocs du serpent. C'était une *vipère cornue* ou *céraste* (l'aspic de Cléopâtre), un des êtres les plus dangereux de la création. Il est donc fort probable que le chat m'avait sauvé la vie ; en tout cas, telle avait bien été l'intention de la vaillante bête ; car elle avait elle-même bravé la mort en se campant entre moi et le fourré, où elle savait blotti un ennemi si redoutable. — Une fois le céraste rendu inoffensif, on le jeta dans un sac apporté par le psylle ; le chat, qui nous avait suivis, mais s'était tenu un peu à l'écart, pénétra dans le buisson et en ressortit presque aussitôt pour se frotter de nouveau contre mon pantalon ; c'était sa façon, à lui, de me féliciter de l'issue de l'affaire. Il fit plus encore : lorsque, quelques instants après, de retour à la maison, j'entrai dans mon cabinet, il m'y suivit et vint s'étendre sur mes genoux, ce qu'il n'avait jamais fait auparavant. Il comptait évidemment, et avec raison, qu'après le service qu'il m'avait rendu, je ne trouverais pas cette familiarité déplacée.

« L'histoire est très instructive, en ce sens qu'on ne peut raisonnablement mettre sur le compte d'un aveugle instinct d'animosité contre les reptiles la conduite de la bête. La combativité dont elle a fait la preuve était raisonnée. Ce qui le montre, c'est que, du moment

tives dépasser l'âge de huit ans et même de douze[1]. Les fourmis n'hésitent pas à risquer et à sacrifier leur vie pour défendre des camarades, ou dans l'intérêt de la communauté. On les voit souvent se jeter à l'eau et se noyer volontairement afin de faire de leur corps un pont pour leurs compagnes. L'assistance mutuelle est la règle dans les fourmilières. Une fourmi s'épuise-t-elle à traîner un trop lourd fardeau, une compagne qui était légèrement chargée s'arrête, dépose son propre fardeau, saisit une des extrémités de la charge trop lourde, aide au transport, puis revient à sa propre charge. Des ouvriers travaillant ensemble feraient-ils autrement ? On connaît aussi tous les exemples de secours aux fourmis blessées ou infirmes. Un jour, Belt observait une colonie de fourmis (*Eceton humata*) et plaça une petite pierre sur l'une d'elles. Dès que la fourmi la plus voisine s'en fut aperçue, elle retourna en arrière, très excitée, et avertit les autres fourmis. Toutes vinrent à la rescousse et finirent, en unissant leurs efforts, par délivrer la prisonnière. Une autre fois, Belt couvrit une fourmi de terre, ne laissant dépasser que la tête. Une fourmi

où le chat a vu *trois* hommes, dont deux *armés*, se diriger du côté du buisson où se trouvait le serpent, il s'est abstenu de toute intervention, se bornant à contempler le drame à distance, se gardant bien de dépenser désormais un courage devenu inutile. Puis, son ennemi une fois mutilé et captif, il s'en est réjoui avec moi, à sa manière, celle des chats, chez lesquels la joie ne se manifeste jamais avec bruit, avec exubérance, comme, par exemple, chez les chiens. Un homme à la fois dévoué, brave mais prudent, et ennemi de toute mise en scène, se serait conduit exactement de même façon.

« Quelques années après la pauvre bête périt victime de la politique anglaise. Mon successeur l'avait fait transporter à Alexandrie, où elle disparut, en effet, lors du fameux bombardement, dans les flammes qui dévorèrent le consulat général de France. — Cela m'a fait de la peine.

« Peut-être un chat européen se serait-il montré moins intelligent ou moins héroïque ; c'est possible. Les animaux domestiques de race égyptienne, chevaux, ânes, bœufs, chiens, chats, sont manifestement mieux doués que leurs congénères de chez nous. Cela tient vraisemblablement à la circonstance que la série de leurs ascendants a été plus longtemps en contact avec des hommes civilisés. Le chameau, qui, lui, a été introduit en Égypte relativement tard (car son image ne figure sur aucun monument de l'époque pharaonique), est là-bas tout aussi stupide qu'ailleurs. »

[1] Lubbock. *Fourmis, guêpes et abeilles*, 2 vol. Paris. Félix Alcan, 1880.

qui passait aperçut la patiente et, ne pouvant la tirer d'affaire, s'éloigna. Belt croyait qu'elle avait abandonné sa compagne ; elle était seulement allée à la recherche de renfort : « elle reparut bientôt avec une douzaine de compagnes, toutes évidemment au courant de la situation, car elles vinrent droit à la prisonnière et l'eurent bientôt délivrée. Il me semble qu'il y avait là plus que de l'instinct ». Selon Huber, quand il s'agit de défendre la république, abeilles et fourmis atteignent les limites extrêmes de l'héroïsme : « On sait qu'on peut partager les fourmis en deux par le milieu du corps sans leur ôter l'envie de défendre leurs foyers. La tête et le corselet marchent encore et portent les nymphes dans leur asile. »

On connaît le cas d'une mère abeille qui, ayant failli se noyer, fut ranimée grâce aux soins empressés que lui prodiguèrent les ouvrières accourues à son aide[1]. Une fourmi que le naturaliste Latreille avait privée de ses ailes fut soignée par ses congénères qui couvrirent ses blessures de leur salive. Dans leurs batailles, les fourmis emportent les blessés et les respectent. Plusieurs espèces animales ont l'habitude d'adopter les orphelins. Le singe, — le mâle aussi bien que la femelle, — adopte et élève toujours les petits orphelins avec la plus grande sollicitude.

J. Franklin rapporte que deux éléphants indiens, poursuivis par des chasseurs, étant tombés dans une de ces fosses couvertes de branches que l'on creuse pour leur capture, l'un des animaux parvint à se hisser hors du trou, et ne songea pourtant pas à fuir avant d'avoir porté secours à son compagnon, qu'il aida à sortir en lui tendant sa trompe?

L'obéissance aux chefs, aux plus forts ou aux plus expérimentés, qui constitue la discipline, est strictement observée dans plusieurs communautés animales. Les éléphants, par exemple, vivent en troupes sous la conduite d'un chef choisi parmi les plus sagaces et les plus

---

[1] Sur les abeilles, lire le livre de M. Maeterlinck.
[2] Franklin. *Vie des animaux*, t. I, p. 180.

prudents. Celui-ci règne par la confiance qu'il inspire et par la douceur qu'il montre. Vient-il à commettre quelque faute qui a mis la troupe en péril, on le remplace immédiatement par un autre. La notion de justice dans les rapports sociaux existe chez les abeilles, les fourmis, les cigognes, l'éléphant, et chez quelques singes ; « l'éléphant la possède même, dit Franklin, à un degré tout à fait remarquable. Cette notion, sans laquelle la conservation et le progrès de l'association seraient impossibles, est d'ailleurs une des premières à se former. » Il en est de même de la notion d'assistance mutuelle ; nous en avons vu déjà des exemples. On pourrait les multiplier. L'assistance est même organisée. Si un troupeau de bœufs sauvages s'éparpille dans une plaine herbeuse, des sentinelles veillent à la sûreté. Au sommet d'un dôme de termites, sur un tronc d'arbre abattu, ces sentinelles scrutent l'horizon, prêtes à donner l'alarme si elles voient ou sentent quelque fauve. En un clin d'œil vaches et veaux se réunissent alors, et les taureaux prennent place alentour, présentant à l'agresseur un rempart de cornes menaçantes. Les vigies, en renonçant pour un temps à satisfaire leur appétit, font à l'intérêt général un sacrifice. A leur tour, d'autres viendront occuper le poste de surveillance, afin que les premiers satisfassent à loisir leur faim. C'est un exemple de mutualité systématique. Les buffles en troupeaux se défendent contre le tigre, se le renvoient à coups de cornes et le tuent rapidement. Les chevaux en société repoussent ainsi les carnassiers, auxquels ils ne pourraient qu'avec peine résister individuellement. Les hirondelles, et tous les oiseaux migrateurs ne peuvent traverser d'immenses espaces qu'en s'aidant mutuellement et en faisant le voyage par grandes bandes. Les perroquets, les antilopes, les grues se protègent d'une manière analogue ; les bandes de corneilles, grâce à la perspicacité et à la conscience de leurs gardes, ne se laissent presque jamais approcher. M. E. Edwards a décrit les sociétés de corbeaux, dont les colonies occupent, dans certains bois, une étendue considérable et dont les membres s'élèvent à plus de deux cent mille individus. D'après

Abbott, les corbeaux auraient vingt-sept manières de crier, chacune ayant un rapport certain avec une manière déterminée d'agir et de s'entr'aider.

On rabaisse la moralité élémentaire des animaux en voulant la réduire à une sorte d'instinct automatique et aveugle, où l'intelligence n'aurait aucune part. L'animal est beaucoup plus intelligent qu'on ne croit. On ne saurait même refuser aux animaux supérieurs un certain sens de la finalité et une certaine réflexion, qui sont des conditions élémentaires de la moralité.

Étienne Geoffroy Saint-Hilaire raconte qu'un chimpanzé, récemment arrivé au jardin du Muséum, qui se suspendait à une corde portant un nœud dans sa longueur, voulut d'abord défaire ce nœud au-dessus de sa tête, tandis que son poids, tirant au-dessous, tendait à le serrer. Après quelques efforts, il remonta le long de la corde, au-dessus du nœud, et, se tenant renversé, la tête et les bras en bas, il parvint à dénouer la corde en faisant passer dans le lacet le bout demeuré libre. M. Renouvier reconnaît qu'il y a là un talent de tirer des conclusions, mais non, dit-il, une conception d'un syllogisme ou d'une suite de syllogismes. Certes, le singe aurait été bien embarrassé de mettre son action sous forme syllogistique ; mais un membre de l'Académie des sciences, suspendu à une corde et ayant à la dénouer, pourrait être tout aussi embarrassé que le singe s'il lui fallait n'agir qu'à la condition de mettre ses actes sous forme de syllogismes : — Tous les corps sont pesants, or j'ai un corps, donc mon corps est pesant. Un corps pesant suspendu au bout d'une corde nouée serre le nœud par sa pesanteur ; or mon corps est suspendu à une corde nouée ; donc il serre le nœud par sa pesanteur. Un corps pesant suspendu au-dessus du nœud d'une corde n'exerce plus de pression sur ce nœud ; or, je me suspends au-dessus de la corde, donc je n'exerce plus de pesanteur sur le nœud, etc., etc. Le fait est qu'un membre de l'Académie des sciences ne syllogise pas plus que le singe, quoiqu'il ait la *parole*, condition essentielle pour mettre un raisonnement en *forme*, comme les lettres sont essentielles pour faire de l'algèbre.

Certains anthropoïdes sauvages cassent des rameaux et s'en servent pour chasser les mouches, ce qui est un exemple de finalité réfléchie. Le gorille poursuivi par le chasseur brise une grosse branche et s'en fait un formidable bâton. Darwin a vu un jeune orang qui eut de lui-même l'idée de faire d'un bâton un levier. Une troupe de babouins, poursuivie par Brehm, se réfugia sur une hauteur et, de là, fit tomber sur l'agresseur une grêle de projectiles. Certains singes savent choisir les pierres les plus aiguës et s'en servir pour ouvrir les huîtres. Ils savent aussi se servir de pierres pour casser les noix. M. Romanes a vu un bebus apprendre tout seul, après bien des efforts, à dévisser et à revisser une vis, puis appliquer sa découverte à d'autres vis et devenir assez habile à cette opération amusante[1].

M. Romanes a appris à un singe la numération jusqu'à cinq. Demandait-on au hasard deux, quatre, trois, cinq pailles, le singe présentait le nombre demandé. L'homme a des « concepts » et des signes de concepts, qui sont les noms ; la conception des qualités générales et les signes de valeur dénominative manquent à l'animal. Celui-ci, dit M. Romanes, n'a que des signes « dénotatifs », c'est-à-dire s'appliquant à des objets particuliers, à des actes particuliers, à des qualités particulières. Quand un perroquet appelle un chien ouaou-ouaou (ce qui s'apprend aisément à un perroquet comme à un enfant), l'on peut dire en un sens qu'il nomme le chien ; mais, dit Romanes, il n'y a pas là « prédication » de caractères appartenant au chien[1]. — Si fait, peut-on répondre, il y a là reconnaissance du

---

[1] Un perroquet, appartenant à une famille de ma connaissance, a l'habitude de dire : *bonjour monsieur* ou *bonjour madame*, selon qu'il a affaire à un sexe ou à l'autre, sans se tromper jamais. Un jour, un prêtre en soutane s'approche ; le perroquet commence : *bonjour ma...*, puis, devinant un autre sexe que le féminin, s'arrête décontenancé et muet.

[2] Romanes, l'*Intelligence des animaux*, Paris, Alcan.

caractère aboyant et de la voix qui appartiennent au chien. — Mais, « il n'y a pas énonciation d'un *jugement* à l'égard du chien ». — Il y a cet implicite jugement : — Voici la bête qui fait ouaou-ouaou. Le perroquet et l'enfant très jeune sont à peu près au même point. Si j'appelle un chien par son nom et que je lui donne un ordre, il comprend parfaitement mon langage ; donc il parle lui-même intérieurement dans son imagination ; donc, s'il avait le larynx fait comme moi, il pourrait lui-même prononcer son nom ou le mien et il ne se tromperait pas dans l'application de ces noms ; il ne me prendrait pas pour lui ni lui pour moi. Il ne confondrait pas manger avec boire et, ayant faim, il pourrait lui-même substituer le mot *manger* à ses petits cris d'appel suppliants, en face d'un bon morceau. En tout cas, le singe le ferait, et il est impossible ici de méconnaître des jugements encore grossiers, concrets sans doute, mais que la possession de signes pourrait rendre plus abstraits et plus subtils.

L'énorme infériorité du singe par rapport à l'homme est dans son langage ; il en a un cependant. Le gorille, en marchant à l'ennemi, pousse un cri perçant qui rappelle le cri de guerre du sauvage, et, comme les athlètes, il se frappe la poitrine avec les poings. On sait qu'un récent observateur, M. Garner, a phonographié les cris et articulations des singes et y a cru découvrir une langue rudimentaire. Il y aurait, par exemple, un mot particulier pour boire, un pour manger. Certains cris spéciaux annoncent le danger ; les compagnons comprennent parfaitement ces cris et accourent à la défense de la communauté. Darwin raconte qu'un gibbon savait moduler une octave. Les chimpanzés noirs se réunissent parfois en certain nombre pour donner une sorte de concert bruyant ; ils font alors de la musique en tambourinant avec des bâtonnets sur des bois creux, comme font certains nègres d'Afrique. De l'instinct musical à l'instinct de la parole, il y a une distance que l'homme seul a su complètement franchir. Les chimpanzés, gorilles, orangs et autres grands singes vivent seulement en familles ou en petites bandes, parfois isolés. Ils n'ont pas l'esprit de sociabilité large qui distingue l'homme : c'est probablement une des causes qui ont arrêté leur développement ; mais, dans de meilleures conditions, plus favorables à la sociabilité, ils auraient pu atteindre un état mental, social et moral beaucoup plus élevé. La sensibilité du singe, par la conscience et quelquefois par la réflexion qu'elle implique, a des traits humains. Un jeune chimpanzé du capitaine Pagne, en arrivant à bord, tendit de lui-même la main à quelques marins qui lui plurent et la refusa à d'autres. Les anthropomorphes caressent et embrassent les êtres qu'ils affectionnent ; le vieux gorille punit les jeunes en les souffletant. On a vu des femelles sauvages du genre gibbon laver soigneusement le visage de leurs petits dans l'eau de la rivière. La femelle du gorille chasse les mouches qui s'approchent de son enfant endormi. Une guenon anthropoïde du jardin zoologique de Dresde avait une grande affection pour M. Schœpf, le directeur ; quelques instants avant de mourir (elle était phtisique), « elle entoura de ses bras le cou de M. Schœpf, regarda longuement son ami, l'embrassa trois fois, lui tendit une dernière fois la main et expira ». De tous ces sentiments altruistes, dirigés par une intelligence déjà développée, à la bonté et à la moralité proprement dites, il n'y a pas une distance aussi infinie que voudraient nous le faire croire les Bossuet ou les Kant.

James Malcolm, « observateur exact » selon Romanes, avait embarqué avec lui deux singes sur un bateau. Un jour, le plus jeune tombe à la mer ; à cette vue son compagnon s'agite fiévreusement, saisit d'une main le bord du navire, et de l'autre tend à son camarade le bout d'une corde qu'il avait enroulée autour de son corps. La corde n'était pas assez longue, mais les matelots, témoins étonnés du fait, en jetèrent une autre à laquelle le noyé put s'accrocher. Leur action secourable ne faisait que *continuer* celle du singe.

Bien connus sont les dévouements des singes cynocéphales qui vivent en grandes troupes. Les mères, dans le danger, n'abandonnent point leurs petits et s'exposent à la mort pour les défendre. On a souvent cité, d'après Boehm, le cas de ce vieux mâle qui, voyant un jeune attardé et près d'être pris par les chiens, marcha au-devant d'eux, saisit dans ses bras le jeune menacé et l'emporta en triomphe.

On sait combien le sentiment maternel, une des principales sources de la bonté, est développé chez la femelle d'une multitude d'animaux. Parmi les volatiles, il est bien souvent poussé jusqu'à l'héroïsme. Une cigogne blanche surprise avec ses petits dans un incendie qui éclata à Delft, et se voyant incapable de les emporter, se laissa brûler avec eux. On voit des oiseaux, dit G. Leroy, lorsque leurs petits sont menacés de périr par le froid et la pluie, les couvrir constamment de leurs ailes au point qu'ils en oublient le besoin de se nourrir et meurent souvent sur eux. [1] » Les chasseurs d'ours blancs, de lions, de phoques, etc. savent comme la femelle est toujours prête à se sacrifier pour défendre sa progéniture. Des femelles d'éléphants, poursuivies par des chasseurs qui avaient mis le feu aux broussailles au milieu desquelles elles se cachaient avec leurs petits, puisèrent, tant qu'il leur resta assez de vie, de l'eau et du sable et en couvrirent ceux-ci pour les protéger contre les flammes.

Au Brésil, Spix a vu une femelle de singe *stentor Niger* blessée d'un coup de feu, rassembler ses dernières forces pour lancer son petit sur les rameaux voisins, puis, ce devoir maternel rempli, tomba de l'arbre et expira. Le capitaine américain Hall fut témoin d'un fait analogue à Sumatra, et ce fait a été souvent cité. « Le premier coup de feu, dit-il, brisa le grand orteil de la mère, qui poussa un cri horrible. Puis, soulevant à l'instant même son enfant aussi loin que ses grands bras lui permettaient d'atteindre, elle le lâcha vers les dernières branches, qui semblaient trop faibles pour la supporter elle-même... A partir de cet instant, la pauvre mère sembla s'oublier elle-même pour ne plus songer qu'au sort de son enfant. Jetant, de moment en mo-

---

[1] *Lettres sur les animaux*, p. 68.

ment, un coup d'œil vers l'extrémité de l'arbre, elle exhortait son petit avec la main à s'échapper au plus vite. Elle semblait lui tracer la route qu'il devait suivre pour gagner, de branche en branche, les parties sombres et inaccessibles de la forêt. La seconde décharge étendit l'animal à terre[1] ».

A Montpellier, un théâtre fait de bois brûlait. Une chatte, tout effarée, parvint à grand'peine à s'en échapper; mais, sitôt en sûreté, elle se rappela ses petits que la frayeur lui avait sans doute fait oublier et on la vit s'élancer de nouveau au milieu des flammes. Bientôt elle reparut tenant un petit dans la gueule; les pompiers apitoyés la secoururent de leur mieux avec l'eau des pompes. Malheureusement l'incendie était trop violent, la chatte, victime de son dévouement maternel, périt dans les flammes.

L'animal se dévoue par simple amitié. M. Milne Edwards raconte dans les *Annales* le fait suivant, dont il a été témoin. Dans une volière vivaient, parmi des oiseaux de différentes espèces, deux mésanges. L'une d'elles, un jour, se prit de querelle avec un oiseau à gros bec qui eut tôt fait de casser l'aile à la pauvrette et de la plumer en outre presque à moitié. Dans cet état, la mésange ne put remonter au perchoir, elle resta couchée à terre. L'autre mésange, alors, d'apporter tout ce qu'elle put trouver de doux pour faire une sorte de nid à la blessée; puis, comme la nuit était fraîche, elle couvrit de son aile le dos déplumé de sa compagne. Elle la soigna ainsi pendant huit jours, lui apportant à manger, la réchauffant le soir de son aile étendue. Mais la mésange blessée ne put guérir et la seconde mésange ne lui survécut que huit autres jours. M. Milne Edwards demande s'il faut encore ici prononcer le mot d'instinct ou celui de bonté.

Chez une personne de ma connaissance, un serin vénérable âgé de dix-huit ans, voyant les moineaux du jardin voltiger autour de sa cage pour recueillir avidement les grains qui en tombaient — c'était l'hiver

[1] Franklin, *Vie des animaux*, I, 46.

— se mit à arracher de grosses miettes du pain qu'on lui donnait et dont il était très friand, puis, à travers les barreaux, délicatement, il les passa, les déposa dans le bec même des affamés. Désormais le serin charitable eut ses pauvres. Parmi les oiseaux et les insectes, il est beaucoup d'espèces qui servent habituellement les vieux avec empressement et soignent les malades. Blyth a vu des corbeaux indiens nourrir généreusement leurs compagnons aveugles. Des fourmis observées par sir John Lubbock soignèrent pendant cinq ans une compagne estropiée. Letourneau a vu une vieille serine impotente nourrie bec à bec, pendant plusieurs années, par ses descendants. On voit que, chez les animaux, il y a déjà de l'*humanité* et de la pitié. Ils n'ont pas lu *Zarathoustra*.

La grande différence entre les sociétés animales et la société humaine, c'est que les premières demeurent toujours des groupes particuliers et fermés, généralement hostiles les uns aux autres et ne tendent nullement à embrasser l'espèce entière. L'abeille appartient à son essaim et à sa ruche, nullement à toute l'espèce des abeilles, dont elle n'a aucune représentation et aucun sentiment. Il subsiste sans doute quelque chose d'analogue dans les nations humaines : l'essaim français et l'essaim allemand ont chacun leur vie propre et leurs sentiments propres ; les patries ont quelque chose d'exclusif et de plus ou moins fermé. Malgré cela, la société humaine, chez ses meilleurs représentants et dans les nations les plus civilisées, les plus intellectuelles, les plus morales, tend à embrasser le genre humain. Nous avons tous déjà l'*idée* de cette société universelle ; grâce à cette idée-force, chaque homme peut s'ouvrir de plus en plus à l'amour de l'humanité.

En somme, quoique les sociétés animales demeurent trop particulières, on voit, par l'effet de la vie en commun, la moralité se développer chez les animaux ; divers sacrifices, l'accomplissement accidentel ou régulier de certains devoirs deviennent nécessaires ; il y a une restriction imposée aux actes, chacun ne pouvant plus, au sein de la communauté, se livrer sans frein à ses passions et à ses appétits [1]. De plus, à la justice élémentaire se joint une sorte de charité instinctive qui, nous l'avons vu, peut aller jusqu'au dévouement. La morale des animaux est, comme la nôtre, la lutte contre la lutte pour la vie; elle est l'organisation des individus en société, le dévouement à la cause commune. La question sociale a été posée par le monde animal comme par le monde humain, « avec cette différence, a-t-on dit, que, dans le premier, elle a été déjà résolue ».

De l'ensemble des doctrines sur la vie et sur ses diverses formes animales veut-on tirer une conclusion qui soit vraiment scientifique et philosophique, parce qu'elle sera vraiment contenue dans les prémisses et que les prémisses elles-mêmes embrasseront la réalité entière? Voici en quelques mots ce qu'on devra dire, — et nous ne donnons pas cette conclusion comme une hypothèse, mais comme une vérité démontrée : — Le monde vivant est tout entier régi par deux lois, celle de la concurrence pour la vie et celle de l'accord pour la vie, que nous avons trouvées à l'œuvre dans l'éthique animale. La loi de la concurrence, transportée dans l'ordre social, y a pour conséquence, même chez les animaux, le développement de l'*individualité*; la loi de l'accord pour la vie entraîne, même chez les animaux, le progrès de la *solidarité*. Ne voir qu'une seule de ces lois, c'est confondre la partie avec le tout; les embrasser toutes les deux, avec leurs conséquences légitimes, c'est, en faisant œuvre de science, comprendre le passé et pressentir l'avenir.

La morale des pseudo-darwinistes et des nitzschéens n'est pas même vraie des bêtes, et on voudrait en faire la règle des hommes !

---

[1] Voir sur ce sujet Vianna de Lima. *L'homme selon le transformisme*, Paris, Alcan.

LIVRE II

ÉLÉMENTS SOCIOLOGIQUES DE LA MORALITÉ
MORALE SOCIOLOGIQUE

CHAPITRE PREMIER

NATURE DE LA SOCIÉTÉ HUMAINE

Les sociétés humaines sont un système d'idées-forces et un rapport mutuel de consciences. — Nature de la société.
1º Conception *mécanique* de la société. — Son insuffisance. — 2º Conception *organique* de la société. — Finalité réciproque interne et finalité externe. — Structure et fonction. — Ressemblances et différences entre l'organisme animal et l'organisme social. — Répartition de la conscience. — 3º Conception *hyperorganique* de la société. — Comment l'organisme social est plus ou moins volontaire et contractuel. — Théorie utilitaire. — Théorie juridique et morale.

Il importe avant tout, quand on veut juger les doctrines morales fondées sur la sociologie, de se former une conception exacte et vraiment scientifique sur la nature des sociétés humaines.

Une vraie société est une pluralité d'individus conscients qui se sentent ou se conçoivent liés les uns aux autres par des relations sensitives, intellectuelles et volontaires, par une communauté de sentiments, d'idées et de désirs. Toute société humaine est un système d'idées-forces, c'est-à-dire d'appétitions et de représentations, qui résident dans des consciences. Les sociétés supérieures sont, en ce qui les constitue essentiellement, tout entières dans les consciences : elles sont un rapport mutuel de consciences grâce auquel chacune est virtuellement représentée, sentie et, jusqu'à un certain point, voulue par la conscience des autres.

Il y a une conception purement mécanique de la société qui la représente tout entière comme une vaste machine ; les individus sont les rouages, leur rapport essentiel est un équilibre mobile de forces opposées. Cette conception, encore très répandue de nos jours, préjuge une opposition intime entre l'individu et la société, entre le bien des uns et le bien des autres. Dans la pratique morale, sociale et politique, elle aboutit à refréner du dehors, par la force de la collectivité, le développement des individus. Son but est d'établir : 1° un équilibre mécanique entre les divers individus considérés particulièrement; 2° un équilibre mécanique entre chaque individu et la collectivité. Dans cette doctrine domine l'idée de contrainte et de nécessité extérieure, exercée sur des *sphères de force individuelles* mutuellement exclusives : il s'agit d'éviter les froissements ou conflits, avec les pertes de force vive qui en résultent. Les partisans de la théorie mécaniste répètent sans cesse : — Il faut faire *sa part* à l'individu et sa part à la société, — et ils conçoivent les diverses parts comme deux domaines séparés, opposés même. Dès lors, la moralité consiste essentiellement dans une sorte de compromis entre le bien de l'individu et le bien de la société : chacun chez soi. L'individu *abandonne* quelque chose de sa liberté pour sauver le reste, mais c'est toujours, en somme, son bien *individuel* qu'il poursuit au moyen de la société. D'autre part, la société abandonne à l'individu telle sphère déterminée d'action, pour pouvoir se réserver à elle-même une autre sphère ; mais, c'est toujours un bien *social*, non individuel, qu'elle poursuit. Bien social et bien individuel demeurent donc essentiellement différents, malgré les transactions de fait qui établissent entre eux une harmonie d'équilibre, une résultante selon la diagonale des forces.

La sphère des relations purement mécaniques existe certainement dans la société, mais elle n'est pas tout. Il faut reconnaître au-dessus d'elle, dans l'ordre social, une sphère de relations biologiques, dont l'organisme vivant nous offre le type. C'est ce que soutiennent ceux qui, généralisant cette dernière espèce de relations, font de la société un *organisme*. Il y a une vérité partielle dans ce second point de vue comme dans le premier ; seulement, il importe au sociologue et au moraliste de ne pas se faire une idée fausse, soit de l'organisation en général, soit, en particulier, de l'organisme social.

On définit quelquefois l'organisation par la dépendance mutuelle des parties ; cela ne suffit pas à constituer vraiment un « organisme ». Cette dépendance, en effet, peut rentrer simplement dans la catégorie de l'action causale réciproque ; or, cette catégorie embrasse tout ce qui existe : elle fonde le déterminisme universel, bien plus, le mécanisme universel dans l'espace et dans le temps. Si telle vague de la mer que j'aperçois de ma fenêtre ne s'était pas soulevée dans le flux de ce matin, ma main ne tiendrait pas la plume dont elle se sert pour écrire ; car il faudrait que la lune n'eût pas exercé son action, que le système solaire et stellaire fût changé, que la terre et tous ses habitants, y compris moi-même et ma main, fussent dans des conditions différentes. Ce genre de solidarité par action réciproque n'implique pas que je forme avec les vagues de la mer un véritable organisme, encore moins une vraie société.

Pour qu'il y ait organisme vivant, il faut que l'unité du tout devienne, selon la doctrine de Kant et de Hegel, le but de ses propres parties constituantes. De là les deux lois fondamentales du véritable organisme : *finalité réciproque interne* et *finalité externe*. Les parties de l'organisme sont moyens les unes par rapport aux autres et par rapport au tout. En outre, les parties et le tout prennent pour moyen le milieu extérieur, c'est-à-dire qu'elles s'adaptent à ce milieu dans la mesure nécessaire pour l'adapter finalement à elles-mêmes.

Nous inspirant d'une pensée de Leibniz, nous avons insisté jadis sur un autre caractère essentiel de l'organisme vivant, qui est de se diviser en parties vivantes, tandis qu'une simple machine, quelque bien organisée qu'elle soit par l'ouvrier, n'est point organisée jusque dans ses éléments composants. C'est là un des traits communs les plus remarquables entre l'*organisme*, composé de vivants, et la *société*, composée aussi de vivants.

D'après cela, la société est-elle un simple agrégat d'individus, ou est-elle vraiment un organisme ? — Nous persistons à croire, comme nous l'avons soutenu autrefois dans la *Science sociale contemporaine*, que, sous un certain rapport, la société est en effet un ensemble organique, réduit à l'unité *par le dedans*, dont les membres ont entre eux et avec le tout des relations définies non plus seulement d'*action* réciproque, mais encore de *finalité* réciproque. En outre, quoique sujettes au changement, ces relations demeurent comparativement *constantes*, malgré la modification et même la disparition des individus. Elles lient donc vraiment entre eux les individus, comme parties dépendantes d'un tout plus large.

La société offre, comme l'organisme : 1° une *structure*, 2° un *fonctionnement*. La structure sociale, ainsi que l'ont soutenu les philosophes anglais depuis Spencer jusqu'à Sidgwick, ressemble à celle de l'organisme vivant en ce que l'*existence* de la société dépend de sa *structure* même, et que cette structure, à son tour, dépend de son *fonctionnement*. Une machine peut cesser de fonctionner et conserver sa structure : la montre arrêtée garde sa construction ; un organisme ne le peut, et c'est ce qui le caractérise; une société ne le peut davantage. Pourquoi, dans l'être vivant, structure et fonction sont-elles ainsi inséparables ? C'est que la structure vient du dedans, non du dehors; elle est naturelle et non artificielle; elle fait un avec la fonction dynamique elle-même, dont elle n'est que l'aspect statique [1].

Une fois existant avec sa structure et ses fonctions, l'organisme a pour loi de croître et de se modifier par une continuelle interaction avec son milieu. Cette interaction produit l'adaptation de l'être vivant au milieu, du milieu à l'être vivant. L'organisme tend à se préserver lui-même parmi les changements des conditions environnantes, changements qui lui sont en partie

---

[1] Voir, plus haut, notre chapitre sur la nature de la vie.

défavorables. Pour se préserver, il sacrifie au besoin la vie de certaines de ses unités ou parties composantes. Spencer et Sidgwick n'ont pas eu de peine à retrouver ces caractères divers dans les sociétés. Celles-ci subissent, elles aussi, l'action du milieu (physique, animal ou humain); elles réagissent sur le milieu pour se conserver et pour s'accroître; enfin elles sacrifient à l'occasion la vie de certains membres individuels pour maintenir la vie du tout.

Ces différents caractères se ramènent aux deux grandes lois d'*action réciproque interne* et d'*action réciproque externe*, avec les diverses conséquences qu'elles entraînent. Malgré les objections de l'école exclusivement psycho-sociologique, qui dédaigne la bio-sociologie, il est difficile de ne pas reconnaître là deux lois communes à toute organisation vivante et agissante, disons même à tout organisme et à toute société.

Il n'en résulte pas qu'une société soit un végétal ou un animal. C'est là l'erreur des biologistes à outrance, qui ont voulu retrouver dans la société un appareil rénal, un appareil respiratoire, etc. Pour notre part, nous n'avons jamais soutenu que la société fût un « organisme animal », pas plus qu'un « organisme végétal ». Pourquoi vouloir identifier un produit supérieur et ultime de l'organisation avec les produits antérieurs et inférieurs? Pourquoi vouloir trouver dans la société des appareils de « sécrétion » ou un système « musculaire », ce qui est aussi logique, nous l'avons remarqué déjà, que d'y vouloir trouver des calices et des corolles[2]? L'idée d'organisation est-elle donc inconcevable sans tel ou tel organe particulier qu'on trouve chez les plantes ou chez les bêtes? Il peut fort bien y avoir organisme vivant sans végétativité et sans animalité, car végétaux ou animaux n'épuisent pas toutes les formes possibles d'organisme. Est-il probable d'ailleurs, soit *à posteriori*, soit *à priori*, que cet épuisement ait lieu avec le dernier des animaux à nous connus,

[1] Voir notre livre sur la *Science sociale contemporaine*.
[2] Voir l'*Introduction*.

c'est-à-dire l'homme ? Toutes les différences que l'on montrera, non sans raison, entre les sociétés et les organismes animaux ou végétaux n'empêcheront pas les ressemblances caractéristiques précédemment établies : 1° consensus interne des membres, qui produit inséparablement fonction et structure, 2° consensus externe avec le milieu, qui conditionne la croissance et le développement. Du reste, c'est affaire de définition. Si on ne veut pas appeler organisme l'être où se manifestent, en premier lieu, la finalité interne ou action réciproque, en second lieu, la finalité externe ou action liée au milieu et liant le milieu à soi, on est libre ; mais alors qu'on nous dise ce que, biologiquement, on appelle vivre !

Pour opposer l'idée d'organisme et celle de société, on a fait observer que les organismes les plus parfaits sont les plus différenciés, tandis que les sociétés les plus parfaites, telles que les sociétés démocratiques des temps modernes, tendent à égaliser leurs éléments. Mais on peut répondre que cette égalisation n'empêche nullement la différenciation, qui croît *pari passu*. C'est précisément l'originalité des organismes sociaux que cette synthèse de deux mouvements en apparence inverses : ressemblances plus nombreuses, différences plus nombreuses entre les individus. Il en résulte et que les consciences individuelles sont elles-mêmes plus différenciées et que la partie sociale de ces consciences est plus large, plus étendue, plus semblable chez tous.

Si nous reconnaissons les analogies de la société avec l'organisme, il n'importe pas moins, à nos yeux, d'en marquer les différences. De ce que la sociologie est le « prolongement » de la biologie comme de la psychologie, il n'en résulte pas que les organismes et les sociétés présentent un *parallélisme*. C'est le contraire qui est vrai. La société est, nous l'avons dit, une organisation *sui generis*, parce que son vrai lien est *dans les consciences*. Au sein de l'espace, l'organisme est *continu*, la société est *discontinue*. Entre l'organisme et la société il y a cette autre différence que l'organisme *naît tel*, tandis que la société, comme on l'a dit justement, « doit *se faire société* ». La reproduction, en effet, n'existe pas vraiment dans l'ordre social comme elle existe dans l'ordre biologique. L'union sexuelle n'y rencontre aucune analogie ; la scissiparité peut bien s'y retrouver par métaphore, comme lorsqu'une société fonde une colonie ; mais de lointaines analogies ne sont pas des lois scientifiques. Une société n'est point un *ovum ab ovo*. Elle naît par des relations psychologiques de besoins, de sympathies et de représentations mutuelles, qui ne ressemblent à aucun des phénomènes de la génération.

Une société humaine n'a pas non plus, comme l'animal, une *durée normale* de vie ; elle n'offre pas une série constante et régulière de *changements vitaux* depuis l'*enfance* jusqu'à la *virilité* et à la *mort*. Les nombreuses comparaisons que l'on a voulu établir sur ces points ne sont encore que des analogies plus ou moins trompeuses. Une société politique ne « meurt » que si elle est attaquée par d'autres sociétés et détruite dans sa structure. Encore les individus ne meurent-ils pas, sauf ceux que la guerre a pu tuer : ils sont absorbés dans la société conquérante.

Une des plus notables différences entre l'organisation sociale et l'organisation purement animale, c'est que chaque animal a son propre système nutritif, son système distributeur et circulatoire, son système régulateur, sans connexion avec les systèmes correspondants d'autres animaux. Les organes alimentaires d'un animal ne préparent pas la nourriture aux organes de ses pareils, ses vaisseaux sanguins ne la leur apportent pas, son cerveau ne coopère pas à la direction de leurs mouvements, sinon d'une manière indirecte. Le cas est tout-à-fait différent pour la vie organique des sociétés. Les canaux de communication qui charrient les richesses ne coulent pas seulement à l'intérieur des États, mais à l'extérieur ; les fonctions économiques ignorent de plus en plus les frontières. De cette loi d'*interaction* dérive une conséquence importante. Un même *élément individuel* peut appartenir à des *sociétés* diverses. Une même unité sociale peut faire partie de plusieurs groupes à la fois, séparés par des milliers de lieues ; elle peut faire partie de plusieurs « organismes ». Il se forme même, par dessus le temps et l'espace, des communions sociales tout à fait étrangères à la vie physiologique. Si tout Anglais est bien de nationalité anglaise, son protestantisme peut en faire un membre plus ardent encore et plus vivant de la communion protestante. De même pour tel catholique français, qui sera avant tout catholique romain. Terres et mers n'empêchent pas les unions religieuses. C'est que, en ces divers cas, le lien social est dans des idées-forces, que peuvent concevoir en commun des individus séparés par l'espace.

Enfin, selon nous, la grande et capitale différence entre la société et l'organisme purement biologique, c'est la *répartition de la conscience*. Nul n'emploie l'expression de *société végétale*, parce qu'on n'admet dans la plante aucune sensibilité commune ni surtout aucune représentation collective. Les vraies unités sociales, au contraire, étant conscientes d'elles-mêmes, existent *pour* elles-mêmes ; simultanément, elles conçoivent chacune l'idée-force du tout dont elles font partie, si bien qu'elles existent aussi *pour* le tout et ont conscience d'exister pour le tout. Ainsi inhérente aux unités sociales, la conscience donne à la société entière le pouvoir de régler son extension, de modifier les rapports de ses propres éléments, de les faire appartenir simultanément, comme nous l'avons vu, à des groupes divers et à des organismes divers, parfois opposés, toujours séparés dans l'espace. L'*organisme animal*, en un mot, n'est *conscient de soi que dans le tout*, et l'*organisme social* n'est *conscient de soi que dans ses éléments :* là est la grande antithèse [1].

On a répondu, avec M. Novicow, que, si tous les éléments de la société sont conscients de leur vie individuelle, ils ne le sont pas tous de la vie collective dont ils font partie. Cette conscience de la vie collective et du groupe social n'existe, ajoute-t-on, que chez un petit

---

[1] Nous l'avons déjà mise en relief dans notre *Science sociale contemporaine*.

nombre d'individus constituant l'élite; dès lors, il faut admettre dans la société, comme dans l'organisme, un *sensorium*, un centre nerveux récepteur et moteur, un cerveau. — Nous répondrons à notre tour : il est inexact qu'un individu quelconque, faisant partie d'une nation, puisse n'avoir aucune idée de la vie collective à laquelle il prend part. Tout Français a parfaitement conscience d'être Français, d'être en république, d'avoir droit au suffrage, d'être protégé par des lois proclamées égales pour tous, etc. Chacun de nous a donc dans sa conscience individuelle une portion sociale, composée d'idées-forces sociales; il n'y a, entre les divers individus, qu'une différence de degré. Un paysan ne connaît pas le fonctionnement de la nation comme le connaît le président de la Chambre des députés ; mais conscience n'est pas science. La théorie aristocratique de M. Novicow, tirée des analogies avec le cerveau, est en l'air. Tout ce qu'on peut dire, c'est qu'une élite dirigeante est nécessaire; mais cette élite ne « monopolise » ni les idées-forces qui dirigent la nation, ni la *conscience* nationale; elle n'est donc nullement incompatible avec la démocratie.

Si la société est une organisation de consciences et d'idées-forces, son analogue le plus rapproché doit être cherché moins dans l'organisme physiologique que dans l'organisation psychologique. La société ressemble beaucoup plus à un esprit conscient qu'à un chêne, qu'à un rongeur ou même à un cerveau d'homme. Mais les pensées, idées et sentiments de l'esprit conscient ont rapport à des actions ou réactions sur le milieu, et ces actions ou réactions impliquent avant tout les actions *vitales*; il reste donc vrai, tout à la fois, et que la société est un organisme vivant et qu'elle est un « hyperorganisme » mental. Supposez un être animé où chaque cellule aurait connaissance du tout, sentiment et amour du tout, volonté du tout, où chaque partie serait à la fois cerveau et cœur, où le tout serait représenté en idée dans chaque organe ; il y aura là un genre de relations supra-organiques, synthèse de la vie individuelle et de la vie sociale. C'est l'idéal même de la morale comme de la sociologie.

L'existence d'une conscience commune ou, pour mieux dire, d'une portion commune des diverses consciences, a pour résultat *l'autodéterminisme*, qui caractérise l'évolution sociale. Appliquons une fois de plus la grande loi que nous avons si souvent énoncée : — La *conscience* que la société prend d'elle-même ne peut manquer de la *modifier*; *l'idée* qu'elle acquiert de sa nature et de ses lois entre *comme élément* dans sa nature et dans ses lois. *Le déterminisme intellectuel des idées-forces réagit sur le déterminisme naturel ; le subjectif arrive à transformer l'objectif en s'objectivant lui-même à mesure qu'il se conçoit ;* bien plus, il se *classe* lui-même dans l'échelle des valeurs. Pas plus dans la société que chez l'individu, l'idée, — par exemple la prévision des conséquences d'un acte, — n'est un simple épiphénomène de valeur secondaire : une nation prévoyante n'agit pas de la même manière que l'imprévoyante. Si vous apercevez un grand trou sous vos pieds, il est probable que cette vue ne restera pas pour vous un simple « fait d'éclairage » : elle vous fera vous rejeter en arrière aussi sûrement que si on vous avait tiré *à tergo* ; il en est de même lorsqu'une nation se voit tout d'un coup en face d'un abîme.

On sait que Wundt a énoncé un principe *d'accroissement indéfini de la force spirituelle*, qu'il oppose à la *conservation indéfinie de la force mécanique*. Selon nous, ce principe agit surtout dans la société, grâce à la multiplication perpétuelle des idées-forces l'une par l'autre : il n'est qu'une complication supérieure et de *l'autodéterminisme* et du *mutuo-déterminisme*. Le cosmos naturel a sa continuation dans le cosmos humain, chez lequel il arrive à se connaître, bien plus, à se juger et, finalement, à se modifier en vue d'une idée sortie de la réalité même. Ainsi naît la morale.

Si la société est une union organique, elle n'en est pas moins aussi une union *volontaire*, et, sous ce rapport encore, elle est hyper-organique. Les volontés y sont d'abord toutes spontanées; on peut même dire que la spontanéité est le caractère de toute société normale : là où le lien ne subsiste que par la force, le lien reste extérieur et tout prêt à se rompre. Ce sont les *volontés* mêmes, hyper-organiques de leur nature, qui doivent devenir *organiques* dans la société. Les nouveaux venus acceptent la société et son organisme comme l'individu accepte ses membres et son corps. Ce n'est pas moi, sans doute, qui ai fait mes organes, quoique je contribue à les former en m'en servant ; mais comment refuserais-je d'accepter mes yeux, mes oreilles, mes mains, mes pieds ? Ce sont autant d'aides ! Aussi ces *nécessités* sont-elles voulues par ma *volonté*. Dans la société, tout ne se trouve pas fait d'avance comme dans le corps organisé : une multitude de choses restent à faire, une multitude de fonctions restent à remplir, pour lesquelles la volonté des individus est indispensable, et, le plus souvent, sous forme réfléchie. Or, s'il en est ainsi, on peut dire que toute société, dès qu'elle est acceptée, est *consentie* implicitement ou explicitement. Les divers membres *attendent* quelque chose les uns des autres ; ils *comptent* les uns sur les autres. C'est en ce sens que nous avons dit, il y a longtemps : — L'*organisme social, comme tel, est plus ou moins implicitement contractuel.* Il est clair que, si on donne au contrat son sens juridique habituel, la société ne repose pas sur un contrat, ni par devant notaire, ni sans notaire. Mais entendez par là une convention réciproque (fût-elle tacite), par laquelle les uns attendent des autres telle conduite relativement à tels objets, et vous reconnaîtrez que cet élément de confiance mutuelle et d'engagement réciproque est présent dès l'origine des sociétés. En d'autres termes, il existe d'abord un vouloir-vivre collectif, accompagné d'une représentation et d'une impulsion plus ou moins confuses, embrassant l'ensemble des êtres semblables et leurs rapports mutuels. Ce vouloir-vivre et cette représentation impulsive sont les germes de l'*idée* de société et du *désir* de société. Si on considère la société en son plein développement, on peut conclure : *La vraie société, la société consciente, est fondée sur sa propre idée et et sur sa propre volonté.*

Il faut d'ailleurs s'entendre sur le mobile de cette

union volontaire qui, selon nous, constitue plus ou moins implicitement toute société vraiment humaine. Les utilitaires se sont représenté le lien des volontés comme un fait d'essentiel égoïsme. Selon beaucoup d'économistes anglais et américains, la société ne serait pour l'homme qu'un *accident* produit par le mobile accidentel de l'*intérêt*. L'homme, disent-ils, se trouva dès l'origine dans des circonstances telles qu'il eut intérêt à s'associer plutôt qu'à développer isolément son organisme. Cet intérêt engendra la sociabilité, de même que, chez d'autres animaux, des intérêts tout différents ont pu produire l'insociabilité : tels sont certains grands fauves. Affaire de circonstances et de hasards. Les sentiments sociaux ne sont qu'un type réussi d'une large classe de sentiments égoïstes, ceux qui proviennent de ce que les Anglais appellent l'amour des *moyens* par lesquels on atteint une fin. Le chasseur aime son chien et son fusil, l'ouvrier son outil, le fermier ses terres, le marchand son commerce, l'homme de loi sa profession. De même, l'homme qui se sert de ses semblables finit par aimer ses semblables. Il n'y a donc rien de particulier dans le développement des sentiments sociaux : l'intérêt suffit à les développer dès que les êtres sont placés en des conditions où, pour satisfaire leurs besoins, ils doivent avoir recours à des « méthodes indirectes [1] ». On a soutenu, dans le même sens, que les membres d'une société doivent se définir : ceux qui se conçoivent les uns par rapport aux autres comme des causes possibles de plaisir et de douleur, conséquemment d'intérêt satisfait ou non satisfait [2].

Cette doctrine a son côté vrai, mais ce n'est qu'un côté. Les hommes primitifs, réunis en société, ont eu sans doute l'intuition plus ou moins nette de certaines *fins collectives :* conservation commune, défense commune, agrandissement des ressources communes, coopération, ordre et paix à l'intérieur du groupe, etc.

[1] Patten, *Annals of American Journal and of Political and Social Science*, janvier 1895. p. 121.
[2] M. René Berthelot, *Revue de métaphysique et de morale*, 1894, p. 516.

L'anticipation intelligente des conséquences de la vie en commun fut, dès l'origine, un des facteurs qui déterminèrent les coutumes, les mœurs, les règles communes. Sans prêter aux hordes primitives de profonds calculs comme ceux des utilitaires, reconnaissons qu'il y a des intérêts, soit privés, soit généraux, qui se sentent immédiatement, qui même se formulent immédiatement. Jusque chez les animaux, l'intérêt de l'union contre un ennemi commun est spontanément apprécié : si plusieurs chiens se jettent à la fois sur un loup, ils sentent qu'ils s'entr'aident et qu'ils ont tous *intérêt* à s'entr'aider. Les animaux, nous en avons déjà fait la remarque, ne sont pas aussi *brutes* qu'ils en ont l'air; à plus forte raison les hommes primitifs.

Mais les utilitaires ont tort de ne voir qu'un seul des rapports mutuels sous lesquels les hommes se conçoivent : celui d'intérêt personnel devenu réciproque, parfois aussi de crainte réciproque. Il existe, comme nous l'avons montré, des rapports différents et plus primordiaux, qui constituent les vrais rapports sociaux : sympathie et attraction du semblable pour le semblable, synergie, imitation, etc. Prétendre qu'un enfant aime sa mère par simple transfert à la mère du besoin qu'il a de lait nutritif, lui attribuer ainsi la même illusion fondamentale que celle qui nous fait aimer les moyens d'une certaine fin seule aimable, c'est construire un roman psychologique. Il est encore plus difficile de voir dans l'amour maternel le simple amour d'un moyen, — l'enfant, — pour atteindre une fin, — laquelle? On se le demande. Si la mère nourrit l'enfant, l'enfant ne nourrit pas la mère. A moins que l'on ne voie dans l'enfant un simple instrument propre à décharger le trop plein des mamelles, même chez les animaux dépourvus de mamelles! Un pressoir en caoutchouc vaudrait alors un enfant pour la mère. Tout ce jeu d'égoïsmes est fantastique. L'idée réfléchie d'utilité sociale n'a pas joué le rôle exclusif qui lui est attribué par les utilitaires, soit dans la formation des sociétés, soit dans l'évolution des coutumes et des mœurs. D'ailleurs, la connaissance proprement dite de l'utilité sociale ne peut se produire qu'à une période ultérieure, par réflexion sur ce qui avait été spontanément organisé.

Il n'est pas vrai non plus, comme l'ont soutenu certains psychologues et moralistes, que le lien social soit analogue au contrat des actionnaires d'une société financière. Le contrat d'échange ou d'association des industriels est absolument libre et même arbitraire : il n'y a pas de devoir qui les oblige à ce contrat ; ils doivent simplement, une fois qu'il existe, y être fidèles. Ce genre de contrat, en outre, ne lie qu'envers les vivants, non envers les hommes à venir, encore moins envers ceux qui ne sont plus. Il a pour objet des intérêts qui, en devenant collectifs d'apparence, demeurent tout individuels et de nature tout économique, par exemple une part de bénéfice pécuniaire dans une entreprise. Aussi ce contrat peut-il se défaire avec la même facilité qu'il a été fait : il n'est qu'un lien artificiel et extérieur. Comment donc le comparer à celui qui lie les membres de l'humanité entière par cela seul qu'ils sont hommes, non parce qu'ils ont formé entre eux une association d'intérêts ou d'égoïsmes? Nous ne sommes plus seulement, au sein de l'humanité, les membres d'une grande société par actions, de laquelle chacun ne reçoit que juste autant qu'il donne, à laquelle il ne doit donner qu'autant qu'il reçoit, où enfin chacun ne reste que s'il y trouve son compte. Pour qu'il y ait société dans toute la force du mot, il faut qu'il y ait non seulement l'idée de *fin* commune, mais encore celle d'*obligations* communes? Dans toute société, fût-elle animale, on trouve des manières d'agir semblables imposées au nom du but semblable à atteindre ; il y a des *lois* plus ou moins élémentaires. C'est le point de vue sur lequel a insisté M. Durkheim. Mais, selon nous, ces lois ne sont pas seulement des lois de « contrainte extérieure ». Elles s'imposent à l'acceptation intérieure et plus ou moins consciente. C'est-à-dire qu'il y a, dans tout société, sous l'ébauche de l'ordre juridique, une ébauche de l'ordre moral. Alors même que l'animal sociable est incapable de s'élever à la conception abstraite d'un devoir, il sent cependant qu'il y a des choses qu'il *faut* faire : par exemple secourir ses petits ou même, simplement, les faibles de la tribu. Le singe qui s'expose pour ses compagnons ne raisonne pas, et cependant il y a chez lui une préfiguration de cette idée que toute société repose non seulement sur des sympathies réciproques, mais sur des nécessités et obligations réciproques. En tout cas, ce qui distingue la société humaine et raisonnable, c'est cette idée ; ce qui lui confère sa vérité et sa réalité, c'est cette suprême idée-force. On peut donc dire que, sans une moralité plus ou moins élémentaire et sans un ordre juridique qui s'y appuie, aucune société *humaine* n'est possible : une union d'êtres raisonnables suppose une loi rationnelle et universelle. S'il en est ainsi, la société humaine ne résulte pas de volontés arbitraires; elle résulte de volontés liées par une nécessité morale, qui se représente à elle-même comme plus ou moins analogue à un « devoir », soit impératif, soit persuasif.

Ce devoir, dans toutes les sociétés civilisées, ne tarde pas à apparaître comme double. D'abord, l'individu se conçoit comme obligé de travailler à son propre perfectionnement moral, qui ne peut être réalisé en sa plénitude que dans le milieu social. Puis il se conçoit comme obligé de travailler au perfectionnement moral d'autrui. Qui oserait aujourd'hui soutenir, par exemple, que des parents ne doivent pas travailler au progrès moral de leurs enfants? que des familles qui vivent en un même milieu ne se doivent rien moralement les unes aux autres ? qu'au sein d'une nation, nous ne devons pas travailler à perfectionner tous les membres de la nation, en commençant par nous ? Cette conception d'une société vraiment morale est surtout moderne ; on en retrouve pourtant les premiers germes dans les sociétés les plus élémentaires, dans les hordes et les clans, où se montrent déjà des sentiments de justice et de confraternité, quoique limités d'ordinaire à la tribu. Le progrès historique amena le dégagement et l'extension graduelle de ces sentiments, mais il ne les créa pas ; il les avait trouvés déjà préparés par des causes à la fois psychologiques et sociologiques, qui elles-mêmes sont, en partie, une continuation et une acceptation conscientes des causes biologiques.

En somme, la société n'est pas un cas ordinaire d' « ajustement mutuel » par action réciproque. Ce qui la caractérise, c'est que l'ajustement mutuel s'y fait en se concevant et en se désirant, en se prenant pour but sous une forme idéale. D'abord simplement mécanique et organique, puis sympathique, puis utilitaire, l'ajustement finit donc par devenir moral.

CHAPITRE II

LA SOCIÉTÉ EST-ELLE UNE RÉALITÉ ET UNE CONSCIENCE

I. La société est-elle une *réalité*. — Le nominalisme social et le réalisme social. — Les *représentations collectives*. — Où est le siège de ces représentations. — La *pression* exercée par la société sur l'individu prouve-t-elle que la société soit un être réel.

II. La société est-elle une *conscience*. — La conscience n'est saisissable que sous la forme individuelle. — Existe-t-il un moi collectif. Distinction du moi-sujet et du moi-objet. — Examen des théories de M. Espinas et de M. Durkheim.

La querelle du nominalisme et du réalisme subsiste de nos jours, transportée dans l'ordre social. Les nominalistes font de la société un mot, les réalistes en font un être. Le problème ne saurait rester indifférent au moraliste, puisque toute morale admet des devoirs envers la société et que les purs sociologues vont jusqu'à dire : tout devoir est un devoir social. Quelle espèce d'existence a donc la société ? Quelle espèce de réalité a-t-elle par rapport à nous ?

I. — Dans ce qu'on appelle « l'âme » d'une société, il y a bien des choses diverses et ayant diverses origines. Certains caractères de l'esprit collectif sont une simple *somme* d'éléments individuels. D'autres, plus importants et plus stables, résultent de la *réaction mutuelle* des éléments. D'autres, enfin, résultent d'une *synthèse*. L'être social, quoique n'ayant d'existence que par ses éléments, peut alors en différer jusqu'à l'opposition. Il en est ainsi de toutes les synthèses naturelles : les propriétés de l'eau ne sont pas celles de l'hydrogène jointes à celles de l'oxygène ; les propriétés de l'albumine ne sont pas celles du carbone, de l'azote, etc. Pareillement, les propriétés de la société humaine ne sont pas celles des individus séparés. L'association a une influence *sui generis*, qui produit des altérations mutuelles d'éléments et des combinaisons spécifiques.

Faut-il, pour cette raison, faire de la société un véritable *être*, différent des individus? C'est ce que certains sociologues admettent. Pour eux, la société est tout à la fois *objective* et *psychique*. La société, dit M. Durkheim, est essentiellement objective par rapport aux individus, et, d'autre part, la réalité qu'elle constitue est une réalité essentiellement faite de représentations psychiques[1]. — Nous remarquerons ici que « représentations » n'est pas assez dire ; il y faut ajouter : appétitions ; et les deux tiennent dans notre formule : *idées-forces*. La société, nous l'avons vu, est un ensemble d'idées-forces, au premier rang desquelles est l'idée-force de société, qui, en se concevant, se réalise. Ce principe une fois rappelé, nous accorderons à M. Durkheim qu'il existe des représentations et appétitions collectives, lesquelles ne dérivent pas des individus pris isolément, mais de leur concours. Seulement il reste toujours à se demander *où existent* et *où* sont *représentées* ces représentations collectives.

Selon nous, elles n'existent réellement que dans les consciences individuelles, en dehors desquelles elles n'ont plus qu'une existence virtuelle. — Mais, répond-on, puisque la synthèse est « l'œuvre du tout », c'est aussi le tout qu'elle doit avoir « pour théâtre[2] ». — Là est précisément la question. En admettant que l'association de plusieurs individus produise des effets que chaque individu n'aurait pu produire, il n'en résulte pas, si ces effets sont des représentations et idées, qu'ils aient pour *théâtre* autre chose que chacun des individus en qui ils viennent agir et se représenter. La science est l'œuvre des savants, mais elle n'existe que dans la

---

[1] Durkheim, le *Suicide*, p. 352.

[2] Durkheim, *ibid*, p. 295.

conscience des savants ou de ceux qui lisent et comprennent leurs livres ; il n'existe pas quelque chose qui serait *la Science.* Sans doute, pour savoir ce qu'est vraiment une résultante sociale, c'est l'agrégat dans sa totalité et dans les relations de ses parties qu'il faut prendre en considération, mais une totalité n'est pas un être à part. Les forces *sui generis* que l'on doit attribuer à l'*association* ne sont point des forces occultes ; ce sont des combinaisons de forces particulières. Quant aux synthèses chimiques, elles ne se produisent dans un agrégat que par l'intermédiaire des molécules et par l'effet de leurs réactions ; elles ne descendent pas de l'agrégat dans les parties.

Un des arguments du nouveau réalisme, pour prouver que le fait social ne dépend pas de la nature personnelle des individus, consiste à dire : — Dans la fusion d'où le fait social résulte, tous les caractères individuels, étant divergents par définition, doivent se neutraliser et s'effacer mutuellement ; seules, les propriétés générales de la nature humaine surnagent ; or, précisément à cause de leur extrême généralité, elles ne sauraient rendre compte des formes très spéciales et très complexes qui caractérisent les faits collectifs [1]. — Nous ne saurions admettre que des individus différents se « neutralisent » ou s'effacent purement et simplement, pour ne laisser subsister que des propriétés communes et banales. Leur interaction produit des résultantes et un résidu, qui entraîne telle direction finale de l'ensemble. Il ne suffit pas que des hommes soient différents pour qu'ils annulent, en s'unissant, tous les effets de leurs différences et ne laissent paraître que les effets de leurs ressemblances. Les traits particuliers qui caractérisent telle société peuvent très bien s'expliquer par les particularités combinées des divers individus composants. Il ne s'ensuit pas que la résultante ait une sorte d'existence à part des individus, que la société soit une *réalité qui agit* et même « *pense* ». — Mais, réplique-t-on, il y a une chose qui

[1] Durkheim, *Revue de métaphysique et de morale,* année 1899.

prouve que les faits sociaux ne dérivent pas des consciences individuelles, c'est la *pression* qu'ils exercent du dehors sur les consciences individuelles elles-mêmes. « Cette puissance contraignante témoigne que les faits sociaux expriment une nature différente de la nôtre, puisqu'ils ne pénètrent en nous que de force ou, tout au moins, en pesant sur nous d'un poids plus ou moins lourd. Ce n'est pas de l'individu que peut venir cette poussée extérieure, qu'il subit ; ce n'est donc pas ce qui se passe en lui qui la peut expliquer[1] ». — Voici notre réponse. L'existence d'une pression sur l'individu prouve bien que cette pression ne provient pas de cet individu, mais non qu'elle ne provienne point d'autres individus. Si je subis la poussée d'une foule, ce n'est pas la *foule* comme telle qui me pousse, mais tous les individus qui sont autour de moi. Au reste les faits sociaux et moraux ne pénètrent pas en moi « *de force* » : le sentiment de sympathie pour mes semblables est spontané, le sentiment de justice offre une spontanéité analogue. La conscience des services reçus finit sans doute par produire en moi une contrainte morale, mais qui n'a rien de la contrainte physique. Quant à la pression de l'opinion sociale, elle ne pèse que : 1° par les sentiments personnels de sympathie qui nous excitent à nous mettre en harmonie avec autrui ; 2° par les sentiments personnels, de nature esthétique ou morale, qui justifient le plus souvent dans notre propre conscience les maximes de l'opinion publique. C'est « ce qui se passe dans l'individu », — non dans un seul, mais dans tous les individus en rapport —, qui explique les relations sociales, morales et juridiques. Toute contrainte du dehors qui n'aboutit pas à une contrainte de nous-mêmes par nous-mêmes tend à être repoussée. L'hétéronomie que nous subissons ne prend pour nous de valeur, du moins morale, qu'autant qu'elle trouve appui dans notre autonomie.

En somme, quand on demande si les faits sociaux sont le simple résultat des faits psychiques, on peut répondre :

[1] Durkheim. *Les lois sociologiques,* p. 125.

— Des faits psychiques purement individuels et, par hypothèse, isolés, non ; mais des faits psychiques en relation les uns avec les autres, d'individu à individu, par l'intermédiaire de l'organisme et du milieu, oui.

On objecte que les faits psychiques sont eux-mêmes, « en grande partie, le prolongement des faits sociaux à l'intérieur des consciences[1] ». — Sans doute, et personne ne l'a jamais nié. Mais qu'est-ce que les faits sociaux, à leur tour, sinon le prolongement des faits psychiques en relation réciproque ? Parmi les *causes* des faits psychiques, il faut assurément compter, outre les conditions biologiques, les conditions sociales ; mais les conditions *sociales* elles-mêmes n'ont pas de sens si elles n'enveloppent pas des faits psychiques en communication mutuelle par la sympathie, par la synergie, par le langage des gestes ou de la parole, etc. Bref, la société n'existe pas, comme le milieu physique, indépendamment des individualités psychiques dont elle se compose : elle n'existe et n'agit que dans et par ces individualités.

II. — De l'existence, passons à la *conscience*. Il est certain que la société entière est un *objet* de pensée, et que cet objet a deux formes d'existence, l'une dans les *esprits* individuels où la société est représentée, l'autre dans les *choses* où elle prend corps, depuis le sol transformé par l'homme jusqu'aux cités, monuments, machines, navires, objets industriels, objets d'art, langage, littérature, etc., sans compter les corps des citoyens eux-mêmes et ceux de leurs descendants. Objectivement, dans les esprits qui la conçoivent, une nation est un ensemble de représentations dont la plupart sont communes à tous les membres de la société, dont d'autres sont propres à une élite. Toutes ces représentations concernent un ensemble de rapports sociaux déterminés, qui constitue la France, l'Angleterre, l'Allemagne, etc. En d'autres termes, une nation est, sous le rapport représentatif et appétitif, un ensemble d'idées-forces unifiées en un tout. Quoique

---

[1] Durkheim, *Division du travail social*, p. 390.

ces idées-forces soient des phénomènes psychiques, elles n'en constituent pas moins, *dans leur unité*, un même *objet* représenté et voulu par une multitude d'esprits individuels, relativement auxquels il acquiert une sorte d'extériorité. Cet objet s'oppose à eux comme un milieu réel dont le déterminisme les enveloppe. Plus objectivement encore et plus matériellement, une nation a un corps dans le sol et dans tous les instruments ou produits de sa vie historique. Elle a donc ainsi un double substrat : 1° les esprits individuels qui se la représentent et la veulent, 2° les choses matérielles où l'activité sociale a pris une forme visible. Maintenant, outre ces deux modes d'existence, tous les deux objectifs à divers degrés, peut-on attribuer encore à une nation un autre mode d'existence, différent des *idées* d'une part et, de l'autre, des *choses*. Y a-t-il, en d'autres termes, outre l'esprit objectif et le corps objectif de la nation, un esprit subjectif national, un *sujet* qui aurait conscience de soi et qui serait la nation même disant *moi* ?

Supposer un tel sujet, répondrons-nous, c'est supposer l'invérifiable et l'incompréhensible. De ce que plusieurs individus concourent à produire l'un chez l'autre et chez tous une représentation collective, on ne peut conclure que cette représentation ait une sorte d'existence à part et contribue à former un sujet collectif. Si deux auteurs, les frères de Goncourt, s'associent pour faire un roman, les représentations dont ce roman est une série n'existent pas en elles-mêmes et n'ont d'existence que dans les deux consciences qui ont collaboré. Le roman acquiert bien une sorte de réalité objective sous forme de volume imprimé, lu par une multitude de lecteurs, mais il n'a pas conscience de lui-même. M. Durkheim admet que les sociétés, elles, ont une conscience formée des représentations collectives : « c'est l'agrégat qui pense, qui sent, qui veut, quoiqu'il ne puisse vouloir, sentir ou agir que par l'intermédiaire des consciences particulières. » Dira-t-on alors que c'est la Physique qui pense, sent et agit, quoiqu'elle ne puisse penser, sentir et agir que par l'intermédiaire des physiciens, et quelle n'existe matériellement que grâce aux livres de physique ? La société française, j'en conviens, est chose plus concrète que la Physique et que la Science ; peut-on dire cependant que c'est elle qui pense et sent, non pas uniquement vous, moi et tous les autres Français ? Peut-on soutenir que nous sommes de simples « intermédiaires » dont la nation se sert pour penser et avoir conscience de soi [1] ?

Dans cette doctrine, on oublie sans cesse que la conscience n'est saisissable que sous forme de conscience individuelle ; où a-t-on constaté une pensée qui ne fût pas la pensée de quelqu'un, de quelques-uns, de tous ? M. Gumplowicz veut humilier notre moi : il nous répète que nous ne devons pas dire : je pense, mais, impersonnellement : « *il pense* en moi », comme : *il pleut sur la ville*, ou encore : *la société pense en moi*. — Mais on a beau déplacer le moi, le faire passer du sujet *je* dans le complément *moi*, encore est-il qu'il subsiste et que même l'expression impersonnelle : *il pense*, est tout simplement une absurdité. Quant à l'expression : *la société pense en moi*, c'est une métaphore, une formule commode pour dire que ma conscience subit, dans sa pensée, l'action de toutes les autres consciences antécédentes ou concomitantes, qui ont servi à établir les idées traditionnelles, la science, le langage, etc. *Il sent* en moi exprimerait une sottise plus énorme encore. *La France sent en moi* n'est guère plus raisonnable ; d'autant qu'il faudra dire en même temps ; l'*Europe sent et pense en moi ; les quatre parties du monde et l'humanité entière sentent et pensent en moi*. Nous voilà en pleine mythologie réaliste. Quand on parle de « conscience nationale »,

---

[1] Post et Gumplowicz ont proposé une psychologie sans sujet, où l'on n'étudierait que des phénomènes sans aucun centre intérieur auquel ils se rapportent. M. Durkheim admet aussi une sorte de psychologie sans moi, qui non seulement étudierait le mouvement des représentations individuelles en dehors du moi, mais étudierait le mouvement des représentations collectives en dehors des consciences individuelles, au sein de la société même.

l'expression peut, à première vue, désigner une réalité saisissable s'il s'agit de nations fortement unifiées et centralisées, comme la France ; mais quelle est la conscience de l'Autriche? Ou bien faut-il y admettre une conscience hongroise, une conscience tchèque, une conscience allemande, etc? Quand M. Gumplowicz nous dit que la société pense en lui, entend-il par là la société slave ou la société allemande? Ce dernier sens le remplirait sans doute d'horreur.

D'une part, donc, impossible de comprendre comment se forme une pensée collective, si elle n'emprunte pas ses éléments à des sujets individuels, en qui seuls, après tout, se produit l'acte même de penser, avec la conscience de *penser* qu'il entraîne, comme aussi avec la conscience d'*être* : *cogito, ergo sum*. D'autre part, si la pensée collective avait réellement une existence en dehors des pensées individuelles, elle ne pourrait plus agir sur ces dernières, qui ne la comprennent qu'en retrouvant en elles-mêmes et en y reconnaissant les éléments de la pensée dite collective.

Avant M. Durkheim, M. Espinas avait déjà attribué une réalité à la société et à la conscience sociale, objets propres, selon lui, d'une sociologie absolument distincte de la psychologie. Mais M. Espinas ne nous semble pas être arrivé à établir une vraie séparation entre la psychologie et la sociologie. Selon lui, les faits psychologiques qui « se détachent de leur groupe pour former une classe nouvelle (la classe des faits sociologiques), sont ceux dans lesquels la représentation et l'impulsion supposent une représentation et une impulsion correspondantes situées chez un sujet différent ; bref, ce sont des faits de conscience bi ou multi-latéraux conjugués, réciproques[1]. » N'est-ce pas là reconnaître, quoique M. Espinas s'en défende, que la sociologie est, comme dit G. Tarde, une inter-psychologie ou, si l'on veut, une mutuo-psychologie? Comment en conclure que les phénomènes psychologiques réciproques arrivent à former une seule

[1] *Revue philosophique* 1899, I.

et même conscience sociale, distincte des consciences individuelles ? qu'ils arrivent à exister pour eux-mêmes et non pas seulement pour l'ensemble des consciences individuelles où ils sont conçus plus ou moins vaguement ? Le « désir sexuel, remarque M. Espinas, l'amour maternel supposent des représentations et des penchants où figurent plus ou moins obscurément la représentation et le penchant soit du sexe différent, soit des jeunes. » La famille « est une société ». Toute société est « composée de familles ». — Rien de plus vrai ; mais faut-il admettre pour cela une conscience familiale, ayant sa réalité propre autre que l'idée et l'amour de la famille également présents à la conscience des divers membres ? Une forêt, elle aussi, « existe ». Une montagne, une mine « existent ». — Ce n'est pas cette existence-là, répond M. Espinas, qu'il s'agit d'attribuer à la société. Il ne peut être question que de l'existence pour soi, de la conscience concrète, qui seule autorise la société, à partir du moment où elle se nomme et agit comme individu collectif, comme personne, « à se dire un être ». De ce qu'une société financière ou même une coopérative a une raison sociale, continue M. Espinas, il ne s'ensuit pas qu'elle soit « quelqu'un ». Il y faut « quelque chose de plus, ou d'autre, qui soit la marque des êtres sociaux véritables, s'il y en a de tels ». Les seules sociétés qu'on puisse « considérer comme des êtres » sont celles dont les membres sont « unis pour *tous* les rapports de la vie, y compris la reproduction et l'éducation, ce qui entraîne l'union pour la nutrition elle-même ». M. Espinas conclut que chaque groupe particulier de rapports sociaux, par exemple le groupe des rapports politiques, n'est pas un être. L'État n'est pas un être, mais un organe ; l'armée n'est pas un être, mais un organe ; la nation au contraire, est un être, la famille est un être. — On voit combien une telle classification est compliquée et, semble-t-il, artificielle. Il nous est impossible de comprendre comment une coopérative de production ou de consommation n'a pas de réalité pour elle-même ni de conscience collective, tandis qu'une famille en a une. Si une coopérative, en s'étendant, finissait par embrasser, outre la nutrition et le travail, la génération et la vie en commun, si elle devenait un phalanstère, elle acquerrait donc du même coup et la réalité d'un être et la conscience d'un être ? Elle dirait : *Je* ?

M. Espinas s'efforce d'expliquer cet étrange phénomène de la conscience familiale ou nationale. Les représentations et les résolutions, dit-il, les émotions et les désirs tendant au salut commun font converger en un même point toutes les consciences partielles, en sorte qu'un *centre nouveau* se forme, « auquel tout aboutit et d'où tout part de ce qui concerne la sécurité, l'approvisionnement, l'information, le travail, les réjouissances et les deuils de ces vies individuelles entremêlées. Ce centre est une *conscience collective*. Toutes les sociétés ont le leur. » C'est « l'affirmation d'elles-mêmes par la pensée et par l'acte qui en fait des êtres, car on ne trouvera pas d'autre mesure de l'être que la complexité, l'intensité et la durée des irradiations de la conscience. » M. Espinas oublie l'unité et la concentration de la conscience (plus importante que ses *irradiations*); il oublie l'apparition de la conscience à elle-même sous la forme d'un moi, tout au moins d'un sentiment individuel plus ou moins vague. Où est le moi d'une nation? où est le sentiment de son existence? où est son affirmation de soi, sinon dans des individus dont aucun ne peut dire : « la nation, c'est moi », et qui tous conçoivent la nation comme un *objet*, non comme un *sujet* ? Le « centre nouveau » auquel tout aboutit, c'est simplement un objet nouveau et constant : la France, l'Angleterre, l'Allemagne.

M. Espinas croit que ceux qui refusent d'admettre la conscience collective *comme telle* sont uniquement « ceux qui veulent que la conscience soit attachée à une substance, à une monade, à un esprit, à une âme ». — Nullement ; il ne s'agit pas ici de métaphysique ni d'ontologie. Une conscience est, au point de vue purement psychologique, un sentiment plus ou moins obscur d'existence propre, qui, en se développant et en s'unifiant, arrive à être un *sujet* disant *moi*. Or, encore un coup, où est le *sujet* national? Quelle *expérience* le saisit, et où? J'ai beau chercher, je ne le trouve nulle part. Je ne trouve que des *sujets* individuels qui conçoivent, aiment et veulent un même *objet* collectif, — objet où ils se comprennent d'ailleurs *eux-mêmes* avec les *autres* sujets, mais qui n'est pas pour cela un sujet. Je ne parle pas ici de *substance*, ni même de *cause;* je ne m'occupe pas de chercher par quel mystère un être arrive à *être* et à dire *moi*.

On objectera : — Ce qu'en vous-même vous appelez *moi* et prenez pour un sujet, ce n'est peut-être que l'ensemble des sensations des cellules de votre organisme, fondues en une sensation *sui generis*, qui est la cœnesthésie et que vous nommez la conscience. — Soit. On peut faire toutes les suppositions métaphysiques qu'on voudra et s'imaginer qu'un nom nouveau est une explication. Mais, outre qu'on n'arrive nullement à *comprendre* comment les sensations de cellules multiples se fondent en un seul acte de pensée, sans lequel aucune connaissance ne serait possible, il est certain qu'une telle fusion suppose objectivement un mécanisme approprié, ou plutôt un organisme approprié, qui existe dans notre cerveau. Or, nous ne voyons nulle part aucune trace d'organisme analogue quand il s'agit de la France ou de l'Allemagne. Que les cellules de notre cerveau puissent être comparées aux individus d'Allemagne ou de France, soit encore; mais il se passe dans notre cerveau un phénomène prodigieux, qui est *la présence de soi à soi-même*, la transparence interne d'un être disant *moi*. Rien d'analogue quand il s'agit de l'ensemble des Français constituant la France, des Allemands constituant l'Allemagne. Pour quiconque refuse de se lancer dans des hypothèses métaphysiques ou physiques, pour quiconque s'en tient à l'expérience interne ou externe, il y a des êtres vivants disant *moi*, qu'on appelle des hommes, et il y a des collectivités plus ou moins fortement unies, qui ne disent ni *moi* ni *nous*, hormis dans les cerveaux des hommes, où, elles n'existent qu'à l'état d'*objets*.

Chez l'embryon, réplique M. Espinas, il n'y a d'abord,

selon toute probabilité, que des sensations dispersées ; puis, à mesure que l'unité vitale s'affirme plus nettement, un *sujet* commence à paraître, comme une lumière interne d'abord faible, qui se concentre peu à peu ; pourquoi donc nier que ce même sujet, cette même illusion de l'unité des images, puisse aussi apparaître progressivement dans une réunion d'hommes, qui peu à peu prennent l'habitude de sentir, de penser et de vouloir à l'unisson ? — Nous répondrons : — Parce que cette apparence du sujet collectif est incompatible avec l'autre apparence, — illusion si vous voulez, — celle du moi individuel. Rien ne nous autorise à admettre que chacune des cellules de notre cerveau ou de notre corps constitue un *sujet* conscient. Le *moi* ne se saisit que dans l'ensemble et par l'ensemble. Si l'unité vitale ou centralisation organique est considérable dans le corps humain, cette centralisation n'implique pas pour cela des éléments doués d'un sentiment du *moi* ; elle implique des éléments qui n'arrivent à dire moi que dans le tout et par le tout. Au reste, nous ignorons absolument le mystère du *moi* et de la conscience. Nous ne pouvons donc faire des inductions motivées et vraiment scientifiques pour soutenir que, si chaque Français dit moi et est un sujet pour lui-même, la France aussi doit être un sujet.

— Les deux phénomènes, dit M. Espinas, croissent parallèlement, les *moi* individuels et le *moi* collectif. — Nous croyons plutôt que, loin d'être parallèles, ces deux faits sont en opposition. Ce qu'on nomme, par métaphore, le moi collectif augmente bien en même temps que le moi individuel, mais nous venons de voir que loin d'être un *sujet*, il est un *objet* conçu par chaque sujet. Il est, avons-nous dit, un ensemble d'idées-forces inhérentes à chacun, d'appétitions communes et de pensées communes qui n'ont de côté subjectif que *dans* les individus, quoiqu'elles répondent à des rapports objectifs et à des liens réels *entre* les individus.

M. Espinas insiste et, continuant ses spéculations métaphysiques : — « Si, dit-il, l'individu est le produit d'une association, il s'ensuit logiquement que toute association peut s'individualiser[1]. La nature, qui a construit sur un plan tous les êtres vivants individuels en les groupant selon les lois de l'association, va-t-elle tout d'un coup renoncer à ce plan et adopter des principes entièrement nouveaux quand il s'agit de construire les sociétés avec ces mêmes individus comme éléments[2] ? » — Tout cela est vrai de l'individu *objectif*, de l'organisme vivant, mais, au point de vue psychique, l'individualité de la conscience demeure irréductible. Quelque multiple qu'en soit le contenu, l'acte de penser et de dire moi s'apparaît à lui-même comme un, et cette apparence implique des conditions spéciales que nous n'avons pas le droit de supposer réalisées là où n'existe aucun être animé discernable. Mais, ajoute-t-on, « le moi psychique étant, au fond, le même que le moi physiologique, là où se trouve une organisation supérieure, comme dans la société, doit exister un consensus vital plus énergique, par conséquent, une conscience[3] ». Parler ainsi, c'est supposer d'abord qu'on connaît les conditions de la conscience et qu'elles se ramènent toutes à l'énergie du consensus vital. En outre, les sociétés où le consensus vital est plus énergique ont bien une conscience plus développée, en ce sens que *l'objet* social est présent et agissant sous forme d'idée-force dans un plus grand nombre de consciences individuelles, mais il n'en résulte toujours point qu'il existe un *sujet* collectif et social.

Par quel déterminisme une multiplicité organique comme celle de tous les vivants qui constituent notre corps arrive-t-elle à se saisir comme unité et à dire *moi* ? Nous l'ignorons. Ce qui est certain, c'est que le *moi* et le *nous* sont incompatibles ; le même acte de pensée ne les peut réunir de manière à permettre de dire tout ensemble avec propriété : *moi*, tel homme vivant, et *nous*, tous les éléments de cet homme vivant. Le

---

[1] Conversion de proposition *logiquement* inadmissible à nos yeux, et, de plus, en contradiction avec ce que M. Espinas disait tout à l'heure : une association coopérative ne peut s'individualiser.

[2] Espinas. Les *Études sociologiques en France*, Revue phil., 1882, II, p. 337.

[3] M. Espinas, *ibid*.

cogito, de quelque manière que ce soit, est une existence se concevant elle-même comme une, eût-elle des conditions multiples ; on ne saurait comprendre comment la nation française dirait tout ensemble : « Moi la France et nous les Français ». Que la nation dise *nous* ou même dise *moi*, elle ne peut le dire que dans et par les *moi* individuels, qui sont ses seuls sujets d'inhérence et de conscience. Si la nation avait un *moi* différent de la représentation que j'en ai, que vous en avez, que nous en avons, nous n'en pourrions rien savoir, puisque ce ne serait plus nous qui la penserions, mais elle qui se penserait. Répètera-t-on qu'elle se pense en nous ? Oui, par métaphore, en tant que nous tous nous la pensons simultanément à divers degrés : nous lui donnons ainsi une existence représentative et objective. Cette existence, par un autre côté, est subjective en ce sens qu'elle est psychique, mais non en ce sens qu'elle constituerait un sujet pensant analogue à l'acte de pensée constitutif de notre moi. D'un *objet*, qui est la France, actuellement présent à trente-huit millions de sujets, vous ne déduirez jamais un *sujet* disant *moi*, qui serait la conscience de la France et qui cependant serait encore présent à trente-huit millions de sujets disant chacun *moi*.

Il ne résulte pas de ces observations que la France soit simplement un *nom* ni un *être de raison*. Elle est un objet parfaitement déterminé, indépendant du nom dont on le nomme ; de plus, cet objet forme partie intégrante du contenu de nos consciences, à tel point que, sans lui, notre contenu individuel serait appauvri jusqu'à devenir voisin de zéro. On ne saurait donc trop insister sur la réalité de l'objet *France*, mais non pas sur celle du sujet *France*.

On s'est efforcé de lier le sort de la sociologie et celui de la morale à l'hypothèse de la conscience sociale. Selon M. Espinas, « être ou ne pas être, voilà aujourd'hui la question pour la sociologie », et celle-ci ne peut *être* sans un « postulat », qui est la réalité de la société comme telle, réalité liée elle-même à celle de la conscience sociale. M. Espinas ajoute que, si on nie l'existence d'une conscience sociale, on fait des phénomènes sociaux de simples épiphénomènes. — Nous ne voyons pas sur quoi s'appuie cette conclusion. Les phénomènes d'imitation, par exemple, sont sociaux et ne constituent nullement des épiphénomènes : ce sont des phénomènes interpsychologiques. Il n'est pas nécessaire d'admettre une âme collective du paysage pour soutenir que la vue d'un paysage est un phénomène comme un autre. La seule chose nécessaire pour constituer un phénomène, c'est une conscience particulière à laquelle une réalité apparaît. Si je vais en Amérique, ma pensée individuelle se trouve enrichie d'une foule de perceptions et connaissances qui me viennent de la nature américaine ; il ne se forme pas pour cela une âme composée de la mienne et de la nature américaine. Si j'entre en relation avec les Américains eux-mêmes, j'apprends une foule de choses nouvelles pour mon esprit individuel ; je ne forme pas pour cela avec les Américains un esprit collectif. En France, où je suis né, ma conscience d'enfant a subi jadis les impressions de la nature et celles des hommes ; quelque complexes que soient ces actions et réactions mutuelles, on ne voit pas où surgirait cette conscience commune qui seule, prétend-on, leur enlève le caractère d'épiphénomènes.

Les partisans du réalisme social soutiennent que, en dehors de leur doctrine, toute autorité véritable est impossible. « Là où la souveraineté est à créer, — c'est l'hypothèse — et où il n'y a que des individus entièrement maîtres d'eux-mêmes, le contrat n'est qu'un lien conditionnel : il expire dès que l'un des contractants juge les obligations qu'il lui impose inégales et désavantageuses. Les rapports juridiques et politiques ne sont plus, de ce point de vue, qu'une série d'accords privés sans garantie. L'Etat n'est rien, parce que la nation n'est rien. Il manque, il manquera toujours à ce mode de groupement une autorité ». — M. Espinas oublie de définir ce qu'il entend par souveraineté. S'agit-il de souveraineté morale et rationnelle, d'obligation morale et rationnelle ? Cette souveraineté ne peut être créée ni par l'individu seul, ni par une société quelconque d'individus. Si le contrat n'enveloppe pas une *obligation morale* de faire une chose en échange d'une autre, il expirera assurément dès que l'un des contractants le trouvera en opposition avec ses *intérêts*. Mais, d'autre part, si le contrat n'a d'autre appui que la souveraineté *de fait* appartenant à la société, il expirera de même dès que je verrai un moyen de me soustraire par *intérêt* à la sanction sociale. Qu'il s'agisse de l'individu ou qu'il s'agisse de la société, l'autorité morale doit toujours avoir un fondement *rationnel*, *humain*, et même *universel ;* mais elle n'a pas besoin de l'existence d'une conscience que la France ou l'Allemagne aurait de soi-même.

CHAPITRE III

MORALE BIO-SOCIOLOGIQUE DE LA LUTTE POUR LA VIE

Interprétation pseudo-scientifique des théories biologiques. — Antinomie entre la loi de lutte pour la vie et la loi de solidarité. — Nécessité, pour l'éthique, de concilier ces deux lois.

I. — CAUSES ET EFFETS DE LA CONCURRENCE VITALE. — Comment elle sert généralement au progrès dans le domaine de la vie.

II. — LIMITES DE LA CONCURRENCE VITALE DANS LA NATURE. — Effort intérieur pour l'existence. — Lutte contre les conditions nuisibles du milieu inanimé ou animé. — Ajustement aux conditions favorables, négligé par les partisans de la lutte universelle pour la vie. — Caractère anthropomorphique de cette lutte. — Toute compétition est-elle une lutte. — Les deux procédés de compétition chez les végétaux et animaux. Concours des aptitudes vitales. Concours des fécondités vitales.

III. — LIMITES DE LA CONCURRENCE VITALE DANS LES SOCIÉTÉS HUMAINES. — Darwinisme radical, selon lequel la coopération serait elle-même une forme de la lutte. — Valeur de cette théorie. — L'essence de la société est-elle la compétition ou est-elle la coopération. — Différence entre la loi de concurrence appliquée aux individus isolés et la même loi appliquée aux membres des sociétés. — La lutte est-elle une fin ou un moyen pour la société. — La lutte et les pertes de force vive.

IV. — LES DIVERS PROCÉDÉS DE L'ÉVOLUTION SOCIALE SONT-ILS RÉDUCTIBLES A LA CONCURRENCE. — La propagation de l'espèce et la famille. — L'attrait sexuel. — L'éducation. — L'invention. — L'imitation. — Substitution de la compétition productive à la compétition destructive. — La force et le droit.

V. — RÔLE DE LA COOPÉRATION. — Ses effets sur la puissance : 1° des espèces ; 2° des sociétés. — Conclusion. — La vie animale fournit-elle la loi de la vie humaine. — Les biens matériels et la compétition ; les biens intellectuels et l'union.

La sociologie touche de si près à la morale que, d'elle-même, elle tend à changer ses théories en pratiques. D'autre part, hommes ou sociétés ayant pour caractère distinctif de tendre à un idéal et de modifier sans cesse le réel en vue de cet idéal, l'objet de la sociologie est plus mouvant que tout autre. Enfin, la sociologie même étant une conscience que la société prend en nous de sa nature réelle et de ses aspirations, cette conscience tend sans cesse à devenir modificatrice de la réalité. La sociologie est obligée de considérer son propre objet comme provisoire en partie, comme non achevé, comme modifiable à l'avenir par la connaissance même qu'elle en aura acquis : cette connaissance entrera à titre d'élément essentiel dans l'achèvement de la société. Si j'étudie un cristal, mon étude ne change rien à ses facettes et à sa forme géométrique ; mais la société, en se rendant compte de ses formes, devient capable de changer sa propre cristallisation et d'entrer dans des formes meilleures. A vrai dire, la société n'est jamais cristallisée. Aussi, en même temps qu'elle s'étudie par la science, elle se transforme sans cesse par l'action et empêche ainsi sa science d'ellemême de trouver jamais un terme. C'est le propre de tout ce qui participe à la vie spirituelle que de réagir indéfiniment sur soi et, par l'auto-détermination, de réaliser la liberté.

On le voit, sociologie et morale se trouvent en perpétuel point de contact, et les idées sociologiques sont, par excellence, des idées-forces toutes prêtes à se changer en idées morales.

Puisque l'éthique est ainsi, en grande partie, une sociologie pratique, elle est directement intéressée à ce que les vraies lois fondamentales de la vie en société soient dégagées par la science.

I

CAUSES ET EFFETS DE LA CONCURRENCE VITALE

Les quatre grandes lois biologiques, mises en lumière par Darwin, sont celles de la concurrence vitale, de la sélection, de l'adaptation au milieu, enfin de la variation. Il est nécessaire de les examiner d'abord au point de vue de la biologie. En paraissant ainsi s'éloigner de la morale et de la sociologie, on en prépare les bases expérimentales.

I. — Le plus visible aspect sous lequel se montre la relation d'un être vivant aux autres êtres vivants est celui de la concurrence, qu'on peut ériger pour cette raison en une loi de la vie même, telle du moins qu'elle se manifeste sur notre globe. Toutefois, la concurrence vitale a pour cause non pas le fait même de vivre et l'essence de la vie, comme le soutient Nietzsche, mais la limitation que l'espace habitable et la quantité finie des aliments apportent à la multiplication *naturellement indéfinie* des êtres vivants. Dans un milieu limité, les substances alimentaires disparaissent graduellement, les substances « excrémentitielles » et impropres à la vie s'accumulent de plus en plus ; les conditions du milieu changent donc forcément. Il en résulte que tel milieu limité qui, hier, était propice à la vie de plastides d'une certaine espèce, ne lui sera plus aujourd'hui favorable. En revanche, ce milieu conviendra au développement vital d'une autre espèce qui, hier, ne pouvait s'y rencontrer. De là dérive la succession des faunes de protozoaires, des flores de microbes et de champignons. Nous en voyons maint exemple dans les infusions de nos laboratoires, par exemple dans l'infusion de foin, qui sert de type. Une partie des protozoaires se trouve nécessairement détruite lorsque les conditions chimiques du milieu ne sont plus suffisantes. Quand il s'agit de métazoaires, il y a également des besoins simultanés et partiellement incompatibles. Dans la mer et sur la terre se produit alors un balancement de profits et de pertes. La quantité totale des substances plastiques reste sensiblement la même : elle a atteint depuis fort longtemps, avec de petites oscillations insignifiantes, le maximum qui lui est permis dans l'état actuel du globe, Buffon avait déjà posé cette loi[1]. Il faut donc qu'en un laps de temps

---

[1] « Des obstacles sans nombre réduisent cette fécondité à une mesure déterminée et ne laissent en tout temps qu'à peu près la même quan-

déterminé il se détruise une quantité de substances plastiques à peu près égale à celle qui s'est produite dans le même temps [1]. Cela revient à dire que le budget de la vie se conserve presque invariable ; mais il peut être différemment employé et produire des résultats nouveaux. Les espèces se succèdent les unes aux autres dans la jouissance de ce budget, et c'est aujourd'hui le triomphe de l'humanité.

Comme chacun sait, ce sont les faits de concurrence vitale qui inspirèrent à Malthus son tableau de la multiplication des êtres vivants, embryon du darwinisme [2]. Non seulement la survivance de tous est impossible, mais, fût-elle possible, elle empêcherait, selon Darwin, ce que, dans notre langage humain, nous appelons le progrès. D'une part, il est fatal que les exemplaires vitaux les moins réussis soient extirpés comme de mauvaises herbes ; d'autre part, au point de vue du progrès (quelle que soit la valeur finale de ce mot), il est nécessaire qu'il se produise plus d'individus qu'il n'est possible d'en mener à bien. Ce sont là les conditions *naturelles* du triage final, sans lesquelles il y aurait détérioration de l'espèce. Sans doute, au lieu de la survivance des « mieux adaptés », on peut *rêver* la survivance de « tous » ; en réalité, répond Darwin, c'est chose impossible. Ce serait peupler la terre d'une foule de non-valeurs, d'éléments inutiles et même nuisibles à la vie. Eliminez de l'existence toute concurrence, tout ce qui peut aboutir à la suppression des « inaptes » (dont font eux-mêmes partie, dans le domaine humain, les égoïstes renforcés et exclusifs), vous aboutirez, dans

---

tité d'individus de chaque espèce... Il s'est fait pour les hommes, sans qu'on s'en aperçoive, ce qui s'est fait pour les animaux. » Buffon, éd. de Lanessan, ix, 87-90.

[1] Le Dantec, *Théorie nouvelle de la vie*, p. 163.

[2] « La terre, dit Darwin avec Malthus et Buffon, serait bientôt couverte par la descendance d'un seul couple. » Au taux du doublement en 25 ans, « la population actuelle des États-Unis, soit 30 millions, deviendrait, au bout de 657 années, assez nombreuse pour occuper tout le globe, à raison de quatre hommes par mètre carré de superficie ».

les conditions actuelles de la vie, à un « faux idéal », qui pourra séduire le sentimentalisme, mais que Darwin déclare en contradiction avec les données de la science. En fait, pour un individu qui réussit à vivre sa période de vie normale, il y en a de dix à mille qui doivent succomber : les uns sont la proie de leurs ennemis ; les autres, de la maladie, des éléments, etc. Les animaux sont tenus à une vigilance, à une crainte perpétuelles ; beaucoup dorment les yeux ouverts. A quoi bon insister sur une peinture mille fois faite, par Lucrèce, par Buffon, par Lamarck, avant Darwin [1] ?

« La pensée de ce combat universel est sans doute triste, conclut ce dernier, mais, pour nous consoler, nous avons la certitude que ce sont les êtres les plus vigoureux, les plus sains, les plus heureux qui survivent et se multiplient [2]... C'est ainsi que, de la guerre naturelle, de la famine et de la mort, résulte directement le fait le plus admirable que nous puissions concevoir : la formation lente des êtres supérieurs. »

II. — Les sociétés sont composées d'êtres vivants, or, la loi de concurrence vitale s'applique à tous les êtres vivants : il suffit, pour le comprendre, d'avoir observé ce qui se passe dans un jardin négligé. Cette loi doit donc être aussi admise en sociologie, comme continuant d'agir parmi les êtres qui vivent en société. Quoi que les hommes puissent être sous d'autres rapports, ils sont, sous un rapport essentiel, des animaux ; ils manifestent, eux aussi, une tendance à se multiplier au delà des moyens de subsistance. Ces moyens sont toujours limités : aliments, habitat, etc. La multipli-

---

[1] « Bien des espèces d'animaux, avait déjà dit Lucrèce, ont été obligées de disparaitre ; mais il en est qui ont dû de survivre à leur force, comme les fauves ; à leur ruse, à la rapidité de leur course, comme le cerf. D'autres ont été conservés par l'homme à cause des services qu'ils lui rendent, comme les moutons ou les chiens ; mais ceux qui n'avaient, ni par eux-mêmes, ni par l'homme, les moyens de survivre ont disparu de la surface du globe. » Mêmes réflexions chez Buffon, Lamarck et Geoffroy Saint-Hilaire, prédécesseurs de Darwin.

[2] On verra plus loin ce qu'il faut penser de cette *certitude*.

cation des désirs et des individus qui les éprouvent est, comme l'a dit Malthus, en avance sur les moyens de satisfaire ces désirs. On ne peut donc espérer que la compétition disparaisse entièrement de ce monde, et, par malheur, la compétition, engendre la haine. C'est ce qui a fait dire au poète : « Il semble

> A celui qui ne voit l'être que d'un côté
> Qu'une haine inouïe emplit l'immensité[1]. »

Dans la relation même des sexes la lutte a pris place. Cette lutte existe d'abord entre les individus d'un même sexe pour conquérir la faveur de l'autre, elle existe entre les deux sexes eux-mêmes pour conquérir le pouvoir et la jouissance. Profitant de sa force, l'homme a d'abord fait de la femme sa subordonnée, parfois son esclave. De nos jours, les sexes continuent de combattre, avec des armes diverses, pour obtenir l'influence prédominante. Qu'est-ce que le « mouvement féministe », sinon une lutte pour la conquête de droits, de fonctions, d'avantages autrefois réservés à l'homme ? Jusque dans les phases supérieures de la vie humaine subsiste la rivalité pour l'existence et pour l'expansion. Cette rivalité n'y est même plus seulement un problème de nutrition et de reproduction ; elle n'y est pas non plus une pure question de force physique, quelque importants que soient tous ces éléments. Non, ce que la concurrence enveloppe, c'est toute la nature de l'homme, — de l'homme vivant en société avec d'autres hommes qui ont des désirs et besoins semblables aux siens.

La concurrence commerciale et industrielle implique, sous des formes pacifiques, une certaine lutte pour l'existence. En effet, supposez qu'une telle concurrence ne fût en rien tenue en échec par d'autres facteurs, elle aboutirait naturellement à la *survie* du mieux adapté, à la disparition du moins bien adapté.

L'imitation même, dont le principe n'a rien de compétitif, ne détruit pas complètement les causes de conflit; bien plus, par la diversité et l'opposition de ses cou-

---

[1] Victor Hugo.

rants, elle crée de nouvelles occasions de lutte. L'imitation mutuelle fait que l'un veut ce que veut l'autre : remplir telle fonction, occuper telle place, jouir de tel bien. Or, la plupart des biens, au moins les matériels, ne peuvent appartenir tous ensemble à tous. Si les rivaux ne savent pas ou ne peuvent pas partager l'objet convoité, au lieu de sympathie, l'imitation engendre antipathie.

L'invention aboutit à un conflit entre l'ancien et le nouveau, comme aussi à une compétition entre les inventeurs.

La division des fonctions entre les hommes, si elle produit certaines coopérations dont s'enchantent les économistes, amène aussi des séparations morales. Les hommes finissent par s'ignorer les uns les autres, par ne plus se comprendre, parce qu'ils n'ont ni semblables croyances, ni mœurs semblables.

La coopération elle-même garde un côté compétitif, surtout dans nos sociétés civilisées. Il n'est pas facile de trouver et de remplir une place de « coopérateur » : tout emploi est l'objet de rivalités. Ceux qui sont incapables de remplir leur place finissent par voir leur descendance éliminée.

En un mot, il existe une concurrence universelle d'*intelligences*, de *sensibilités*, de *volontés*. Et il n'y a pas seulement compétition entre les divers égoïsmes; il y a aussi compétition entre les divers altruismes, chez un même individu ou entre les divers individus. L'amour de la famille, l'amour de la nation, l'amour de l'humanité peuvent entrer en conflit dans une même conscience. Le désir de satisfaire les penchants sympathiques peut engendrer, entre diverses consciences, une rivalité pour le bien. Heureuse rivalité, qui enveloppe cependant un dernier reste de compétition. Si donc l'égoïsme a ses limites dans la nature des choses, il en est de même de l'altruisme. Les darwiniens font observer que l'altruiste doit manger, que le philanthrope lui-même doit souffrir la compétition, même dans la philanthropie. Les philanthropes ne sont pas d'accord sur ce dont leurs frères moins fortunés ont besoin, de sorte que la lutte continue jusque dans le sein de la charité.

On voit que nous abondons d'abord dans le sens du darwinisme et reconnaissons partout, à côté de l'accord, l'élément de désaccord. Mais ce tableau de l'opposition et de la lutte n'autorise pas des conclusions qui en dépassent les bornes légitimes. Lutte et solidarité sont, au point de vue scientifique, deux lois également naturelles ; on ne peut donc raisonner comme si une seule était valable. On ne saurait non plus, de leur *existence simultanée*, conclure qu'elles aient une *valeur* identique, même au point de vue purement naturel ou, si l'on veut, naturaliste. Il est possible que la nature nous montre l'une de ces lois se subordonnant l'autre et tendant à la remplacer de plus en plus. Les bêtes fauves sont aussi naturelles sur le globe que l'humanité ; il n'en est pas moins vrai que l'humanité chasse partout les bêtes fauves. On peut donner des raisons *naturelles* pour que la substitution de l'homme au tigre ou à l'ours constitue un progrès. L'éthique de la lutte pour la vie et l'éthique de la solidarité doivent donc se contrôler l'une et l'autre : leur comparaison nous permettra de conclure au triomphe progressif, soit de la lutte sur la solidarité, soit de la solidarité sur la lutte. Le vrai problème est de savoir si l'évolution ne dépend que des lois générales qui agissent dans la nature *moins l'homme*, par exemple chez les lions et chez les panthères. Dans cette question, nous verrons les littérateurs, les savants, parfois les philosophes eux-mêmes suivre une méthode peu scientifique. Tous accumulent des faits, — les uns des faits de lutte, les autres des faits de coopération, — qu'ils se jettent ensuite à la tête les uns des autres. Une telle dispute sans règle n'est pas près de finir, car la nature humaine fournira toujours à satiété des faits de lutte et des faits de coopération. C'est le *rapport* des deux genres de faits qui importe ; c'est la manière dont les uns se *modifient* en faveur des autres ; c'est la loi de *succession* et de *génération* ; c'est, pour employer le terme à la mode, la loi d'*évolution*. Il faut chercher dans quel ordre se succèdent les degrés de l'échelle évolutive, afin de voir si ce qui augmente par le développement des espèces, surtout de l'espèce humaine, c'est le côté oppression, ou le côté aide. On n'aura pas encore pour cela une règle vraiment *morale*, mais peut-il être indifférent de savoir en quel sens se dirige la nature ? La morale doit précisément accepter ou modifier la direction de la nature par les moyens qui sont au service de l'intelligence.

II

LIMITES DE LA CONCURRENCE VITALE DANS LA NATURE

L'*effort intérieur pour l'existence*, qui est inhérent à la vie même et la caractérise, offre un côté négatif : il implique, en effet, *résistance* à l'influence des conditions *nuisibles* du milieu. C'est là proprement ce qui peut changer l'effort pour la vie en lutte, soit contre le milieu physique, soit contre le milieu animal et même humain. Mais, chose capitale, l'effort pour la vie présente aussi un côté positif, plus fondamental que l'autre : c'est le pouvoir d'ajustement à *toutes* les conditions *favorables*, non plus seulement défavorables, de manière à réaliser une harmonie à la fois intrinsèque et extrinsèque, qui constituera un bien pour l'individu. Or, l'ajustement aux conditions favorables n'est plus une lutte. L'effort d'adaptation au milieu n'implique donc ni nécessairement ni exclusivement le combat contre le milieu ; il implique aussi coopération avec le milieu, établissement d'harmonie avec le milieu. Sans doute, du côté de l'individu qui veut s'ajuster, l'effort peut réclamer encore une certaine lutte contre soi, contre telles ou telles tendances, par exemple contre le plaisir du moment ; mais cet effort exige aussi un établissement d'harmonie en soi-même, dans les diverses tendances, dans les différents moments de l'existence. Là encore il y a deux côtés, l'un négatif, l'autre positif ; l'un d'*opposition*, l'autre de *composition* ou de conciliation. Le résultat final de toute cette série d'efforts sur soi et sur le milieu, c'est la survivance des mieux *adaptés*, c'est-à-dire des mieux en *accord* : 1° avec eux-mêmes, 2° avec le milieu naturel ou artificiel. Ce résultat bienfaisant rentre, non plus sous l'idée de guerre, mais sous l'idée de paix. Par là nous mettons à nu le sophisme pseudo-darwinien.

Qu'est-ce, d'ailleurs, qui fait la vraie puissance d'un organisme ? C'est, en premier lieu, que la *division du travail* entre les éléments qui le composent y est mieux adaptée aux besoins physiologiques, dans les conditions où il est placé et dans celles où l'avenir pourra le placer. En second lieu, c'est que la *coopération* y est plus parfaite et plus harmonique entre les divers éléments. En troisième lieu, la *répartition* des produits est plus équitable entre les éléments associés. En quatrième lieu, la *consommation* y est moins égoïste. En dernier lieu, il faut que le *sacrifice* fait par chacun au bien de tous soit allègrement consenti. Ce résultat des études biologiques[1] ressemble au tableau d'une société bien organisée économiquement et même moralement.

Si nous plaçons des espèces vivantes non plus en présence d'un milieu organique, mais en face d'autres espèces vivantes (nouveau milieu qu'elles doivent s'adapter ou auquel elles doivent s'adapter), c'est alors que nous verrons naître la compétition, inconsciente ou consciente. Mais cette compétition n'est pas plus *essentielle* à la vie même que la destruction ou que la mort. A l'origine, les premières monères ont parfaitement pu se produire sans se détruire, jusqu'à ce que le milieu chimique altéré par leur multiplication, apportât des obstacles. Ce sont seulement, nous l'avons vu, les conditions limitatives où les êtres se trouvent qui ont rendu la vie des uns incompatible avec la vie de certains autres; or, il ne faut pas confondre une conséquence des conditions de milieu et de nourriture avec l'essence même de la vie. C'est chose qui importe

---

[1] Il a été mis en lumière par M. Perrier.

non seulement aux biologistes, mais aux moralistes.

En outre, il faut interpréter exactement l'idée de lutte pour la vie dans la nature même. Il y a en cette idée un élément anthropomorphique ou, selon le mot forgé par Guyau, sociomorphique. L'image de la guerre humaine a fini par se projeter de la société sur le monde et, depuis le vieil Héraclite, on répète : πόλεμος πατὴρ πάντων. Mais, si guerre il y a, la guerre est inconsciente chez les végétaux et chez les animaux herbivores. Elle l'est même la plupart du temps chez les autres animaux : l'hirondelle qui avale des mouches au passage songe-t-elle à faire la guerre ? La compétition, en elle-même, n'implique pas nécessairement qu'on se batte au sens littéral, encore moins qu'on s'entremange. Les plantes ne se battent pas. Quand les plus fortes d'un semis arrivent à s'approprier le soleil et la terre aux dépens des plus faibles et que celles-ci meurent, il n'y a point combat. Pareillement, dans la société humaine, si l'enfant de parents vicieux ou criminels est négligé et meurt, tandis que l'enfant de parents honnêtes et affectueux survit, il n'y a point bataille. Que deux médecins rivalisent pour la clientèle, ils ne luttent pas pour cela et peuvent même se donner d'amicales poignées de main ; bien plus, ils peuvent réellement être amis. Ne nous laissons pas entraîner, comme un Nietzsche, par les métaphores belliqueuses.

Enfin, pour les végétaux et animaux, il existe deux procédés très divers de compétition, qu'on oublie trop de distinguer : 1° le concours entre les *aptitudes* rivales, aboutissant au triomphe des individus les plus aptes et des espèces les plus aptes (de quelque nature que soit leur genre d'adaptation) ; 2° le concours entre les *fécondités* rivales, aboutissant, toutes choses égales d'ailleurs, au triomphe des individus ou espèces les plus fertiles. Or, la fécondité n'est déjà plus la force agressive et brutale, tout égoïste, concentrée sur soi ou tournée contre autrui ; elle est une force d'expansion collective se rattachant à « l'amour » plus qu'à la « faim », à la génération plus qu'à la nutrition, à l'union sympathique plus qu'à la guerre. Je sais bien que la fécondité produit encore une concurrence indirecte, à cause de la limitation du milieu et des subsistances ; mais, en soi et par soi, génération n'est pas lutte. Ainsi, même si on réduit tout à ces deux grands moyens de succès dans la concurrence vitale, la « leçon du darwinisme » apparaît comme ambiguë : elle ne nous dit pas s'il faut l'emporter par la fécondité expansive ou par la force égoïste. Le darwinisme ne rejettera sans doute aucun de ces moyens et les considérera tous deux comme nécessaires ; mais il devra reconnaître alors que nous avons, psychologiquement, deux mobiles divers à l'œuvre, amour et lutte. La biologie ne nous apprend pas au juste quelle règle il convient de leur appliquer.

III

LIMITES DE LA CONCURRENCE VITALE DANS LES SOCIÉTÉS HUMAINES

Si nous passons au point de vue sociologique, l'incertitude de la doctrine ne fera que s'accroître.

Nous rencontrons ici, tout d'abord, l'école du darwinisme radical, qui, non contente d'admettre que la solidarité est partout limitée par la lutte, veut faire sortir la solidarité sociale de la lutte même, considérée seule comme originaire et explicative. Selon cette école, la loi d'association ne serait qu'un raffinement de la loi de compétition, au lieu de lui être contraire. Supposez que certains individus, poussés par une impulsion commune, s'unissent devant un ennemi supérieur à chacun d'eux ; supposez que, en vertu de leur coopération accidentelle, ils se voient victorieux de cet ennemi. L'expérience de l'effort en commun, leur ayant réussi, sera bientôt répétée. Elle le sera d'abord par accident, puis intentionnellement, enfin par habitude, et l'effort en commun deviendra un procédé systématique. De là les darwinistes concluent que l'association et la sympathie sont secondaires, ultérieures, dérivées de la lutte même. La coopération et tous les instincts qui s'y rattachent. — bienveillance, bienfaisance, moralité — sont des incidents de la guerre universelle, des mouvements stratégiques dictés par la considération de l'utile. L'association n'est qu'une récente découverte de la nature, laquelle est essentiellement insociabilité. La paix n'est, plus ou moins inconsciemment, qu'une ruse de guerre. L'amour est le fils clandestin de la haine [1].

Selon les darwinistes exclusifs et les nietzschéens, il est aussi vain de se livrer à des regrets sur cette compétition universelle, vraie éthique de la nature, que de spéculer sur les conséquences morales ou immorales de la gravitation universelle : les deux ordres de lois sont également inévitables et il faut les prendre comme elles sont. — Mais, répondrons-nous, il n'est nullement inutile de spéculer, sinon sur la morale de la gravitation, du moins sur la mécanique de la gravitation; témoin la découverte des ballons, de la navigation, etc. Si nous ne pouvons suspendre la pesanteur, nous pouvons la tourner à notre profit, nous en servir même pour nous éloigner du centre de la terre. La compétition universelle est impossible à supprimer entièrement ; il ne serait même pas désirable d'abolir cette condition du développement des individualités et de leur hiérarchie ; mais la lutte peut être supprimée partiellement, restreinte en ses effets funestes, réduite à ses effets utiles. Elle peut être non pas seulement *tournée*, comme la pesanteur, mais vraiment *contrebalancée* et *dominée*. Pour la gravitation, le point d'application est en dehors de nous ; pour la compétition, il est dans nos idées, dans nos sentiments, dans nos volontés. Différence capitale, puisque nous pouvons réagir sur nos propres impulsions et que l'idée même de notre pouvoir est un pouvoir. Nous ne sommes donc pas rivés pour jamais à la nécessité d'une lutte universelle ; nous pouvons restreindre progressi-

---

[1] Le philosophe américain qui exposa jadis cette théorie dans l'*International Journal of Ethics* n'a pas manqué d'en conclure la légitimité de l'impérialisme américain, de la conquête de Cuba et des Philippines, etc. La guerre contre les Boërs fut un nouvel exemple, qui deviendra bientôt classique pour les Calliclès modernes.

vement la division entre les hommes et rendre de plus en plus prépondérant le second facteur des sociétés, qui est l'union.

Inadmissible pour l'avenir, la doctrine du darwinisme social l'est aussi pour le passé et le présent. Sous ses apparences scientifiques, la théorie qui réduit la coopération à la compétition est une vue incomplète et fausse. Que les animaux se soient reconnus plus forts en s'unissant devant l'ennemi commun, qu'ils aient ainsi compris l'intérêt de l'association, cela est probable. Nous l'avons nous-même remarqué en étudiant les sociétés animales. Mais en quoi l'intelligence d'un danger collectif est-elle une compétition? Le concours a pu avoir pour *occasion* la lutte contre un ennemi commun ou contre un commun obstacle matériel; mais la cause occasionnelle d'une chose n'est pas cette chose. De plus, avant la coopération volontaire par intérêt, il y a eu le rapprochement spontané des êtres semblables sous l'influence de la sympathie. Quand même un intérêt collectif, plus ou moins vaguement senti, se retrouverait encore à la base des instincts sympathiques, on pourrait toujours se demander, puisqu'on met en avant « la Nature », si l'intérêt n'est pas, lui aussi, une « ruse de la Nature » pour pousser l'être au désintéressement. Enfin, l'origine plus ou moins intéressée du sentiment social fût-elle établie, surtout chez les animaux, elle ne prouverait pas que ce sentiment demeure et *doive* demeurer toujours égoïste chez l'être capable de concevoir autrui et d'aimer autrui.

Les partisans de l'universel conflit oublient une distinction nécessaire. Quand on considère la loi de concurrence vitale, il importe de voir si cette loi s'applique à un individu isolé ou à des individus associés. C'est surtout l'animal vivant à l'état d'isolement qui est soumis à la loi de concurrence vitale : ne faut-il pas qu'il réalise à tout prix les conditions de maintien pour lui et son espèce, ou qu'il meure? Mais, associé à d'autres individus, il pourra survivre, personnellement ou dans sa postérité, malgré certaines infériorités qui, dans l'état isolé, auraient causé son élimination ou celle de sa descendance. De là un *champ de variations* plus étendu pour les individus ou pour leurs descendants. N'étant plus sous l'immédiate nécessité de l'intérêt vital, l'animal acquiert des *qualités* nouvelles et peut les *transmettre* à sa postérité. Tantôt la variation acquise est avantageuse à l'espèce, tantôt elle est nuisible ; de là une nouvelle sélection. Si enfin il s'agit d'une société intelligente, celle-ci fera elle-même la sélection avec conscience : elle éliminera les variations dangereuses. Elle emploiera au besoin la contrainte, les lois, les sanctions. La répression des uns deviendra une condition du progrès pour les autres et pour tous. D'autre part, le grand principe d'ajustement pacifique aux conditions *favorables*, dont nous avons parlé, trouvera un vaste champ devant lui. Son application entraînera un avantage non seulement pour l'individu, mais pour la société entière. L'individu se trouvera alors *coopérer* à la société, non pas seulement *lutter* contre la société ou contre ses semblables. C'est, en somme, cette coopération qui deviendra le but de la société, dont la lutte n'était qu'un moyen provisoire. Comme l'a fort bien dit un philosophe anglais, je puis à l'occasion terrasser un homme, si cela est nécessaire, parce que j'ai un muscle plus fort, mais « la lutte ne fait nullement partie de mon muscle » ; de même, la lutte n'est pas une partie intégrante de la structure interne des sociétés comme telles ; elle est simplement un des moyens par lesquels une structure supérieure peut être obligée de se manifester et de prévaloir. La lutte n'est donc pas essentielle, mais accidentelle.

Aussi voyons-nous que l'association est une loi des sociétés animales comme des sociétés humaines, parce qu'elle dérive des lois mêmes de la vie. Elle existe dans l'organisme des métazoaires. Elle existe jusque dans celui des protozoaires. Ce dernier est beaucoup plus compliqué qu'il ne semble : nous y distinguons bien un noyau et du protoplasma, mais nous n'y distinguons pas la trame subtile et complexe du noyau ou du protoplasma. En un mot, les parties de tout être vivant coexistent et s'entr'aident ; la lutte pour l'existence y est donc déjà devenue lutte pour la coexistence.

Si nous considérons les relations entre êtres semblables, rapprochés en hordes, en classes, en peuples, nous ne voyons nullement que l'action de l'homme sur l'homme commence toujours, comme l'a soutenu M. Giddings avec M. Gumplowicz, par un conflit. Tout au contraire, ce que les similitudes engendrent à l'origine, ce sont des sympathies et synergies. La société existe d'abord de fait, puis elle est acceptée par ses divers membres, qui font de la nécessité même un objet de choix. Plus tard, telle ou telle société particulière se trouve en face d'ennemis de toutes sortes, parmi lesquels d'autres groupes humains, et alors naît la guerre. Mais prétendre que l'association même est déjà une guerre, c'est confondre derechef la limite de l'association avec son essence et soutenir que les hommes s'aiment par haine.

Enfin le darwinisme radical est contraire aux lois les plus fondamentales de l'action et de la force. Les fanatiques du combat universel ne voient pas que leur doctrine loge son ennemi en soi. Toute lutte, en effet, implique une dépense et une perte d'énergie vitale, comme toute collision et tout frottement dans les machines implique une perte de force vive. Donc, par cela même que la vie tend à son maximum de développement et d'énergie, comme le soutient Nietzsche après Guyau, elle devra tendre à s'affranchir du conflit ; elle poursuivra un mode d'action qui, au lieu de tourner les diverses forces l'une contre l'autre, les fasse converger vers un même but. Dès lors, l'évolution ne peut avoir la lutte ni pour *fin*, ni pour *unique moyen*. Elle ne la subit, au contraire, que comme une nécessité plus ou moins provisoire. Elle la remplace, partout où il est possible, par la coopération, qui, au lieu de soustraire une force à une autre, additionne et totalise les forces, ou même les neutralise l'une par l'autre. L'hymne de certains naturalistes à la guerre, et encore bien plus celui de certains moralistes dévoyés, comme Nietszche, est aussi peu scientifique que le serait l'hymne d'un mécanicien aux frottements et chocs internes de sa machine : « Quelle belle lutte de rouages ! comme ils s'entre-choquent avec fracas et se contrarient ! C'est le chef-d'œuvre de la science et de l'art. »

IV

LES DIVERS PROCÉDÉS D'ÉVOLUTION SOCIALE SONT-ILS RÉDUCTIBLES A LA CONCURRENCE

Ceux pour qui, dans la société, la guerre et l'exploitation sont plus fondamentales que la paix et les services mutuels oublient que les êtres vivants doivent d'abord vivre; que, pour vivre, il faut qu'ils soient nés, nés de parents qui, sans doute, n'ont pas eu pour tâche de lutter avec leurs enfants ni de les dévorer. Les liens de parenté sont antérieurs à tous les conflits entre individus. Est-ce la lutte qui propage la race, ou ne serait-ce pas plutôt l'amour? Est-ce par un mouvement de haine et par un combat mutuel que l'homme et la femme s'unissent pour assurer la perpétuité de l'espèce?

L'attrait sexuel, chez les animaux supérieurs, aboutit sans doute à des rivalités, quelquefois sanglantes; mais, en soi, il est un phénomène d'amour et d'union, non de haine et de guerre. De plus, dans la sélection sexuelle, les darwiniens le reconnaissent, il se produit à la fin un certain choix du beau, soit sous le rapport de la forme, soit sous le rapport de la couleur; et ce choix n'est plus une simple lutte pour l'existence. Enfin, dans le monde organique comme dans l'inorganique, on voit se manifester une tendance à la régularité, à la grâce dans les formes, ainsi qu'une tendance des formes de ce genre, une fois produites, à être conservées. Ce fait est explicable, surtout en ses origines, par la sélection de l'avantageux; mais, à une période ultérieure de l'évolution, le beau agit par lui-même, ou du moins par le plaisir qu'il cause : toute trace de conflit a disparu.

Le rapport entre les éducateurs (qui, à l'origine sont les parents) et ceux qu'ils élèvent est un rapport de mutuelle sympathie : aide et exemple chez les uns, imitation chez les autres. Cette relation réciproque a évidemment pour but l'union.

Dans le développement des relations entre adultes, l'invention et l'imitation ont joué un rôle énorme, qui, avec le progrès, devient de plus en plus prépondérant. Or, ni l'un ni l'autre de ces deux grands phénomènes n'est en soi un fait de lutte et d'agression. Au contraire, ils enveloppent avant tout l'idée d'accord et d'harmonie. Comment l'invention a-t-elle lieu? Par une harmonie nouvelle de nos idées avec les objets. Accord avec la nature comme avec les hommes, voilà le grand moyen de progrès.

À ce progrès ont contribué le langage et la science, qui n'ont rien d'agressif ni de belliqueux. Gabriel Tarde a fort bien montré que l'apparition et le perfectionnement d'une langue ne furent pas dus à des disputes, mais à des accords. Même dans une période ultérieure, ce ne sont pas les discussions des grammairiens qui ont fait avancer les langues, le progrès de la science n'est pas dû aux disputes des savants, mais à leur accord final. Considérez la science appliquée, qui est l'industrie. Les grandes évolutions ou révolutions de l'industrie humaine, dit Tarde, sont marquées par certaines inventions capitales ; telle est celle de la charrue, qui n'est pas née de la guerre ni même de la concurrence des agriculteurs primitifs ; telle est l'invention du moulin à eau, celle du métier à tisser, de la machine à vapeur, que le génie de Papin et de Watt explique seul, non la cupidité des maîtres de forges, etc. Le progrès militaire lui-même résulte-t-il vraiment des batailles ? Non, il est l'effet d'inventions principalement industrielles, artistiques ou autres. La guerre ne les a en rien produites ou favorisées ; « elle les a au contraire fait avorter souvent, et elle a seulement suggéré çà et là l'application à l'armement et à la tactique. » Les admirateurs du canon et de son « droit » oublient que la poudre à canon n'a pas été découverte par un guerrier ; elle le fut par un savant, pour le seul plaisir de pénétrer les secrets de la nature. Ce ne sont pas les batailles qui ont fait trouver la boussole, les bateaux à vapeur, l'hélice. Dans le domaine de l'invention artistique, nous retrouverions encore la prédominance de l'harmonie, non celle du conflit. L'art est par lui-même, comme Guyau l'a montré (avant Tolstoï) dans son *Art au point de vue sociologique,* un moyen de faire « sentir les hommes semblablement », de produire un accord des sensibilités d'où résultera l'accord des volontés.

Quant à l'imitation qui suit l'invention, elle a lieu, elle aussi, par une harmonie, celle des hommes entre eux, qui suppose une sympathie d'abord organique, puis plus ou moins consciente. L'imitation produit ou renforce des accords bien plus que des désaccords. En outre, elle joue sa partie jusque dans le conflit et change la lutte en moyen de « socialisation ». Selon la remarque de Giddings lui-même, quand deux hommes se battent, chacun d'eux copie instinctivement les coups de l'autre ; si deux armées guerroient, chacune répète les manœuvres de l'autre. Dans la lutte, les individus apprennent à se *reconnaître* et prennent conscience de leurs similarités, ce qui entraîne une « conscience d'espèce ». Par cela même, ajouterons-nous, il y a union sous une idée commune, d'où dérive nécessairement une sympathie commune. L'imitation qui s'établit entre ceux qui luttent diminue peu à peu les différences au profit des ressemblances : elle prépare donc, pour plus tard, des accords de sensibilités ou sympathies, des accords de volontés ou synergies. La concurrence est elle-même une imitation mutuelle, avec l'intention de faire mieux, et cette sorte de succédané de la lutte est une forme d'union.

Toute compétition, d'ailleurs, dans nos sociétés, enveloppe une part de coopération ; car, en travaillant pour soi, chacun se trouve aussi travailler pour les autres. Il ne faut pas croire que nous fassions du tort à nos voisins quand, pour notre part, nous réussissons à introduire dans le monde social des utilités : si nous en profitons personnellement, les autres aussi en profitent. Les activités individuelles qui s'exercent en vue de fins privées peuvent sans doute, à la rigueur, être considérées comme en lutte *virtuelle*, mais elles sont aussi en rapport de coopération non concertée. Quelque *privés* que soient les intérêts, ils ne peuvent se satisfaire que dans le milieu *social*, par une production de richesses sociales, par des services rendus à autrui alors même qu'on aurait eu un mobile intéressé. C'est ce que les économistes avaient compris. Leur seul tort fut de croire que, dans la société humaine, le concours doit être abandonné au *laissez faire*. Quoi qu'il en soit, la coopération spontanée tend toujours à se changer en coopération réfléchie. Même entre les animaux, nous voyons que la lutte implique coopération : l'accord pour la lutte est chez eux un facteur d'évolution plus puissant que la lutte proprement dite. Si des animaux s'assemblent pour combattre des ennemis, s'ils diversifient et divisent entre eux les tâches, s'ils réalisent ainsi plus de solidarité sociale, cette solidarité est autrement significative que la lutte même, qu'elle rend possible et dont elle assure le succès. Ce n'est pas tout, une telle lutte a pour but, comme aussi pour résultat, l'établissement de quelque adaptation ou harmonie finale. Dans les sociétés humaines, la rivalité devient de plus en plus compatible avec la mutualité sociale des services ; elle tend même à être une forme de service *mutuel*, chacun ayant un intérêt *final* à ce que les autres soient ses émules et, par cette émulation, augmentent la somme de bien commun. Le mot de concurrence ne doit pas faire illusion. Dans un concours pour obtenir un diplôme, il n'y a *lutte pour la vie* que si on considère les résultats et contre-coups les plus éloignés, purement mécaniques et non voulus. Le jeune étudiant, muni de son diplôme de médecin, pourra y trouver une chance de vie et de bien-être ; l'étudiant qui a échoué risquera d'être sans ressources et sera peut-être réduit à la misère ; mais, nous l'avons déjà remarqué, un tel élément de concurrence ne constitue plus une vraie guerre ni une discorde volontaire. Cet élément ne saurait être éliminé : il est pour tous un bien, non un mal. Supprimez la sanction naturelle et, en somme, pacifique de l'échec pour le paresseux ou l'incapable, la société sera peuplée de non-valeurs, par exemple de médecins qui tueront leurs malades au lieu de les guérir. C'est alors que vous aurez renversé les lois naturelles de la vie. Emulation, quoi qu'en puisse dire Nietzsche, n'est donc pas « exploitation ».

Chez les hommes, la compétition *destructive* due à la *nature* aboutit sans doute à l'élimination rapide ou lente des moins bien adaptés, mais elle voit son champ se rétrécir sans cesse et se reporter vers les portions inférieures de l'humanité, qui sont restées en arrière de la civilisation. A cette concurrence destructive, qui, jusque chez les animaux, ne règne pas seule, la civilisation humaine substitue la concurrence productive, c'est-à-dire, en somme, l'émulation à créer des choses utiles ou belles sous une règle de droit commun.

Un rapport essentiel que l'homme soutient avec la nature extérieure consiste précisément dans la *production*, économique ou artistique. L'animal, lui, n'est que très rarement et exceptionnellement producteur. L'abeille fabrique sans doute un produit, unique d'ailleurs et toujours le même; mais combien peu d'animaux ressemblent à l'abeille! La plupart doivent, pour satisfaire leur faim, s'emparer des produits tout faits de la nature. Comme ces produits sont en quantité limitée, il en résulte entre les bêtes cette lutte dont nous avons fait le tableau. Mais un être capable d'inventer et de produire ne saurait plus être entraîné par la même loi de violence, sous l'impulsion de la faim ou de l'instinct sexuel. Il est dirigé par des idées-forces dont ses productions sont la réalisation en objets extérieurs. L'animal étant surtout *consommateur*, la part qu'il consomme diminue la possibilité de consommation pour les autres. L'homme étant surtout *producteur* et capable d'étendre sans cesse la production au delà de ses besoins, un état social se développe où chacun peut consommer sans toujours diminuer la consommation des autres. C'est là, du moins, un idéal de plus en plus réalisable, sur lequel les socialistes ont insisté avec raison. Cet idéal établit une différence essentielle entre la lutte pour la consommation chez les animaux et l'accord pour la consommation chez les hommes.

Le progrès, a-t-on dit, est en raison inverse de l'action coercitive de l'homme sur l'homme, en raison directe de l'action de l'homme sur les choses; mais il faut ajouter que l'action non coercitive de l'homme sur l'homme s'accroît et prend, avec le progrès, la forme de l'action commune et réciproque.

Le rôle de la force dans l'humanité n'est donc pas celui que lui attribuent les darwinistes. On a dû *lutter*, dit Ihering, pour la conquête du droit; le droit une fois conquis, on a dû lutter pour sa défense; tous les droits du monde ont été acquis en luttant et par la force; toutes les règles importantes du droit ont commencé par être arrachées à ceux qui s'y opposaient, et tout droit, droit d'un peuple ou droit d'un particulier, suppose une force toujours prête à le soutenir. — Sans doute. Il n'en est pas moins vrai que le droit, une fois conquis, crée une solidarité nouvelle, une puissance nouvelle de cohésion et d'union : d'abord refusé par les détenteurs de privilèges, il finit par être aimé spontanément comme un bien commun par tous ceux qui en jouissent. La force n'est donc pas un élément nécessaire ni même une condition nécessaire du droit; elle n'en est ou n'en doit être que l'instrument.

V

RÔLE DE LA COOPÉRATION

Loin d'abonder aujourd'hui dans le sens d'un darwinisme mal compris, selon lequel le rôle de la compétition efface celui de la coopération, on reconnaît de plus en plus que, parmi les espèces vivantes, le succès le plus général et le plus complet est assuré, comme l'a dit un physiologiste, M. Perrier, « non pas aux êtres qui pratiquent la concurrence vitale avec le plus d'ardeur, mais à ceux qui, au contraire, ont su y apporter des ménage-

ments, en la supprimant plus ou moins vis-à-vis d'autres
êtres de choix. » Les naturalistes répondent aux apôtres
de la force que même dans le monde animal, ce ne
sont pas les espèces les plus fortes des périodes paléontologiques, comme le mammouth, le mégathérium, le
dinothérium, qui ont survécu. Certains oiseaux vigoureux, comme la dronte, le solitaire des îles Mascareignes, ont disparu ; les aigles, ces Bonapartes des
oiseaux, n'ont qu'un empire assez limité ; les grands
fauves, qui vivent isolés ou dans un isolement relatif,
diminuent en nombre et reculent sans cesse, même
sans l'intervention de l'homme[1]. Dans « le combat pour
l'existence », ce sont les lions et les aigles qui sont destinés à être vaincus. Les grands fauves ont la force, ils
ont l'agilité, ils ont la ruse ; l'intelligence des lions ne
semble pas inférieure à celle des moutons; comment
donc ces « lutteurs pour la vie » ont-ils presque tous
disparu, par l'action ou sans l'action des hommes? Comment aucun n'a-t-il su monter « même un échelon d'une
civilisation quelconque? » — C'est, répondent les naturalistes, que le carnivore féroce demeurait isolé et insociable. Les bœufs, les moutons, les chevaux, les chiens,
les hommes, « tous ensemble, par aide réciproque, ont
conquis la terre et jouissent aujourd'hui des prairies,
des forêts, des cours d'eau[2]. » L'homme l'a emporté
sur les autres animaux bien qu'il ne fût pas le plus fort
physiquement. — Mais, répliquent les darwinistes, il
était le plus fort intellectuellement, et l'intelligence est
une forme supérieure de la force. — Vous prenez alors le
mot force en un sens tellement large que tout y rentrera,
même la force de la pensée et celle de l'amour. Vous
oubliez d'ailleurs que l'intelligence de l'homme est,
pour la majeure part, due à sa sociabilité. Un homme
solitaire, fût-il le surhomme de Nietzsche, sera bientôt

---

[1] Voir : Coutance, *la Lutte pour l'existence*; de Lanessan, *le Transformisme*, et une excellente étude publiée par « un professeur »
(M. Pages) dans la *Revue socialiste* en 1894 : *Lutte ou accord pour
la vie?* — Voir aussi l'article de M. Pages dans la *Revue de sociologie*, 1898.

[2] Houssay, *Revue phil.*, mai 1893.

au bout de son intelligence : tout ce qui a augmenté la force intellectuelle de l'homme, — notamment le langage et la science, — est un produit social. C'est donc bien la socialité, le prétendu instinct « grégaire », honni de Nietzsche, qui est ici la cause de la supériorité humaine.

La pression même du milieu, soit naturel, soit social, a forcé les membres de chaque tribu à une union plus étroite ; elle a ainsi développé la solidarité sociale, avec les vertus qui en dépendent. Les pseudo-darwinistes ont beau entonner l'hosannah à la guerre ; c'est précisément la guerre à la guerre, dans le sein de la tribu, qui a fait la force de la tribu ; c'est la coopération qui, en somme, a été féconde. Considérez les sociétés dont la persistance et l'accroissement furent dus à des conflits extérieurs où elles remportèrent la victoire, vous verrez que ce sont celles dont la structure interne impliquait préalablement la plus grande suppression de conflit, le plus haut degré d'aide mutuelle. Parmi les peuplades et les peuples, ceux qui ne sont pas assez unifiés disparaissent. L'absence de solidarité entre les divers membres d'un Etat cause la « décadence des empires. » De là cette loi bien connue de l'histoire : — Le groupe social le plus lié est devenu le plus fort et le plus étendu ; il a absorbé le moins lié et le moins étendu : la horde s'est fondue dans la tribu, la tribu dans la cité, la cité dans la province, la province dans la nation. Parmi les nations, les mieux unies ont triomphé. Dans l'espèce humaine, enfin, les races les plus sociables l'ont emporté sur les autres[1].

Après les nations, considérez les individus supérieurs et vraiment bien adaptés, qui sont les grands agents du progrès : ils doivent leur victoire à ce fait que, dès avant la lutte, ils possédaient toutes les qualités intrinsèques qui devaient leur assurer l'avantage extrinsèque. Les individus inférieurs étaient vaincus d'avance ; la lutte pour l'existence et la sélection furent impuissantes à atténuer en quoi que ce soit leur défaite.

---

[1] Voir à ce sujet, M. Pages, dans la *Revue socialiste*, 1896, p. 115.

C'est donc dans le fond même des êtres qu'il faut regarder, au lieu de considérer exclusivement leur rapport à autrui.

La tendance unilatérale est une maladie de l'esprit humain, qui, attentif à un côté des choses, est par cela même *distrait* des autres côtés. Encore faudrait-il que celui qui fait profession d'être savant et surtout philosophe ne fût pas aussi exclusif, aussi constamment distrait que le premier venu parmi les hommes primitifs. Nietzsche, par exemple, qui se croit le plus raffiné des modernes, raisonne à la manière des plus humbles sauvages. Sa réduction de la vie à l'acte d'incorporation est, nous l'avons vu, un roman qui confond les nécessités premières de la vie avec ses développements ultérieurs et supérieurs, qui oublie l'amour, qui oublie même les naturelles sympathies du semblable pour son semblable. Qu'il y ait un fond d'égoïsme essentiel à la vie d'un animal qui doit manger, cela est indéniable; mais que la vie soit réductible à l'agression de l'être affamé, que la pensée humaine ne puisse concevoir, aimer, réaliser un ordre tout différent par essence, c'est ce qui ne peut se soutenir. Poussez la doctrine nietzschéenne jusqu'au bout et vous direz : L'affirmation de la vie par excellence, c'est l'anthropophagie, car c'est là qu'il y a pour l'être « incorporation » de ses semblables au sens le plus positif du mot, exploitation, imposition de ses propres formes », ou plutôt réduction à ses propres formes par assimilation de la nourriture. D'ailleurs, quand même la loi naturelle serait de « s'entre-manger », nous venons de voir que la division du travail et la coopération intelligente sont, elles aussi, des lois de la nature, destinées à entraver l'accomplissement de l'autre loi. On ne peut donc pas, avec les pseudo-darwinistes, représenter la société humaine comme n'étant qu'une forme de la lutte pour la vie; nous y avons reconnu, au contraire, un moyen de lutter contre la lutte pour la vie.

L'éthique animale elle-même, nous l'avons démontré plus haut, n'a pas cette brutalité que certains darwinistes et nietzschéens voudraient installer parmi les hommes. De plus, des différences capitales subsistent entre hommes et animaux. Les animaux ne luttent guère et ne coopèrent guère que pour vivre ; si, par surcroît, ils se développent, ce développement n'a pas été un but : il n'était qu'un effet concomitant, qui s'est produit indépendamment de toute prévision. Au contraire, les hommes ne luttent pas seulement et ne s'unissent pas seulement pour vivre : ils le font pour vivre mieux et se développer. Et ce mot de *mieux* implique sans doute une plus grande somme de « puissance », comme aussi de « jouissance » ; mais, comme cette puissance et cette jouissance sont celles d'un être intelligent et aimant, le *mieux* entraîne ici un développement de l'intelligence et de l'affection. Dès lors, ce n'est plus la simple lutte animale pour l'*existence*, la *vie*, la *puissance* ; c'est la lutte humaine pour des biens sans cesse supérieurs, qui ajoutent à la *qualité* de la vie comme à son intensité. S'il est contraire à la science de ne pas tenir compte des ressemblances entre l'humanité et l'animalité, il est tout aussi contraire à la science de ne pas tenir compte des différences. Point de calcul exact si on ne calcule pas toutes les valeurs, positives ou négatives. Négliger sans cesse le *mutatis mutandis*, c'est violer les règles de la vraie méthode scientifique. Traiter la morale sociale d'après les lois de la vie animale, c'est oublier qu'il s'agit et de l'homme et de la société humaine, laquelle est, pour ainsi dire, à deux degrés de distance de la bête. C'est raisonner aussi inexactement que celui qui voudrait réduire toute la vie de l'animal à la vie du végétal immobile et insensible. Les plus belles théories sur les plantes ne peuvent s'appliquer sans modification aux animaux ; les plus belles théories sur les animaux ne peuvent s'appliquer sans modification aux hommes des sociétés civilisées. Le terme même de *vie*, cher à Nietzsche, étant presque aussi vague que celui d'*existence*, Nietzsche pourrait se prévaloir de ce que la simple existence est plus fondamentale que la vie pour raisonner sur tous les vivants d'après les pierres ou les métaux. Et c'est précisément ce qui s'appelle déraisonner.

C'est seulement quand on se rapproche de l'état de nature où vit la brute, que l'être vivant est exposé « à ne pas assez manger et à être mangé lui-même »; là règne vraiment, avec le besoin irrésistible et matériel, le combat pour la vie. Mais le progrès élève de plus en plus haut le plan de la compétition entre les êtres; il le reporte sur des objets moins directement nécessaires à la conservation de la vie matérielle. Le but est d'atteindre un plan assez élevé pour que celui qui y obtient le *succès* soit en même temps le *meilleur*, le meilleur en soi, le meilleur pour les autres, et que son succès personnel soit ainsi le triomphe de tous. C'est ce qui a lieu quand on s'élève des biens matériels aux biens intellectuels et moraux. Les biens matériels, qui ne peuvent appartenir à plusieurs ensemble, demeurent sans doute et demeureront toujours une cause de rivalité et de division entre les hommes ; mais tous les biens ne sont pas matériels. La vérité dont jouit une intelligence n'empêche pas les autres intelligences d'en jouir ; la beauté que votre œil contemple peut être contemplée par d'autres yeux, et le plaisir que chacun éprouve alors, loin d'être contrarié par le plaisir semblable d'autrui, est centuplé. De même dans l'ordre du bien : la bonté de l'un n'a jamais pour condition la méchanceté de l'autre ; au contraire, elle fait de la bonté et du bonheur d'autrui son propre but et son propre bonheur.

Nous pouvons conclure que le darwinisme social, en ce qu'il a d'exclusif, apparaît au sociologue comme plus faux encore qu'au biologiste. Sous la forme la plus radicale, il revient à cette assertion contradictoire, où Nietzsche s'est perdu, que les consciences sont unies par ce qui les désunit, que la société est constituée par l'insociabilité, l'accord par la lutte, la nature d'une chose par sa limitation et négation partielle [1].

---

[1] Veut-on savoir combien est facile, pour les savants comme pour les philosophes, la pente du paralogisme en morale, prenons pour exemple un de nos savants éminents, un de ceux que nous avons cités comme ayant le plus fait pour prouver l'influence supérieure de la coopération jusque dans le domaine de la biologie. Le naturaliste auquel nous faisons allusion a mis en lumière ce qu'il appelle, — par une conclusion

d'ailleurs exagérée et non justifiée —, « le *néant* des individualités isolées en présence d'une association » (comme si les associations ne supposaient pas des individus non égaux à *zéro*) ; il a montré « l'association mère de tous les progrès dans le monde de la vie », ce qui est encore exagéré, *certains* progrès n'étant pas dus à l'association[1]. De telles déclarations n'empêchent pas cet apôtre excessif de l'union, dix lignes plus loin, de passer tout d'un coup avec armes et bagage dans le parti de la guerre et de la conquête. Quand les sociétés, dit-il, grâce à une organisation intérieure plus parfaite, ont acquis la force, « il ne faut pas leur demander de ne pas en user pour *conquérir* ce qu'elles *convoitent*, parce que leur *convoitise* naît de leurs *besoins* et que seule la *défaite* peut *prévaloir* contre l'impérieuse nécessité de les satisfaire. » Notre savant biologiste devient psychologue inexact en posant ces lois manifestement fausses : 1° que toute « convoitise » naît toujours des besoins, soit chez les individus, soit chez les sociétés ; 2° que tous les besoins, en supposant qu'ils existent, sont toujours *impérieux* et essentiels à satisfaire ; enfin 3° que leur satisfaction est *nécessaire*, quoi qu'en puissent penser les moralistes, à tel point que la *défaite* seule, c'est-à-dire l'impossibilité physique, peut prévaloir contre une nécessité également physique. Avec ce raisonnement, la conquête de l'Alsace est aussi bien justifiée que celle du Transvaal. De plus, le même savant ne s'aperçoit pas que son apologie de la convoitise entre les sociétés, si elle était exacte, pourrait aussi bien se transporter au sein d'une seule et même société : on aboutirait alors à cette conséquence qu'un voleur qui convoite votre bien et vous assassine pour le prendre cède à l'impérieuse nécessité du besoin.

Dans la même page, le même auteur qui tout à l'heure célébrait, au nom de la science biologique, la division pacifique du travail, la coopération, la répartition économique des « produits », la « répartition morale des droits et des devoirs de chacun », finit par se demander « si, la concurrence étant partout dans le monde vivant la condition du progrès », la sagesse d'un gouvernement ne consiste pas à laisser, par la liberté, la concurrence s'organiser *partout* de manière que le choix se fasse *naturellement* entre ce qui est *bon* et ce qui est *mauvais*, *comme cela s'est fait dans l'évolution des êtres organisés* ». Oubliant qu'il vient lui-même de montrer quelles *limites* la concurrence trouve dans la coopération et la division des tâches, dans la répartition équitable des produits, des droits et des devoirs, dans le « sacrifice de chacun pour tous », notre savant pose *ex abrupto* en loi la concurrence absolue et universelle, spontanée et sans frein, le « *laissez faire, laissez passer* des économistes de la vieille école. Après quoi, dédaigneux des « philosophes » et des « métaphysiciens », il nous déclare que la solution des questions sociales et morales « ne saurait être donnée par la méthode philosophique », qu'elle est tout entière « du calme domaine de la méthode scientifique », que c'est « à l'observation scientifique, non à l'*abstraction philosophique* qu'il appartient de décider... », etc. Par malheur, bien des savants spécialistes nous donnent le spectacle d'une telle impuissance de raisonnement à longue portée et à conclusions générales, ils se montrent si souvent inhabiles à apercevoir trois ou quatre vérités à la fois, à induire de ce qui leur est familier à ce qui dépasse tant soit peu leur domaine propre, que les philosophes, objet de leur ironie, demeurent plus que

---

[1] Voir la très remarquable *Préface* de M. Edmond Perrier au *Nouveau Dictionnaire des Sciences*, 2 vol. in-8, Delagrave.

jamais indispensables. La tâche des philosophes est de rappeler les savants eux-mêmes, non pas à « l'abstraction », mais, au contraire, à la vision concrète et complète des choses ; non pas à la « métaphysique aventureuse », mais à la rigueur de la « méthode scientifique », aux règles les plus élémentaires de la logique inductive ou déductive, qui prohibe toute conclusion dépassant les prémisses.

CHAPITRE IV

MORALE BIO-SOCIOLOGIQUE (suite). — LOIS DE SÉLECTION,
D'ADAPTATION ET DE VARIATION

I. — Loi de sélection naturelle. — Vrai sens et vraie portée de cette loi en biologie. — Son action et ses limites dans les sociétés humaines. Modifications qu'elle y subit. — Toute sélection est-elle un progrès. — Les sélections sociales spontanées et leurs imperfections. Sélections militaires, politiques, économiques, etc. Nécessité de la sélection volontaire et réfléchie.
II. — Loi de l'adaptation. — 1° L'adaptation interne des organes entre eux est-elle toujours un progrès. — Loi de variation corrélative et de compensation. — 2° L'adaptation externe au milieu est-elle toujours un progrès. Infériorité extrinsèque de certaines supériorités intrinsèques. Application aux sociétés.
III. — Loi de variation. — Importance capitale et primordiale de cette loi. — Lacune du darwinisme à ce sujet. — Les divers facteurs biologiques de la variation. — Importance de l'association, même dans le monde animal. — Caractères de la variation dans l'humanité. — La variation et le progrès par les idées-forces. — L'adaptation intelligente du milieu remplaçant l'adaptation au milieu.

I

LOI DE LA SÉLECTION NATURELLE

1. — De même que la loi de la concurrence vitale, celle de la sélection doit être interprétée avec une rigoureuse exactitude et par le biologiste et par le moraliste.

Toute *variation*, si insignifiante qu'elle soit, se conserve et se *perpétue, si* elle se trouve être *utile.* » Voilà le principe de Darwin. C'est simplement, comme on voit, l'éloge de la variation *utile.* Tout dépend donc et de *ce que* produit et de *ce qui* produit la variation.

Darwin ne s'occupe guère de savoir comment sont apparues les variations heureuses. Sur ce point, son principe de la sélection a été réduit par les plus récentes recherches à un rôle secondaire. On peut distinguer d'abord, chez les animaux, des *caractères organiques* internes, qui déterminent le degré que telle espèce occupe dans l'échelle des formes vivantes. Or, si ces caractères sont susceptibles de modification, c'est avant tout par *mutation* plus ou moins rapide, comme l'a montré de Vries, puis par *croisement*, enfin par *sélection*; mais le rôle de cette dernière se borne à éliminer les organisations *non viables*. Outre ces caractères organiques internes, il y a aussi des propriétés d'adaptation externe. Ces propriétés elles-mêmes ne se fixent guère par sélection si non dans le cas où la sélection est artificielle et dirigée par une intelligence. Le darwinisme s'applique alors de tout point. Mais, quand la sélection n'est pas dirigée, c'est l'adaptation directe au milieu qui l'emporte, comme l'avait soutenu Lamarck. En d'autres termes, il y a transformation progressive de l'organisme sous l'influence des besoins de la vie et du milieu. La multiplication et la variation des *conditions vitales*, en effet, déterminent nécessairement une *différenciation* des organes. Il y a alors conservation, à l'état réduit ou latent, des organes ayant échappé aux nouvelles influences, puis transmission *héréditaire* des caractères nouveaux. La sélection s'applique surtout aux propriétés acquises par l'organisme dans ses rapports avec d'autres organismes. L'adaptation, au contraire, s'applique aux changements qui résultent des réactions et rapports *intimes* ayant lieu au sein d'*un même organisme* et se transmettant par hérédité. Or, c'est la variation qui est vraiment explicative, sauf à avoir besoin d'être elle-même expliquée par une réduction à des causes plus intimes, inhérentes à la nature même de la vie. La sélection, elle, est un simple procédé de triage ; elle se borne à conserver ce qui a été produit antérieurement par une cause de variation autre qu'elle-même, pourvu que cette conservation ne soit pas incompatible avec celle de l'être vivant tout entier. Si la variation antérieure a produit une utilité, la sélection maintient cette utilité ; si la variation a produit une inutilité, un ornement, quelque chose de surérogatoire, la sélection ne fera pas nécessairement disparaître ce qui n'est point incompatible avec la vie de l'espèce. Parfois même, dans le mécanisme général de triage, certains caractères nuisibles pourront survivre en vertu de leur lien organique avec d'autres caractères utiles. La nature, en effet, ne procède pas comme les éleveurs qui, pour obtenir une race plus ou moins parfaite, isolent les individus de cette race d'avec tous les autres, de façon à empêcher le moindre mélange. L'apparition de quelques individus parfaits au point de vue de la lutte pour l'existence n'amène pas du coup la disparition de tous les autres individus. Ce fait rend possible des croisements du supérieur avec l'inférieur, et le résultat de ces croisements peut être l'atténuation des qualités si péniblement acquises par le supérieur [1].

S'il en est ainsi, on ne saurait confondre, comme le font quelques-uns, le darwinisme avec la biologie même. Darwin est aujourd'hui dépassé; il s'est même produit une réaction, sinon contre lui, du moins au delà de lui. Le darwinisme nous montre simplement un des procédés par lesquels, dans la vie des végétaux et des animaux, les espèces les mieux appropriées au milieu l'emportent et se multiplient aux dépens du reste. Darwin ne prétendait pas expliquer l'évolution, mais seulement ce grand fait biologique : comment les *espèces* se *séparent* les unes des autres, séparation qui leur permet de se perpétuer côte à côte sans se mêler. C'est pourquoi Darwin a intitulé simplement son premier livre : l'*Origine des espèces* ; or, selon la remarque de M. Perrier, l'*évolution* aurait pu se produire sans qu'il y eût d'*espèces*. La preuve en est que la race blanche, dans l'humanité, s'est perfectionnée sans se séparer *spécifiquement* des autres. On reconnaît d'ailleurs aujourd'hui que Darwin n'a même pas expliqué par la *sélection* extérieure la véritable genèse des espèces : on en recherche désormais les causes profondes dans la « mutation » intérieure.

[1] Voir la discussion sur la *Crise du darwinisme* dans les *Wissenschaftliche Beilage zum 15 Iahresbericht der philosophischen Gesellschaft an der Universität zu Wien*, Leipzig, 1902.

II. — Pour le moraliste, la question est de savoir avec quelles *différences* et *modifications* la loi de sélection agit dans la société humaine. Comment y est-elle contre-balancée ou complétée par d'autres lois ; quelles conséquences pratiques découlent et de sa persistance et de sa modification dans l'ordre social ?

Sélection naturelle, au sens proprement biologique, signifie la mort de celui qui réussit le moins. Il y a, dans l'humanité, des races ou des peuples qui ont péri par manque de certaines qualités nécessaires au succès dans la lutte. Mais, au sein de la civilisation humaine, il existe bien d'autres procédés par lesquels les qualités utiles sont préservées et transmises. Il y a notamment l'éducation, dont nous avons déjà parlé, il y a les mœurs et les institutions, il y a le langage, l'écriture et les livres ; il y a la science, l'art et la religion ; il y a enfin tout l'*héritage* social, qui n'est pas l'hérédité biologique.

Parmi ces divers facteurs de l'évolution humaine, l'habitude ou adaptation fonctionnelle gagne en importance à mesure que s'accroissent l'activité et la complexité de la vie ; elle devient le principal agent de progrès dans les sociétés civilisées. La survivance du plus apte se borne d'ordinaire à la conservation de ceux chez qui la somme des capacités intrinsèques a été le mieux façonnée par les habitudes et changements fonctionnels. Cette survivance peut se produire, soit par transmission héréditaire des caractères acquis, soit par sélection sociale.

Comme les variations avantageuses triées par sélection constituent, d'une manière générale, une force supérieure pour l'individu, on a voulu conclure de la sélection naturelle que « la loi de nature est la loi du plus fort », et on a transporté cette loi telle quelle dans l'humanité. Mais le terme de force ne précise rien. Croire que la force supérieure est simplement une *quantité* plus grande, abstraction faite de toute *qualité*, c'est oublier que la quantité pure est abstraction pure. Dans la réalité concrète, la quantité est toujours le *quantum* d'une certaine qualité. Tout dépend donc de cette qualité même et de sa valeur. Ce sont les propriétés acquises dans la constitution interne qui réalisent les principaux avantages dans la sélection externe. Et ces propriétés elles-mêmes ne résultent pas seulement, comme certains darwinistes l'ont soutenu, d'une lutte intérieure entre les cellules ; elles résultent surtout d'un accord entre elles et d'une coopération finale. L'opposition n'est, ici encore, qu'un premier degré et un moyen de l'harmonie intime, qui, à son tour, devient un moyen de supériorité au dehors. La sélection du plus *apte* n'est donc pas nécessairement la sélection du plus *fort;* elle est la survivance du mieux approprié aux conditions particulières. Tel individu peut être le plus *résistant* dans tel milieu ; il peut aussi être simplement le plus favorisé par le *hasard*. Vous jetez en l'air des graines, dont quelques-unes tombent sur la pierre, d'autres dans de la terre végétale ; celles-ci ne sont pas plus « fortes », ni même plus « résistantes » que les autres, peut-être moins ; elles ont eu plus de chance. Le ténia parasite du porc a pour hôte intermédiaire le rat, où il ne peut se reproduire et où, parvenu à un certain développement, il s'atrophie et meurt ; il faut donc, pour la propagation de cette espèce, qu'un rat, qui ait préalablement mangé des excréments d'un porc infesté, soit à son tour mangé par un autre porc ; circonstance rare, le porc n'étant pas naturellement carnivore. Cette adaptation complexe, qui émerveillera peut-être les cause-finaliers de bonne volonté, n'est qu'une rencontre de hasards et de chances, c'est-à-dire de nécessités. Que d'êtres dans la nature, et peut-être que d'espèces ont dû leur survivance à un ensemble de circonstances fortuites !

Dans le règne animal, la nature supprime les défauts en supprimant les individus, soit par le triomphe d'autres individus mieux doués, soit par l'extinction de la race mal douée. Dans la société humaine, la suppression des défauts n'entraîne pas nécessairement celle des individus ou de la race : elle peut avoir lieu par des moyens intellectuels et moraux, non plus seulement physiologiques. C'est ce qu'oublient les moralistes pseudo-darwiniens.

Enfin, toutes les variations corporelles arrivent dans

l'humanité à présenter des chances à peu près égales de persistance; celle-ci finit donc par dépendre des progrès de l'intelligence, qui fixe la structure cérébrale favorable. L'intelligence, dans une large mesure, affranchit de la sélection naturelle qui s'exerce à l'extérieur, au profit de la sélection artificielle et de la sélection intra-organique.

Si la sélection naturelle subsiste dans l'humanité, mais avec une foule d'autres lois qui la contrebalancent, quelles conséquences pratiques en peut-on tirer pour le progrès social? Les adorateurs de la force brutale se plaignent de voir la philanthropie, suspendant le jeu bienfaisant de la sélection naturelle, favoriser les faibles, les doux de cœur, les esprits raffinés dans un corps débile, etc. C'est se plaindre de ce que l'humanité n'est pas murée dans la loi de l'animalité. Encore l'animalité elle-même n'y est-elle pas emprisonnée, car les espèces sociables, où les faibles sont protégés, sont de beaucoup plus *nombreuses* que les insociables. On s'est même demandé si les lions et les tigres n'avaient pas été sociables jadis, puis réduits ultérieurement par les circonstances à une vie isolée. Mais qu'importe? Le lion, nous l'avons vu, n'est nullement le roi de la création.

Accordons d'ailleurs aux biologistes que la civilisation contemporaine met trop de côté, sur certains points, l'action dure et parfois salutaire de la sélection naturelle, *sans la remplacer assez efficacement* par d'autres moyens propres à empêcher l'abâtardissement de la race. Moralistes et législateurs, à notre époque, comptent surtout sur l'hérédité accumulée des effets heureux de l'éducation, du dressage, des institutions et des mœurs; ils comptent, en un mot, sur la loi de Lamarck, qui admet l'hérédité des caractères acquis. Et ils ont raison dans certaines limites. Mais la race humaine, de plus en plus consciente de soi et de sa destinée, reconnaîtra aussi dans la « sélection physiologique » un des grands moyens d'éviter la dégénérescence des constitutions, des tempéraments, des caractères. Cette dégénérescence, « sorte de carie intérieure », est, dit Ball, un des dangers dominants qui menacent aujourd'hui toute notre civilisation. Un peuple qui ne parvient pas à réaliser l'idéal antique : *mens sana in corpore sano*, est destiné à dépérir et à disparaître. Le « laissez faire » absolu a ses dangers au point de vue social. Si la société laisse des classes entières d'individus vivre et pulluler dans des conditions désavantageuses pour l'espèce, sans chercher à modifier ces conditions, elle en supportera les tristes conséquences. La sélection, dans l'humanité, s'opère aujourd'hui trop au hasard, souvent à contre-sens. Chez les prolétaires, il y a des conditions désavantageuses d'hérédité et de milieu social qui produisent un excès de mortalité ; de plus, les guerres éliminent en grande partie les éléments les meilleurs et les plus jeunes. Dans les classes riches, bien souvent, la sélection travaille à rebours, en conservant les moins aptes et les plus faibles ; les mariages y sont moins des unions physiologiques et morales que « des fusions de capitaux et des associations de coffres-forts[1] » ; enfin l'hérédité y accroît encore la dégénérescence. Il y a là des maux contre lesquels la société doit lutter. Mais, en ce cas, la sélection cesse précisément d'être naturelle pour devenir artificielle et intelligente. Les êtres intelligents choisissent eux-mêmes des conditions mieux adaptées à leurs qualités supérieures ou modifient le milieu existant en vue de ces qualités. Si les conditions transforment l'animal, l'être intelligent transforme les conditions. Telle est la loi de l'existence humaine.

Tous les travaux récents montrent que, quand les sélections sociales sont abandonnées à leur jeu *naturel*, elles sont souvent malfaisantes et agissent d'une manière péjorative. Ce résultat se produit surtout lorsque les sélections ont pour moyen la lutte et la guerre, non l'accord et la paix. Aux temps les plus reculés, chez les sauvages encore voisins des animaux, la guerre a pu favoriser la sélection des plus *forts*, qui étaient d'ordinaire aussi les plus courageux ; mais, même alors, les fameux

---

[1] De Greef, *Discours de rentrée à l'Université nouvelle de Bruxelles*, 1896.

à éliminer les indépendants, les énergiques, à favoriser les habiles, les souples et les menteurs. Un darwiniste, dans un livre consacré tout entier aux sélections sociales, reproche fort justement à la sélection politique d'avoir fait périr par l'exil, par l'échafaud, par la prison, par la guerre civile un grand nombre d'hommes supérieurs[1]. Il reconnaît ainsi, — au moment même où, d'une façon générale, il faisait l'éloge de la lutte et du darwinisme social —, que la lutte aboutit justement à des résultats contraires au véritable progrès.

Même conclusion pour la sélection religieuse. Si les abus du célibat sacerdotal ou monacal ont éliminé en les stérilisant bon nombre d'éléments utiles, c'était le résultat d'une conception inexacte de la vie morale et sociale. Quant à l'élimination des familles d'élite par les persécutions religieuses, par les autodafés espagnols ou les Saint-Barthélemy, voudra-t-on encore en conclure l'éloge du « combat » ? Ou n'est-ce pas le cas de répéter que celui qui tire l'épée contre autrui la tire contre lui-même ? *Væ victoribus !*

La sélection économique, divinisée par l'école de Manchester, n'est pas plus sûre que les autres. Les darwinistes comparent volontiers à la concurrence vitale la concurrence économique, d'autant plus que c'est le système de Malthus qui a provoqué celui de Darwin; mais, si les économistes de l'ancienne école s'extasiaient devant les beautés sans mélange de la concurrence et devant le triage qu'elle opère, il n'en est plus de même pour ceux de la nouvelle école, encore bien moins pour les réformateurs sociaux. Ecoutez ces derniers : ils vous diront que, loin d'être un procédé de sélection infaillible, comme le prétendaient les darwinistes purs, la concurrence économique produit souvent des sélections à rebours et des régressions. La concurrence, dans la société humaine, a pour unique règle la fameuse loi de l'offre et de la demande ; or, cette loi ne fait que constater un rapport numérique et brut entre le désir d'un objet chez les uns et le désir de travailler pour vivre chez les autres. Que

---

[1] M. de Lapouge, *Les Sélections sociales.*

« bienfaits de la guerre » ont été problématiques. Nous avons prouvé plus haut que les principaux progrès du genre humain furent dus à des inventions pacifiques, ainsi qu'à des groupements et concours de volontés[1]. Ce qui est certain, c'est que, chez les peuples civilisés, la grande guerre est devenue, en dépit des darwinistes, un moyen d'épuiser rapidement les nations. Depuis cent ans, les hécatombes européennes ont, d'après la statistique, coûté la vie à vingt millions d'hommes. Or, c'était bien la partie la plus valide, la plus entreprenante, la plus courageuse de la population. Telle qu'elle s'exerce de nos jours, la sélection militaire n'élève pas le niveau et souvent l'abaisse. Le service militaire obligatoire est sans doute une nécessité absolue et, sous certains rapports, a quelques heureux effets ; mais, sous les autres rapports, même en pleine paix, il produit une sélection à rebours[2].

On a souvent mis en lumière les effets péjoratifs d'une autre forme de sélection sociale : la sélection politique. C'est elle, nous l'avons déjà remarqué, qui tend

---

[1] Voir le chapitre précédent.

[2] Ceux qu'il laisse au pays, ce sont les « inaptes », lesquels se marient plus tôt, ont une postérité nombreuse et lui transmettent généralement leurs « inaptitudes ». Voilà déjà un fâcheux résultat. Ce n'est pas tout : les meilleurs et les plus valides, absorbés par le service, restent deux ou trois ans dans les casernes, trop souvent livrés à des exercices qui n'élèvent guère l'intelligence, ou, pour se reposer, à une vie de débauche. Ils reviennent avec des maladies dangereuses et transmissibles, dont les effets retombent sur la race, avec des habitudes de dissipation, d'intempérance et d'incontinence, enfin avec l'initiation au malthusianisme. Ils se marient tard et ont moins d'enfants. Résultat final : stérilisation artificielle, dans une proportion notable, des éléments supérieurs de la nation, multiplication artificielle des éléments inférieurs. Comparez la population anglaise avec celle des pays qui ont été obligés d'établir le service militaire universel, et voyez la différence. Ainsi, même au sein de la paix, la préparation de la guerre, quelque indispensable qu'elle soit et pour tenir tout le monde en haleine et faire face aux dangers extérieurs, est déjà exterminante et détériorante; on périt par l'épée avant même de l'avoir tirée. Qu'est-ce donc lorsque la guerre éclate? Les maladies, les privations, les batailles fauchent la meilleure partie de la population. Quant aux vertus développées par la guerre, selon Moltke, elles se perdent trop souvent dans la sauvagerie. Les vertus des Boërs se sont sans doute montrées dans la guerre mais n'ont pas été créées par la guerre. Et les vertus anglaises, la guerre les a-t-elle perfectionnées?

beaucoup de bras s'offrent, la main-d'œuvre baissera de valeur, sans qu'il y ait là aucune faute ou aucune infériorité intrinsèque de la part des travailleurs. Que tels objets surabondent ou que la concurrence des pays étrangers, grâce aux nouveaux moyens de transport, avilisse la main-d'œuvre nationale, il n'y aura encore là aucune infériorité intrinsèque du côté des travailleurs, qui cependant en subiront les conséquences désastreuses.

On a fait observer, à ce propos, que les conditions de la concurrence et de la sélection ne sont plus identiques dans l'humanité et dans l'animalité. Chez les animaux d'une même espèce, les besoins sont très limités et les satisfactions que comportent ces besoins diffèrent peu d'un individu à l'autre : « les animaux luttent pour un *minimum*, où ils s'arrêtent [1] ». Les besoins des hommes, au contraire, se prolongent en désirs sans limites, pour lesquels ils continuent de lutter entre eux. Ils visent donc à un *maximum*. De là, parmi les hommes, de grands écarts possibles entre la condition des uns et celle des autres. On peut même ajouter que le travailleur lutte d'ordinaire pour un *minimum*, le capitaliste pour un *maximum*. Dans ces conditions, il se produit nécessairement d'extrêmes inégalités [2].

Pourquoi la sélection économique entraîne-t-elle souvent de si lamentables résultats? Précisément parce qu'elle a conservé la forme de la lutte. Si les campagnes se dépeuplent, c'est parce que la compétition y devient trop active et les profits trop maigres. Si les villes se peuplent, aux dépens de la santé et de la moralité publiques, c'est que la concurrence industrielle y promet plus d'avantages aux vainqueurs. Cette vie de lutte dans une atmosphère viciée produit la stérilisation et l'élimination finale des éléments supérieurs. Ici encore, même adoucie, la guerre aboutit à un crime de lèse-humanité.

A toutes ces sélections naturelles, qui sont péjoratives, la société oppose la « sélection légale », qui fait

---

[1] Belot, *Charité et sélection*, dans la *Morale sociale* (Paris, Alcan, 1900).
[2] *Ibid.*

intervenir l'idée d'utilité sociale ou de justice, et qui seule s'exerce d'une façon consciente. Or celle-là est aussi bienfaisante que nécessaire, dans les limites où elle est rationnellement exercée, c'est-à-dire dégagée de tout élément de lutte. On se plaint de ce que, à notre époque, la sélection légale perd elle-même du terrain, s'altère, n'aboutit plus à une véritable élimination des mauvais éléments. Tous ces effets désastreux résultent de ce qu'il peut rester encore d'injuste et d'insuffisant dans nos moyens de prévenir des maux qui, une fois produits, sont impossibles à guérir. En tout cela, où est le triomphe de la guerre et de la force? Où est l'infaillibilité de la sélection purement naturelle?

Même dans l'évolution *morale* des peuples, la sélection est souvent une cause d'abaissement des niveaux. Ce ne sont pas toujours les grandes qualités morales, ce sont les moyennes et les médiocres qui sont favorisées dans la compétition entre les hommes; il ne fait pas bon être trop intègre ou trop consciencieux. Dans toute lutte d'intérêts privés (et non pas seulement dans les luttes politiques) le moins scrupuleux au point de vue moral l'emporte souvent. Le grand industriel anglais qui, le premier, osa employer des enfants dans sa manufacture pour payer moins cher le travail ne craignit pas de les épuiser ainsi et de les abâtardir; il l'emporta dans la lutte contre ses concurrents. Bien plus, il obligea presque ses rivaux à employer, eux aussi, des enfants, sous peine de ruine. Partout l'élément égoïste et hostile, avec la ruse et la violence pour moyens, a produit une sélection péjorative. Voilà la vraie leçon morale de la biologie appliquée à la société.

En somme, le système de Darwin fut, au dernier siècle, la projection sur la nature des conditions compétitives d'un âge tout industriel. La loi de sélection, que Darwin mit en évidence, fournissait une explication pour un certain nombre de phénomènes; mais elle n'était nullement une théorie générale de l'univers, encore moins une théorie générale de la conduite humaine. Si on eût eu souci de la méthode scientifique, un facteur secondaire et dérivé, comme l'élimination naturelle des uns et la survivance des autres par sélection mécanique, n'eût pas dû être présenté comme un facteur primaire et *originatif*; il n'eût pas dû être amplifié jusqu'à devenir la seule formule de progrès dans la nature, bien plus, dans l'humanité pensante. Un être doué de cette supériorité organique et psychique qu'on nomme l'intelligence arrive à concevoir, non seulement la possibilité, mais la nécessité de diriger lui-même la sélection dans le sens d'une amélioration à la fois intérieure et extérieure, d'un perfectionnement d'organisation et d'adaptation. Vouloir, avec certains darwinistes aveugles, lui imposer les effets rétrogrades de la sélection aussi bien que ses effets progressifs, c'est fermer les yeux au pouvoir directeur de l'intelligence et de ses idées. Le bon jardinier choisit les variétés dont il veut la croissance et exclut celles dont il veut la disparition. La société est un jardin qui est son propre jardinier et exerce sur soi-même un triage artificiel, pour corriger et compléter les effets insuffisants du triage naturel. Les adorateurs aveugles de la sélection vitale, qui veulent la laisser absolument libre au sein des sociétés, ressemblent à un horticulteur qui dirait : — Je vais semer toute espèce de plantes, laisser croître en liberté les mauvaises herbes apportées par le vent : la concurrence fera le triage des plantes supérieures. Tout au contraire, les plantes n'atteignent leur plein développement que si on les soustrait le plus possible à la concurrence vitale.

Au reste, l'admiration béate pour le succès devrait elle-même logiquement aboutir à l'admiration de l'« altruisme », de la bonté, de la philanthropie, puisque tout cela a *réussi* à s'établir au cœur de l'humanité, puisque la coopération, opposée à la compétition, a été précisément dégagée par sélection et que la lutte contre la lutte a été le résultat final de la lutte. La douceur s'est montrée et se montrera de plus en plus une force plus forte que la « dureté ». Même pour l'incroyant, c'est une vérité « scientifique » dont l'avenir verra la réalisation, que la grande parole morale : « Bienheureux ceux qui sont doux, car le royaume de la terre leur appartient. »

II

LOI DE L'ADAPTATION AU MILIEU

Le procédé général de la nature, dont la concurrence vitale et la sélection naturelle ne sont elles-mêmes que des effets particuliers, est l'adaptation au milieu. Nous allons montrer que ce procédé n'est pas plus infaillible que les deux autres, et ne produit pas toujours des effets bienfaisants. Il a besoin d'être soumis à la règle supérieure de l'intelligence.

La loi, trop négligée, des variations corrélatives dans l'organisme, forme de l'adaptation naturelle, a pour conséquence la loi plus particulière de *compensation* : un organe plus développé entraîne d'ordinaire un développement moindre dans d'autres organes liés au premier. Il en résulte que certaines supériorités acquises sur un point entraînent, par compensation, certaines infériorités sur d'autres points. On peut même dire que tout progrès d'une partie de l'organisme a pour rançon quelque régression d'autres parties. Celles-ci, en effet, moins nourries et moins exercées, tendent à s'atrophier par le manque d'usage. Ainsi s'atrophient, dans une complète obscurité, les yeux de certains animaux, qui, par contre, acquièrent une ouïe très fine.

Si l'adaptation interne des organes les uns aux autres n'est pas toujours un progrès, il en est de même de leur adaptation externe au milieu. L'accommodation au dehors entraîne souvent ce qu'on pourrait appeler la supériorité extrinsèque de certaines infériorités intrinsèques. Il y a des climats où, pour réussir à vivre, l'animal doit appauvrir sa vie et son activité, de même que les lichens sur un arbre. En ce cas, ce sont les inférieurs qui deviennent supérieurs : la médiocrité fait le succès. Les castors, poursuivis par l'homme, réduits en grande partie à l'isolement, se logent dans les premières cavités venues et perdent peu à peu leur merveilleuse habileté à construire ; dispersés par la persécution, victimes d'un milieu défavorable, ils dégénèrent : la vie sociale, avec tous ses travaux, était la source de leur valeur individuelle. Il y a des milieux où l'homme ne peut subsister qu'en réduisant ses besoins, ses ambitions et son énergie, en se faisant moins homme. Dans de tels milieux, les supériorités de constitution deviennent des infériorités d'adaptation. La perfection interne réclame des conditions extérieures qui la rendent possible et durable ; si ces conditions n'existent pas, s'il n'y a point harmonie entre telle perfection interne et le milieu, cette même perfection peut devenir une imperfection d'ajustement. De deux choses l'une : ou l'être vivant se soumet alors le milieu physique, ou c'est le milieu qui le soumet en le forçant à rétrograder vers un type de vie inférieur. Que, dans ce même milieu, se trouvent d'autres êtres qui luttent pour l'existence, une nouvelle alternative se présentera : ou l'être plus parfait le sera assez pour l'emporter, ou il ne le sera pas assez et, dans ce cas, l'adaptation tendra à s'exercer contre lui, non pour lui. Elle favorisera des êtres moins parfaits dans l'ensemble, mais ayant plus de force physique, ou même des êtres physiquement faibles, mais qui devront à leur faiblesse, à l'infériorité de leur organisme, à la pauvreté de leurs désirs, une facilité plus grande pour vivre en un milieu défavorable. Petitesse de taille, exiguïté des besoins, fécondité rapide et aveugle, reproduction livrée au hasard, absence d'éducation chez les petits, etc., voilà les défauts que les êtres inférieurs, plus faibles et plus mal conformés, opposent avec succès aux supériorités de leurs ennemis plus forts et d'une structure plus complexe. Sur le pic où meurent les chênes, les mousses vivent encore.

C'est parfois un défaut qui décide de la survivance. On a souvent cité un exemple donné par Darwin lui-même : dans l'île Madère, la plupart des espèces de scarabées sont dépourvues d'ailes et, sous ce rapport, organiquement inférieures. Ce fait tient à ce que les scarabées les mieux conformés, s'élevant trop haut dans les airs, étaient entraînés par les vents violents de la région et jetés à la mer. Ils ont payé leur supériorité de leur mort. Au contraire, les espèces qui subissaient une régression sous le rapport des ailes se sont trouvées mieux adaptées au milieu. S'il en est ainsi chez les animaux, que sera-ce chez les hommes? Il y a des cas où il ne faut pas voler trop haut.

Au sein de l'humanité, on trouve des milieux sociaux qui assurent la supériorité aux inférieurs. L'histoire nous montre des sociétés chez lesquelles un homme intellectuellement ou moralement extraordinaire aurait été un monstre non viable, une exception destinée à disparaître sans faire souche. Une haute organisation, d'ailleurs, étant d'une structure plus délicate, est aussi plus frêle et se dérange plus facilement. Un chronomètre se détraque plus en tombant qu'une montre vulgaire.

De là cette conséquence générale : — La complexité organique diminue et rétrograde dans tout milieu où l'existence est trop simplifiée. En même temps s'abaissent la quantité, la variété, l'intensité des jouissances. L'adaptation externe au milieu n'est donc pas plus par elle-même un perfectionnement sûr que l'adaptation interne des parties entre elles. L'état de la vie sur la terre pourra devenir tel qu'il produise une dégénérescence de l'espèce. L'avenir est incertain. Ce n'est pas en se croisant les bras devant le « cours de la nature » que l'homme assurera son progrès.

Si un milieu trop défavorable ramène les animaux et les hommes à une vie plus végétative, un milieu trop favorable peut produire un effet analogue. Que ce milieu rende trop faciles la subsistance et la sûreté de l'animal, celui-ci ne fera plus d'efforts intenses ni variés en vue de son alimentation ou de sa conservation ; ses organes non exercés s'atrophieront donc et il dégénérera. « Faites, par exemple, dit Ray Lancaster dans *Degeneration*, que la vie des parasites soit une fois assurée, et vous verrez disparaître peu à peu les jambes, les mandibules, les yeux, les oreilles : l'active écrevisse, l'insecte, l'annélide deviendront un simple sac destiné à ingérer des aliments et à déposer des œufs, rien de plus. » Cette réalisation par la nature de l'idéal auquel s'attachent les utilitaires égoïstes montre, pour le dire en passant, ce que peut devenir un être chez qui la faim est tout, le travail rien.

Nous n'avons jusqu'ici parlé que des individus ; mais nous pouvons appliquer aussi aux *groupes* les lois précédentes. 1° Les formes et structures sociales qui entraînent des progrès sur certains points, entraînent aussi des rétrogradations compensatrices sur d'autres points. 2° L'adaptation aux conditions sociales nouvelles peut entraîner des infériorités sociales au lieu de supériorités. Un des dangers de la démocratie, qui est cependant en somme un progrès, c'est d'assurer le triomphe des médiocres et parfois même des pires. Un des périls du suffrage universel, c'est d'éliminer les capables et les sincères au profit des incapables et des fourbes. Mettez aux voix la fonction de médecin comme vous y mettez la fonction de politicien, et vous aurez grande chance pour que les vendeurs d'orviétan l'emportent sur les savants. Quand il s'agit de s'adapter à un milieu populaire, ignorant et crédule, le plus sûr moyen, nous l'avons déjà dit, ce n'est pas de monter trop haut : mieux vaut descendre. C'est ainsi qu'on arrive à éliminer du gouvernement presque tous les hommes qui seraient dignes de gouverner ; on y voit s'installer ceux qui doivent à leur inaptitude intrinsèque leur aptitude extrinsèque, à leur infériorité de nature morale leur supériorité de succès politique. Dans l'art, pareillement, dans la littérature, surtout dans la presse quotidienne, il faut descendre pour réussir auprès de la masse, et c'est peut-être en France, avec le développement de la presse pornographique ou diffamatoire, qu'on en pourrait trouver les plus frappants exemples.

Nous ne nions pas pour cela que la loi d'adaptation ait assuré autrefois le développement de certaines vertus sociales, les plus essentielles, les mieux appropriées aux conditions du milieu d'alors. Mais rien ne nous dit, à notre âge de civilisation avancée et compliqué, que les conditions du milieu physique et social rendent toujours et partout prédominantes les plus hautes vertus, les plus délicates, les plus belles. L'apothéose du succès est un préjugé qui ne fait aucune distinction entre la chance et le mérite, entre l'adaptation et l'aptitude.

III

LOI DE LA VARIATION

I. — La lacune du darwinisme au point de vue biologique, c'est de ne pas déterminer la manière dont les *variations* se produisent. Or, c'est là le fond même de la question, dans la nature comme dans l'humanité. C'est aussi ce qui importe le plus au moraliste. L'« adaptation » n'est qu'un résultat extérieur, qui peut avoir lieu ou n'avoir pas lieu selon que les caractères nouveaux sont compatibles ou non avec le milieu ambiant. La « sélection », loin d'être la « cause » de l'évolution, n'en est, nous l'avons vu, qu'un simple effet : elle ne sert qu'à fixer les variations acquises, à les accuser, à les rendre de plus en plus divergentes, de manière à former et à perpétuer des types distincts. Encore faut-il que les caractères nouveaux, préservés par adaptation et par sélection, aient d'abord été obtenus par quelque autre voie. La grande difficulté, pour le biologiste, est donc de pénétrer les causes préalables des variations, entre lesquelles les forces naturelles trieront ensuite celles qui doivent se perpétuer ; c'est de préciser les procédés par lesquels a pu se produire la complication graduelle des organismes. Par malheur, au moment des explications proprement dites, les divergences commencent et, dit M. Perrier, « nous retombons dans le chaos ».

Darwin avait bien senti et cette lacune de son système et la vraie direction à prendre pour la combler. La variation spontanée, répète-t-il souvent, « se produit sans cause à nous connue », mais, — déclaration importante —, elle « dépend beaucoup plus de la *constitution de l'organisme* que de la nature des *conditions* auxquelles il a été soumis ». Ce n'est donc pas, selon ce génie perspicace, dans le simple milieu extérieur, c'est dans l'intérieur de l'organisme, dans les profondeurs de l'individu, protozoaire ou métazoaire, qu'il faut chercher le moteur premier de la sélection. Nous voilà ramenés de la considération de l'espèce à un point de vue individualiste. « Bien que les différences *individuelles*, dit Darwin, offrent peu d'intérêt aux naturalistes *classificateurs*, je considère qu'elles ont la *plus haute importance*, en ce qu'elles constituent les *premiers degrés* vers ces *variétés* si légères qu'on croit devoir à peine les mentionner. » Insignifiantes en apparence, ces variétés sont ce qu'il y a de plus capital pour le progrès. En effet, pour peu qu'elles aient un résultat avantageux à l'individu, elles persistent et s'accusent. « La sélection naturelle, il ne faut pas l'oublier, ne peut agir qu'en se servant de l'*individu* et pour son *avantage*. » On voit comment Darwin revient de l'apparente soumission au milieu, qui constituerait une sorte de régime collectiviste en histoire naturelle, à la reconnaissance de l'individualisme nécessaire et fécond. « Toutes ces considérations, ajoute-t-il, me font pencher à attribuer moins de poids à l'action directe des conditions *ambiantes* qu'à une *tendance à la variation* dont nous ignorons absolument les causes. » —*Tendance* à la variation est trop ontologique. Darwin aurait dû dire simplement : *conditions internes* de variation, de flexibilité, de libération par rapport au passé. Il n'en a pas moins excellemment montré les limites de ce procédé de « sélection » que ses faux disciples allaient ériger en procédé universel et unique. Il a marqué du même coup les limites de cette « adaptation au milieu » qui est essentiellement ultérieure, puisqu'il faut commencer par avoir quelque chose de neuf à adapter. Comme les nouveautés et variations ont été d'abord changement particuliers, individuels, Darwin les appelle des variations *accidentelles*, c'est-à-dire dont les causes spéciales sont encore pour nous inexpliquées. Cela ne veut pas dire qu'elles soient le résultat d'un pur hasard[1].

Aujourd'hui, au lieu d'admettre seulement des variations indéfinies et toutes *fortuites*, comme celles que Darwin avait surtout considérées, les naturalistes admettent des variations vraiment *constitutionnelles*, ayant une origine *intérieure*, qui se produisent le long de certaines lignes *définies* et ne sont point abandonnées au hasard. C'est, en majeure partie, dans le *mécanisme interne*, non dans un pur *mécanisme extérieur*, qu'on cherche aujourd'hui les premiers matériaux sur lesquels s'exerceront ensuite les trois lois de la sélection, de la concurrence vitale, de l'adaptation au milieu. Ce mécanisme interne lui-même, à nos yeux, n'est que le côté physique d'un dynamisme profond : celui de la volonté tendant à se satisfaire par une expansion progressive[2].

D'après ce qui précède, il s'agit avant tout, pour un être vivant, d'acquérir des qualités nouvelles, des puissances nouvelles, des aptitudes nouvelles. Les naturalistes emploient volontiers le mot *apte*; mais quel sera l'être le plus apte à l'emporter dans la concurrence, à survivre par sélection, à s'ajuster au milieu donné ou à un nouveau milieu ? Ce sera celui qui, par ses variations heureuses, aura emmagasiné la puissance de développement la plus intense et la plus extensive.

Reste donc à savoir ce qui produit cette puissance. Elle est due généralement : 1° à *l'acquisition* de parties *nouvelles* et d'organes *nouveaux*, qui peuvent accomplir des fonctions nouvelles ; 2° à une *distribution* meilleure de l'énergie dans ces parties ou organes. Les causes qui produisent cette meilleure distribution sont nombreuses. La nature ne s'enferme pas, comme les faiseurs de systèmes, dans un procédé exclusif : concurrence, sélection, adaptation, etc. On peut distinguer

---

[1] Selon M. Boutroux, l'hypothèse de la sélection naturelle aurait réintégré la notion de l'exception, de l'*accident*. — Selon nous cette prétendue exception accidentelle n'est qu'une rencontre particulière de nécessités, comme l'accident produit par la rencontre de deux navires dont l'un coule l'autre. Il n'y a là aucune contingence réelle, aucune irrationalité. Le hasard est une combinaison de destins.

[2] Voir dans la *liberté et le déterminisme*, 1re édition, le chapitre sur l'équivalence et le progrès.

bien des causes de variations : 1° certaines conditions *physiques* et surtout *chimiques* ; 2° *l'habitude* ou *adaptation fonctionnelle*, modification chimique, physique et physiologique, qui peut se transmettre ensuite par *l'hérédité* ; 3° *l'action directe du milieu* ; 4° *la réaction directe sur le milieu* ; 5° l'action et la réaction *mutuelles* des parties internes d'un même être vivant, leur compétition aboutissant à leur coopération ; 6° l'action et la réaction mutuelles des *divers êtres vivants*, aboutissant aussi tantôt à leur coopération, tantôt à leur compétition. Les variations produites dans un organisme par l'une ou l'autre de ces causes ou par d'autres ne sont pas toujours légères et « lentes » ; il peut y avoir des variations subites, parfois tellement considérables qu'elles donnent lieu tout d'un coup à une divergence vers une espèce nouvelle. C'est ce que de Vries a appelé les *mutations*. Les belles études de Semper relatives à l'action directe des milieux sur les mollusques, celles de Standfuss sur la production artificielle des variétés de papillons, celles de Vilmorin, celles de Bonnier sur les variations des plantes alpines, bien d'autres recherches encore nous ont fait connaître des causes imprévues de variations, parfois soudaines et notables. De Vries a cultivé pendant quinze ans une onagre d'origine américaine (Œnotera lamarckiana) et il a vu naître subitement des fleurs très distinctes de celles de la plante originaire. Les différences étaient même tellement grandes que de Vries les rangea en espèces séparées. Il en obtint trois pendant les premières années (*Œnotera lata*, *Œnotera nanella*, *Œnotera scintillans*) ; puis, la variabilité s'accusant de plus en plus, il finit par distinguer douze espèces nouvelles, qui se propageaient par la semence et transmettaient à leur descendance leurs particularités spécifiques. Il y a d'ailleurs, chez les êtres vivants, des périodes instables, des moments de variabilité pour les caractères spécifiques. Ces périodes se manifestent surtout à certains stades du développement embryonnaire, où des bifurcations peuvent facilement se produire. On a comparé ce phénomène à l'apparition subite d'un talent de calculateur extraordinaire chez un Inaudi, fils de parents ignorants et étrangers aux mathématiques. Il y a des centaines de siècles, quelque enfant de primate anthropoïde doué d'un cerveau exceptionnellement large et développé, d'un génie extraordinaire et anormal, a pu donner naissance à l'espèce aujourd'hui normale des hommes.

Parmi les grandes lois de variabilité, toujours en action, il s'en trouve une que les darwinistes, préoccupés du milieu extérieur, avaient trop négligé de considérer dans ses applications intérieures : c'est la loi des variations organiques *corrélatives*, dont nous avons déjà parlé. Cette loi est une forme du déterminisme qui relie ensemble tous les changements accomplis dans les divers organes et qui établit entre eux un équilibre final. Les variations corrélatives multiplient dans tout l'organisme la variété qui s'y est produite sur un point particulier; elles la font entrer dans le système de la constitution individuelle. Au sein de cette constitution, tout ne s'explique pas par des besoins physiologiques, par des intérêts de fonctions vitales à satisfaire; il y a aussi des lois de forme et de symétrie, des lois *morphologiques*, qui ne paraissent pas résulter d'une simple pression du besoin. En d'autres termes, toutes les corrélations et harmonies du corps vivant ne sont pas des calculs d'appétit, des formes de la faim et de la soif. Comme l'a montré Ehrenfeld (*System der Werththeorie*), certains organes qui n'ont pas d'utilité directe pour l'organisme *en tant qu'organes*, peuvent cependant avoir une valeur comme manière de dépenser une surabondante vitalité. On explique ainsi les cornes et autres excroissances. Peut-être même certains organes qui sont aujourd'hui du plus grand usage, comme l'œil, ont-ils pris naissance et survécu d'une manière semblable. Le superflu et l'exceptionnel sont devenus le nécessaire et l'ordinaire ; voilà la loi du progrès. C'est ce qu'admettent aussi Geddes et Thomson. Il y a chez l'homme des modes de la pensée et du sentiment qui peuvent s'être produits par ce procédé, je veux dire par surabondance générale de vie, non par utilité immédiate et spécifiquement déterminée.

L'équilibre même des parties étant, en réalité, un équilibre de cellules dont chacune est vivante, cet équilibre aboutit au consensus organique. Un tel consensus est déjà une *synergie* et il enveloppe une *sympathie* à son début, car chaque partie souffre ou jouit de la souffrance ou de la jouissance de toutes. La loi de coopération rentre ainsi en scène avec celle des variations corrélatives, pour façonner des organisations nouvelles.

D'après tout ce qui précède, les éléments des êtres animés et les êtres animés eux-mêmes doivent, pour s'accommoder au milieu intérieur et extérieur, conserver la faculté de varier et de se modifier sans cesse. Cette faculté produit, si le milieu demeure fixe, une adaptation de plus en plus parfaite, et, si le milieu vient à changer, une transformation de mieux en mieux appropriée. La perfection statique de l'être vivant ne suffit donc pas ; il doit avoir ce qu'on pourrait appeler une perfection dynamique, c'est-à-dire en puissance et en mouvement, ἐν κινήσει, toujours flexible et malléable, enveloppant ainsi une certaine liberté. Perfection n'est pas assez, il faut perfectibilité. Ce sont parfois les êtres les plus spécialisés et les plus parfaits en leur genre, mais d'une perfection immobile et trop peu malléable, qui se sont éteints le plus vite. « *Paradoxides*, du Cambrien, *Slemenia*, du Silurien, *Ptérichthys*, du Dévonien, ont marqué, dit M. Gaudry, le *summum* de divergence auquel leur type pouvait atteindre » ; ils ne pouvaient donc plus varier ni produire de formes nouvelles et, « comme le propre de la plupart des créatures est de changer ou de mourir, ils sont morts ». Leur perfection trop statique leur avait enlevé le pouvoir d'adaptation progressive.

Cette importance du variable est une des causes qui donnent la supériorité à l'intelligence. La même fonction, chez un être vivant, peut être assurée de deux manières, par l'instinct immobile, par l'intelligence mobile. On comprend que l'individu ou que l'espèce qui a deux cordes à son arc soit mieux armée pour la concurrence. L'intelligence sert à remplacer l'instinct, comme l'instinct, à son tour, supplée l'intelligence. Le premier acte essentiel de l'intelligence est la perception ; or celle-ci, quand elle porte sur des mouvements ou actes qui peuvent se reproduire, entraîne l'imitation : il y a donc une force de réalisation inhérente aux idées non contrariées et aux perceptions prêtes à se continuer en mouvements. M. Baldwin remarque à ce sujet que les êtres vivants, en l'absence d'un instinct précis, fixé dans l'organisme et héréditairement transmis, sont capables d'y suppléer en imitant les adultes dont ils perçoivent les actes. Même chez les animaux, il existe une transmission sociale, une *éducation*, une *initiation*, une *tradition*. Le poussin, par exemple, n'a pas l'instinct de boire : faute de cet instinct, il risquerait de périr s'il était isolé ; mais il voit boire sa mère et, grâce à cette perception, qui est l'acte commencé, il l'imite. L'accommodation intellectuelle et active par perception et imitation supplée donc à l'insuffisance de l'hérédité organique[1]. Grâce aux processus intellectuels, remarque M. Baldwin, une espèce se trouve avoir tout le temps nécessaire pour attendre la variation congénitale heureuse, — réflexe ou instinct (comme celui de boire), — qui remplacera peut-être un jour le processus imitatif ou le processus volontaire. Il faut donc, — M. Baldwin le remarque encore, — faire une large place dans l'évolution au facteur psychologique, à l'activité intellectuelle et volitive des individus. Quand ceux-ci sont finalement sauvés dans la lutte pour la vie ou adaptés dans la coopération pour la vie, c'est grâce à ce qu'ils *ont fait*, plutôt que grâce à ce qu'ils *sont* et *sont faits*. Les plus intelligents, mieux instrumentés, peuvent choisir eux-mêmes entre diverses variations, les contrarier ou les favoriser, en vue de l'intérêt individuel ou spécifique ; ils peuvent donc, imprimant à l'évolution un sens progressif, changer le mécanisme brut en finalité.

S'il en est ainsi, nous reconnaissons une fois de plus que l'intelligence n'est pas un simple épiphénomène, que les idées ne sont pas de simples reflets sans force.

[1] Baldwin, *Development and evolution*, Macmillan, 1902.

Les idées, au contraire, deviennent les moyens par excellence de la variation et de l'adaptation ; étant idées de causes et d'effets, idées de fins et de moyens, elles ont pour résultat de diriger la causalité au profit de la finalité.

Il y a une différence essentielle entre l'évolution purement animale et l'évolution humaine. Chez les animaux, l'adaptation au milieu naturel ne s'accomplit que par l'effet de la variation *physiologique*. C'est une nageoire ou une aile qui se développe ; c'est la taille qui grossit ou diminue, etc. De plus, la variation ne s'étend généralement pas au delà du corps de l'animal. Chez l'homme, à côté de ce même genre de variation et d'adaptation, il y en a un autre qui est surtout psychologique. En outre, l'adaptation n'est plus seulement renfermée dans les limites de l'organisme : elle imprime des variations artificielles à la nature extérieure. Elle produit même des appareils et *instruments* séparés du corps, accumulables indéfiniment, comme sont aussi accumulables les *produits* de l'industrie aidée de ces instruments. Le but final de ces nouveaux organes, sorte de prolongement du corps à l'extérieur, c'est de donner à l'homme et aux sociétés plus de sécurité et de puissance. En d'autres termes, il y a accommodation intentionnelle de la nature à l'homme par le moyen d'*idées* incorporées dans des instruments. Selon la remarque de Wallace, l'homme, en inventant par son intelligence vêtements et outils, a enlevé à la nature le pouvoir de modifier désormais notablement sa forme et sa structure, comme elle modifie celle des animaux. Sans changer sa propre constitution, l'homme s'adapte au milieu par le moyen de l'intelligence et de ses variations intimes. Ajoutons que, sans la *sociabilité*, son intelligence n'aurait pu se développer. C'est donc bien par ses instincts sociaux et par ses instincts intellectuels, d'ailleurs inséparables les uns des autres, que l'homme, devenu essentiellement variable et progressif, a dominé la nature. Du même coup, il a commencé et il continuera de faire échec à la sélection naturelle, à la concurrence vitale, à l'adaptation mécanique.

C'est pourquoi le progrès social, dans l'humanité, ne doit plus avoir pour fin la simple survivance des hommes les mieux adaptés à l'ensemble des conditions *actuellement existantes*, quelles qu'elles soient. Il doit avoir pour fin la survivance et la prédominance des hommes les mieux adaptés à l'ensemble des conditions *idéales* et *futures*, des hommes les plus capables de créer eux-mêmes ces conditions, de ceux qui sont intrinsèquement les meilleurs et, par cela même, socialement les meilleurs. Pour atteindre ce but, le progrès social doit s'opposer en partie au cours naturel de l'évolution, tel que Darwin l'a décrit; il doit le tourner au profit de la moralité, qui est la *variation supérieure réglée par un idéal universel*.

On le voit, le progrès des sociétés, surtout modernes, n'est pas dû à la force brutale que célèbrent les lutteurs pour la vie; il est dû à la force des idées, qui nous ont paru envelopper un accord avec les choses et avec les hommes, non une simple opposition ni une guerre. On peut sans doute appliquer encore aux idées les lois de Darwin : concurrence, sélection, adaptation finale au milieu. Nous l'avons fait ailleurs [1]. Un darwiniste anglais, M. Alexander, l'a fait également. Mais il ne faut pas confondre et, pour notre part, nous n'avons jamais confondu une lutte d'idées avec une lutte d'animaux pour l'existence. Un conflit d'idéaux ou d'idées-forces n'a rien de violent en soi, quoiqu'il puisse, par accident, entraîner des violences de langage ou d'action. Bien plus, la violence est ordinairement le meilleur moyen pour empêcher la victoire. Les guerres de la Révolution et de l'Empire ont-elles vraiment, comme on nous le répète sans cesse, répandu dans l'Europe les « idées nouvelles »? Elles en ont plutôt entravé ou retardé la diffusion. De nos jours, nous voyons les idées démocratiques et même certaines idées socialistes se propager d'une manière irrésistible au sein de toutes les nations, en Amérique comme en Europe : est-ce par la guerre et la force qu'elles envahissent ? Non, et pour n'avoir rien de

---

[1] Voir notre *Psychologie des idées-forces*.

darwinien, leur invasion n'en est que plus irrésistible. On a justement dit, en s'inspirant de Platon, que la politique est une sorte de microscope pour étudier les phénomènes de l'ordre moral ; or, considérez la manière dont s'accomplit un progrès politique ou juridique. « Une personne surgit, dit M. Alexander, dont les sentiments, modifiés par la réflexion, inclinent à une nouvelle ligne de conduite. Telle personne, par exemple, déteste la cruauté envers les animaux ; elle blâme l'insuffisance de liberté chez la femme ; elle condamne l'extension sans frein de l'intoxication alcoolique ». Il y a là, ajouterons-nous, une originalité *individuelle*, une « *variation* » d'ordre intellectuel, une *invention* plus ou mois neuve. La personne qui a l'idée nouvelle peut être seule de son avis, ou n'avoir qu'un petit nombre d'adhérents ; on la contredit, on la ridiculise, peut-être même on la persécute. C'est alors seulement que se montre l'élément de *lutte*, qui n'est nullement ici une « condition » du progrès, mais un obstacle. Par degrés, cependant, les idées nouvelles envahissent une majorité de cerveaux, entraînent une majorité de votes. Ce qui n'avait été d'abord qu'une opinion accidentelle et individuelle, une variation excentrique, devient l'opinion générale et durable. Comment assimiler un pareil procédé à la lutte pour la vie entre les animaux ? La seule chose vraiment commune aux deux « processus », au biologique et au sociologique, c'est l'apparition interne d'une *variation heureuse*, d'un changement en mieux. Mais il y a cette différence capitale qu'il s'agit, dans la société, non plus d'une variation de *structure* organique, mais d'une variation de *fonctionnement* cérébral et mental. Quant à l'élément de lutte extérieure, il n'a rien d'essentiel. Certes, par cela même que le progrès n'est pas l'adaptation au milieu *actuel* et qu'il provient même d'une tendance individuelle à la variation, il peut encore aboutir à une opposition entre la société présente et l'individu ; mais cette opposition, elle aussi, n'est ni essentielle, ni définitive. Une idée nouvelle qui réussirait à convertir d'un seul coup tout le monde ne rencontrerait aucune opposition : elle n'en triompherait que mieux.

Cela peut arriver pour certaines découvertes qui, une fois faites, « crèvent les yeux », comme celle de la lumière électrique. Les moyens ordinaires par lesquels a lieu la propagation des idées sont la persuasion et l'éducation. Le fond de toute réforme politique est l'amour de quelque idéal nouveau. C'est en faisant aimer qu'on l'emporte, plutôt qu'en faisant haïr et craindre. M. Alexander, dont l'esprit positif n'a rien de mystique ni d'idéaliste, finit par comparer lui-même l'histoire du genre humain à une continuelle prière adressée à l'idéal. A mesure qu'elle prie, l'Humanité égrène un rosaire sans fin ; les grains représentent les idées successives du genre humain. Quand un idéal a été vécu et a usé son pouvoir, l'Humanité pousse un grain du rosaire ; et le fil qui les relie, c'est l'amour. Ainsi entendu, le darwinisme n'est plus une doctrine de lutte, mais d'union : il s'est changé en son contraire.

En résumé, une conclusion ressort de l'étude attentive à laquelle nous venons de nous livrer ; c'est que, de nos jours, les biologistes doivent passer de plus en plus du point de vue extérieur à un point de vue intérieur. La lutte externe et la sélection mécanique ne sauraient plus être considérées que comme des procédés particuliers, entre beaucoup d'autres, par lesquels des espèces différentes, déjà munies de structures caractéristiques, se trouvent aux prises avec le milieu externe, parfois avec d'autres espèces, si bien que l'une finit par prévaloir et devient relativement permanente. Mais, encore une fois, c'est la variation *heureuse*, produite à l'intérieur de l'être, qui est seule arrivée à l'emporter au dehors et à persister, et sa force de persistance lui vient de telle structure intime particulière, résultat d'une variation individuelle. Ce ne sont ni la *sélection naturelle*, ni le fait de la *concurrence vitale*, ni le fait plus général de l'*adaptation au milieu* qui peuvent nous révéler le vrai mode d'action et de promotion de la *vie*. Dès lors, l'interprétation sociale de toutes ces lois et leur extension au domaine humain doivent être soumises aux règles les plus sévères. Il en est de même de la loi plus fondamentale qu'on a nommée loi de *variation*. Comme nous l'avons vu, cette dernière loi nous fait comprendre l'importance de l'*individu* et de l'action individuelle, surtout de l'action *intelligente* et *volontaire*.

Les darwinistes de la première heure croyaient avoir tout expliqué quand ils avaient dit : « action du milieu » ; aujourd'hui, on comprend que, pour avoir un milieu, il faut des individus dont il soit formé; et c'est d'abord la nature interne de ces êtres qui importe. De plus, nous faisons tous partie du milieu, nous ne faisons qu'un tout avec ce milieu, nous servons à constituer ce milieu. Si donc il nous modifie, nous le modifions ; s'il nous fait varier, nous le faisons varier. Il sera en partie, dans l'avenir, ce que nous l'aurons fait. Quand il s'agit du milieu social, la chose est encore bien plus visible : il sera ce que vous, moi et tout le monde nous l'aurons fait. L'adaptation au milieu, loin d'être le but, a au-dessus d'elle l'adaptation du milieu. L'une est passive : *me rebus subjungere conor;* l'autre est active : *mihi res*. L'homme est un être qui, faisant varier la nature en conformité avec lui-même, l'ajuste à ses besoins et à ses sentiments, à son idéal intérieur, à sa volonté de plus en plus libre et libératrice. Telle est, non plus la leçon superficielle dont la plupart des savants se contentent, mais la leçon profonde que les philosophes doivent tirer des doctrines bio-sociologiques.

CHAPITRE V

POSITIVISME SOCIOLOGIQUE OU PHYSIQUE SOCIALE

Double évolution des sociétés, mécanique et intellectuelle. Idées-forces exprimant le vouloir-vivre collectif.

I. — La méthode en éthique doit-elle être sociologique. — La pratique ne peut-elle se déduire de la théorie ? N'existe-t-il pas plus de problème moral que de problème physique ou physiologique. — Les philosophes se bornent-ils à « rationaliser » la pratique donnée ? — Est-il impossible à une science, notamment à la morale, d'être à la fois théorique et normative ? — Les postulats de la morale théorique.

II. — La physique des mœurs substituée a la morale. — 1° Les origines de la moralité sont-elles uniquement sociales ? — Les explications purement sociologiques suffisent-elles à rendre compte du développement des idées morales ? — Comment les causes sociales n'agissent que par l'intermédiaire des causes psychologiques, y compris les idées-forces. — 2° La nature intrinsèque de la moralité est-elle uniquement sociale et produite par la pression sociale ? — La moralité n'est-elle qu'une donnée de fait ? — Examen des postulats sur lesquels repose la science positiviste des mœurs considérées comme faits sociaux. — Valeur de la similitude que les sociologues établissent entre la morale, la religion, le langage, le droit positif. — La morale et la logique. — 3° La science positiviste des mœurs ne favorise-t-elle point, théoriquement et pratiquement, le scepticisme moral ? — Est-il vrai que la réflexion critique soit impuissante à dissoudre les sentiments moraux ?

III. — Le positivisme humanitaire. — L'individu n'est-il qu'une abstraction et ne peut-il se définir que par l'humanité ? — La conscience individuelle. — La société humaine réalise-t-elle le complet idéal ? — Comte et Fichte. — Insuffisance de l'idée d'humanité.

On ne peut contester que la vie en société suppose, parmi ses conditions essentielles, un vouloir-vivre collectif. Tous les individus participent plus ou moins à ce vouloir-vivre, selon qu'ils sentent, pensent et veulent plus ou moins le lien social où, par le fait même de leur naissance, de leur présence locale, de leur langue, de leur éducation, de leurs intérêts, de leurs amitiés de toutes sortes, ils se trouvent engagés et enveloppés. La société humaine, la nation, la famille sont des touts naturels et organiques, où nous ne pouvons pas ne pas nous sentir traversés par un courant de vie qui nous dépasse. Tel un courant électro-magnétique, se propageant d'un corps à l'autre, imprime à tous une orientation commune. De même que la vie de l'individu a ses fins propres, qui deviennent pour lui l'objet d'un sentiment-force et, s'il est intelligent, d'une idée-force, de même la vie sociale a ses fins, qui deviennent aussi pour tous sentiments-forces et idées-forces. Telles sont, par exemple, non seulement les notions d'intérêt commun et de bonheur commun, mais aussi celles de sympathie commune, de science commune, de coopération universelle. A ces idées se rattachent celle d'honneur familial, corporatif, national, celle de gloire commune, celles enfin de puissance collective et de richesse collective. Il y a là de véritables idées-forces d'ordre naturel, ayant une efficacité scientifiquement prouvée. C'est par ces idées que vivent les sociétés humaines, puisque ce sont les fins directrices du commun vouloir-vivre. Aussi l'histoire entière nous les montre-t-elle partout et toujours à l'œuvre. La sociologie les dégage des faits et les érige en lois; elle y reconnaît les conditions et ressorts internes de la vie en commun.

Mais les moralistes de l'école exclusivement sociologique vont plus loin encore; ils cherchent dans le développement de la société l'unique explication et l'unique justification de la moralité, non seulement sociale, mais même individuelle. Examinons d'abord les objections qu'ils dirigent contre la méthode et les principes de la « morale ».

I

LA MÉTHODE EN ÉTHIQUE DOIT-ELLE ÊTRE SOCIOLOGIQUE

1. — Selon le sociologisme exclusif, il n'y a pas plus de *problème moral* qu'il n'y a de *problème physique* ou

de *problème physiologique*[1]. Et certes, il faut convenir qu'il n'y a pas de « problème physique ». Mais il y a un problème physiologique, qui est de vivre, il y a un problème moral, qui est de bien vivre en voulant le meilleur. Quand on est malade et qu'il s'agit de guérir, on constate douloureusement qu'il existe un « problème physiologique », non pas sans doute *général* et *indéterminé*, mais consistant à vivre dans telles circonstances où précisément nous sommes menacés de mort. De même, quand une sentinelle est placée dans l'alternative ou de recevoir une balle en avertissant que l'ennemi approche, ou de laisser en silence les balles tuer tous les camarades, il se pose un « problème moral particulier », non pas indéterminé et général, mais nettement déterminé. Ce problème dépend, à son tour, d'un problème moral qui est universel et ultime : — Est-ce la *vie* qui, pour l'être intelligent et capable de concevoir le tout, constitue le souverain bien ; ou cet être trouve-t-il dans sa pensée et, par sa pensée, dans sa volonté quelque chose d'intelligiblement supérieur à la vie même? Ce ne sont pas les études archéologiques et sociologiques sur le « tabou », le « totem » et l'« inceste » qui résoudront la question et décideront la sentinelle à mourir en criant qui vive.

La prétendue suppression du problème moral entraîne celle des « évaluations », que l'on remplace par des « descriptions ». Les sociologistes se plaignent de ce que, tous, nous ne prenons guère connaissance des faits sans porter sur eux « un *jugement de valeur*, accompagné de sentiments que nous ne voudrions pas ne pas éprouver[2]. » — Par exemple, pourrait-on répondre, un homme accablé de bienfaits récompense son bienfaiteur en l'assassinant pour le voler ; nous avons la faiblesse de trouver que cette action est laide et mauvaise, et nous ne voudrions pas ne pas éprouver un sentiment d'horreur : voilà qui nuit à notre jugement scientifique, pour lequel il ne doit pas y avoir de « valeur » !

---

[1] Lévy-Bruhl, *la Morale et la Science des mœurs*, p. 263.
[2] *Ibid.* P. 188.

— Oui, dit-on, cette habitude de « rapporter les faits à nos concepts moraux » est « très préjudiciable à la connaissance scientifique », puisqu'elle range les faits, non d'après leurs relations objectives et réelles, mais « selon des schèmes dont l'origine, au regard de la réalité, peut être considérée comme arbitraire [1]. — La relation morale du fils à la mère, celle du frère aux frères et aux sœurs, du compagnon au compagnon, de l'obligé au bienfaiteur, sont, des « schèmes » dont l'*origine* est arbitraire et l'appréciation plus arbitraire encore ? A ce compte, nous ne pourrons plus rien *apprécier*, et il faudra partout se contenter d'expliquer. Il est certain que l'ingratitude a son explication, et même (pour le dire en passant) cette explication est psychologique, non sociologique. Cela nous empêche-t-il de *classer* l'ingrat au-dessous de l'homme reconnaissant, dans la hiérarchie des valeurs humaines ? La fièvre pernicieuse est tout aussi explicable scientifiquement que l'état de santé ; cela nous empêche-t-il de la déclarer pénible et nuisible, de l'apprécier au point de vue de la valeur vitale ? Pourquoi donc serait-il « antiscientifique » d'apprécier les actions humaines au point de vue de leur valeur morale ?

Les sociologistes répondront en accusant les philosophes d'avoir ici recours à de mauvaises explications, sur lesquelles ils fondent ensuite leurs évaluations. « L'habitude subsiste, dit-on, pour la plupart, de faire appel à des principes *supérieurs* à l'*expérience*, c'est-à-dire à une *métamorale*, où se projette, sous le nom d'idéal, le respect de la pratique universellement acceptée de notre temps [2]. » — Nous répondrons que les explications psychologiques et même philosophiques ne doivent nullement consister à invoquer des principes supérieurs à l'expérience. Elles consistent, selon nous, à descendre au fond de l'expérience la plus intérieure, pour rayonner ensuite aux extrêmes limites de l'expérience extérieure. Du reste, c'est une question

[1] Lévy-Bruhl, p. 188.
[2] *Ibid.*, p. 121.

préalable à résoudre que de savoir si l'expérience même a des conditions intellectuelles qui la dominent, comme le croit Kant, en ce sens qu'elle les présupposerait au lieu de les fournir. Examiner ce problème de la *critique*, en quelque sens qu'on le résolve, ce n'est nullement se perdre dans les spéculations transcendantes, et nul n'a le droit d'exclure *a priori* tout examen de ce genre. Les limites et conditions de l'expérience, en effet, ne font-elles, elles-mêmes partie d'une étude complète de l'expérience ?

La dernière objection des sociologistes consiste à dire que la connaissance du monde, celle de la nature humaine et celle de l'organisation sociale, sur lesquelles s'appuie la morale, ne sont pas le produit de ses propres recherches et lui sont « apportées d'ailleurs ».
— C'est là triompher d'un simple changement de point de vue qui existe en toute science pratique. Si la connaissance du *monde* et celle de l'organisation *sociale* sont en effet des emprunts (légitimes et indispensables) à des sciences étrangères, la connaissance de la nature humaine et de la volonté consciente, quand elle est poussée jusqu'au bout, est *ipso facto* la connaissance de la loi qui règle la volonté consciente. On se plaît à énumérer, dans les morales théoriques, « des éléments de provenance diverse, et plus ou moins amalgamés avec ce qui est *proprement moral* ». Ce sont d'abord, dit-on, « des croyances religieuses ou des considérations métaphysiques sur l'origine et la destinée de l'homme ». — Nous ne disons pas le contraire. Mais il faut convenir que, si l'humanité n'a aucune « destinée » supérieure à celle du premier animal venu, il résultera de cette conviction quelque changement dans la pratique. Que ferons-nous, par exemple, au moment où il faudra se décider entre la conservation de sa vie animale et une action où l'esprit s'impose des fins universelles et impersonnelles ? — En second lieu, ajoute-t-on, la morale invoque à son appui « des recherches psychologiques sur la nature et la force relative des inclinations naturelles ». — Sans doute ; mais le moraliste se propose précisément d'établir une hiérarchie de valeur

entre les inclinations ; pourquoi donc éviterait-il d'en étudier la nature et la force relative, par exemple celle de « l'amour propre », déclaré par La Rochefoucauld la *seule* inclination possible pour l'homme malgré les métamorphoses les plus diverses ? — La morale s'attribue, en troisième lieu, disent les sociologistes, « des conceptions et des analyses *juridiques* touchant les droits relatifs aux personnes et aux choses. » Ici se trahit la prétention des sociologistes à faire du droit positif et historique la seule base du droit naturel que nous nous attribuons à ne pas être tués, à ne pas être volés, etc. Il est permis d'examiner cette prétention et, en le faisant, le moraliste ne sort en rien de son domaine.

Une autre objection du sociologisme, c'est que ni la morale, ni aucune autre science ne peut être à la fois théorique et normative : en conséquence, si on veut établir une vraie science théorique de la conduite, il faut se borner à la théorie des mœurs de fait. — Selon nous, la synthèse d'une science à la fois théorique et normative n'est nullement contradictoire. Que faut-il pour opérer cette synthèse ? Il faut et il suffit que la théorie ait précisément pour objet les fins et règles de la pratique, c'est-à-dire de la volonté. Qu'y a-t-il à cela d'impossible ? Dans le levé des plans, la théorie géométrique demeure sans doute distincte de son application, parce qu'il n'y a pas ici identité entre l'objet de la théorie et l'objet de la pratique ; mais, quand il s'agit de vouloir, — c'est-à-dire de préférer ceci à cela et de le préférer *définitivement*, sans subordination à quelque autre fin supérieure, — le sujet et l'objet peuvent et doivent coïncider. Je puis me demander théoriquement s'il y a, comme disaient les anciens, un « souverain bien », une fin idéale du vouloir qui, si elle était possible, serait absolument satisfaisante pour toute volonté, pour toute intelligence, pour toute sensibilité. Je puis même me demander, avec Kant, si, pour un être capable de concevoir l'universel, il y a une « loi universelle » du vouloir, qui serait la règle à laquelle toutes les fins doivent être préalablement conformes pour devenir des fins légitimes et purement *morales*, des fins d'une « volonté droite ». En tous ces problèmes (que nous n'abordons pas ici), il n'y a nullement un bond dans le supra-naturel, comme le répètent sans cesse les sociologistes. Il s'agit simplement de savoir si la nature est tout entière absorbable dans le physique, dans le social même physiquement considéré. Il s'agit de savoir s'il n'existe pas une *nature* psychique, et si, dans cette nature dont font partie la volonté et la pensée, il n'existe pas des fins, des objets de pensée, de satisfaction, de vouloir, des biens ou valeurs qui peuvent devenir objets d'examen critique, d'appréciation raisonnée, de classification, de démonstration même, soit déductive, soit inductive, ou, si l'on veut, d'hypothèse régulièrement conduite, scientifiquement et philosophiquement motivée.

Qu'est-ce que la théorie? C'est l'étude spéculative d'un objet proposé à l'investigation scientifique et désintéressée. Les sociologistes prétendent que les diverses « morales » qui veulent être en même temps théoriques et normatives, ne répondent pas à cette définition, bien plus « qu'elles se défendraient d'y répondre[1] ». — Pourquoi donc? Est-ce parce qu'elles ont pour objet les principes mêmes de la pratique? Mais qui empêche ces principes d'être désintéressés et de constituer l'objet d'une étude désintéressée? — Cette étude, répliquera-t-on, n'est pas spéculative. — Au contraire; elle est la suprême spéculation sur les objets, fins et règles de la volonté intelligente et sensible. Que cette spéculation la plus haute soit en même temps, par un simple changement de point de vue, la plus haute loi de l'action, qu'y a-t-il là de « contradictoire »? Nous ne voyons nulle impossibilité à ce que la morale soit science normative précisément par sa partie théorique, puisqu'elle est la théorie de l'action et de ses normes, la théorie de la pratique.

— Jamais, objecte-t-on, les moralistes « ne perdent de vue l'*intérêt* pratique pour rechercher d'une façon désin-

---

[1] Lévy-Bruhl, p. 11.

téressée les lois d'une réalité (empirique ou intelligible) prise pour objet de connaissance ». — Accusation gratuite. Le vrai moraliste n'est jamais à la poursuite d'un *intérêt* : il cherche d'une façon désintéressée la loi ultime d'une *réalité* qui, étant le *vouloir*, c'est-à-dire une puissance sur la réalité à venir, n'est pas exclusivement soumise à la loi physique du *réalisé*, mais se pose à elle-même la loi intelligible du *réalisable*. En d'autres termes, parmi les idées, il y en a qui sont plus spécialement des forces parce qu'elles sont des idées de *fins* ou de *règles* pratiques, des idées de *biens* ou des idées de *lois*, bref, des idéaux. Théorisez sur ces idées et objets de volonté, vous réglerez par cela même la pensée et la volonté : l'idée spéculative du plus haut vouloir deviendra *ipso facto* la règle du vouloir. Pareillement, en logique, la parfaite connaissance théorique des conditions de la déduction exacte devient, par un changement d'aspect, la parfaite règle pratique de la déduction. Dans un raisonnement exact, dit le logicien, la conclusion n'est pas plus générale que les prémisses; autrement dit : *pour* déduire exactement, votre conclusion *doit* être enfermée dans les prémisses; vouloir une déduction exacte, c'est donc vouloir une déduction telle que la conclusion soit contenue dans les prémisses. Seulement, dans bien des cas, on peut *s'abstenir* de déduire, et alors on n'aura pas à mettre en pratique la théorie du raisonnement, qui demeurera toute spéculative ; en morale, on ne peut pas s'abstenir d'agir, et chacun sait que s'abstenir est encore agir. On met nécessairement en pratique, s'appelât-on « immoraliste », une certaine théorie des *biens* ou des *règles*, une certaine classification des valeurs, une « table des valeurs » ou une « table de la loi ». Comment donc pourrait-on s'abstenir de spéculer sur la pratique, puisque la pratique *morale*, encore un coup, est elle-même la plus haute spéculation de fait, qui nous intéresse tout entiers, le choix en faveur d'une certaine idée considérée comme suprême ?

Toutes les analogies tirées des sciences où le sujet agit sur des objets absolument étrangers et extérieurs à lui-même, ne prouvent rien contre la connaissance que le sujet peut acquérir de soi en tant que pensant, sentant, voulant. Or, cette connaissance se tourne nécessairement en action, puisque nous ne pouvons pas ne pas penser et ne pas vouloir, puisque nous pensons ou voulons selon les lois théoriques (plus ou moins bien connues) de la pensée et de la volonté. En un mot, il n'y a pas la moindre incompatibilité entre l'exigence théorique et l'exigence pratique dans le cas où la théorie porte justement sur les fins de la pratique.

Le troisième reproche des sociologistes à la morale, c'est qu'elle recherche « ce qui doit être ». On ne veut pas qu'elle « *prescrive* », à quelque titre que ce soit, obligatoirement ou *persuasivement*, si l'on nous permet l'expression. Prétention étrange, qui supprime toute différence entre ce qui est et ce qui, n'étant pas, serait meilleur que ce qui est. Admettons cependant cette prétention : la morale, après tout, n'a pas besoin de prescrire. La morale montre seulement à l'homme le meilleur objet que se puisse proposer la volonté, objet qui est à la fois celui de la pensée désintéressée et celui de l'action désintéressée ; elle « spécule » ; à vous d'agir. Et, précisément, vous agirez si la spéculation vous apparaît comme donnant la plus haute satisfaction à votre intelligence, à votre sensibilité, à votre volonté. Vous agirez tout d'abord en *reconnaissant* la validité de cette spéculation, — ce qu'on nomme vulgairement *poser la loi morale*. Vous agirez ensuite en conformant ou ne conformant pas votre conduite à cette première pensée active ; vous réaliserez ou ne réaliserez pas l'idée de la plus haute fin, selon que les passions sensibles auront ou n'auront pas assez de force pour entraver votre bonne volonté primordiale. Enfin votre valeur morale se mesurera à la puissance ou à l'impuissance qu'aura eue l'idée la plus haute pour se déployer en vous et par vous. Telle est, selon nous, la vraie position du problème. Se refuser à suivre les deux lignes convergentes de la spéculation et de l'action jusqu'à ce sommet où elles se rencontrent, c'est se refuser à l'évidence des *faits* qu'on prétend invoquer. Car c'est un « fait » qu'il y a, sur l'objet de la volonté intelligente et sensible, une spéculation où l'action morale a sa source, une spéculation qui est déjà l'action commençante et qui n'a besoin que de se prolonger, de se maintenir malgré les obstacles pour devenir moralité.

Une vue superficielle peut seule faire méconnaître l'unité fondamentale de la pensée et de l'art. Pour notre part, nous maintenons l'identité de la spéculation et de l'action dans l'idée-force la plus élevée, qui est celle de la fin imposée à la volonté intelligente par la nature même de cette volonté intelligente. Il y a un point *vital* et *vivant* où la pensée se change nécessairement en action, *est* action. La « physique sociale des mœurs » néglige ce *cœur* de la morale ; elle ne considère que les œuvres mortes, les actions séparées de leurs motifs internes, les forces étrangères à l'idée et venues des milieux extérieurs. Quand on examine de près ces dernières forces, elle sont elles-mêmes des réfractions et projections de la force inhérente à l'idée morale, à la volonté intelligente qui fait le fond de la conscience individuelle.

II. — Après avoir critiqué la méthode des moralistes, le sociologisme critique leurs principes. Il traite de « postulats de la morale théorique » les deux propositions suivantes, qu'il attribue aux philosophes dans le sens le plus absolu et le plus naïf : « Premier postulat : la nature humaine est toujours *identique à elle-même*, en *tout* temps et en *tout* lieu. » Second postulat : le contenu de la conscience morale forme un ensemble *harmonieux* et organique ». — Mais quel psychologue, quel moraliste soutiendra de pareilles exagérations? On doit admettre simplement qu'il y a dans les consciences humaines certains éléments *identiques* ou *semblables*, plus ou moins harmonieusement ordonnés, au milieu d'un ensemble confus et mal ordonné. Et ce n'est pas là un postulat, mais un fait. Ce qui est un postulat dans la doctrine sociologiste, c'est de poser ce principe : — La nature humaine n'est nullement pareille à soi en aucun temps et en aucun lieu ; les consciences humaines forment un chaos sans aucune espèce d'accord. — Qui a jamais prouvé cela ? Avec de pareilles suppositions, que deviendra la *logique* même et non plus seulement la morale ? S'il n'y a absolument rien d'identique ou d'analogue dans les intelligences, on n'aura plus le droit de penser que la logique des Français du xxe siècle convient, au moins en partie, aux Chinois du xxe siècle, ou même aux Fuégiens du premier siècle après Jésus-Christ. Il faudra dire qu'il y a « des logiques » comme il y a « des morales », sans rien de commun entre ces logiques, pas plus qu'entre ces morales.

Selon le sociologisme, la conception de certaines vérités fondamentales reconnues de tout temps chez l'homme normal serait inconciliable avec la solidarité réelle des différentes séries de phénomènes sociaux : ceux-ci évoluent ensemble et entraînent des « diversités corrélatives ». — Je réponds d'abord que le sociologisme exclusif méconnaît, lui, une solidarité encore plus fondamentale, celle du social et du psychologique. De plus, il ne s'agit pas du *matériel* des obligations, qui varie évidemment en fonction des relations sociales plus ou moins complexes ; il s'agit de la distinction entre la bonne *intention* et la mauvaise, de la hiérarchie plus ou moins bien établie entre certaines *qualités* individuelles, entre certaines *qualités* sociales. Partout on trouve ces éléments primordiaux. Les sociologues font eux-mêmes remarquer que si un criminel viole la loi actuellement reconnue qui commande le respect de la vie d'autrui, « il l'affirme par cette violation » tout comme les autres l'affirment par l'observation. Pourquoi n'appliquerait-on pas la même remarque à l'existence d'un sentiment moral quelconque chez les hommes parvenus vraiment à l'état d'hommes ? En outre, même si l'on considère le matériel des règles, il n'est pas exact de prétendre qu'elles offrent une entière disparité. Relativement au respect de la vie et des biens d'autrui, à la vénération et à l'affection pour les parents, à l'amitié, à la coopération, au devouement envers le groupe, il y a des règles rudimentaires qui ne manquent nulle part, bien que les groupes où ces règles sont considérées comme applicables puissent être plus ou moins restreints.

Les objections des sociologues à la morale comme science de ce qui doit être, c'est-à-dire de l'idéal individuel et collectif, n'ont donc pas de portée décisive. Elles constituent elles-mêmes une vaste pétition de principe en faveur de la non-existence d'une morale.

II

LA PHYSIQUE DES MŒURS SUBSTITUÉE A LA MORALE

Selon les sociologistes, ce que nous appelons *conscience morale* consiste simplement dans le plaisir instinctif que nous causent les formes d'action propres à faire avancer la *société humaine* vers une communauté idéale. Le jugement par lequel nous reconnaissons que la société dont nous sommes solidaires exige telle ou telle conduite conforme à son bien général, constitue, à lui seul, *tout* le sentiment d'*obligation*. Le sens de la *justesse* d'une telle exigence et de son accord avec l'idéal du bonheur social, est, à lui seul, le sens de la *justice*.

Dans cette thèse fondamentale de la doctrine exclusivement sociologique, les affirmations sont vraies, les négations sont fausses. On a raison d'affirmer que nos croyances morales ont dans les sociétés humaines leurs conditions de développement. Montrer leur évolution historique n'est pas, comme on le croit trop souvent, les *invalider*, à moins qu'on n'ait établi préalablement que les conditions sociales sont de nature à produire des *croyances sans validité*. Tel n'est point le cas. Qui a développé les notions morales? L'expérience de la société humaine. Comment donc cette même expérience contredirait-elle ses propres résultats, sinon sur certains points modifiés par le temps et par les circonstances? Qui a fortifié au cœur de l'homme les sentiments moraux? L'épreuve de la vie commune. Cette même épreuve les vérifie sans cesse, consolidant l'ensemble, ébranlant certains détails, faisant monter toujours l'édifice.

Ajoutons que la méthode historique offre, dans sa sphère légitime, d'incontestables avantages. L'histoire nous donne les faits moraux sous forme de *processus*, à l'état de devenir et de génération. Dès lors, les états moraux les plus *primitifs*, que la méthode historique considère, sont, pour le philosophe, l'analogue des faits plus *simples* qu'étudie l'expérimentation dans les sciences physiques. Les états moraux ultérieurs et plus récents représentent une combinaison par synthèse, sous des conditions d'une croissante complexité. La méthode historique cherche ainsi dans l'observation du passé un *équivalent*, un *succédané* de l'analyse et de la synthèse scientifiques. Le complet examen historique d'une idée morale ou d'une pratique morale, par exemple d'une coutume, a trois avantages : 1° Il nous permet d'interpréter cette idée ou cette coutume à la fois dans ses formes plus frustes et dans ses formes plus avancées. 2° Il nous découvre ainsi les conditions de milieu externe et les opérations internes qui agissent pour développer la moralité. 3° Il nous fournit du même coup des instruments intellectuels pour un travail ultérieur : il nous révèle et le but vers lequel nous avançons et les moyens d'avancer plus vite. Ce mode d'examen est comme une approche vers une réalité partiellement stable et partiellement changeante : il nous donne un moyen pratique d'appréciation morale. Tels sont, selon nous, les côtés vrais de la morale purement historique, adoptée par les sociologues. En revanche, ceux-ci n'ont pas prouvé : 1° que la conscience morale, en son origine, soit *tout entière* l'effet de la « pression sociale » sans qu'il y ait besoin d'invoquer aucune action propre de l'individu même ; 2° que la moralité, en son essence, s'épuise *tout entière* dans les relations sociales, sans qu'il s'y mêle aucune idée, soit de la valeur de l'individu pensant, considéré en *lui-même* et *pour lui-même*, soit de la valeur de l'*humanité* et du *monde* entier, soit enfin du *but* que peuvent poursuivre l'humanité et même l'univers.

I. — Examinons d'abord l'origine des notions morales, que l'on prétend faire évanouir dans des éléments sociaux. On a voulu expliquer la conscience morale par une « différenciation du système nerveux », qui se serait spécialement adapté à recevoir les « excitations » *sociales*, comme le sens de la vue naît, selon Spencer, d'une différenciation nerveuse spécialement adaptée à recevoir les vibrations lumineuses [1]. — C'est là, selon nous, sous couleur scientifique, une explication toute métaphorique et mythique. Il est beaucoup plus naturel d'expliquer la sociabilité par des lois générales et simples, dérivées de la nature sensible et intelligente de l'homme. La sociabilité a pour base des *intérêts* communs et surtout des *sympathies* communes ; elle implique une commune *idée-force* de vie universelle enveloppant la vie individuelle, une fusion des *moi* individuels en un *moi* collectif, qui lui-même fait partie d'une existence plus vaste et d'une conscience plus complète, en vertu de son lien avec l'*univers*.

Les faits moraux ont assurément leur histoire : ils dépendent de conditions sociales définies, ils ne tombent pas du ciel. Mais leur histoire réelle n'empêche pas leur caractère idéal, pas plus qu'elle ne supprime leur racine psychologique. Il y a un développement continu depuis les premiers animaux qui manifestent des instincts sociaux, — castors, fourmis, abeilles, — jusqu'aux plus hautes formes de la sociabilité dans les nations civilisées ; les sentiments altruistes s'accroissent en intensité et en qualité, à mesure qu'ils s'étendent à des groupes de plus en plus vastes ; mais, parce que la sociabilité est commune à tous les degrés du développement psychique et moral, en résulte-t-il qu'elle soit la seule essence de la moralité ? Il en résulte seulement qu'elle en est la commune manifestation dans l'expérience et la forme la plus constante. Si, tout le long de l'histoire, l'évolution de la moralité et celle de la société ont suivi des lignes parallèles, on n'en peut conclure que la première soit le simple *reflet* de la seconde. Il est clair que la société est une *condition d'application* pour le pouvoir d'affection et de désin-

[1] Dr Pioger, *la Vie sociale, la morale et le progrès*. Paris, Alcan, 1894.

téressement qui est inhérent à l'homme, peut-être à l'animal même : comment aimer nos semblables, si nous n'avons pas des *semblables* à aimer ? Ce fait entraîne le développement parallèle, non l'identité absolue du mental et du social.

— L'individu éprouve une peine morale lorsqu'il agit contrairement à l'*opinion collective* de la tribu, de la nation, de la société, mais il reste toujours à expliquer cette opinion collective. Il reste aussi à expliquer pourquoi l'individu l'accepte et la fait sienne. — Pour reconnaître, répondent les sociologistes, la source *uniquement sociale* de la moralité, interrogez la conscience d'un Fuégien ou d'un Tasmanien, et vous n'y trouverez aucune idée de bien ou de devoir. — Nous emprunterons la réponse à Darwin même : « J'étais, dit-il, continuellement frappé de surprise en voyant combien les trois natifs fuégiens qui avaient vécu quelques années en Angleterre et pouvaient parler un peu d'anglais, nous ressemblaient étroitement en *dispositions* et pour la plupart de nos facultés mentales. » Ces Fuégiens avaient certainement, malgré le poids d'une longue hérédité sauvage, le germe psychologique d'une idée de justice, d'une idée quelconque de bienfaisance. Au reste, il ne s'agit pas de savoir si la notion du bien est universalisée de fait au sein de l'humanité. Ce qui importe, c'est que, quand cette idée-force du bien est conçue, ne le fût-elle que par un seul homme, elle est conçue par cet individu comme universelle de droit, comme valable pour tous les hommes, bien plus, pour tous les êtres raisonnables. Telle est la nécessité « objective », dont le moraliste se préoccupe avant tout ; la nécessité subjective est pour lui secondaire. Il est subjectivement impossible à l'homme de ne pas éprouver des sensations : en ce sens, les sensations sont universelles ; mais c'est là une universalité de fait bien différente de celle qui appartient à l'idée morale, laquelle est l'idée d'un bien qui *devrait* être *universel*.

— La preuve que toute morale *provient* uniquement de la société, répondent les sociologistes, c'est que, dans la période primitive, il n'y avait ni tempérance, ni chasteté, ni recherche de la vérité pour elle-même, ni vie autonome de la conscience. — Peut-être, à parler *grosso modo*. Mais savez-vous ce qui, même aux temps primitifs, a pu se passer chez certains individus supérieurs ? Il a bien fallu que quelqu'un commençât à avoir plus de tempérance ou plus de pudeur, à vouloir connaître pour le plaisir de connaître, à manifester des sentiments désintéressés.

Selon M. Lévy-Bruhl, les croyances morales auraient toute leur explication dans des origines historiques qui nous échappent. « Pourquoi notre conscience loue-t-elle une action et en blâme-t-elle une autre ? Presque toujours pour des raisons que nous sommes incapables de donner, ou pour d'autres raisons que celles que nous donnons [1]... Si l'on considère les ordres et les interdictions de la conscience comme un objet de *science*, nous ne pouvons pas plus nous en rendre compte que des lois civiles sans une longue étude préalable. » — Ainsi nous ne savons pas pourquoi nous ne devons pas tuer, voler, violer, rendre le mal pour le bien, fuir à la moindre alerte quand nous avons promis de garder un poste. Il faut pour cela de longues études d'histoire, de jurisprudence comparée, de religion comparée. « Notre conscience morale, si nous la considérons objectivement, est pour nous comme un mystère, ou plutôt un ensemble de mystères actuellement indéchiffrables. Cette conscience nous offre comme obligatoires ou comme interdites des manières d'agir dont les *raisons*, croyances disparues depuis de longs siècles, sont « presque aussi insaisissables pour nous que les globules du sang du mammouth dont on retrouve aujourd'hui le squelette [2] ». Je serais heureux de savoir quelles sont ces obligations si inexplicables, restes d'institutions disparues, de préjugés évanouis, aussi lointains que les globules du sang des monstres antédiluviens. Est-ce le culte d'une mère ou d'un père, l'affection fraternelle, le respect des enfants et de leur pudeur, la fidélité à accomplir une

---

[1] Lévy-Bruhl, *la Morale et la Science des mœurs*, p. 133 et 176.
[2] P. 211.

promesse, l'honneur rendu au courage ? Est-ce la sympathie et la pitié, honnie de Nietzsche ? Est-ce l'horreur de la trahison et de l'assassinat ? Est-ce la naïve persuasion que, jusqu'au moment où les collectivistes établiront la propriété collective, — s'ils l'établissent —, il convient de ne pas voler, de ne pas faire de faux en écriture, de ne pas fuir avec la caisse, de ne pas condamner du coup au désespoir, peut-être au suicide, des hommes qui vous avaient confié leurs économies ? Je le répète, je serais heureux de savoir ce qu'il y a de si antédiluvien dans notre morale. Quoi! tous nos « devoirs » resteront inexplicables jusqu'au moment où les folkloristes, philologues, archéologues, mythologues, sociologues et toutes les variétés de *logues*, — sauf les psychologues — nous auront, à grand renfort d'érudition historique, expliqué ces étonnantes *pressions sociales* dont la conscience individuelle cherche en vain les motifs! Il est vrai qu'un enfant croirait trouver ces motifs sans trop de peine, à plus forte raison ces idéologues qu'on nomme les philosophes ; mais il faut se défier des raisons simples. Gardons-nous de croire, par exemple, que, si on bâtit des maisons avec des portes à serrure, c'est pour n'être pas injustement assassiné et dépouillé de ce qu'on a eu grand'peine à acquérir par son travail. Gardons-nous de penser que, si on punit ceux qui abusent d'une fillette de dix ou onze ans, c'est par un sentiment des intérêts de la race, des intérêts de l'enfance, peut-être même pas un respect (plus ou moins superstitieux aux yeux des sociologistes) de la personnalité humaine dans l'enfant, de la mère future dans la petite fille. Et certes, nous convenons que tous ces sentiments ont bien une histoire, une histoire empirique, sociologique même ; ce n'est pas une raison pour conclure qu'ils sont d'insondables mystères. « Les Chinois, nous dit-on encore, savent dans le plus petit détail ce que le culte des ancêtres exige d'eux dans chaque circonstance de la vie, mais ils n'en ont pas *la science*, et cette science qui leur manque, un savant européen nous la donne. » — Oui, il explique historiquement par quels degrés le culte des ancêtres en est venu, dans tel pays, à telles ou telles pratiques religieuses dont, au premier aspect, on ne saurait comprendre le détail. Mais ce détail n'est nullement ce qui importe. Le Chinois comprend fort bien sans cela qu'on doit aimer ses parents, et il en conclut que les parents morts, d'après la croyance traditionnelle en Chine, persécutent avec justice les vivants qui ne leur rendent pas le culte obligé.

Pour opposer la genèse sociologique de la morale à la genèse psychologique, on fait observer que, si les anciens Romains n'ont pas eu la large conception que nous avons aujourd'hui de l'humanité, c'est que « de pareilles idées étaient incompatibles avec la nature de la cité romaine ». Notre cosmopolitisme, ajoute M. Durkheim, ne pouvait pas plus y apparaître qu'une plante ne peut germer sur un sol incapable de la nourrir. — Sans doute ; encore faut-il que la graine de la plante existe. Ce ne sont pas les conditions du sol, fussent-elles *sine quibus non*, qui produisent cette graine. Condition nécessaire n'est pas cause. De même, est-il certain que ce soit *uniquement* l'état social de la cité romaine qui, à une époque déterminée, a *produit* l'idée d'*humanité*, d'homme en général, doué de « raison » ? Le développement des *idées* chez les philosophes n'y fut-il pour rien ? Platoniciens et Stoïciens ne faisaient-ils que traduire la vie athénienne quand ils attribuaient à l'homme un λόγος, une participation aux vérités universelles, une sorte de vie universelle elle-même ? — Si l'amour de l'humanité a fini par faire son apparition, réplique M. Durkheim, ce n'est pas à la suite de découvertes philosophiques ; ce n'est pas que les esprits se soient ouverts à des vérités auparavant méconnues : c'est que « des changements se sont produits dans la *structure* des sociétés qui ont rendu *nécessaire* ce changement des mœurs ». Ainsi, d'un nouveau trait de plume, se trouvent rayées de l'histoire, comme des épiphénomènes sans influence, la philosophie grecque, la philosophie latine et, qui plus est, la religion chrétienne. Jésus n'a-t-il donc eu personnellement aucune part dans l'idée, vraie ou fausse, d'une humanité composée de *frères*, fils d'un *père commun*, ayant même *origine* et même *destinée ?* Au lieu de se borner à ériger en théorie la pratique donnée, les Bouddha, les Socrate et les Jésus l'ont contredite. Le sermon sur la montagne constituait une doctrine nouvelle du devoir et des vertus, de la vie présente et de la vie à venir, des rapports de l'homme avec ses semblables et avec Dieu, de la justice et surtout de la charité. On doit sans doute expliquer en partie la formation de cette doctrine nouvelle par les germes déjà existants chez les Esséniens, chez Hillel et d'autres. Il y avait aussi des éléments dus au progrès général des idées et sentiments dans le milieu hébraïque. Il n'en est pas moins vrai que, sans le génie moral de Jésus, les tendances nouvelles seraient restées diffuses et confuses. Elles furent portées à leur point de perfection interne et de fécondité expansive par le cerveau et le cœur d'un individu sublime, ainsi que par l'action de cet individu sur son entourage, puis, de proche en proche, sur un milieu plus vaste. Réduire les idées morales de Jésus à de simples reflets de la pratique existante, c'est méconnaître cette loi *historique*, que l'humanité avance par l'action des individus et des génies, non pas seulement par celle des masses. Luther et Calvin furent nécessaires à la Réforme, quoique la Réforme fût un besoin généralement senti. L'action des philosophes libres penseurs fut nécessaire à la Révolution française. Il y a eu des inventions morales, comme il y a eu des inventions religieuses en fait de dogmes et de culte, des inventions artistiques, scientifiques, etc. Toutes ces inventions se sont formées dans des esprits individuels. Christianisme suppose Christ, Bouddhisme Bouddha, Mahométisme Mahomet. De même, le mormonisme procède d'un individu ; le culte du Sacré Cœur existe par Marie Alacoque, comme les pèlerinages de Lourdes par Bernadette. La sociologie exclusive a donc tort de méconnaître les individualités, les centres de puissance, les ponctuations de puissance, comme disait Nietzsche. C'est une doctrine unilatérale, qui sacrifie le côté intérieur — le plus important — au côté extérieur ; c'est une matérialisation systématique de la volonté humaine.

On traite d'*idéologues* ceux qui s'efforcent de montrer *psychologiquement* dans la morale un développement d'idées-forces et de sentiments-forces, à l'élaboration desquels les esprits individuels ont contribué en même temps que l'esprit collectif. Mais il ne faut pas confondre l'explication psychologique, qui est scientifique de sa nature, avec l'explication idéologique, qui admet (à tort ou à raison) une idée innée du bien qui, confuse chez l'homme primitif, se préciserait par le progrès des lumières. Toute explication psychologique n'est pas réductible à celle qui fait de la morale une sorte de développement d'un principe préformé.

De même, autre chose est l'explication psychologique, autre chose est l'explication purement intellectualiste. Celle-ci n'est pour le psychologue qu'une partie et non le tout. Expliquer certaines choses par des sentiments plus profonds que les idées mêmes, par des tendances instinctives, par des habitudes devenues inconscientes, par tout l'automatisme irrationnel qui est sous le sentiment et sous la volonté spontanée, c'est encore expliquer psychologiquement, sans pour cela expliquer intellectuellement ou, comme on dit, idéologiquement. Pourquoi donc ne pas accepter à la fois toutes les ressources de la méthode et tous les éléments d'explication scientifique : idées, sentiments, tendances, aussi bien que les « faits » déjà accomplis? Sans doute la morale, comme le dit M. Durkheim, ne se forme et ne se transforme que pour des raisons « d'ordre *expérimental* » ; et ce sont ces raisons *seules* que la *science* de la morale entreprend de déterminer. Mais, à nos yeux, les idées et les individus qui les ont conçues dans tel ou tel milieu, après tel travail des générations précédentes, constituent précisément des raisons d'ordre *expérimental*, à la fois *psychologiques* et *sociologiques*. De plus, il reste toujours à faire la critique de ces idées et à en apprécier la valeur.

La doctrine qui ne s'attache qu'aux « formes sociales » sacrifie entièrement le point de vue de la finalité à celui de la causalité ; elle croit vain et de vouloir *déterminer* une action par des fins et de vouloir l'*apprécier* par la valeur de ces fins. Tout se fait mécaniquement, tout s'explique mécaniquement : voilà au fond ce qu'on admet ; et on ne se demande pas si, même en supposant que toute causation fût mécanique (ce qui n'est pas démontré), la causation exclurait pour cela la finalité chez les êtres sentants et pensants. On ne se demande pas si causalité et finalité ne sont pas plutôt deux aspects complémentaires de la réalité vivante.

M. Bouglé a essayé d'appliquer à la genèse des idées égalitaires la même méthode générale que M. Durkheim avait déjà employée pour l'idée du cosmopolitisme et pour d'autres notions semblables. Il est, lui aussi, de ces sociologues qui appellent « idéologie » l'explication des croyances et des idées nouvelles par les croyances et idées précédentes, auxquelles elles sont plus ou moins rationnellement liées, par l'effort individuel des penseurs qui ont ajouté leurs conceptions propres aux anciennes. — Pourtant, demanderons-nous encore, quoi de plus naturel et de plus « scientifique » que d'expliquer des idées par d'autres idées, sans exclure pour cela les autres facteurs concomitants ? Quoi de plus scientifique que de chercher la principale origine du centième théorème de la géométrie dans les quatre-vingt-dix-neuf précédents et dans l'intelligence du géomètre qui a su en déduire un nouveau théorème ? Pour faire comprendre l'origine des idées égalitaires, on ne saurait se contenter de décrire l'état d'Athènes au temps de Platon, de Rome au temps de Sénèque, de la Judée au temps de saint Paul, de la France au temps de Rousseau. M. Bouglé ne dit mot, dans son livre, des philosophes et des réformateurs religieux : il semble qu'ils n'aient été pour rien dans la conception de *l'égalité* ou dans son expansion par le monde. Pourtant, les caractères mêmes que M. Bouglé attribue aux idées égalitaires impliquent des doctrines philosophiques et, qui plus est, métaphysiques, dont la conception n'est pas un simple *reflet* de l'ordre social et économique existant. Tandis que les choses échangées n'ont de prix que pour ceux qui les échangent, les hommes associés ont, nous dit-il, « un prix en eux-mêmes et pour eux-mêmes ». Centres d'action et de passion, « mesures de toutes valeurs et valeurs elles-mêmes absolues, nous posons les personnes humaines comme seules véritables causes et fins ; à elles seules, par suite, les notions de devoir et de droit nous paraissent pouvoir s'appliquer ». C'est pourquoi nous déclarons que les choses sont *utilisables*, mais que les personnes sont *respectables*. La notion de la valeur des choses n'entraîne que l'idée de nos « prétentions et pouvoirs sur elle » ; la notion de la valeur des personnes entraîne l'idée « de nos devoirs envers elle ». C'est dire, ajoute M. Bouglé, que les idées égalitaires, « parce qu'elles affirment la valeur des hommes, sont, parmi les idées *pratiques*, des idées proprement *morales* ». Rien de plus juste, mais cette analyse même ne prouve-t-elle pas que les idées morales et les sentiments corrélatifs ont un rôle dans l'histoire ? Bien plus, en lisant la page qui précède, ce sont des noms *d'hommes* qui viennent tout de suite à l'esprit : Kant, saint Paul, Jésus, Zénon, Platon. L'idée de la valeur attribuée à la personne humaine, valeur « infinie », sans commune mesure avec les valeurs matérielles, valeur sans prix, est une idée stoïcienne et chrétienne, devenue ensuite kantienne. Le « *volume* » et la « *densité* » des sociétés n'y sont pour rien, ou pour peu de chose. Le cadre n'est pas le tableau.

Les sociologues dits « objectifs » doivent d'ailleurs reconnaître que, à la différence des phénomènes physiques, les phénomènes sociaux ont besoin, pour être conçus et connus, d'être plus ou moins *subjectivés* et traduits en termes de psychologie ; c'est-à-dire qu'il y faut restituer des états de conscience. Ainsi seulement les faits sociologiques sont *compris* en même temps que conçus : ils sont expliqués par leurs raisons psychologiques.

Les causes sociales, qu'on voudrait laisser subsister seules, n'agissent elles-mêmes que par l'intermédiaire des sentiments et des idées ; ce sont donc celles-ci qui ont l'efficacité, qui *constituent* l'efficacité même en devenant volontés. Dès lors, de quelque manière que surgisse un sentiment, une pensée, avec un vouloir conforme à cette pensée, l'action suivra, l'idée se réalisera ; qu'un certain état d'esprit se produise chez des individus, en vertu de leurs réflexions personnelles et en dehors des actions proprement sociales, cet état d'esprit n'en agira pas moins. Sans venir proprement de la société, il pourra finir par modifier la société.

M. Bouglé, d'ailleurs, moins exclusif que M. Durkheim, reconnaît avec nous que, si les phénomènes sociaux agissent les uns sur les autres, c'est par l'*intermédiaire* de *faits psychologiques sous-jacents*. La sociologie « formelle » pourra bien constater, par exemple, que toutes les sociétés centralisées sont égalitaires et que les plus égalitaires sont les plus centralisées ; elle en pourra induire un rapport constant entre centralisation et égalitarisme : mais il restera toujours à montrer la *nécessité* de ce rapport, à le rendre *intelligible* au point de vue *causal*. Or c'est en vertu des lois *psychologiques* de la *formation des idées* que les *individus*, par cela seul qu'ils vivent dans une société centralisée, sont amenés à concevoir ou à accepter les théories égalitaires. On revient par ce chemin aux questions « idéologiques ». Nous convenons d'ailleurs qu'il peut y avoir, entre deux phénomènes proprement sociaux, un rapport de nécessité immédiatement intelligible, ou intelligible grâce à des moyens-termes qui soient eux-mêmes des phénomènes sociaux, sans appel à la psychologie ; mais l'existence de ces explications purement sociologiques n'exclut pas d'autres explications psychologiques et même idéologiques. Les procédés de la nature et de l'humanité ne sont pas uniformes.

Les sociologues objectent aux psychologues que les phénomènes de notre conscience sont loin d'être eux-mêmes entièrement transparents pour nous ; s'ils sont donnés immédiatement, ils ne le sont que « par masses et en gros ». — Nous répliquerons que les phénomènes sociaux et historiques nous sont fournis encore plus en gros et par masses plus grandes. En outre, ils sont médiats, souvent peu certains. En tout cas, ils ont besoin d'une interprétation, et celle-ci, nous l'avons vu, doit être en partie psychologique, conçue par analogie avec nos propres motifs et mobiles. — Mais, dit-on encore, en restituant ainsi dans les faits historiques l'élément de conscience, vous introduisez presque toujours une erreur ; car vous restituez non pas l'état de conscience qui fut vraiment celui des acteurs et de leurs contemporains, mais un autre état qui vous est propre[1]. — Autant dire qu'il n'y a plus d'histoire possible, ou du moins plus d'explication historique, et que nous ne pouvons parler ni de l'*ambition* de César, ni du *désintéressement* d'Aristide; car l'ambition de César et le désintéressement d'Aristide avaient des « nuances propres », qui ne sont pas celles de notre ambition à nous, de notre désintéressement à nous. Si l'on refuse tout droit de raisonner par analogie, tout droit d'interpréter les faits bruts, l'historien sociologue ne pourra même plus trouver des mots pour *décrire* les mœurs, coutumes, croyances et superstitions des anciennes tribus ou clans : rien de tout cela, en effet, ne sera vraiment assimilable à nos mœurs ou croyances. Les prétendus *faits*, données de l'histoire sociologique, ne sont pas plus des *faits* ni des *données* que tout le reste, à moins de s'en tenir aux constatations matérielles les plus grossières : chez tel clan, on épousait ou on n'épousait pas sa sœur, on vivait ou on ne vivait pas en promiscuité, etc. Dès que vous voulez interpréter, vous raisonnez par analogie, qu'il s'agisse de mœurs *sociales* aussi bien que de mœurs *individuelles*. Si éloigné que soit de nous le sauvage qui frappe son fétiche pour le punir de ne pas l'avoir protégé, nous comprenons beaucoup mieux cette action en nous mettant, par la pensée, dans un état de crainte superstitieuse et d'enfantine ignorance des lois naturelles, qu'en spéculant sur la prétendue histoire des fétiches, des amulettes, des totems et des tabous. Les Napolitains d'aujourd'hui, eux aussi, battent leur fétiche quand ce dernier ne leur envoie pas la pluie demandée ou

[1] Lévy-Bruhl. p. 119.

quand il n'a pas bien dirigé le coup de couteau qui devait tuer un ennemi par derrière. Il n'y a pas besoin d'être si grand clerc pour redevenir, par la pensée, enfant ou même sauvage. Qui peut le plus peut le moins. Je concède qu'un Papou ne comprendra pas un Renan ; mais je crois que Renan comprendra suffisamment le Papou. D'ailleurs, le moraliste français du xxe siècle peut se passer de le comprendre. L'histoire d'une prétendue « réalité sociale » dont tous les ressorts psychologiques seraient exclus ressemble à une histoire des guerres napoléoniennes qui décrirait les mouvements collectifs de Napoléon, de ses généraux, de ses armées, en s'interdisant de parler, à titres de causes explicatives, des projets utopiques de Napoléon, de ses mobiles intimes, de son caractère personnel, de l'enthousiasme qu'il excitait autour de lui, bref, de toute la psychologie napoléonienne et circa-napoléonienne.

On le voit, la proscription de la psychologie, loin d'être scientifique, est un système préconçu, aussi arbitraire que les métaphysiques les plus incriminées.

Cette proscription est d'autant plus étonnante en morale que, à vrai dire, la morale roule tout entière sur les intentions. Ne pas s'occuper de ces intentions, c'est-à-dire des *idées* et des *sentiments* attachés à ces idées, ne considérer comme causes des actes que les mœurs et faits sociaux, n'est-ce point de l'aveuglement volontaire ? Nous ne trouvons, pour notre part, rien de « scientifique », à tout regarder dans une montre excepté les ressorts qui la meuvent, à tout regarder dans la pratique excepté les mobiles et leur classification dans la pensée d'un être intelligent. Va pour une « psychologie sans âme », mais non pour une morale sans motifs et mobiles ! Ne vouloir accepter ces motifs et mobiles qu'à l'état de cristallisation sociale, de mœurs, de croyances collectives, etc., c'est là vraiment ne vouloir étudier les choses que « par masses et en gros », non plus dans leurs éléments ni dans leurs origines. On peut discuter pour savoir si la sociologie est une « interpsychologie », mais la morale sociale, à coup sûr, est une interpsychologie en action, comme la morale privée est une psychologie en action. D'autres éléments — logiques, esthétiques, métaphysiques, — viennent s'ajouter à la psychologie, mais ne la détruisent pas.

En résumé, sous le rapport des origines, ni le psychologique n'est entièrement réductible au sociologique, ni le *moral* ne s'évanouit entièrement au sein du *social*. C'est donc dans la mentalité primitive, non pas seulement dans la socialité primitive (qui elle-même s'explique par la mentalité correspondante), que la vraie méthode doit chercher l'explication de la morale, comme celle de la religion, de l'art, de la science.

II. Examinons maintenant la moralité non plus seulement dans ses causes, mais dans sa nature propre. Les sociologues prétendent, nous l'avons vu, substituer à ce qu'on nomme la morale une autre conception qu'ils déclarent seule claire et positive; en elle-même, disent-ils, la morale n'existe pas; mais, « comme condition d'existence sociale, elle existe et s'impose au sujet individuel avec la même *objectivité* que le reste du réel[1]. » Une telle conception, selon nous, n'est ni claire, ni positive. Elle n'est pas claire, car elle profite de l'ambiguïté des mots *règles morales* et *réalité donnée*. Ces deux choses sont, au fond, incompatibles, car les règles morales concernent, encore un coup, ce qui n'est pas encore donné, ce qu'il dépend de nous de donner ou de ne pas donner. La conception des sociologues n'est pas non plus positive, car elle méconnaît une différence essentielle : c'est que la nature physique est fondée indépendamment des individus humains, tandis que c'est nous qui, individuellement ou collectivement, établissons un ordre moral quelconque, lequel n'existerait pas sans nos consciences et nos volontés. Cette assimilation de ce dont l'homme n'est pas condition à ce qu'il conditionne par ses pensées et sentiments, par ses idées-forces, est inexacte au point de vue de la psychologie comme au point de vue de la sociologie. Il y a en outre ici une pétition de principe. Les socio-

---

[1] Lévy-Bruhl. *La morale et la science des mœurs*, p. 131.

logistes profitent de ce que, en fait, les hommes croient à l'existence d'une morale qui n'est pas seulement la physique des mœurs, pour dire : — La morale est donnée, nous la prenons comme donnée. — Elle n'est précisément donnée, répliquons-nous, que parce que l'humanité, jusqu'à présent, n'a pas admis avec vous qu'il n'existe absolument rien de moral ou d'immoral sinon par institution sociale, par pression sociale, sanction sociale, etc. Le jour où votre système serait universellement admis, la fameuse *donnée* vous serait *retirée*.

Selon les sociologistes, pour pratiquer la bonne méthode, il faut « nous déprendre de ce qui nous intéresse subjectivement dans les faits moraux »; bien que l'objet des sciences sociales soit en quelque façon nous-mêmes, il faut regarder les objets de ces sciences, comme de toutes les autres, « du même œil que s'il s'agissait de sels ou de cristaux ». N'a-t-on pas séparé la physiologie humaine de la thérapeutique et de la médecine? Il faut transporter à ce qu'on nomme la morale la même méthode; il faut la faire rentrer dans la science des faits sociaux. Refusons-lui de poser des fins, des *doit-être*, même des *idéaux* proprement dits, pour la réduire à une science de réalités toutes faites. — Mais, demanderons-nous, est-il certain qu'il y ait des « faits moraux », analogues aux autres faits, c'est-à-dire produits objectivement, indépendamment de nous? Les sociologistes ne s'aperçoivent pas que la notion même dont ils partent est impossible. Il n'y a de *faits* vraiment moraux que les *actions* d'une *volonté* qui agit sous un *idéal moral*; or, nous venons de le voir, cet idéal nous apparaît comme non donné en fait, comme ne pouvant être donné que par notre « bonne volonté ». Assimiler cette situation à celle du cristallographe ou du chimiste étudiant les sels, c'est négliger des oppositions fondamentales.

— Le physicien, disent encore les sociologistes, n'a jamais eu l'idée de rechercher quelles *devraient* être les lois de la nature », mais « il se demande tout uniment quelles elles sont »; cette même méthode s'applique à ce qu'on est convenu d'appeler la morale[1]. Nous retrouvons ici l'assimilation inexacte de ce qui dépend de nous et existe par nous, au moins partiellement, avec ce qui ne dépend pas de nous. La nature physique ne dépend pas de nous, la nature sociale ne dépend pas de nous ; mais notre moralité, ou, si l'on veut, notre nature à venir dépend de nous. Un Épictète n'aurait pas tort de le soutenir : s'il existe une morale collective, encore est-il que l'individu doit la faire sienne en l'adoptant ou s'en construire une autre en ne l'adoptant pas. Quelque *social* que soit le matériel de la morale, il faut qu'il devienne personnel et individuel par l'intention de la volonté, qui, *seule*, peut s'y soumettre et, pour sa part, donner ou refuser la vraie existence *de fait*.

Les sociologistes induisent pêle-mêle de la religion, du langage, du droit à la *morale*, comme si tout était identique en ces diverses choses[2]. Mais une religion positive est une révélation prétendue surnaturelle, qui s'impose manifestement *du dehors* à l'individu. On enseignait à un jeune Grec que Saturne dévorait ses enfants et que Jupiter lui échappa par la ruse de Cybèle ; on enseigne à un Espagnol que la vierge Marie a été conçue sans péché ; il est clair que la conscience individuelle de l'enfant n'aurait jamais deviné ces choses « révélées d'en haut ». Mais l'assimilation de la morale à la superstition religieuse ne nous semble pas scientifique[3]. La religion est un ensemble de croyances et de rites où l'individu n'est pour rien ; encore peut-on dire que, si l'individu accepte la tradition religieuse, c'est qu'elle répond tant bien que mal à des besoins qu'il éprouve personnellement : besoin d'un réconfort devant l'inconnu dont il a peur, besoin de se mettre à l'abri de puissances extérieures dont il ne comprend ni la nature, ni l'origine. Un prêtre de l'Orient donne à l'individu une amulette ; il lui dit : « Incline-toi devant le soleil », ou :

[1] Lévy-Bruhl, *La morale et la science des mœurs*, p. 132.
[2] Lévy-Bruhl, *Ibid.*, 99.
[3] P. 197.

« Danse devant la lune ; on a toujours fait cela et le moyen est infaillible pour n'être pas victime de la colère des esprits. » L'individu se conformera tout naturellement à la tradition religieuse.

Les sociologistes insinuent que le Dieu de Socrate, de Platon, de Jésus est *uniquement* explicable, lui aussi, par l'histoire des fétiches et des tabous. Est-ce bien certain ? Dans la constitution même de l'esprit humain, indépendamment des folklores et de l'histoire des mythes, n'y a-t-il absolument rien qui engendre l'idée ou, si vous voulez, l'illusion d'une cause inconditionnelle, d'un principe quelconque des choses, d'une suprême raison de ce qui est ? Dans les théodicées, tout n'est-il que folie et terreur puérile ? Il est permis de croire que l'idée d'infini et celle de parfait, quelque objectivité qu'on leur accorde ou refuse, sont autre chose que la peur nerveuse du sauvage devant le tonnerre, que le culte intéressé de l'Annamite pour Monseigneur le Tigre. Attendons les merveilleuses découvertes que nous promet « la science des mœurs » pour expliquer par une série de superstitions la croyance à une moralité quelconque. Pour notre part, nous pensons que la psychologie actuelle suffit à nous faire comprendre qu'un être intelligent, auquel son intelligence permet de se mettre à la place de ses semblables, se considère naturellement comme supérieur à la brute, supérieur à tout être inintelligent et *insociable*. D'autre part, la sociologie la plus élémentaire nous montre qu'il y a des conditions essentielles de vie en commun et de solidarité, conditions tellement évidentes que tout individu vivant en société les comprend sans avoir besoin d'être initié aux arcanes de l'histoire des *mœurs*. Les animaux eux-mêmes sentent certains intérêts et devoirs collectifs ; comment l'homme ne les sentirait-il pas ?

De même que les religions, les sociologistes mettent en avant le langage et sa nature sociale, extérieure à la conscience individuelle. — Il est clair que l'enfant ne trouvera pas dans sa *conscience* les raisons pour lesquelles le mot *pain* a fini par être en usage, plutôt que *bread* ou *brot* : je conçois que, si on veut se l'expliquer, il faut avoir recours aux philologues. Mais, quand on passe au *droit*, il y a déjà un changement notable. Sans doute, une grande part y revient encore à la coutume, aux mœurs, aux traditions diverses. Comment l'individu se rendrait-il compte de tous les détails d'une législation ou d'une constitution politique indépendamment de l'histoire et de la sociologie? Cependant, toute loi est d'ordinaire le produit d'un *sentiment* général, qui enveloppe lui-même des *idées* ou croyances plus ou moins confuses relativement aux rapports des hommes entre eux; or, tout sentiment collectif est facilement interprété par l'individu. Le plus ignorant en histoire du droit et en sociologie juridique ne sera pas surpris si, ayant détroussé quelqu'un, il est saisi et emprisonné. Il ne le sera pas davantage si, ayant en outre tué celui qu'il avait volé, il est puni plus sévèrement. Il sera encore moins surpris si, convaincu d'avoir longtemps prémédité son mauvais coup, il est puni avec la dernière rigueur.

Les sociologistes font ordinairement le plus profond silence sur la logique théorique et normative. Pourquoi n'y transportent-ils pas ce qu'ils affirment si hardiment de l'éthique? La logique ne se développant *jusqu'au bout* que dans la société, on pourrait soutenir (et nous l'avons nous-même soutenu)[1] qu'elle est, au moins en grande partie, une science sociale ou si l'on veut, une « réalité sociale », comme « le langage » « le droit », « la religion », la morale même. On pourrait partir de là pour prétendre que l'étude de la logique comme développement pratique d'une intelligence individuelle est une science « vide » : au lieu de rechercher les conséquences qui découlent directement pour mon intelligence de la nature logique de la déduction ou de l'induction, il faut rechercher comment, en fait, les Algonquins ou les Papous raisonnaient et raisonnent encore, comment les Egyptiens, les Babyloniens, les Grecs pratiquaient l'induction et la

---

[1] *Psychologie des idées-forces*, t. II.

déduction ; comment les méthodes se sont peu à peu modifiées, non par l'effet des réflexions personnelles d'un Aristote ou d'un Archimède, individualités négligeables, mais par les progrès de la technique sociale dans l'industrie, puis, plus tard, de la technique militaire, etc. On pourrait transporter la même méthode historique à l'arpentage, au lieu de le considérer comme une application concrète des théories abstraites de la géométrie. Les sociologistes n'ont pas suivi cette voie. Ils daignent reconnaître qu'il y a des notions géométriques et surtout logiques qui sont communes à toutes les intelligences normales, quelles que soient les époques où on les considère, malgré les divergences de détail, malgré les erreurs et sophismes qui ont pu avoir cours. Les clans les plus sauvages ont admis que quatre et un font cinq, du moins quand ils étaient capables de compter jusqu'à cinq ; que six et quatre font dix, quand ils étaient capables de compter leurs dix doigts et de compter sur leurs dix doigts. Les derniers des sauvages ont admis que tous les corps durs qui frappent la tête font mal et que, tel caillou lancé étant un corps dur, il serait absurde de conclure que ce caillou ne fera aucun mal. D'innombrables paralogismes remplissent sans doute la logique sauvage, — *cum hoc, ergo propter hoc, post hoc, ergo propter hoc*, énumération incomplète, passage du sens divisé au sens composé, etc. ; mais les lois logiques de l'induction ou de la déduction ne dépendent pas de la manière maladroite dont les hommes des cavernes les appliquèrent. Bien dirigés et placés dans des circonstances favorables, les sauvages auraient raisonné, au moins pour l'essentiel, d'après les mêmes principes logiques que nos bacheliers. En tout cas, on ne fait pas dépendre aujourd'hui la logique de la façon dont les Scythes ont pu raisonner il y a dix siècles. On ne considère pas la logique comme une « donnée de fait » qui n'aurait besoin ni d'être fondée, ni d'être justifiée, et qui ne pourrait être « à la fois théorique et normative ».

En revanche dès qu'il s'agit de morale, les positivistes de l'école sociologique ne veulent plus admettre que les intelligences humaines aient été capables des raisonnements les plus simples, qui justifient immédiatement certains modes de conduite sans faire appel aux mœurs, à l'usage, à la tradition sociale. Si un fils, en un moment de fureur, frappe ou tue la mère qui lui a prodigué ses soins, l'intelligence individuelle est, à en croire les sociologistes, incapable de voir là un renversement de rapports normaux, un manque de reconnaissance et d'affection, une brutalité dont les brutes mêmes ne donnent guère l'exemple. Si on demande, aujourd'hui, pourquoi le meurtre d'une mère nous indigne, les sociologistes déclarent qu'on n'en peut trouver que des raisons historiques, qu'il faut remonter d'âge en âge jusqu'à l'organisation de la famille primitive et du clan primitif. Un être capable de saisir un lien logique entre deux et deux pour les égaler à quatre, est incapable de saisir le moindre lien entre tous les bienfaits d'une mère et l'affection de son enfant pour elle. Ce n'est pas trop de toute la linguistique, de toute la philologie, de toute l'histoire du droit et des coutumes, de toute l'histoire en général et de toute la sociologie en général pour expliquer l'amour maternel et l'amour filial, ainsi que leur relation dite « naturelle ». Pour que l'homme s'élève à un sentiment qui existe partout naturellement, même chez les singes, les tigres et les lions, il faut qu'il subisse la pression des coutumes sociales, des traditions, des tabous, des sanctions de toutes sortes. Un chien s'empare d'une proie, en mange une partie, enfouit le reste ; pendant un moment d'absence, un autre chien découvre la cachette et dévore le bon morceau. Survienne le propriétaire légitime, vous verrez quelle correction il administrera à l'intrus, qui souvent, fût-il plus fort, la subira tête basse avec la conscience de l'avoir méritée. C'est une scène dont j'ai été vingt fois témoin. L'homme des sociologistes, lui, est au-dessous du chien ; il est incapable individuellement de comprendre que, si un homme a fabriqué ou transformé un objet pour son usage et qu'un camarade le lui vole, il y a là un renversement de rapports naturels,

quelque chose même d'illogique, un manquement aux
« définitions » du tien et du mien, comme aurait dit
le bon Socrate. Là encore, il faut que l'homme invoque
les coutumes ancestrales pour expliquer que chacun
tienne au produit de son travail. Les sociologistes
s'appuient volontiers sur le mot de G. Eliot : « Nous
naissons tous dans un état de stupidité morale ». Je
crois que l'homme des sociologues est seul assez
« stupide » pour ne pas saisir les règles les plus élémentaires du juste, du tien et du mien, des conventions, de la reconnaissance, du courage, des vertus
publiques et même privées. Seul il a besoin, pour lui
ouvrir l'intelligence, de tout l'appareil des sanctions
sociales et de toute la bibliothèque des sciences sociales.

Selon les sociologistes, cette croyance que l'homme
est *naturellement moral* et qu'il existe une « morale
naturelle » repose sur une confusion d'idées. L'homme
est naturellement moral « si l'on entend par là que
l'homme vit partout en société, et que dans toute
société il y a des mœurs, des usages qui s'imposent,
des obligations, des tabous » ; mais cela n'équivaut
nullement à dire que la moralité soit naturelle à l'homme
« si l'on entend par cette formule qu'il y a dans la conscience une notion plus ou moins nette d'un ordre moral,
par une sorte de privilège attaché à sa qualité d'être
raisonnable et responsable [1] ». Ainsi, selon cette doctrine,
pas plus qu'il n'y a d'objet à la moralité, en tant que
bien suprême ou en tant que *loi* suprême, il n'y a de
sujet concevant un tel bien, une telle loi, et pouvant
les réaliser. C'est là, répondrons-nous, nier les
données les plus réelles de la psychologie, je veux
dire l'existence en l'homme d'une intelligence capable
de se placer à un point de vue universel et impersonnel, capable aussi de concevoir sa propre personne
autre qu'elle n'est, de la concevoir comparativement
plus intelligente, plus maîtresse de ses impulsions, plus
inclinée vers les objets que la pensée juge supérieurs. C'est nier que l'homme se représente un per-

[1] Lévy-Bruhl, *La morale et la science des mœurs*, p. 201.

fectionnement quelconque, bien plus, une perfection (quelque valeur objective qu'on attache à cette idée). C'est nier que l'homme puisse en toutes choses concevoir, aimer et vouloir ce qui lui semble *définitif* ou *ultime*, au delà de quoi il ne juge pas qu'il puisse remonter. C'est, en un mot, méconnaître tout ce qu'il y a dans l'homme de proprement humain. Ce dépouillement systématique de la personne, au profit d'une société qui est précisément composée d'hommes et ne peut qu'amplifier leurs qualités naturelles, pourrait être appelé le grand sophisme des sociologistes.

Que de fois on a cité, pour prouver la relativité et la variabilité de toute prétendue morale naturelle, ce fait que, chez les Egyptiens, le plus grand des crimes était le meurtre d'un chat! Les actions réputées jadis les plus criminelles, — sacrilèges, profanations, incrédulité religieuse, — ne sont même plus aujourd'hui des délits. Sans doute — mais, à vrai dire, toutes ces prétendues preuves de variabilité sont des preuves d'invariabilité. C'est toujours et partout la même majeure de raisonnement : — L'individu doit éviter ce qui est contre l'intérêt vital de la communauté ; or (c'est ici que les mineures changent selon les croyances religieuses ou autres) le meurtre d'un chat attire la colère divine sur toute la communauté ; la profanation des objets du culte d'Osiris menace de ruine la cité ; l'incrédulité religieuse d'Alcibiade mutilant des statues tend à dissoudre, avec la religion, le lien social et à compromettre la vitalité de la nation athénienne ; donc, il faut réprimer ces crimes. On s'extasie devant la variabilité ; pour moi, je trouve que c'est toujours le même sentiment fondamental. Seules les applications changent avec le progrès « des lumières ». Il est clair que, le chat ayant perdu le caractère qu'on lui attribuait autrefois, le meurtre d'un chat en France ne saurait être jugé comme en Egypte ; mais c'est précisément en vertu *du même principe*.

D'après l'histoire des sociétés primitives, il est infiniment probable que le meurtre d'un homme du même clan fut toujours considéré comme crime ou délit, quoique le rapport d'un clan à l'autre, étant celui de rivalité ou même d'inimitié, ait pu paraître justifier le meurtre d'un étranger, rival ou ennemi. Dans les sociétés encore barbares, l'étranger et le naufragé ne sont pas compris dans le *neminem lædere*; mais, malgré cette persistance de l'état de guerre entre les divers groupes, l'obligation de ne pas léser ses pareils est très étroite au sein d'un même groupe. Il est certain que, dans une société où les castes existent, la justice consiste à traiter chacun selon sa caste, le brahmane en brahmane, le paria en paria : le *suum cuique tribuere* consacre donc alors l'inégalité, au lieu de l'égalité. Mais tout cela est affaire d'interprétation des devoirs. Si une société, dans certaines conditions primitives, se croit intéressée au maintien d'une hiérarchie de castes, d'une noblesse, etc., chaque membre sentira instinctivement qu'il y a un intérêt à ne pas violer cette hiérarchie, que cet intérêt s'impose à tout individu qui s'oublie lui-même au profit de l'ensemble. La manière d'être juste change, mais on conçoit toujours une justice.

Pareillement, nos sociologues amoralistes ont beau jeu à étudier l'inceste et à nous montrer combien les idées ont varié à ce sujet. Dans les rapports des sexes, il y a une foule de prescriptions qui tiennent à tel développement familial ou social, à telles idées religieuses, à telles croyances relatives à l'intérêt collectif, etc. Mais que, dans notre société actuelle, un homme séduise une fille pauvre, la rende mère, puis l'abandonne sans le moindre souci d'un enfant qu'il sait ne pouvoir être que le sien, d'une femme qu'il sait n'avoir appartenu qu'à lui : aura-t-on besoin d'invoquer, comme Jeannot Lapin, la coutume et l'usage, la sociologie et l'histoire des institutions matrimoniales, pour saisir une irrationalité intrinsèque dans cet acte, une injustice consistant à nier ou à rejeter les conséquences naturelles d'un acte qui est précisément *un fait*. — Hommes et femmes ont vécu jadis dans la promiscuité. — Peut-être; mais, la famille existant chez certains animaux, il n'est pas démontré qu'elle n'ait existé à aucun degré chez les premiers hommes. Peu importe d'ailleurs. Les moralistes d'aujourd'hui ne font pas une morale pour les sauvages, ils la font pour les civilisés, et ils prétendent que ce n'est pas seulement la *pression sociale*, mais une rationalité intrinsèque qui commande certains actes.

Les sociologistes considèrent comme un anthropocentrisme spirituel la croyance que la raison humaine est « le centre du monde », que l'homme est « le centre moral de l'univers. » Selon eux, l'expression de cet anthropocentrisme est « la prétendue morale naturelle », ou, mieux encore, la prétendue morale rationnelle, au sens large du mot. Ils entendent par là cette morale fondée sur la nature de l'intelligence qui fait le fond de la morale naturelle. Leurs accusations, au premier abord, peuvent offrir un caractère spécieux ; à la réflexion, elles apparaissent comme superficielles. Le véritable anthropocentrisme était de nature scientifique, ou, si vous voulez, anti-scientifique : il imposait à la science de ce qui est, à l'expérience de la nature telle qu'elle est dans l'espace et dans le temps, des fins tout humaines, une centralisation autour de l'homme et de son séjour. Quand il s'agit de la pratique, nous sommes obligés de considérer, non plus seulement ce qui existe dans l'espace et le temps, mais ce que nous pouvons faire exister par notre volonté intelligente, ce qu'il est désirable ou nécessaire de faire exister, de quelque nature qu'on se représente cette nécessité. Bref, nous sommes obligés de nous proposer une fin et de prendre pour fin ce qui nous paraît le plus *ultime*, autant que nous, hommes, nous en pouvons juger. Par là, ce n'est pas un *centre* humain que nous posons; c'est une *fin* que nous essayons de concevoir comme n'étant pas seulement *animale* et *humaine*. Nous prétendons dépasser le point de vue étroit de l'humanité proprement dite ou, tout au moins, y trouver un point de coïncidence avec tous et avec tout. Et c'est cette *déshumanisation*, c'est cette *décentralisation*, c'est cette *universalisation* que l'on traite de centralisation autour de l'homme et d'anthropocentrisme! La logique, dont nous parlions tout à l'heure, est-elle aussi un anthropocentrisme? Elle aussi contient des éléments humains et subjectifs ; mais, étant donnée notre intelligence, elle n'en est pas moins l'effort le plus objectif que nous puissions faire pour régler notre pensée sur des lois qui soient celles de toutes les pensées et de tous les objets pensables. Nous demander davantage, c'est nous demander trop. S'il y a des réalités *illogiques* ou *antilogiques*, qu'on nous le prouve : ce n'est pas aux logiciens qu'incombe cette preuve. De même, en morale, nous essayons de nous placer au point de vue le plus universel possible, qui est celui qu'on est convenu d'appeler *rationnel* ; nous ne faisons pas pour cela de la raison *humaine* le centre du monde : nous en faisons notre centre à nous, afin de pouvoir nous identifier, selon nos forces, avec le tout. Les adversaires de ce point de vue désintéressé et universel sont les vrais anthropocentristes ; seulement ils prennent pour centre, eux, le *matériel* de l'homme, au lieu du moral, ainsi que les *sociétés* humaines matériellement considérées. De plus, ils veulent que nous nous arrêtions à ce point de vue social comme ultime et ils le prétendent seul objectif. C'est là, si on peut parler ainsi, du sociocentrisme et, conséquemment, un véritable anthropocentrisme.

La science des mœurs substituée à la morale implique théoriquement et produit pratiquement le scepticisme. On répond que rien ne ressemble moins au scepticisme que de croire à la possibilité de modifier scientifiquement les effets par les causes. Mais cette réponse déplace la question. Sans doute, rien ne ressemble moins au scepticisme *sociologique* ; mais la négation de toute moralité rationnelle au profit des mœurs réelles, constitue un scepticisme *moral*, en même temps qu'un dogmatisme sociologique qui, nous l'avons vu, est outré et intempérant.

— Les philosophes, explique-t-on, ne *fondent* pas la morale, et les savants ne peuvent pas non plus la *détruire* : ce n'est pas d'une conception théorique ni d'un système d'idées qu'une prescription dite morale tire son autorité ; c'est de l'autorité sociale. Celle-ci pourra donc subsister par sa force propre, au moins fort longtemps, quelles que soient les méthodes employées par la science pour étudier les morales. De même, la science des religions ne semble pas, jusqu'à présent, avoir amené de changement marqué dans l'état des croyances religieuses. « Ce danger, dont on était si ému, est donc tout à fait imaginaire[1] ». Nous ne saurions partager cette confiance des sociologistes. L'histoire même des croyances religieuses se retourne contre ceux qui l'invoquent; car, au pays de Voltaire, il est manifeste que ces croyances ont diminué dans l'ensemble, presque disparu chez les ouvriers comme chez les intellectuels, notablement baissé chez les paysans et, en général, dans la partie masculine de la nation. Le *sentiment* religieux n'y subsiste aujourd'hui que grâce à son alliance avec le sentiment moral. Si donc la critique dissout les idées morales comme elle dissout les idées religieuses, les sentiments moraux eux-mêmes finiront par s'atrophier. Les sociologistes raisonnent comme quelqu'un qui dirait : — J'ai beau frapper au cœur tel animal, il cesse, il est vrai, de bouger, de se mouvoir, de sentir ; mais tout ne meurt pas à la fois dans son organisme : les ongles vont continuer de croître, et aussi les cheveux, et certaines autres parties qui vivront encore quelque temps ; rassurez-vous donc.

Supposons un jeune homme qui entreprenne la séduction d'une fille du peuple, dans la ferme intention de l'abandonner avec son enfant quand il s'agira pour lui de « faire une fin ». Il pourra, lui aussi, pour montrer que son exception est peu dangereuse pour la société, invoquer la persistance dans la masse du « conformisme moral » et du « misonéisme moral ». Il pourra dire que son action ne changera pas le cours des choses et que, pour une jeune fille démoralisée, il en restera une foule qui conserveront de la pudeur et des scrupules. Le raisonnement est commode et mène loin.

Tout en niant l'existence et la valeur objective de la morale, les sociologistes veulent en conserver les avantages : Malgré nos raisonnements, disent-ils, « nous sentirons toujours le blâme de notre *propre conscience;*

[1] Lévy-Bruhl, *La morale et la science des mœurs*, p. 140.

nous n'avons d'autre moyen d'échapper à ce blâme que par un *endurcissement moral* qui nous parait une déchéance pire que tout le reste ». On voit comment les sociologistes, dans le même moment qu'ils nient la valeur rationnelle de la conscience, sont obligés de la reconnaître. Aux sanctions extérieures dont ils nous menacent, ils ajoutent le « blâme » intérieur, la crainte de « l'endurcissement moral » et de la « déchéance ». Tous ces sentiments, il est vrai, ne leur paraissent que des importations de la société dans la conscience, des envahissements de chacun par tous. Ils oublient les révoltes possibles de l'individu. Si le sens social va croissant, le sens de l'individualité doit aussi aller croissant pour l'individu même : par conséquent, l'individu pourra dresser son moi devant la société, dès que la morale lui apparaîtra comme un mécanisme relatif et provisoire, dont on peut tourner à son profit les rouages quand on en sait les moyens.

— La morale d'une société donnée, nous dit-on, a beau être en effet relative et provisoire, « elle n'est pas sentie comme telle »; au contraire, « elle s'impose avec un caractère absolu qui ne tolère ni la désobéissance, ni l'indifférence, ni même la réflexion critique. Son autorité est donc toujours assurée tant qu'elle est réelle [1]. » — Que voulez-vous dire ? Entendez-vous que l'autorité sera assurée par une soumission de fait? Je réponds que, en fait, il y a des hommes qui violent la morale prétendue *imposée*. Entendez-vous une acceptation intellectuelle ? Mais vous êtes vous-même en train de dissoudre et de détruire les motifs intellectuels de cette acceptation, de cette « *autorité.* » Elle ne sera donc « *absolue* », pour moi et pour les autres qu'autant que votre doctrine ne m'aura pas convaincu et n'aura pas convaincu les autres. Si l'idée d'obligation sociale n'est qu'un sentiment de pression mécanique ou la survivance d'un instinct plus ou moins primitif, si elle n'a pas plus de valeur propre que l'idée de l'incarnation ou celle du péché originel, elle devra s'évanouir dans

[1] Lévy-Bruhl, *La morale et la science des mœurs*, p. 145.

l'espèce humaine après un temps assez prolongé. Dès aujourd'hui, elle peut s'évanouir chez celui qui a ou croit avoir la claire révélation de sa vraie nature. C'est la loi posée naguère par Guyau. Cette loi établit la *force* de l'*idée* pour la dissolution ou pour la consolidation de l'instinct, selon que l'idée réfléchie est défavorable ou favorable à l'instinct même.

En vain répond-on que « le caractère impératif de la morale aujourd'hui pratiquée, ne venant pas de la réflexion, n'est guère affaibli non plus par elle. » La réponse est contraire aux faits. Si l'individu, mis au courant de la vraie science des mœurs, se reconnaît *pressé* et *opprimé* par la force sociale au profit de la société, ne pourra-t-il jamais, grâce à la réflexion, secouer pour un moment le poids qui l'écrase ? Nous revenons toujours à la loi que Guyau dirigeait contre l'école anglaise : la réflexion dissoudra l'instinct ; l'individu se délivrera de la pression sociale, puis de la pression intérieure des sentiments moraux, s'il découvre que ces sentiments sont des moyens de ployer la machine individuelle au profit de la grande machine collective.

Pour sauvegarder la pratique, les sociologues se fient à l'horreur du nouveau et à la tyrannie des coutumes régnantes : « Rien de plus exigeant, disent-ils, que le conformisme de la conscience morale moyenne... Le misonéisme moral est encore aujourd'hui un fait universel[1]. » — Ce misonéisme nous semble une base peu solide pour maintenir la pratique des bonnes mœurs. Vous prétendez l'homme incapable de secouer le conformisme social ; mais voyez les anarchistes et les individualistes de l'école des Stirner ou des Nietzsche ! Ne prêchent-ils pas le mépris des conventions sociales, des préjugés de troupeau, le retour de l'individu à la pleine maîtrise de soi, à l'indépendance sans loi et sans règle, « au delà du bien et du mal », au delà aussi de l' « ordre social ? » — Ils prêchent dans le désert. — En êtes-vous sûr ? Et si vous-même révélez à l'individu qu'il est l'es-

---

[1] Lévy-Bruhl, *La morale et la science des mœurs*, p. 140, 142.

clave inconscient du troupeau humain, ne fera-t-il rien pour s'affranchir ?

Tout en comptant ainsi sur le « conformisme moral » et le « misonéisme moral », les sociologistes se plaignent pourtant de ce que ce sentiment a de peu scientifique, et ils ont raison. Mais ils tendent eux-mêmes à un conformisme pire encore que les autres : le conformisme social, qui aboutit à la routine universelle.

Le progrès serait autrement assuré si l'on faisait appel à la conscience individuelle, non pas pour lui prêcher simplement le conformisme moral ou social, mais pour provoquer son initiative, pour lui demander l'acceptation et, au besoin, la modification des mœurs, coutumes, lois, sanctions collectives de toutes sortes.

Avec une admirable sincérité, M. Lévy-Bruhl finit par se dire : « Il y a pourtant des questions de conscience ; au nom de quel principe les résoudre ?[1] » Et il répond : « Notre embarras est souvent la conséquence inévitable de l'évolution relativement rapide de notre société, et du développement de l'esprit scientifique et critique. » — Sans doute; mais encore, que faut-il faire ? — « Se contenter de solutions approximatives et provisoires, à défaut d'autres. » — Mais quand je suis placé entre la mort et ce qu'on est convenu d'appeler un devoir, il ne s'agit plus d'une solution approximative. Je ne puis vivre approximativement et, si je meurs, ce n'est pas provisoirement. Si donc je ne conçois, dans mes rapports avec autrui, rien qui me paraisse d'une valeur autre que « provisoire » et « approximative », la vraie pratique *positive* sera de dire : — Provisoirement, je choisis de vivre : tant pis pour ceux qui seront victimes de mon choix ; se sacrifier serait un beau risque, sans doute, mais le plus hasardeux des risques ! — Descartes ne prétendait pas se contenter d'une « morale de provision », et l'humanité ne s'en contentera jamais. Non pas que l'homme exige une certitude sur les résultats de ses vouloirs, mais il demande au moins que l'idéal humain offre à l'intelligence et au cœur de l'homme une *supério-*

---

[1] Lévy-Bruhl, p. 145.

rité de *valeur* certaine, reposant elle-même sur une supériorité des qualités humaines par rapport aux qualités matérielles ou purement animales.

En résumé, il n'est pas évident que la vie morale soit uniquement *sociale* ; fût-elle sociale, il n'est pas évident que tout s'y réduise à la *pratique* collective. La morale n'est pas simplement la science des données de fait dans la société, elle est la science des *motifs*, *fins* et *règles* idéales de la pratique, fins non seulement sociales, mais individuelles. Sans doute, le contenu particulier et concret de l'idéal moral est toujours relatif à un état donné de la société, mais il n'en résulte nullement que l'idéal moral ne dépasse en rien le contenu actuel de nos maximes communes.

III

LE POSITIVISME HUMANITAIRE

I. — Au lieu d'étudier ce que Kant et la philosophie allemande appellent le *sujet universel*, la philosophie positive, d'où est sorti le sociologisme, prétendit n'étudier que le *sujet collectif*, prenant conscience des lois de son activité par l'étude de son propre passé. Au lieu de la raison ou de l'entendement, la philosophie positive analysa l'histoire intellectuelle du genre humain. Les partisans actuels de cette philosophie soutiennent que Comte a eu raison de rejeter toute théorie abstraite de la connaissance et de la pratique qui déterminerait les lois intellectuelles ou morales par l'analyse de l'esprit réfléchissant sur soi-même. Selon eux, les lois de l'intelligence et de la volonté, comme les autres, ne peuvent être découvertes qu'au moyen de l'observation des faits. Or, selon Comte, la seule méthode qui convienne à l'observation des faits intellectuels ou moraux est la méthode sociologique ; de là l'importance accordée de nos jours à la sociologie, qui est devenue, entre les mains de ses partisans, la clef universelle.

Nous reconnaissons et nous avons montré nous-même, dans la *Psychologie des idées-forces*, que les lois de la pensée et la règle de la pensée, qui est la vérité, enveloppent des éléments sociaux. Mais ce ne sont pas pour cela des lois purement *sociologiques*. Sans doute on peut dire que les lois de la pensée sont communes à tous les hommes et que la vérité, une fois découverte, leur devient aussi commune; mais, en définitive, ce n'est pas l'opinion collective qui crée la vérité. C'est la vérité, au contraire, qui crée ou justifie l'opinion collective; ou, si vous préférez, c'est l'accord du développement de la pensée chez l'un avec le développement de la pensée chez l'autre. Si chacun affirme que le soleil existe, ce n'est pas parce que tous les autres l'admettent, c'est parce que chacun voit le soleil. L'*expérience*, source de la science, est essentiellement *individuelle* avant d'être sociale; nous sommes tous comme saint Thomas: nous voulons voir de nos yeux et toucher de nos mains. En vain donc on nous rappellera que la vérité est par elle-même valable pour tous les esprits, sa valeur universelle sera toujours conçue par des individus et dans des consciences individuelles. Son universalité n'est pas *sociologique*; elle est logique et métaphysique, malgré l'intime union des divers éléments et malgré l'analogie (que nous avons mise en lumière) de la raison commune avec la raison universelle.

La disposition sociale résulte elle-même de la faculté généralisatrice et scientifique, inhérente à chaque homme, car elle présuppose que la ressemblance générique entre les hommes est aperçue, que le type vrai de l'espèce humaine est démêlé dans les individus. La faculté scientifique, qui consiste à saisir le général dans le particulier, se trouve déjà en germe chez les animaux et les enfants, quoiqu'elle ne se développe que dans la société. Ce n'est pas *uniquement* parce qu'il est sociable que l'homme est un être intelligent ou, comme on dit, raisonnable, apte à saisir la vérité scientifique. C'est, au contraire, parce qu'il est déjà intelligent, raisonnable et capable de science, que l'homme est essentiellement sociable, qu'il a l'idée-force de la société et veut la société. La disposition *scientifique* de l'homme est ainsi un des germes les plus profonds de sa disposition *sociologique*, quoique la science, encore une fois, ne puisse faire des progrès continus qu'au sein de la société et par le concours de ses divers membres.

Il faut, aimait à répéter Auguste Comte, définir l'homme par l'humanité. Si, disait-il, l'on considère un homme isolément, la science positive ne permet de le définir que comme un *animal*, en qui, comme en tous les autres, la vie animale a pour seule fin d'assurer la vie végétative. Au point de vue strictement biologique, le mot de Bonald doit, selon Comte, être retourné : « l'homme est un organisme servi par une intelligence ». C'est seulement si l'on quitte le point de vue biologique pour le point de vue social, si l'on regarde l'espèce humaine comme un seul individu « immense et éternel » que l'on peut considérer la subordination volontaire et systématique de la vie végétative à la vie animale comme le type idéal vers lequel tend l'humanité civilisée. « On peut alors s'en servir pour définir l'homme ». En un mot, « nous ne sommes réellement hommes que par notre *participation* à *l'humanité*[1] ».

Dans cette sorte de platonisme positiviste il y a, selon nous, un mélange de vérités et d'erreurs. Auguste Comte n'a nullement le droit de dire « que la vie animale ait pour unique *fin* la vie végétative ». Si on veut spéculer sur les fins, on peut tout aussi bien, avec Aristote, soutenir que la vie végétative tend à la vie animale et, l'ayant pour couronnement, l'a pour but. Comment Auguste Comte oublie-t-il ici son principe aristotélique que le supérieur *explique* l'inférieur, que, par conséquent, les fonctions développées de la vie animale nous font comprendre cette ébauche qu'offre la vie végétative? L'absorption matérialiste de la psychologie dans la physiologie permet seule, à la faveur de l'ambiguïté, de présenter l'intelligence comme une simple servante de la vie organique, servante elle-même

---

[1] Voir le *Cours de philosophie positive*, t. III, 232 et sqq. Voir aussi Lévy-Bruhl, la *Philosophie d'Aug. Comte*, p. 384, 385.

de la vie végétative. C'est là un système, non un « fait positif ». Une fois née et dégagée de ses conditions premières, l'intelligence a précisément pour caractère de se prendre pour fin, de concevoir des objets dépassant la vie organique ou végétative, et, par cette idée-force supérieure, de se poser une fin supérieure. Quoique le *développement* complet de l'intelligence implique la société, nous venons de voir que l'intelligence est, de sa nature, une puissance individuelle : c'est la société humaine qui présuppose l'intelligence, ce n'est pas l'intelligence qui présuppose la société humaine.

La communauté sociale la plus primitive, famille ou tribu, présupposait elle-même des membres individuels, ayant une existence et une conscience plus ou moins à eux, quoique liées à celles des autres. Il n'y a pas de communauté sans des éléments individuels, et l'individu doit d'abord avoir une certaine indépendance relative pour pouvoir ensuite *dépendre* d'autres individus. Il est clair que l'homme n'est pas un Dieu, mais il n'est pas non plus un néant. S'il a une existence à lui et une conscience à lui, le moraliste en conclura qu'il a une *valeur* à lui. Le positivisme a raison de rappeler que sans l'action de la société l'homme ne serait pas ce qu'il est, une personne véritable ; bien plus, aucune partie de sa propre nature, — sensibilité, intelligence, volonté, — ne serait ce qu'elle est. Il n'en résulte pas pour cela que l'individu doive tout à la société. Celle-ci ne peut faire quelque chose de rien. Si des hommes ne lui sont pas donnés, avec leur organisme propre et notamment leur cerveau propre, aucun lien social ne sera possible et, à plus forte raison, aucune action sociale. Le caractère *individuel* de chacun suppose un élément déjà différencié physiologiquement et psychologiquement, sur lequel s'exerce ensuite l'action *collective* et qui a lui-même sa réaction propre, son « équation personnelle ». En d'autres termes, la part de la société dans le déterminisme n'est qu'une part et non le tout. La société ne crée pas l'individualité ; elle la *détermine* simplement dans une large mesure, et elle la détermine en lui faisant subir l'action concertante d'autres *individualités*.

Si donc une personne isolée et se suffisant à elle seule est une abstraction ou une impossibilité, il n'en résulte pas que l'individualité même soit, comme le prétend Comte, une abstraction. Ce qui est bien plutôt une abstraction, c'est une société dont les termes n'auraient pas en soi et par soi de réalité. L' « humanité » ne peut être composée d'abstractions. En dehors de tout milieu social, — nous ne disons pas de tout milieu naturel, — pour l'animal isolé, pour l'enfant isolé, certains développements psychiques élémentaires sont possibles : sensation, souvenir, association d'images, perception de différences et de ressemblances, comparaison, inférence, induction élémentaire, déduction élémentaire, etc. Il est donc faux de dire, avec M. de Roberty par exemple, que le psychique et l'intellectuel soient *entièrement* réductibles au social. Certes l'homme vit d'abord hors de soi, dans un monde d'objets et surtout de sujets analogues à lui-même; il vit dans la nature et la société. Réfléchir sur soi et sur sa vie propre est une opération ultérieure. Ce n'est pas à l'enfant ni à l'homme vulgaire qu'on demandera le *connais-toi*. Il n'en est pas moins vrai que l'homme qui réfléchit le moins a un côté intérieur aussi bien qu'un côté extérieur; il est, encore un coup, conscient de soi. Même quand il connaît des objets extérieurs et agit sur eux, cette conscience le sépare des objets qu'il connaît au moment où ils les connaît.

Le positivisme sociologique, qui réduit la morale à la science sociale, rencontre sa limite en ce fait fondamental : la conscience de soi. Fût-ce dans et par la société, j'arrive à me concevoir, *moi*, et à me connaître comme existant en moi. Ce n'est nullement la société qui me donne le sentiment de mon existence propre. L'animal fût-il isolé, l'enfant fût-il idiot, sourd, muet, aveugle, il a toujours ce sentiment. Il suffit de souffrir et de jouir pour être révélé à soi, non sous une forme sociale, mais sous une forme individuelle. Il suffit aussi de vouloir résister à la souffrance ou simplement à la volonté d'autrui qui nous contrarie, pour poser son moi devant autrui. L'*individuum* n'est donc pas seulement *ineffabile*, comme disait Schopenhauer, il est aussi *inexpugnabile*.

Le résultat du paralogisme de Comte est un *réalisme social* qui, on l'a vu, fond étrangement le platonisme dans le positivisme : nous sommes hommes par la « participation » à l'humanité. Mais qu'y a-t-il de moins positif qu'un seul individu éternel et immense qui serait l'Humanité ? Comte se perd dans l'ontologie tout comme ceux qui admettent *l'homme en soi*. En vain ses disciples répètent avec lui : L'homme est plutôt une résultante sociale qu'une unité sociale[1]. — Exagération. Il est essentiellement unité pour soi et pour la société ; il n'est résultante que grâce au développement social du contenu de sa propre conscience ; encore est-il, du même coup et indivisiblement, l'œuvre de soi et de son développement interne. Le mutuo-déterminisme n'empêche pas, il implique l'auto-déterminisme.

Veut-on voir jusqu'où peut aller l'aveuglement de certains sociologues, écoutez M. Gumplowicz. Celui-là ne se contente plus de dire que la religion, l'art, la morale, la science sont des produits impossibles sans la société (et encore bien mieux, ajouterons-nous, sans l'individu) ; il va jusqu'à prétendre que la conscience psychologique est produite par la société. « La plus grande erreur de la psychologie individualiste, dit-il, est d'admettre que l'homme pense... Ce qui pense dans l'homme, ce n'est pas *lui*, mais sa communauté sociale ». Voilà un socialisme psychologique qui eût jeté Descartes dans une légitime stupeur. Comment peut-on penser collectivement avant de penser individuellement et sans penser individuellement ? La chose est impossible. Au moins faut-il accorder qu'on sent individuellement *avant* de sentir collectivement et *pour* pouvoir ensuite, dans certains cas, sentir collectivement. De même, on *réagit* individuellement sous la sensation agréable ou pénible et les phénomènes collectifs de sympathie ne sont qu'ultérieurs. La science même, qui est cependant par excellence un produit social, n'existe que là où elle est com-

[1] M. Baldwin.

prise, et elle n'est comprise que dans des consciences *individuelles*.

A plus forte raison ce qu'on est convenu d'appeler la moralité peut bien résulter, dans ses règles et sa matière, d'une longue action sociale, comme le soutiennent ceux qui réduisent la morale aux mœurs ; mais encore faut-il une conscience individuelle qui comprenne la moralité, la sente, la veuille et, en un mot, la réalise. Le bien universel n'existe donc qu'à la condition d'être individualisé. Il en est du bien universel comme de la vérité universelle, qui n'existe qu'autant qu'elle est pensée par un sujet individuel. Si donc l'universalité la plus haute, celle du bien et celle du vrai, est un rapport saisi ou pensé par une conscience qui dit : *moi*, que sera-ce pour ce qu'on nomme l'humanité, qui est un ensemble de rapports bien moins universels ?

En un mot, si la morale est *fonction de la société*, elle est aussi fonction de la personne. Elle est la règle et la forme de la vie individuelle tout autant que celle de la vie collective. Et si la forme morale peut s'imposer à la matière sociale, c'est précisément parce que cette forme dépasse et déborde l'idée de société purement humaine, parce qu'elle a un fondement à la fois dans l'individu et dans l'universel.

La tentative d'expliquer adéquatement la morale par les seules conditions de la société soulève d'ailleurs cette question préjudicielle : qu'est-ce qui rend elle-même possible la société vraie et complète ? Une certaine moralité préalable et rudimentaire ne serait-elle point précisément la condition de la société ? A cette question nous répondrons d'une manière affirmative, en rappelant que le suprême bien social est précisément le bien *moral*. L'idée de ce bien moral, plus ou moins consciente, a existé dès l'origine dans l'humanité. De nos jours, cette idée-force est devenue tellement consciente que l'individu peut, au nom de la morale même, se dresser contre l'ordre social existant. Il le fait sans doute, d'ordinaire, au nom d'un ordre social futur ; mais il le fait aussi au nom des qualités intrinsèques qui sont inhérentes à la personne humaine et lui confèrent une valeur propre.

L'ordre social futur ne lui apparaît alors que comme un moyen d'assurer le développement de ce qui fait la valeur psychologique de l'homme, de *tous* les hommes.

II. — Ce qui rendra toujours nécessaire le maintien du point de vue individuel en même temps que du point de vue collectif, c'est que la société de fait, la société humaine ne réalisera jamais le véritable idéal social, ni par conséquent le véritable idéal individuel. D'ailleurs, l'individu n'a pas d'action directe sur la société humaine tout entière : il n'en subit l'action qu'à travers sa propre patrie, qui, en conséquence, devient pour lui une fin. Or, la patrie n'est pas la fin ultime et absolue. Une fin n'est sacrée qu'en tant qu'elle est identique à la fin de l'humanité, qui est elle-même identique à la fin de la société universelle ; et celle-ci est l'idéale unité de la fin de chacun avec la fin de tous. L'humanitarisme est un patriotisme élargi, un nationalisme dilaté dans le temps et dans l'espace ; ce n'en est pas moins encore un sentiment à objet borné, où la pensée et le cœur ne trouvent pas leur entière satisfaction. Quoi qu'en dise Comte, l'humanité n'est pas le grand Être : elle n'est que le substitut réel et pratique de la société universelle. Donc le tout social humain, dans sa réalité présente ou à venir, n'est pas identique au but moral. La moralité est la réalisation d'une vie idéale qui dépasse la distinction du *moi* et des *autres*, considérés comme centres de désirs particuliers et d'intérêts. Dans une vie idéale de ce genre, la vérité, par exemple, aura une valeur en soi, différente de celle qui lui vient de son utilité, ou personnelle, ou même sociale.

« Il n'existe qu'une vertu, avait dit Fichte avant Comte : s'oublier comme individu ; il n'existe qu'un vice : penser à soi. Quiconque dans les moindres choses pense à soi comme individu, quiconque désire la vie, l'existence, une jouissance quelconque, excepté *dans* la race et *pour* la race, celui-là, en dépit de tous ses efforts pour cacher sa difformité morale sous l'apparence d'autres bonnes actions, n'est qu'un médiocre, un répréhensible et un misérable. » Voilà le sociologisme absolu et l'absolu socialisme en morale. Fichte parle comme si vouloir du bien à soi était nécessairement vouloir du mal aux autres. En outre, pourquoi le bien des autres, et même celui de la *race*, — je ne dis pas seulement de la race germanique, si chère à Fichte, mais celui de la race humaine, — aurait-il une valeur quelconque si mon bien n'en a aucune? Puisque je ne vaux rien pour moi, comment puis-je valoir quelque chose pour vous, *et invicem*? Il ne suffit pas de déplacer un objet, de mettre à droite ce qui était à gauche, pour lui créer une valeur. Si ma vie, que vous me défendez de désirer pour mon compte, n'est pas un bien en elle-même et un bien pour moi-même, comment devient-elle un bien pour vous au moment où vous vous jetez à l'eau pour m'empêcher de me noyer? Avec des zéros de valeur multipliés à l'infini dans le temps et l'espace, sous le nom de race germanique ou de « race » humaine, vous ne constituerez pas une réelle valeur. Pour que je me sente obligé envers autrui, il faut qu'il y ait en autrui et en moi tout ensemble quelque chose envers quoi ou en raison de quoi je me sente obligé, quelque chose qui ait une valeur supérieure à tout le reste. Et cette chose est conçue en moi *avant* d'être conçue en autrui, tout au moins *en même temps;* si je ne lui dois rien en moi, je ne lui dois rien en autrui.

Il en résulte que tout devoir envers les autres est indivisiblement un devoir envers soi. Je ne puis vous *respecter* que si je me respecte : la justice exige que le moi conscient soit chose sacrée partout, que mon moi soit inviolable pour vous comme le vôtre l'est pour moi. Bien plus, je ne puis vous *aimer* qu'en m'aimant moi-même, qu'en aimant en moi les caractères d'amabilité que je trouve en vous dignes d'amour. Ce n'est pas par pure condescendance pour les autres que je dois être juste et bon pour eux ; ce n'est pas une grâce que j'ai à leur faire : je suis obligé *envers moi* à être bon *envers vous*, à ne pas être cruel, dur, orgueilleux, arrogant, colère, envieux. Si je manque à votre dignité, sachez bien que je manque du même coup à la mienne ; si je rabaisse votre humanité, je rabaisse la mienne ; si je suis mauvais pour vous, je suis mauvais pour moi. Si je vous frappe, je me frappe moi-même et m'abaisse au rang de la brute. Tout ce que je vous dois, je me le dois ; ce que je fais pour vous, je le fais pour moi, ce que je fais contre vous, je le fais contre moi. Il ne s'agit plus là seulement de ce contre-coup mécanique qui finit par faire retomber sur moi ce que j'ai fait contre vous, comme quand je frappe violemment une eau qui me rejaillit au visage. Non, il s'agit d'une identité foncière des vrais biens humains. Mon suprême désintéressement est mon suprême intérêt, le parfait amour d'autrui est le parfait amour de moi-même. Moralement, les autres hommes sont mes autres moi. S'il en est ainsi, pour être *socialement* unis et dépendants, il faut que nous soyons *moralement* indépendants : plus nous avons d'existence individuelle, plus nous pouvons réaliser d'existence collective. Tout au contraire, plus vous appauvrirez l'individualité personnelle, et plus vous la ferez rentrer sous le joug de ces besoins purement naturels qui, loin d'aboutir à l'amour et à la paix, font éclater entre tous la haine et la guerre.

On le voit, une fin uniquement sociale, proposée à l'individu, *positiviste* n'est pas suffisante pour entraîner son adhésion totale et sans réserve. Selon Fichte comme selon Comte, le ciel est sur la *terre*, ou du moins c'est là qu'il doit être réalisé. Pour cela, dit Fichte, nous devons travailler sans repos et aussi sans espérance personnelle, sans aucune idée d'une récompense ultérieure ; nous devons réaliser une fin dont nous ne verrons jamais l'accomplissement. « Cette fin est l'avènement de la raison, son avènement dans le monde même. C'est au sein du temps qu'il faut faire œuvre d'éternité ». Nobles paroles, qu'on peut prendre en un bon sens; mais Fichte ne se demande pas plus que Comte ce qu'il adviendra de la « raison », du moins de la raison humaine, quand la terre sera détruite et que ses débris morts rouleront dans l'espace en petits morceaux. Il reproche à Kant d'avoir mis la fin de l'homme en soi-même, non dans la société ; le triomphe de l'universel et du social sur l'individuel est, à ses yeux, « la vraie victoire de l'éternel sur le temps. » Mais en quoi l'humanité, que Fichte adore avec Comte, est-elle universelle et éternelle ? Le sacrifice de l'individu à l'humanité raisonnable est, dit Fichte, un « sacrifice sans compensation », un renoncement absolu et définitif ». Même doctrine chez Comte. Point d'autre fin au delà de cette fin ; point d'autre monde que l'ensemble des individus passés, présents ou futurs qui composent l'humanité, point d'autre forme possible de « la réalisation de l'Esprit » ou du « Grand Etre ». C'est faire bien de l'honneur à l'éphémère humanité que d'y voir la seule réalisation consciente de l'Esprit, fût-ce à notre point de vue humain. L'homme est un être concevant l'univers, débordant l'humanité, surmontant le monde même par l'idée d'un principe supérieur au monde, quoique intérieur ; qui empêche donc un tel être, — rêve pour rêve, — de rêver un triomphe vraiment *universel* de la raison, non pas seulement un triomphe humain ou terrestre[1] ?

Les humanitaires répètent volontiers, pour montrer l'insuffisance de l'individu, le beau vers du poète : « L'homme vit seulement le temps de dire adieu[2] ». Mais, pourrait-on leur répondre, la vie de l'humanité elle-même n'est qu'un adieu prolongé, qui, un jour, prendra fin. Si une société conforme à l'idéal peut jamais se réaliser sur terre, combien de temps durera-t-elle, et que sera ce temps dans l'histoire de notre planète ? Que sera-t-il surtout, entre les deux éternités du passé indifférent et de l'avenir incertain ? Comte a beau nous dire avec l'auteur de l'*Imitation* : « l'amour est plus fort que la mort » ; la mort aura été plus forte

---

[1] Rappelons que Fichte, dans les dernières spéculations de sa métaphysique, s'élève à un point de vue supérieur à celui de Comte : la morale restant humaine, la religion du moins, selon Fichte, est surhumaine (Voir le *Fichte* de M. Xavier Léon). A ce point de vue, il rétablissait la possibilité, sinon pour l'individualité, du moins pour la personnalité vraie, de se retrouver dans le grand tout spirituel et divin. Cette « religion » n'est que la morale en ses bases métaphysiques.

[2] V. Hugo.

que l'amour. Et de même, l'inconsciente « Nature » aura été plus puissante que la conscience humaine, qu'elle finira par réduire au silence. Le roseau pensant aura beau être plus noble que l'univers qui le tue, il n'en sera pas moins écrasé par l'univers.

Enfin, si tout notre devoir n'était, conformément aux idées d'Auguste Comte, de Fichte, des sociologues contemporains, qu'un devoir envers l'humanité, il se poserait toujours une dernière question : — Quel est le *bien* que nous devons chercher à réaliser ou à promouvoir dans le genre humain ? — Répondrez-vous : « C'est la disposition purement et simplement altruiste » ? — Nous voilà au rouet. Le seul devoir de chacun sera : « Développer chez un autre une disposition à développer la même disposition chez un autre, et ainsi de suite à l'infini ». Il faut bien s'arrêter à quelque chose qui ait une valeur ultime et que nous voulions développer comme état ou acte du *moi*. Nous l'avons prouvé tout à l'heure, même quand nous songeons au *moi* d'autrui, c'est toujours un certain bien bon aussi pour le *moi* que nous avons en vue. Si nous sommes logiques, nous ne pouvons donc exclure *notre propre moi* de ce bien, puisque les autres auront précisément pour devoir envers *nous* de l'y développer. De l'altruisme pur et simple, qui serait entièrement et uniquement centrifuge, il faut donc toujours revenir à une certaine réalisation centripète du *moi*. L'altruisme *absolu* de Comte se perd dans un cercle vicieux, comme s'y perd l'égoïsme absolu. Il y a une synthèse à chercher, et les éléments de cette synthèse sont à réaliser dans le *moi*. Il n'est donc rien qui puisse être la fin ultime de l'homme excepté quelque état ou acte de quelque *moi*, quelque état ou acte d'une ou de plusieurs *personnes*. Le « devoir social », seul admis par Comte aux dépens du « droit » individuel qu'il nie, ne peut provenir que de ce principe : — La vraie nature ou activité de l'homme ne trouve pas sa suprême et totale expression dans la socialité. Mais, selon nous, la société dans et par laquelle l'homme est moralisé n'est plus seulement la société humaine ; c'est, comme le croient les philosophes idéalistes, la société universelle, c'est-à-dire l'humanité et le monde vus sous un certain aspect d'éternité, *sub quadam specie æternitatis*. La vraie morale commence à l'heure où nous traitons les formes sociales et devoirs sociaux non comme de purs artifices *humains* pour maintenir les hommes ensemble, comme de purs palliatifs de la passion ou des serviteurs de l'inclination, mais comme des manières dont l'intelligence humaine, avec son activité consciente et raisonnable, peut atteindre un niveau supérieur. La vie en société n'est alors que le moyen de la vie la plus élevée, « le produit et la condition de la vraie vie » ; ce n'est pas « un simple mécanisme pour faciliter l'accomplissement de la vie plus basse[1] ». Dès lors, le jugement moral ne doit plus considérer seulement les *conséquences sociales* des actions humaines ; il doit chercher leurs *principes* ou sources dans l'*individu*, dans son caractère propre et dans sa conscience personnelle ; ou plutôt, il doit s'élever tout à la fois au-dessus de l'individu humain et de la collectivité humaine.

Concluons que, loin de se substituer à la psychologie, comme l'espérait Comte, la sociologie verra grandir la psychologie en même temps qu'elle : ces deux sciences exerceront l'une sur l'autre, historiquement et pratiquement, une continuelle réaction. Quant à la morale, elle sera l'application simultanée de la psychologie, de la sociologie et de la cosmologie. Loin de devenir superflue, elle sera de plus en plus nécessaire pour unir toutes les données de ces sciences dans une doctrine de la vie intérieure, extérieure et supérieure.

« On ne détruit que ce qu'on remplace », disait Comte avec profondeur. Le positivisme, n'ayant pas vraiment remplacé la morale par la sociologie, n'a pas détruit la morale.

---

[1] Voir sur ce sujet Wallace dans *Mind*, juillet 1889.

CHAPITRE VI

MORALE SOCIOLOGIQUE UTILITAIRE

I. Valeur des actes selon leur utilité sociale. — Valeur de la société même. — Valeur de perfection. — Valeur de plaisir et de bonheur. — Caractère individualiste du plaisir et du bonheur. — Le plus grand intérêt du plus grand nombre. — Impossibilité d'un équivalent du bien moral dans l'éthique utilitaire. — Insuffisance de l'utilitarisme.
II. Équivalent de la moralité cherché dans la coercition.

I. — Les sociologues utilitaires, comprenant ce qu'il y avait encore de métaphysique et même de mystique chez Comte, se sont efforcés d'introduire dans l'éthique la considération plus positive de l'utile, pour faire du bien social l'unique mesure de la valeur morale. Ils ont rappelé que, dans l'ordre économique, la « valeur » est une relation entre le désir de vendre et le désir d'acheter; elle est donc un rapport, non un terme fixe; il n'y a pas de valeur *en soi*, de valeur absolue. Les individus qui produisent une catégorie d'objets et les individus qui consomment ces objets font partie d'une même société; il s'établit donc une *moyenne*, d'après laquelle tant de travail est nécessaire pour la production, tant de capital est nécessaire pour payer cette production. Cette moyenne sociale, dans laquelle entrent une foule d'éléments, fixe la valeur sociale approximative. Ainsi se produit une sorte d'équilibre mécanique, d'ailleurs mobile, qui n'en détermine pas moins en moyenne le prix *normal*. Ce prix, par rapport à tel ou tel individu particulier, acquiert un caractère d'indépendance et d'objectivité. Je n'influe pas personnellement sur le prix des vêtements que je vais acheter dans un grand magasin, d'autant plus que ce prix est marqué pour tous en chiffres connus.

Le prix fixe est donc, par rapport à moi, une sorte de prix *en soi*. Les sociologues utilitaires considèrent la valeur des actions humaines et celle des caractères humains d'après des principes analogues. Il y a un certain nombre de qualités humaines dont une société donnée, à une époque donnée, a surtout besoin ; conséquemment, elle les tient en particulière estime. Ici, ce sont la force corporelle et le courage; ailleurs, ce sont la force intellectuelle et la science. De là une valeur normale des actions, des caractères, des hommes eux-mêmes. Cette valeur s'établit, pour ainsi dire, sur le marché de l'opinion sociale. Il existe un rapport entre l'offre des qualités et la demande des qualités. Aussi un partisan de la morale sociologique utilitaire a-t-il soutenu que la valeur morale des actes et des fins est une « *moyenne sociale*[1] ». L'ensemble des exigences de la vie sociale, dit-il, détermine « le degré d'estime où nous *devons* tenir chaque sentiment, chaque acte, chaque fin ». Il ne nous est point « *loisible* » de substituer à ce *tarif* moral notre appréciation particulière; et cela se vérifie jusque dans la bizarrerie de certaines opinions morales régnantes, contre lesquelles est impuissante la réflexion de l'individu, « comme elle le serait, économiquement, contre les conséquences d'une *mode* ridicule ». De là on conclut qu'il est légitime de sentir et d'affirmer hautement que « la valeur morale des choses s'impose à l'individu au nom de raisons qui dépassent l'individu. » Mais, ajoute-t-on, on aurait tort d'en conclure qu'on puisse en chercher le fondement dans quelque chose de « supérieur et d'étranger à la totalité des individus ou, pour mieux dire, au système de leur société. »

Ces réflexions sont en partie justes ; elles n'en mettent pas moins en évidence le défaut de l'utilitarisme sociologique. En effet, la valeur économique des objets n'est déterminée que par des *intérêts* en lutte, par un conflit de *désirs* chez les vendeurs et chez les acheteurs, et le tarif s'impose au nom d'une pure *néces-*

---

[1] M. Belot, *Revue philosophique*, 1893.

sité de fait. Quand je puis le faire baisser à mon profit, je n'y manque point. Aucun vrai sacrifice ne m'est imposé en vue du tarif de la viande ou du blé. Dans l'ordre social, il y a sans doute aussi un tarif d'estime, fondé en partie sur des considérations d'utilité, en partie sur des idées esthétiques, en partie sur des considérations d'honneur, sur des croyances religieuses, etc. Mais, si ce tarif de l'opinion publique fixe pratiquement le prix des actes et des personnes dans une société donnée, la *nécessité morale* de *se conformer au tarif* est elle-même d'un autre ordre. Un conflit violent peut se produire entre le tarif social et mon tarif personnel, à ce point que mon bien-être et ma vie soient en jeu ; alors se pose le grand problème : faut-il sacrifier la valeur qu'ont les actes pour moi à la valeur qu'ils ont pour la société ? Le sacrifice à la société ne s'imposerait aux sociologues utilitaires que si la société avait objectivement : 1° une *valeur* comme telle, 2° une valeur *suprême*. Or, de deux choses l'une : ou la société représente une valeur de perfection ou elle n'a qu'une valeur de jouissance. Le premier point de vue nous ramène à la considération de ce qui constitue *psychologiquement* la *perfection* intrinsèque, de l'individu humain, de la personnalité humaine. Au second point de vue, qui est hédoniste, la société comme telle ne peut ressentir ni plaisir ni douleur. La jouissance est toujours individuelle, puisqu'elle n'existe que dans des consciences : c'est un phénomène de sensibilité dont les causes et les objets peuvent bien être collectifs, sociaux, universels, mais qui, comme « ton » agréable ou pénible de la vie, ne se produit que dans les individus. Aucun sociologue utilitaire ne pourra prétendre que la nation française, comme nation, ait une jouissance propre. Le bonheur de la communauté signifie donc simplement les bonheurs des individus qui la composent aujourd'hui et la composeront à l'avenir. Le plaisir de la société signifie les plaisirs de ses membres. Le sentiment du plaisir et de la peine est un point où l'individualisme est invincible en face du socialisme éthique.

Les sociologues, — utilitaires ou autres, — croient avoir tout dit quand ils ont dit : « la société »; mais une société d'animaux ne nous paraît pas plus inviolable qu'un individu appartenant à cette société. Un buffle isolé ne nous semble pas sacré, une bande de buffles, pas davantage. Si on soutient que l'individu n'est qu'un moyen n'ayant aucune valeur en soi, le dévouement à l'utilité sociale sera impossible, car chacun, n'étant en soi qu'un moyen, ne pourra pas plus être pris pour fin par les autres que par lui-même [1].

Les sociologues utilitaires de notre époque s'efforcent, entre les divers individus, d'établir un lien non plus seulement extérieur et contingent, mais organique et nécessaire, comme celui qui relie les membres d'un même corps. Mais, entre les organismes individuels et l'organisme social, dont nous sommes les membres, il subsiste toujours une différence capitale. C'est que l'organisme social ne possède pas, — Spencer le remarque, — un « sensorium commun, » une conscience collective. Il n'a d'autres sensations et d'autres pensées que celles de ses membres individuels; le centre sentant est dans chaque unité, non dans le tout. Le sentiment de plaisir demeure donc individuel jusqu'au sein de l'organisme social, qui, comme tel, ne peut éprouver ni plaisir ni douleur. Dès lors, le sacrifice de notre plaisir est en réalité le sacrifice de notre plaisir à celui d'autres *individus*. Or, si le plaisir n'a pas de valeur suprême, le plaisir d'autrui n'en a pas plus que mon plaisir propre et ne peut, par lui seul, m'imposer une loi de dévouement. Si le plaisir, au contraire, a une valeur suprême, il ne l'a que pour qui en jouit. Je reconnais que, dans la société, le souci des jouissances d'autrui est généralement utile à l'individu, pour lui procurer en retour des jouissances sympathiques ou des avantages personnels; mais, en cas de conflit, aucune raison tirée de la jouissance comme telle ne sera valable pour désintéresser l'individu. En effet, l'unique objet de son sacrifice serait une somme de jouissances

---

[1] Voir le chapitre précédent.

chez les autres individus ; or ces jouissances ne sont pas supérieures en valeur à la sienne propre, du point de vue exclusif de la sensibilité. Tout au contraire, pour l'individu sentant, c'est son plaisir senti qui est sensitivement supérieur. Le plaisir collectif, — idéal des sociologues utilitaires —, a besoin d'être senti pour devenir mon plaisir ; mais, même alors, il ne peut être senti comme collectif : il est simplement imaginé ou pensé comme tel, et c'est son contrecoup sympathique dans ma sensibilité individuelle qui constitue le plaisir. Les utilitaires auront beau faire, le phénomène psychique de la jouissance ou de la souffrance ne pourra jamais exister concrètement que dans des individus. Le point de vue social, en morale, ne saurait donc être purement hédoniste sans se détruire lui-même et sans se résoudre en hédonisme individuel.

Il en est du bonheur comme du plaisir. La société est un tout qui n'existe qu'en vertu de ses unités constituantes ; comment donc, demanderons-nous de nouveau, un bonheur éprouvé par mille unités aurait-il plus de « valeur » qu'un bonheur éprouvé par un seul? Il a plus de valeur quantitative relativement à l'ensemble, assurément ; il représente une *somme*, une *durée* et une *intensité* de jouissances plus grandes objectivement, pour le « spectateur désintéressé » qui contemplerait la terre du haut de Sirius. Mais, pour l'agent placé entre son bonheur et celui de tous les autres, *moins le sien*, son propre bonheur représente une quantité plus grande, puisque c'est le seul dont il jouisse. Pourquoi sacrifierait-il l'unique bonheur pour lui réel à des bonheurs étrangers ? Chacun de ces bonheurs, objectivement, n'a pas plus de prix que le sien ; leur somme, objectivement, n'est supérieure que sous le rapport arithmétique ; subjectivement, elle se réduit pour lui à zéro de jouissance, parfois à une souffrance, peut-être même à la perte de cette possibilité indéfinie de jouissances et de bonheur qu'on nomme la vie. Jamais les sociologues utilitaires ne sont sortis et jamais ils ne sortiront de cette impasse. Ils ne peuvent que tenter, par une organisation socialiste, de mettre *effectivement* d'accord le plus grand bonheur de chacun avec le plus grand bonheur de tous ; mais ce parfait accord demeurera toujours un pur idéal. Dès lors, pourquoi l'individu, dans les grandes alternatives, sacrifierait-il la réalité à cet idéal abstrait et lointain ? dans le principe de l'intérêt social, quand il est présenté seul et comme unique moyen d'unification morale, il y a un caractère illogique qui en fait le vice. Admettre, d'un côté, que l'intérêt est le principe suprême, de l'autre, que je dois sacrifier l'intérêt en moi à l'intérêt en tous, c'est, pour obtenir le sacrifice de mon intérêt, prendre appui sur ce qui le rend pour moi impossible à sacrifier ; c'est, pour faire cesser la discorde, faire appel à l'élément même de discorde. On répond qu'il est *logique*, jouissant des biens sociaux, de ne pas compromettre l'existence de la société. Mais ce n'est logique qu'autant que, pour *jouir*, prétend-on, des biens sociaux, je ne suis pas obligé de donner tout mon bien propre et ma propre existence. Comment jouir de la société une fois mort pour elle ? Il y aura toujours dans le principe de l'utilité *seule* une duperie. Le cœur pourra bien être dupe, comme il l'est souvent, mais, si vous voulez convaincre l'intelligence, celle-ci n'arrivera point à comprendre que ce qui n'est pas inviolable chez un homme le devienne chez les autres, que chacun soit sacré pour autrui sans l'être pour soi.

L'objet même de la morale utilitaire est fuyant.

Il peut sembler à un regard superficiel que la fameuse maxime : « le plus grand bien du plus grand nombre, » offre quelque précision. Il n'en est rien. La forme arithmétique et abstraite laisse ici échapper le fond concret et moral. Le nombre ou la quantité n'est rien par soi : tout dépend de la qualité. Il s'agit donc de savoir quelle sera la qualité de ce « plus grand nombre » que l'on prend en considération. Mettez ensemble les animaux et les hommes, vous aurez un plus grand nombre ; aboutirez-vous pour cela à un intérêt commun de qualité supérieure ? Au contraire, vous aurez noyé l'intérêt humain dans l'intérêt animal. Au sein de l'humanité même, mettez ensemble les anthropophages de l'Océanie, les Dahoméens de l'Afrique et les Européens ; aurez-vous relevé ou abaissé l'intérêt du plus grand nombre ? Tout dépend de savoir où est cet intérêt, quelles qualités le constituent ; il est possible que, dans certains cas, le souci de la quantité nuise à celui de la qualité. Même si le nombre embrassait la totalité des hommes, il n'en résulterait pas encore qu'il exprimât le véritable intérêt de l'humanité, car il confondrait en bloc les meilleurs et les pires, les plus brutaux et les plus doux. La moralité n'est pas une question de mise aux voix ni de chiffre. Le dévouement à la société ne saurait être simplement la reconnaissance du mérite supérieur des grands nombres, une sorte d'adoration du suffrage universel chargé de formuler tant bien que mal l'intérêt universel.

Sociologues et socialistes, pour arriver à se passer de la morale proprement dite, nous promettent une ère finale où le plaisir de chacun coïncidera constamment avec celui de tous. Dans cet éden futur et problématique, la morale n'aura plus sa raison d'être, puisque la nature suffira alors à produire d'elle-même l'harmonie des plaisirs. Mais, dans l'état actuel, la morale a sa raison d'être, et cette raison d'être est précisément le manque d'harmonie entre le plaisir de l'un et celui de l'autre. D'ailleurs, quel que soit le développement social, mon plaisir demeurera toujours pour moi *incomparable*, sans commune mesure avec celui des autres, parce que ce sera toujours *moi* et que ce sera toujours *mon* plaisir. Le jugement moral ne commence à s'appliquer que si, dans l'individu et dans le plaisir même de l'individu, je considère la *personne* et, indivisiblement, quelque chose d'*impersonnel*. Un plaisir de *personne*, non d'individu pur, est un plaisir enveloppant des éléments qui dépassent l'individualité, des éléments intellectuels, sympathiques, synergiques. Mais la personnalité parfaite, qui serait aussi l'impersonnalité parfaite, demeurera toujours un idéal, tandis que l'antinomie des intérêts ou des passions sera toujours réelle.

Le critérium : « bon pour la société », doit donc lui-même être déduit d'un principe supérieur, et il ne peut recevoir son interprétation que si nous savons à quoi est bonne la société même. C'est ce que les utilitaires ne nous disent pas. Ils nous commandent le dévouement social sans le justifier. — Soit, répondront-ils, il y a des systèmes plus conséquents les uns que les autres; mais ce ne sont pas les systèmes qui font l'homme, c'est l'homme qui fait les systèmes. Si donc l'homme, en vue de l'intérêt commun, est et se sait capable de désintéressement, aucun système ne pourra en revendiquer le monopole. « Tous ont droit de faire appel à cette force morale, et il ne reste plus qu'à savoir quelle fin il convient de lui assigner[1]. » Nous répondrons ce que nous avons dit cent fois. — Les systèmes contribuent, *pour leur part*, à faire l'homme moral, en tant que les idées-forces ont une influence sur la conduite réfléchie, au moins dans les grandes occasions. Or, tout système, qui par hypothèse détruit la rationalité du désintéressement n'a pas le droit de « faire appel à cette force morale », sous prétexte que, grâce aux systèmes *opposés*, elle subsiste encore de fait. Qui trompe-t-on ici? C'est comme si un athée prétendait qu'il a le droit d'utiliser la croyance en Dieu au moment où il s'efforce de la détruire en son principe. Le désintéressement ne peut être invoqué que par ceux qui ne professent pas un système où, dans le fond, le désintéressement est absurde. La question est donc de savoir si l'utilitarisme social, tout en motivant chez l'individu un certain degré de désintéressement par intérêt, n'aboutit pas à des situations où il faut que l'un soit sacrifié à l'autre. En ce cas, au nom de quoi motiver le sacrifice? Faire appel aux *sentiments* altruistes, c'est profiter d'une équivoque. Tout sentiment enveloppe des idées et, si ceux qui ont ces sentiments s'aperçoivent qu'on les exploite, ils sauront bien réagir en modifiant leurs idées, par cela même la force de ces idées. En vain donc la sociologie utilitaire, profitant de ce qu'ont fait et font encore les moralistes, s'arroge le droit de poser, comme donnée de fait, la moralité désintéressée, puis

[1] M. Belot, *ibid*.

de s'y appuyer pour se développer elle-même ; la question est de savoir si le désintéressement subsisterait au cas où l'intérêt général ne serait reconnu pour règle qu'en vertu de ce qu'il est *intérêt*. Or, nous avons vu que la catégorie d'intérêt, comme celle de plaisir, est au fond *individuelle* et que ce qui fait pour moi l'unique *valeur* de l'intérêt, c'est d'en jouir.

— En fait, réplique-t-on, et sous nos yeux, dans la société présente, sans faire intervenir autre chose que la réaction sociale des intérêts en contact et les lois psychologiques de l'association, la règle de l'intérêt général arrive à *prévaloir* sur celle de l'intérêt personnel. — Sans doute ; mais c'est que dans la société, outre la réaction des intérêts, il y a aussi celle des idées en contact, parmi lesquelles l'idée même d'un souverain bien et d'un devoir, bien ou mal conçu ; savez-vous ce qui fût arrivé s'il n'y avait eu en contact que des intérêts ? Vous pourrez bien soutenir que, même en ce cas, la règle de l'intérêt commun prévaudrait *en général ;* mais combien d'exceptions se produiraient du jour où l'intérêt serait reconnu comme seule règle !

Dans un système de morale, quel qu'il soit, dit-on, on ne peut jamais éviter, de faire appel à la bonne volonté de l'agent[1]. — Oui, mais encore faut-il persuader à l'homme d'avoir cette bonne volonté, au lieu de le décourager par une théorie qui la rend irrationnelle.

En somme, l'intérêt général n'est que la *formule* pratique de la moralité, du moins de la moralité sociale ; il n'en est pas le *fond*. Si l'on nous objecte : — « Nulle part on ne voit les sciences, surtout les sciences pratiques, atteindre ni chercher la connaissance du fond des choses[2] ». Nous répondrons que, par *fond* de la moralité, nous ne désignons pas je ne sais quelle substance transcendante ; nous entendons simplement le dernier *contenu* déterminable de l'idée morale, ce qui lui confère sa force de conviction pour l'intelligence, de persuasion

---

[1] M. Belot, *ibid.*
[2] M. A. Belot, *Rev. phil.* Octobre 1890.
[3] M. Belot, *ibid.*, 462.

pour le sentiment. Or, ce dernier contenu, ce quelque chose de définitif que doit offrir la moralité, l'individu ne le trouvera jamais dans la simple idée de société humaine comme telle, qu'enveloppe des éléments en opposition. Il ne faut pas se représenter l'éternel conflit de l'individu avec la société comme extérieur et de nature toute mécanique ; le vrai conflit est intérieur au moi. Il a lieu entre l'idée-force de la société universelle et l'idée-force de moi-même comme individu. Le conflit se produit donc comme l'a remarqué un moraliste anglais, Wallace, entre des éléments divers de ma vie psychique. L'opposition entre ce qui est bon pour moi et bon pour vous devient une opposition entre ce qui est bon pour moi et ce qui est bon à la fois pour vous, conçu par moi, et pour moi, également conçu par moi. Cette opposition, à son tour, devient une opposition entre deux éléments ou aspects de mon bien, l'un qui se trouve être exclusivement mien en raison de telles circonstances particulières, — un intérêt d'argent, par exemple — ; l'autre qui demeure indivisiblement mien et vôtre, comme étant notre commun bien universel.

Le résultat, c'est qu'il y a conflit non pas seulement matériel, mais psychique, entre l'individu et la société. Ce conflit peut même devenir proprement moral ; car, dans le domaine moral, l'individu peut se diriger d'après des règles qui soient en avance sur celles de la société présente. C'est là un fait fréquent. Ce fait se manifeste non seulement chez le « voyant moral », comme dit M. Baldwin, mais même chez beaucoup d'entre nous. Il s'est produit dès l'origine, plus ou moins conscient, dans l'humanité. Plus tard, il est devenu tellement conscient que l'individu peut, au nom de la morale même, se dresser contre l'ordre social existant. Il le fait sans doute au nom d'un ordre social futur, mais il le fait aussi au nom des qualités intrinsèques qui sont inhérentes à la personne humaine et lui confèrent une valeur propre. Un tel conflit ne se résout que de deux manières : ou la marche en avant de la société dans le sens indiqué par l'individu, ou, au contraire, résistance de la société à l'individu et quelquefois même suppression de ce dernier, comme Socrate ou Jésus.

II. — Certains sociologues utilitaires acceptent comme un fait irréductible la contradiction de l'intérêt individuel avec l'intérêt universel ; mais ils cherchent à la corriger pratiquement, non plus théoriquement. La fin du bonheur universel étant admise, disent-ils, « c'est affaire au sociologue et au pédagogue de maintenir ce qu'on appelle la moralité ». Le problème de l'obligation « n'est pas scientifique ». On ne peut pas « prouver l'obligation à l'égoïste ». Etre obligé, cela est « un sentiment », et ce sentiment est le résultat de l'éducation ; il est un « simple fait[1] ». — Se débarrasser ainsi sur le pédagogue et le sociologue du soin de développer le sentiment d'obligation, voilà donc la ressource suprême de l'utilitarisme, comme du positivisme. Mais je demande de nouveau par quels moyens on développera un « sentiment » qui, pour la réflexion, se résoudrait en une contradiction insoluble de l'altruisme et de l'égoïsme ? Il n'y a qu'un moyen, c'est de tromper enfants et hommes. Tromperie impossible. Le sentiment d'être obligé disparaîtra toujours avec l'idée de la rationalité de l'obligation.

Aussi, au lieu de faire appel à la « bonne volonté », les utilitaires conséquents font appel à la force. Ecoutons un des plus logiques partisans de l'utilitarisme en Angleterre, M. Hodder. On s'imagine, dit-il, que la fin *morale* est une fin qui s'adresse à l'*individu*; on croit qu'un utilitaire doit prouver que chaque homme désire le bonheur de tous les hommes. « Il n'y a jamais eu d'idée plus absurde ; il n'y a jamais eu de plus profonde erreur. L'objet d'un système de morale n'a pas besoin d'être désiré par un individu, quel qu'il soit. L'utilitarisme n'a besoin de supposer rien de plus que ce fait : chaque personne se soucie seulement d'être heureuse elle-même. » Si elle aime encore un petit nombre d'autres personnes et désire leur bonheur, c'est bien ; si elle est

---

[1] Voir Hans Voltz, *die Ethik als Wissenschaft*, 1886.

philanthrope et aime d'autres personnes que ses amis immédiats, c'est de mieux en mieux ; mais, pour ce qui regarde la théorie de la morale, tout cela est « inessentiel ». L'*objet* d'un *système* de morale n'est pas l'objet d'un *individu* quelconque : il est l'objet de la société, et de la société conçue non comme pure collection d'individus, mais comme organisme. L'objet de chaque individu peut être son propre bonheur ; l'objet de la société est le bonheur de tous les individus. On ne trouve pas paradoxal qu'une association ait un objet qui ne soit pas identique à celui de l'un quelconque de ses membres, qui même soit parfois en conflit avec l'intérêt séparé de l'un ou de plusieurs de ses membres. Dans une compagnie financière, chaque associé se soucie peu d'enrichir les autres, mais l'objet de la compagnie est d'enrichir tout le monde. De même, une armée se soucie non du salut d'un seul, mais du salut de tous. Comment donc réconcilier l'intérêt général et l'intérêt individuel? D'abord, songeons qu'on ne peut atteindre les bienfaits de la société qu'en vivant en société. — Mais si je triche, de manière à profiter des biens sociaux sans coopérer comme je dois? — Alors la loi intervient. « Il y aura une ample autorité pour les injonctions de la moralité sur l'individu immoral, aussi longtemps que la société pourra infliger les plus grandes souffrances que puisse endurer un homme. » Le fait de la responsabilité, pour l'individu, « gît dans la disposition et les muscles de ses compagnons ». — A la bonne heure! Mais les muscles de mes compagnons pourront-ils toujours triompher de ma ruse et me punir de ce que je fais en cachette? Au moins cette conception de la sociologie utilitaire est-elle dépourvue de toute vaine sentimentalité : obligation signifie chaîne, avec de bons muscles pour l'attacher.

Selon nous, la force est un fondement social incertain, tout comme l'intérêt. Il faut toujours en revenir à la sympathie, à l'altruisme; de plus, il faut justifier l'altruisme lui-même au nom de la raison et de la justice.

Un autre utilitaire[1], Sidgwick, a tenté une démonstration logique du principe qui est, selon lui, le bonheur universel, supérieur au bonheur de l'individu. D'après Sidgwick, la méthode convenable pour établir la valeur supérieure du bonheur universel par rapport au bonheur individuel, c'est l'*analyse*, grâce à laquelle on peut remonter *logiquement* d'une proposition plus particulière à une proposition plus *générale*. Voici, par exemple, dit-il, une proposition particulière évidente d'elle-même : « Toute peine des êtres humains et doués de raison doit être évitée. » Par l'analyse, je m'aperçois que cette *différence*, la « raison », qui existe entre l'homme et les autres êtres sentants, n'établit aucune distinction fondamentale entre leurs *peines* respectives. La différence doit donc être éliminée, et le vrai principe de la proposition qui avait paru d'abord évidente par soi est cette affirmation plus générale : « Toute peine est à éviter. » Telle est la méthode logique et formelle que Sidgwick veut appliquer à la morale, et qui n'a rien de commun avec l'universalisation kantienne des maximes. Pour cela, Sidgwick soumet à l'analyse la maxime égoïste : « Il est raisonnable *pour moi* de prendre mon plus grand bonheur comme but suprême de ma conduite » ; par la réflexion, dit Sidgwick, je trouve « que le bonheur d'un autre individu quelconque, également capable de bonheur et en ayant également besoin, ne doit pas être moins digne d'être poursuivi que mon bonheur propre » ; et j'en viens ainsi logiquement à accepter cette maxime que le bonheur, en *général*, doit être considéré comme le réel principe premier, car la maxime égoïste n'est vraie qu'autant qu'elle est une expression partielle et subordonnée de cette maxime plus générale[2].

N'y a-t-il point là une sorte de prestidigitation logique, à la façon d'Okkam et de Scot, qui aboutit à escamoter le *moi* et le *toi* en faveur de la société humaine, bien

---

[1] Voir notre précédent volume : *Moralisme et amoralisme*. Introduction.
[2] *Methods of Ethics*, p. 389.

plus, en faveur de la totalité des animaux et des êtres sentants quelconques ? Est-il permis de dire que la restriction *moi* ou *toi* n'importe pas ? Au contraire, tout le problème est dans cette restriction, dans cette détermination, dans cette particularité qui constitue l'individu et sur laquelle l'égoïste prend son point d'appui. L'égoïste pourra donc dire à M. Sidgwick : — Vous avez posé vous-même en principe que le plaisir et le bonheur est « la seule chose finalement et intrinsèquement bonne ou désirable, *ultimataly and intrinsically good* », conséquemment la seule *valeur* morale ; mais, remarquez-le bien, le bonheur consiste à jouir soi-même du bonheur et non à ce qu'un autre en jouisse à votre place. Mon bonheur est donc un bien et une valeur pour moi qui en jouis. De cette proposition fondamentale vous pourrez bien tirer logiquement, par votre « méthode analytique », les deux suivantes : 1° le bonheur d'un autre est un bien pour cet autre qui en jouit ; 2° le bonheur, en général, est un bien pour ceux qui en jouissent ; — mais il est illogique d'en conclure que le bonheur d'un autre soit un bien même pour celui qui n'en jouit pas. Pour empêcher l'égoïste de préférer une trahison à la mort, il ne suffira pas de lui dire que la vie est naturellement agréable pour tout le monde comme pour lui, car c'est précisément de ce fait général ou de cette loi naturelle : « Tout le monde veut vivre » qu'il tire cette conclusion : « Donc, je veux vivre ». Dans la réalité des choses, encore une fois, le plaisir ne peut pas avoir la même valeur quand je ne l'éprouve pas et quand je l'éprouve, son essence étant d'être *éprouvé* et de cesser d'être dès qu'il cesse d'être éprouvé. Nous nous trouvons ainsi en présence de deux séries de propositions : 1° le bonheur de chacun est une fin raisonnable (c'est-à-dire naturelle) pour chacun, comme le bonheur de tous est une fin raisonnable pour tous ; 2° le bonheur de tous est une fin raisonnable pour *chacun*. Je doute qu'aucun logicien, par aucun syllogisme, puisse combler la brèche entre les deux, à moins d'abuser de l'ambiguïté des termes.

De même, Sidgwick ne peut fonder l'*égalité* humaine,

comme il semble le faire, sur ce que « le bien d'un individu quelconque n'a pas plus d'importance comme partie du bien universel que le bien de tout autre individu (p. 355). » Sidgwick traite le bonheur universel comme un *tout algébrique*, composé d'autant de *parties* homogènes et *égales* qu'il y a d'individus ; c'est encore là un cercle vicieux manifeste, qui présuppose l'égalité au lieu de la démontrer. C'est de plus une fiction mathématique sans fondement dans la réalité, car il n'est pas vrai que la somme de jouissances éprouvées par un individu soit égale en fait à la somme de jouissances éprouvées par un autre, ni certain que chaque individu ait « la même importance » que tout autre (Newton par exemple) pour le bien général. Logiquement et mathématiquement Sidgwick se contente donc de généralités abstraites et vides. C'est aussi là, sous une apparence positiviste, le défaut de toute sociologie utilitaire, qui ne peut invoquer en faveur du bonheur social qu'une supériorité logique, insuffisante comme mobile des actions individuelles.

CHAPITRE VII

MORALE SOCIOLOGIQUE DE LA SOLIDARITÉ

I. — Rapport de l'idée de solidarité avec celle de causalité réciproque universelle ou de déterminisme. — Application altruiste et application égoïste possibles. — Solidarité de fait et solidarité idéale.
II. — Solidarité sous forme de justice contractuelle et de justice réparative. — Théorie de l'organisme contractuel et du quasi-contrat social. — Nécessité d'un principe moral supérieur.

I. — Le principe de la morale solidariste est que chaque *vivant* sociable, par le fait seul qu'il naît et développe sa vie individuelle au sein d'une société, profite réellement de tous les efforts sociaux antérieurs et doit, rationnellement, contribuer au bien commun. Un être vivant doué d'*intelligence* ne peut pas ne pas comprendre cette situation, ne peut pas ne point se représenter sa dette sociale sous la forme d'un devoir social de justice. Un être vivant doué de *sensibilité* ne peut pas ne pas éprouver un sentiment de sympathie pour la société dont il est membre et organe, sentiment qui constitue l'altruisme. Telle est la morale de la solidarité. C'est la seule que puisse soutenir un sociologisme conséquent : la morale de l'intérêt, avec son appel final à la sanction de la force, n'est qu'un prolégomène à la morale de l'altruisme, identifié à la justice par le moyen de la solidarité.

Cette idée de la solidarité est loin d'être, comme on le croit parfois, due à Auguste Comte. Elle avait été soutenue par Pierre Leroux, par Jean Reynaud et par les socialistes du commencement du siècle. « J'ai le premier, dit Pierre Leroux, emprunté aux légistes le nom de solidarité pour l'introduire dans la philosophie, c'est-à-dire, suivant moi, dans la religion de l'avenir. J'ai voulu remplacer la *charité* du christianisme par la *solidarité humaine*[1]. » Cette notion se retrouve chez Descartes même (ce qu'on ignore trop[2]), et elle avait été développée déjà par les anciens moralistes, surtout stoïciens. De nos jours, se substituant aux idées trop sentimentales de charité chrétienne et de fraternité républicaine, l'idée de solidarité vise à un caractère de plus en plus scientifique. Elle se donne comme exprimant non plus un pur sentiment, plus ou moins subjectif et libre, mais une *vérité* qui sort de toutes les sciences aujourd'hui à l'œuvre, notamment de la science sociale : c'est que les hommes, en poursuivant leurs fins propres, 1° ne *peuvent* pas ne pas tenir compte les uns des autres, 2° *doivent* en tenir compte. Ils ne le peuvent pas et subissent ainsi une nécessité qui s'impose de fait ; ils le doivent ensuite, par une conséquence inévitable, au nom d'une nécessité dont l'intelligence se rend compte[3].

Si l'on demande une analyse rigoureuse et précise de la catégorie de solidarité, nous rappellerons ce que nous avons déjà démontré dans notre *Critique des systèmes de morale contemporains* : cette catégorie n'est autre que celle de *réciprocité*. La réciprocité, à son tour, peut être entendue d'abord comme simple mutualité de causes et d'effets. Les mouvements de la terre et ceux des autres planètes sont solidaires, parce qu'ils sont causes et effets les uns des autres. D'une manière générale, pour le philosophe, la *nature intrinsèque* de chaque être est inintelligible dans ses *relations* avec tous les autres êtres, sur lesquels il agit et dont il subit l'action. Mais, d'autre part, les relations extrinsèques des êtres

---

[1] *La grève de Samarez*.

[2] Voir notre *Descartes*.

[3] Nous avons nous-même développé, à maintes reprises, cette conception de solidarité sur laquelle avaient insisté Bastiat, Renouvier, Henri Marion et Secrétan. Nous l'avons exposée dans la *Propriété sociale et la Démocratie*, comme dans la *Science sociale contemporaine* et dans le *Discours* prononcé au Trocadéro en 1882. En prose et en vers, Guyau a célébré, lui aussi, la solidarité ; il a essayé de fonder en partie la morale sur cette loi essentielle de la vie expansive (Voir la pièce de vers intitulée *Solidarité* ; voir surtout l'*Esquisse d'une Morale* et tant d'admirables pages de l'*Irréligion de l'Avenir*).

sont inintelligibles sans leur relation à la nature intrinsèque de chacun, sans l'existence d'une nature propre constituant un centre plus ou moins individuel d'action. Il y a là une synthèse des contraires qu'une philosophie exacte doit mettre en relief. Mais cette réciprocité ou solidarité causale, qui existe dans la société humaine comme ailleurs, n'a encore rien de moral ; elle est simplement le déterminisme complet, qui, en tant que s'exerçant dans le temps et dans l'espace, est lui-même, aux yeux du philosophe, un complet mécanisme. Nous n'avons ici qu'une solidarité causale et à forme mécanique.

Il existe une solidarité supérieure, qui est celle des êtres vivants ; on la nomme solidarité « organique ». Cœur, estomac, poumons sont solidaires. Le lien qui relie les organes vivants est beaucoup plus interne que celui des rouages d'une machine, puisque le bien de chaque partie est attaché au bien du tout, et réciproquement. La solidarité des individus appartenant à une même société est, elle aussi, de nature organique, comme nous l'avons montré plus haut. Mais elle n'est encore, à ce titre, que la solidarité *naturelle* des biologistes, non la solidarité *volontaire* des moralistes. Or, la solidarité naturelle, même organique, n'est qu'une loi nécessaire de la nature et de la société qui nous lie dans le mal comme dans le bien ; quoi que nous fassions, elle subsiste toujours et, en conséquence, n'a pas par soi un caractère moral. L'araignée et la mouche dont elle se nourrit sont solidaires par la loi de nature, quand elles sont sur la même toile. Cette merveilleuse harmonie, qui pouvait enchanter Spinoza, est loin de satisfaire le moraliste. Le parasite est lié au corps qu'il exploite. Nous sommes unis par de tels liens de solidarité avec les animaux dont nous nous nourrissons, que leur mort entretient notre vie. Dans la société humaine, nous sommes dépendants l'un de l'autre, mais en quoi cette dépendance, par elle-même, est-elle toujours un bien ? Qui dépend plus que l'esclave ? Nos semblables, précisément parce qu'ils sont nos semblables et ont des besoins semblables, peuvent devenir nos adversaires. Le voleur même et celui dont il s'approprie le bien sont solidaires, membres d'une même société dont le déterminisme a enrichi l'un, laissé l'autre misérable ; et c'est pour cela que le pauvre vole le riche. La solidarité des intérêts n'est donc nullement l'*identité* ou l'accord des intérêts. Le capitaliste et le travailleur manuel ont, à coup sûr, des intérêts solidaires ; si, par exemple, le premier a plus d'argent, il pourra employer plus d'ouvriers et les payer mieux. C'est le grand argument que les économistes opposent aux socialistes. Mais que répondent ces derniers ? L'intérêt du capitaliste, disent-ils, n'en est pas moins d'employer à son profit, dans l'espace de temps le plus bref et au meilleur marché possible, la force de travail ou l'énergie vitale qui appartient à l'ouvrier, ce dernier dût-il être épuisé par l'excès de labeur. Chômages et grèves sont des faits de solidarité. Les harmonies d'intérêts solidaires, qui sont réelles malgré les exagérations d'un Bastiat, n'empêchent nullement les antinomies d'intérêts solidaires, qu'un Proudhon se plaît à entre-choquer. Bref, le déterminisme qui lie les effets aux causes et les causes entre elles, les moyens aux fins et les fins entre elles, aboutit aussi bien à des conflits déterminés qu'à des concours déterminés : patrons et salariés étant solidaires, ce fait brut d'interdépendance entraîne la lutte autant que l'union.

Aussi la morale sociologique de la pure solidarité peut-elle, par une sorte de bifurcation, aboutir ou à la pratique de l'intérêt ou à celle du désintéressement. Puisque nous sommes solidaires, dévouons-nous pour les autres, diront les « altruistes » ; puisque nous sommes solidaires, employons les autres à notre propre bien, répondront les égoïstes. — Liés, faisons servir la chaîne à tous. — Liés, tirons à nous la chaîne, si nous sommes les plus forts et s'il y va de notre intérêt ou de notre vie. Deux forçats attachés au même boulet ne sont pas pour cela, en tout et pour tout, deux amis. La solidarité est ce que valent les êtres solidaires. S'ils s'aiment préalablement entre eux, elle sera solidarité d'amour ; s'ils se détestent, elle sera solidarité de haine. Dans les deux cas, il y aura toujours action et réaction inévitable des uns sur les autres, influence mutuelle avec contre-coup de chacun sur l'ensemble et de l'ensemble sur chacun. Les vagues de l'océan sont aussi bien solidaires dans le choc de la tempête que dans la paix des jours sereins.

Les solidaristes, en définitive, n'ont point poussé jusqu'au bout l'analyse de l'idée de dépendance. L'homme ne dépend pas seulement des autres hommes, de la nature, de la famille, de la nature extérieure ; il dépend aussi de sa propre constitution individuelle, il dépend de lui-même et de toutes les relations internes qui le constituent tel ou tel. L'interdépendance suppose l'intradépendance ; le déterminisme extérieur suppose le déterminisme intérieur : on est solidaire de soi, de sa nature et de ses besoins avant de l'être d'autrui. Quelle sera donc la part de l'individualisme et celle de ce qu'on pourrait appeler l'universalisme ? Le principe de causalité ou même de finalité, à lui seul, ne résoudra pas ce problème.

Bien plus, on peut se demander si l'interdépendance et l'intradépendance ne supposent pas un certain degré d'indépendance, je veux dire l'existence d'une activité *causante* en même temps que causée, d'un centre originaire d'action, je ne dis pas absolu, mais relatif. Là, au lieu de la solidarité complète, il y aurait une insolidarité au moins relative et partielle. Qu'on se représente comme on voudra l'individualité, il faudra toujours arriver à la concevoir, même au point de vue déterministe, comme une concentration et complication originelle de déterminismes qui s'entre-croisent en un point vivant, pour y former un complexus original. On peut donc dire que les solidaristes voient seulement la moitié de la vérité : ils constatent la loi de solidarité relative qui nous emporte hors de nous, ils oublient la loi de non-solidarité relative qui nous concentre en nous. Ils ne voient que l'action réciproque universelle, ils oublient l'action individuelle que la réciprocité implique.

Si incapable est le principe de solidarité, à lui seul, de *fonder* la moralité, qu'un philosophe éminent, qui a fait grand usage de ce principe, l'a fait servir à expliquer les altérations mêmes que chacun, dans sa conduite, est obligé d'imposer à la moralité idéale pour la concilier avec les exigences de la pratique. Selon Renouvier, la « morale concrète » est moins une application qu'une dégradation de la « morale abstraite » ; dégradation causée par ce fait que les hommes, solidaires dans le mal comme dans le bien, ne peuvent compter sur une bonne volonté mutuelle et sur une mutuelle observation des règles de morale. Ils doivent, au contraire, s'attendre, de la part d'autrui, à des déviations de la loi idéale, et faire entrer en ligne de compte ces déviations dans leurs règles concrètes de conduite. La solidarité sociale, comme le dit Renouvier, « engendre donc de tous côtés une injustice de réciprocité, et fait de la justice sociale une œuvre ardue et même à la rigueur impossible. » On pratiquerait la justice rigoureuse, si la justice d'autrui répondait à la nôtre ; mais l'état de société, la moralité moyenne des hommes, les maximes reçues, « l'impérieuse coutume » rendent une telle supposition chimérique. Bien plus, l'individu qui s'estime juste est irrésistiblement porté aux mauvais sentiments et aux passions haineuses par « les réactions mentales que provoque chez lui l'injustice d'autrui[1] ».

Sans doute cette interdépendance dans le mal est toujours solidarité ; mais un principe qui s'applique ainsi à tout et ne fait que constater l'action réciproque universelle ne saurait, à lui seul, constituer un *fondement* moral. Sur quel genre de solidarité, en effet, appuiera-t-on l'éthique ? Celle qu'on aura en vue ne sera-t-elle que le « resserrement du troupeau » en face du danger à éviter, en face de l'avantage à atteindre ? Ce ne sera alors qu'une liaison d'intérêts et, au fond, un faisceau d'égoïsmes plus ou moins conscients ; ce ne sera pas la solidarité morale. Celle-ci est une idée-force de solidarité *volontaire*, acceptée pour *loi* et érigée par nous en *devoir*. Elle n'existe donc que là où, personnelle-

---

[1] Voyez *la Nouvelle Monadologie.* 1899. Cf. Marion, *De la Solidarité morale.* 1880.

ment, nous la concevons, la voulons et la faisons. « Tout ce que l'on est et tout ce qu'on possède, a dit un homme d'Etat moraliste, qui a popularisé l'idée de solidarité, est un don et doit être donné de nouveau[1] ». *Est* un don, voilà selon nous, la solidarité naturelle ; *doit* être donné de nouveau, voilà la solidarité morale ; mais l'une ne découle pas de l'autre, tant qu'on ne fait point intervenir des raisons supérieures qui dépassent le point de vue solidariste et même purement social. Ces raisons, les sociologues ne nous les donnent pas ; ils ne s'élèvent point au-dessus de l'idée de la collectivité humaine et des actions *réciproques* dont elle est le théâtre. Dès lors, leur morale se trouve suspendue entre ciel et terre.

II. — M. Bourgeois, il est vrai, s'est efforcé de trouver un moyen terme dans l'idée juridique d'une solidarité *contractuelle* entre les hommes. Il y a plus de vingt ans que nous-même nous avions parlé d'un quasi-contrat ou plutôt d'un *contrat implicite* qui relie l'individu à la société[2]. Nous faisions observer qu'il existe « plus encore qu'un quasi-contrat » entre les hommes d'une même société, qu'il existe entre eux un contrat réel, quoique implicite, « dont le *signe juridique* est l'action, au lieu d'être une parole ou une signature » (*Science sociale contemporaine*, p. 11). Le peuple français est moralement constitué « par tous les Français avec l'ensemble des contrats généraux et particuliers qui les lient ». Et ce lien est de tous le plus solide et le plus durable, « car il ne dépend pas d'une seule volonté individuelle, mais de quarante millions de volontés qui ont des *engagements* l'une envers l'autre, et même envers les générations dont elles *acceptent l'héritage* ». Le « testateur et son héritier « sont liés par un contrat qui oblige le second à *prendre les charges de l'héritage* comme les bénéfices (p. 15). » C'est la « dette sociale » dont parle M. Bourgeois, avec cette différence, répétons-

---

[1] M. Bourgeois, *Solidarité*, 1881.

[2] Voyez la *Revue des Deux Mondes* de 1879 et la *Science sociale contemporaine*, 1880, p. 11.

le, qu'elle est plus encore qu'un quasi-contrat et résulte d'un contrat implicite. Notre conclusion était que le régime contractuel, idéal du droit, avec toutes les associations qu'il engendre au sein de la grande association nationale, est « le plus propre à tenir compte de toutes les *obligations*, de tous les contrats exprimés ou sous-entendus, de tous les *engagements juridiques* à l'égard des parents et de la patrie : *qui dit contrat dit solidarité* » (p. 16).

Dans la *Propriété sociale et la Démocratie* (1884), nous revînmes à diverses reprises sur la thèse du quasi-contrat. « Une société, disions-nous, au sein de laquelle des enfants peuvent encore se trouver abandonnés est engagée envers ces enfants par ce que les jurisconsultes appellent un *quasi-contrat* : elle leur doit les aliments et, en les leur donnant, elle ne fait qu'acquitter une dette... » — Même observation, même application des idées de contrat implicite et de quasi-contrat « pour les vieillards infirmes ou même, en général, pour tous ceux qui, étant réduits à l'incapacité absolue de travailler, n'ont point de parents qui puissent les soutenir... L'*absolue liberté de la charité* est un préjugé religieux et moral qui vient d'une insuffisante analyse des *droits*[1] ».

De plus, invoquant la solidarité des générations présentes avec les générations passées, nous avions introduit dans la science cette idée que nous naissons collectivement chargés d'une dette de justice *réparative*. « En effet, selon les règles de la justice contractuelle, tout contrat d'échange ou même de donation suppose qu'avec les bénéfices on accepte les charges... (*Science sociale*, p. 369) ». Or, parmi ces charges, se trouve la réparation des injustices provenant du fait des sociétés antérieures. « La fonction *réparative*, dans l'ordre social, ne saurait incomber à un homme seul, ni à quelques-uns ; elle incombe à tous les membres de la société : elle est du ressort de l'action collective... (p. 371) ». Nous réduisions la fraternité même à la justice répara-

---

[1] *La Propriété sociale*, 1re édition (1884), p. 132, 133.

tive : « La fraternité n'est, en sa pure essence, qu'une justice plus haute, une justice plus complète, une justice surabondante. Sans doute, au point de vue moral, dans nos intentions et au fond de notre cœur, tout doit être amour, même la justice ; mais, au point de vue social, dans nos actions et nos relations avec les autres hommes, tout doit être justice, même l'amour » (p. 378).

Depuis lors, nous avons persisté à croire et à dire que le fait même de vivre au sein d'une société que nous n'avons pas constituée pour notre part, le fait d'accepter ses bénéfices, ses charges, ses conditions de toutes sortes, même celles qui nous gênent ou qui nous semblent mal établies, constitue un quasi-contrat ; mieux encore, un « contrat implicite » par lequel l'individu se lie de fait, d'idée et de sentiment à tous les autres individus, à la société entière, ou plutôt à telle société ayant la vie d'un État indépendant. Adoptant entièrement notre théorie dans un livre qui parut en 1899, M. Léon Bourgeois a mis en lumière le lien social de solidarité, la dette sociale qu'il implique, le « quasi-contrat » qui est le fondement de cette dette. M. Andler, après avoir célébré le livre de M. Bourgeois comme une nouveauté d'importance capitale et un « gros événement intellectuel, » est allé jusqu'à dire : « Un fait s'est produit, assimilable, si l'on en prend conscience, aux plus profondes révolutions qui aient eu lieu dans le droit, et, à notre surprise, a passé inaperçu presque. » Ce fait, c'est « la disparition de toute différence entre droit public et droit privé, le droit public se ramenant à un ensemble de *relations privées*, de *contrats* et de *quasi-contrats* entre telles et telles personnes ». Nous avions dit, bien avant M. Bourgeois : « Toute question de *droit politique ou public ne se résout-elle pas pour chacun en une question de droit personnel*, qui intéresse à la fois la fortune, la propriété, la liberté de chaque citoyen ? Qu'est-ce que cet *objet politique* qui ne serait pas la propriété des individus ? Pour qu'il soit le *bien public* de la communauté, il faut qu'il soit le bien de chacun, que chacun l'accepte et y donne son consentement formel ou *implicite*, réel ou *supposé*. Veut-on dire simplement que tout citoyen naît de fait dans un État déjà formé et avec des *engagements implicites* à l'égard de ses concitoyens? Encore une fois nul ne le conteste, etc. » *La science sociale contemporaine*, p. 22. Il est vrai que nous naissons *malgré nous* membre d'une société déterminée, mais « nous acceptons ensuite le fait accompli et, quand nous arrivons à l'âge de majorité, nous adhérons par nos actes mêmes au contrat social en vivant au sein de l'État et sous les lois communes de l'État ».

M. Andler, poussant la doctrine plus loin que nous et même que M. Léon Bourgeois, en a voulu conclure un individualisme juridique absolu, qui lui paraît cependant faire le fond du socialisme. « Il n'y a rien, dit-il, en dehors du groupement humain et de la somme des individus [1]. » « Nous ne sommes jamais, dit-il encore [2], tenus qu'envers des individus, connus ou inconnus, d'une obligation dont la cause et la mesure est dans le service *individuel* que nous avons reçu d'eux antérieurement même à notre consentement. » Trois « quasi-contrats » emboîtés l'un dans l'autre, celui des particuliers entre eux, celui des gouvernés avec les gouvernants, celui des vivants avec la génération à venir, « constituent toute la règle de la vie sociale ».

Quoi que nous ayons pu dire nous-même, au point de vue juridique et moral, du quasi-contrat, de « l'organisme contractuel » auquel se ramène la société, enfin de la réduction possible de tous les droits proprement juridiques à des droits interpersonnels, nous sommes obligé de réagir contre une interprétation individualiste de ce principe qui nous semble abusive. Nous demanderons d'abord comment les vivants peuvent être tenus envers les *individus* de la génération à venir, qui n'existent pas encore et que nous ne connaîtrons jamais. Nous ne sommes obligés, nous dit-on, qu'envers des individus et dans la mesure de leur « *service* individuel », reçu d'eux antérieurement même à notre

---

[1] M. Andler, *Revue de métaphysique et de morale*, 1897, p. 521.
[2] *Ibid.*, p. 528.

consentement ; eh bien ! les individus à venir ne nous ont rendu, avec ou sans notre consentement, aucun service ; c'est au contraire nous qui leur en rendons. Pourquoi donc et comment sommes-nous tenus de leur en rendre ? — C'est, direz-vous, pour acquitter au profit de nos successeurs notre dette envers nos devanciers. — Mais pourquoi cette substitution d'*individus*, où disparaît précisément toute considération de l'individualité comme telle ? De fait, au lieu de services vraiment individuels, vous invoquez des services collectifs, et vous les supposez *réversibles* en vertu d'une solidarité qui n'est plus individuelle. « Par un acte de *bon vouloir*, dit M. Andler, *admettons* que nous sommes obligés aux générations futures de tout ce que nous devons au passé ». — Je ne demande pas mieux que de faire l'acte de « bon vouloir, » pourvu qu'on m'en donne de bonnes raisons. Or, si vous commencez par dire que tout service est uniquement individuel, toute dette individuelle, tout devoir individuel, ne reposant uniquement que sur un quasi-contrat entre individus qui se rendent service, la meilleure volonté du monde ne pourra plus rattacher rationnellement les générations futures aux individus vivants ou morts. Le point de vue exclusivement individualiste et utilitaire a donc besoin d'être dépassé. Pour notre part, en traitant cette question, nous avons toujours parlé non pas seulement d'un contrat plus ou moins *arbitraire*, mais d'un « *organisme* contractuel » ; et, au-dessus même du point de vue organique, comme au-dessus du point de vue contractuel, nous avons toujours élevé le point de vue rationnel et moral, qui implique une considération d'*universalité* dominant celle des individualités.

Un individu ou plusieurs individus, voilà tout le réel, répliquent les individualistes et ceux des socialistes qui s'inspirent des principes de l'individualisme. — Mais qu'est-ce qu'un individu ? C'est ce qu'on se garde bien de nous expliquer. Un individu *qui ne serait qu'individu* serait-il objet de dette, d'obligation, de contrat, de quasi-contrat, etc. ? Avons-nous un quasi-contrat avec les atomes d'Aldébaran, sans lesquels, pourtant, il est probable et même certain que nous ne vivrions pas nous-mêmes sur cette terre? Là où n'existe qu'individualité pure, la pensée et la volonté trouvent-elles à se prendre et à se lier? Non. Les Français, les hommes en général, envers qui nous avons des obligations, ne sont pas de pures individualités : ce sont des individualités *sociales*, des membres d'une société *physiologiquement organisée* et *moralement constituée*. Et c'est pour cela que nous avons des obligations envers eux, nous qui faisons partie du même organisme contractuel et moral. Si les individus, comme tels, concentraient en eux toute réalité, la solidarité deviendrait impossible à établir entre ces monades sans fenêtres. Un simple quasi-contrat n'y suffirait pas. Car les quasi-contrats présupposent, comme nous croyons l'avoir établi dans notre *Science sociale contemporaine*, un contrat antérieur plus général et implicite, par lequel nous acceptons d'avance les obligations particulières, dettes et quasi-contrats résultant de telles conditions sociales indépendantes de notre volonté. Le contrat général, à son tour, n'est pas et ne nous a jamais paru la *base* suffisante et unique de la société. Non seulement celle-ci existe *organiquement* avant le contrat ; mais elle s'impose comme devoir *moral* en même temps que comme *fait* et comme *tout* naturel. Il y a dans la société *en elle-même* une valeur de portée universelle, qui n'est pas une création de l'individualité, qui ne résulte même pas seulement de la nature des *choses*, mais qui dérive de l'activité et de la loi normale des *personnes* celles-ci ne pouvant se développer qu'en société et par la société. Aussi ne suis-je pas lié simplement aux autres hommes par un contrat ou quasi-contrat que j'aurais le droit de rompre, ni par des liens organiques que je n'ai pas le pouvoir de rompre : rationnellement, je ne *dois* pas renoncer à l'état social. Il y aurait là, de ma part, un suicide moral que je n'ai pas le droit d'accomplir. La théorie du quasi-contrat entre individus, *à elle seule*, demeure donc superficielle ; elle ne *fondera* jamais ni l'ordre social, ni l'ordre moral. Les deux points de vue que, pour notre part, nous n'avons jamais séparés nous paraissent toujours inséparables : il faut réunir dans une même notion l'universalité sociale et l'individualité personnelle.

L'idée sur laquelle Pierre Leroux, Renouvier et M. Bourgeois s'appuient, celle d'une *dette* apportée en naissant par chaque individu envers la société, à cause de ses *services*, est vraie en elle-même, et, pour notre part, nous y avons insisté jadis. Mais cette idée n'est encore à nos yeux, ni la seule *origine* ni la seule *mesure* de l'obligation morale. Si les hommes ne vous avaient rendu aucun service, ne leur devriez-vous absolument rien ? Est-il sûr que tel Cafre qui vient de naître vous ait rendu ou vous rende jamais le moindre service ? Si vous devez respecter sa vie ou sa liberté, est-ce uniquement en vertu de services *virtuels* qui vous imposeraient une dette *réelle* ? Certes, nous naissons débiteurs envers la société, nous naissons même « *chargés de dettes*, » comme disait Auguste Comte, à tel point que nous ne pouvons jamais les acquitter toutes; mais cette considération n'aboutira à des devoirs que si vous présupposez qu'*il y a des devoirs quelconques* et, parmi ces devoirs, celui *d'acquitter une dette*. S'il ne s'agit que d'un service *utile* qui m'a été rendu par d'autres individus, je puis me rendre à moi-même, dans certains cas, un service non moins utile en me dispensant, *in petto* et *in secreto*, d'acquitter ce que je dois. Je puis invoquer ce fait que, moi aussi, je rends des services. Si je suis débiteur envers la société, je suis aussi créancier de la société; qui pourra jamais faire la balance exacte ? La conception purement économique et utilitaire de la société est donc impuissante à *fonder* une éthique : services et dettes n'ont de valeur *morale* que celle qu'ils empruntent à la valeur rationnelle et universelle de l'*homme*, indépendamment des services que chaque individu peut rendre et des dettes qu'il peut avoir.

Dans une des dernières discussions à l'Ecole des hautes études sociales, M. Bourgeois a lui-même fort bien posé le problème dernier que son livre n'avait nullement résolu : — « Comment cette notion de la solidarité biologique a-t-elle pu conduire à l'idée d'un *devoir* de solidarité entre les hommes et d'une organisation sociale fondée sur l'idée de ce devoir ? » — Et il répond par notre réponse même : — C'est que les sociétés humaines ne sont pas simplement des organismes et offrent un élément nouveau : la pensée, la conscience, la volonté. « Une société humaine n'est pas seulement un organisme au sens biologique du mot : elle est *un organisme contractuel*; il lui faut le consentement des êtres qui la composent ; ce consentement, ils ne le donneront que s'ils en reconnaissent à la fois la nécessité et la justice. » D'où il suit logiquement, ajouterons-nous, que ce n'est pas la solidarité naturelle qui fonde la justice, comme l'avait d'abord soutenu M. Bourgeois ; c'est, au contraire, l'idée-force de la justice et du lien rationnel entre les hommes qui fonde la seule vraie solidarité, la solidarité morale.

Certains solidaristes de l'école positiviste répondent qu'*en fait* et *nécessairement* toute société veut son unité, sa solidarité, la soumission de ses membres au tout organique ; qu'il n'y a pas ici à discuter sur la légitimité de ce vouloir, principe de toute appréciation morale sans pouvoir être lui-même l'objet d'une telle appréciation. — Cette théorie nous paraît insoutenable. L'individu porte dans sa raison et dans sa faculté de réflexion le pouvoir de juger la société, d'apprécier la valeur des liens sociaux. Toutes les considérations sur la solidarité naturelle montrent bien que l'individu ne peut exister *par* soi, mais il reste toujours à savoir s'il ne peut pas exister *pour* soi ; si, en fait, il ne peut pas se prendre lui-même pour *fin*, quelque dépendant qu'il soit sous le rapport de la causalité ; si même la personne, une fois existante, n'a pas le *droit* et le *devoir*, en une certaine mesure et sous certains rapports, de se prendre pour fin. Tous ces points essentiels sont à déterminer. Ne confondons pas la considération de la causalité et celle de la finalité, surtout de la finalité dernière pour l'homme.

Les solidaristes de l'école positiviste cherchent un dernier refuge dans notre théorie même des idées-forces.

— Accumulez, disent-ils, les faits et institutions de solidarité, vous remplirez les esprits d'images et idées de solidarité, qui tendront d'elles-mêmes à se réaliser en actes. — Sans doute; mais, si vous enlevez à la solidarité toute base *rationnelle* pour ne la laisser qu'en l'état de fait brut « d'interdépendance » ou de mutuel déterminisme, la *force* de l'idée de solidarité ne pourra plus être une conviction fondée *en raison*; elle ne sera plus qu'un artifice social d'*obsession*. « Les actes de solidarité seront *obligatoires* quand ils auront eu le temps de le devenir, c'est-à-dire lorsque l'idée de solidarité sera obsédante[1]. » L'auteur de cette théorie accuse les doctrines de pur altruisme d'envelopper un « illogisme foncier »; mais est-il bien sûr que la doctrine d'intérêt *général* à laquelle il ramène la solidarité ne recèle pas le même illogisme? Est-il sûr que ceux qui auront compris cet illogisme ne sauront pas se délivrer de l' « obsession » des solidarités désintéressées, pour se rejeter sur les solidarités utiles *à eux*, qui n'excluront nullement les interdépendances, mais feront, autant que possible, dépendre les *autres* du *moi*?

La vraie théorie des idées-forces ne consiste pas à n'admettre que la force brute d'idées se réalisant par un mécanisme automatique; elle consiste à admettre avant tout des *idées* dignes de ce nom, c'est-à-dire des vérités conscientes de leur rationalité et de leur idéalité suprême; leur force leur vient alors de l'attrait qu'exerce le plus haut intelligible sur l'intelligence, le plus haut aimable sur l'amour.

D'autres solidaristes de l'école positiviste, comme M. Durkheim, veulent dépasser les idées mêmes et leur force. Selon eux, plus on avance dans l'histoire, plus les croyances et pratiques communes, plus les idées et les actes que les idées inspirent perdent de leur force, deviennent incapables d'assurer la cohésion des sociétés; il faut remplacer ces liens subjectifs par des liens objectifs, la solidarité morale par une solidarité économique

---

[1] Voir l'article de M. Godfernaux. *A propos d'une Philosophie de la solidarité* dans la Revue philosophique de mars 1903, p. 312.

qui se manifeste matériellement. Or, ce qui rend les hommes matériellement solidaires, dit M. Durkheim, c'est la division croissante des fonctions sociales et la mutuelle dépendance de fait qui en résulte. Cette dépendance s'impose donc par une sorte de nécessité matérielle, qui remplace peu à peu l'action des volontés, auxquelles s'adressaient les croyances et les idées.

Cette doctrine, comme tant d'autres, nous paraît acceptable en sa partie positive, fausse en ses négations. Que la division des fonctions sociales et la coopération, par conséquent la solidarité matérielle, aillent en augmentant sans cesse, c'est ce qui est hors de doute ; mais que les croyances et idées communes, avec la solidarité intellectuelle, morale et volontaire qu'elles produisent, aillent du même coup en diminuant, c'est ce que nous ne saurions admettre. Les deux mouvements, matériel et intellectuel, sont si peu incompatibles qu'ils sont inséparables. Les dogmes d'autrefois disparaissent, sans doute, les religions dogmatiques s'affaiblissent, les métaphysiques dogmatiques vont perdant de leur empire ; mais le résultat de toutes ces éliminations n'est pas une sorte de vide intellectuel et moral dans les consciences. Des *idées* plus générales prennent la place des idées trop particulières ; des croyances communes à tous les peuples civilisés remplacent les croyances étroitement nationalistes et les religions intolérantes. Les idées juridiques ou sociales, avec les pratiques sociales qu'elles entraînent, deviennent de plus en plus uniformes d'une nation à l'autre, d'une classe à l'autre. Il est d'ailleurs impossible que la croissante solidarité réelle n'entraîne point, *pari passu*, une croissante solidarité idéale ; plus on est déjà uni, mieux on conçoit en idée une plus complète union.

Que devons-nous conclure de cette analyse ? — Que les solidaristes de tout genre n'ont pu établir une morale certaine ni sur la solidarité naturelle, ni sur la solidarité juridique et contractuelle. Considère-t-on la solidarité *naturelle*, les uns vous diront qu'elle est déjà égalité et justice; les autres, qu'elle est « inégalité et oppression » ; pour nous, nous croyons qu'elle est à la fois les deux choses, selon les cas et selon les degrés de l'évolution humaine. La vraie morale commence avec l'*appréciation*, non avec la *constatation* des solidarités naturelles : elle consiste à remplacer les modes inférieurs de solidarité par un mode supérieur, conformément à un idéal de personnalité et de sociabilité tout ensemble que ne réalise pas le déterminisme brut auquel se ramènent les inter-dépendances biologiques ou sociologiques. Quant à la « question sociale », dans laquelle les sociologues voudraient renfermer la question morale, elle n'en est qu'un cas particulier et une application. C'est la valeur finale que nous accorderons à ces deux termes : — conscience individuelle et société universelle, — qui déterminera rationnellement la valeur que nous accorderons à l'individu *humain* et à la société *humaine* dont il est solidaire. La question morale, de sociale, devient donc nécessairement *psychologique* et *philosophique*.

CHAPITRE VIII

MORALE INDIVIDUALISTE. — INDIVIDUALISME LIBERTAIRE ET INDIVIDUALISME MORAL

I. INDIVIDUALISME LIBERTAIRE. — L'individu peut-il se développer en dehors de la société, matériellement et intellectuellement. — Proscription de l'idéal, même purement persuasif, par les individualistes libertaires. — La société est-elle organisée contre l'individu. — Les conditions sociales sont-elles défavorables à l'individualité.

II. INDIVIDUALISME MORAL. — La réalisation du moi permanent, total et harmonieux. Que cette réalisation implique les relations sociales. — Individualisme des stoïciens et de Kant. — Fichte et Hegel. — Distinction de l'individualité et de la personnalité; comment cette dernière enveloppe la socialité.

L'individualisme, au point de vue sociologique, consiste à expliquer la société par les relations d'individus qui trouvent dans l'union sociale, soit leur plaisir et intérêt propre, soit la condition du développement de leur puissance propre ou de leur propre perfectionnement. Selon la conception individualiste, l'association n'est jamais qu'un moyen pour assurer des fins essentiellement individuelles : la société demeure donc un mécanisme extérieur à l'individu. Dans cette doctrine, on suppose que chaque individu a sa *fin* en *lui-même*, soit qu'il s'agisse de son *bonheur* propre, soit qu'il s'agisse de sa « *volonté de puissance,* soit qu'il s'agisse de sa perfection morale ». Bref, selon l'individualisme, il existe pour l'être intelligent des fins dans la détermination desquelles n'entre pas, à titre d'élément constitutif et primordial, la considération d'autres individus.

Ainsi défini d'une manière générale, l'individualisme prend deux formes particulières : d'abord la forme libertaire, fondée sur l'idée d'intérêt individuel ou sur l'idée de puissance individuelle; puis la forme morale, fondée sur celle de perfectionnement individuel.

I

INDIVIDUALISME LIBERTAIRE

1. — On peut adresser à la doctrine libertaire quatre reproches principaux :
1° Elle méconnaît et répudie, sous le nom de *dogmatismes sociaux* et d'*idéaux sociaux* hostiles à l'individu, les conditions essentielles de toute société et de tout développement individuel dans le milieu collectif ;
2° Elle professe une philosophie sociale qui est elle-même un dogmatisme : le dogme du *moi* et de l'*individualité ;*
3° Elle nie à tort l'existence d'un certain intérêt général, commun à tous, à côté et au-dessus de l'intérêt particulier à chacun, qui est souvent incompatible avec celui de tous les autres ;
4° Elle aboutit logiquement à des conclusions aristocratiques ou oligarchiques en faveur des plus forts, des plus intelligents ou des plus habiles ; elle condamne la majorité des individus à l'effacement ou à l'écrasement ; elle finit ainsi par contredire, en fait, son principe individualiste.

Ce qui caractérise particulièrement l'individualisme libertaire, c'est le rejet de tout idéal imposé ou suggéré par la société à l'individu. Stirner disait « Un idéal n'est qu'un pion » ; les libertaires ajoutent : « Un idéal, c'est toujours un guide placé près de nous par la société : tantôt ange gardien, tantôt gendarme ou garde-chiourme[1]. » Ces injures contre l'idéal sont, selon nous, des injures contre l'intelligence même. L'huître, à coup sûr, n'a pas d'idéal, mais elle n'a pas davantage de science ni de philosophie. Dès qu'on fait œuvre d'intelligence, on distingue, on classe, on apprécie, on évalue ; on préfère la santé à la maladie, la possession de la raison à la démence, si bien que plus de santé devient un

---

[1] Voir : M. Palante, *Revue phil.*, juillet 1903, p. 98.

idéal, plus de raison et de science devient un idéal. Qu'il y ait ainsi, pour les hommes vivant en société, des idéaux sociaux, des formules de meilleur état social, cela est incontestable et on ne voit pas qu'il y ait lieu de s'en plaindre. Les « pions » mêmes ont du bon pour empêcher les enfants déraisonnables de se battre entre eux, de croupir en une paresse qui les mettra plus tard dans l'impossibilité de gagner leur pain. Il est d'ailleurs inexact de dire que tout idéal soit *social* par essence. Quand je suis malade, mon idéal est de me guérir ; si j'ai une attaque de folie furieuse, mon idéal est de revenir à la raison : je suis seul en cause. Si donc il n'y a ni science ni art possibles sans idéal, pourquoi s'insurger contre les idéaux de la conduite ? Il s'agit de savoir quels sont les vrais et quels sont les faux, voilà tout. Il y a des « valeurs » et des « échelles de valeurs » : quand on est sur un échelon, l'échelon supérieur devient un idéal. « Que tous vivent suivant leur vœu vital », suivant « leurs affinités électives », voilà le principe des libertaires[1] ; mais c'est encore là poser un idéal. Seulement il y en a un pour chaque individu et même un pour chaque moment, selon que change le vœu vital et que se modifient les affinités électives. Le voleur de grand chemin qui veut vous tuer manifeste son « vœu vital » aux dépens du vôtre ; le paresseux et l'ivrogne obéissent, tout comme vous, à leurs affinités électives.

Certains individualistes libertaires, faisant allusion à notre théorie de « l'idéal persuasif, » nous ont objecté que non seulement la morale n'est pas impérative, mais qu'elle n'est même pas « persuasive » ; car à quoi bon donner des conseils à qui ne peut agir autrement ? « Autant vaudrait engager les petits moutons à se transformer en grands oiseaux ravisseurs, en leur montrant les avantages de la force. » Nous retrouvons là : 1° La négation d'un fait incontestable, — à savoir que certaines choses, pour leur réalisation, dépendent de l'idée et du désir que nous en avons ; 2° la confusion de ces

[1] M. Palante, *ibid.*, p. 102.

choses avec celles qui, établies une fois pour toutes par la nature, ne dépendent nullement de l'idée et du désir : par exemple, pour les moutons, se transformer en aigles ; 3° le sophisme paresseux des fatalistes, qui croient que la persuasion et les conseils sont inutiles, tout étant déterminé. Mais, précisément, conseils et persuasions entrent de fait parmi les conditions déterminantes des actions. Si, me promenant avec un libertaire, je lui conseille de ne pas se jeter dans un trou qu'il ne voyait pas, il est probable que je le « persuaderai » : l'idée de ne pas choir sera introduite parmi les facteurs de sa décision. Au reste, si un libertaire considère comme absolument inutiles et inefficaces toutes les tables de valeurs, même celles que Nietzsche dresse en mettant au premier rang l'esprit de domination, au second l'orgueil, au troisième la volupté, il n'a, pour être conséquent, qu'à les briser avec les autres.

Tout comme l'individualisme se fait une notion fausse de l'idéal, il se fait une notion fausse de la réalité. En effet, le libertaire prétend être « à part » des autres ; mais qu'est-ce qu'un individu humain considéré comme absolument « insolidaire »? L'homme ne peut être à part de la nature et, par conséquent, à part d'autres êtres avec lesquels il est en relation dans l'espace et le temps, êtres dont les plus importants sont les hommes. Au point de vue mental comme au point de vue physique, les vies humaines sont si inextricablement mêlées qu'aucun Alexandre ne saurait ni dénouer, ni trancher le nœud gordien par où nous sommes liés à autrui. Je ne puis vivre ma propre vie sans vivre la vie des autres. Si nous avons refusé de dire plus haut, avec Auguste Comte, que l'individu est une abstraction, il reste vrai que la *personne* sans la société est une abstraction [1]. Une personne humaine n'est pas concevable sans un *élément de collectivité*. Veut-on se faire quelque idée de l'homme vraiment isolé, ce n'est pas un Robinson qu'il faut considérer dans son île, —

---

[1] Voir, plus haut, ch. IV et ch. V.

un Robinson en qui vit déjà la société tout entière ; — c'est l'homme abandonné dès son enfance, avant de savoir parler, livré ainsi à lui seul. Encore a-t-il reçu peut-être, avec un cerveau de civilisé, des instincts de civilisé plus ou moins latents. Malgré ce précieux héritage, atteindra-t-il un haut degré de vie mentale, de vie humaine ? S'élèvera-t-il beaucoup au-dessus des animaux ? — Non. L'individu séparé dès l'enfance de toute société (encore faut-il qu'un autre membre de l'humanité le nourrisse jusqu'à un certain âge) restera un idiot. Il sera même inférieur à certains animaux qui vivent en société, depuis le singe ou l'oiseau jusqu'à l'abeille ou à la fourmi. Le vieil individualisme du xviiie siècle considérait l'individu naissant comme une « table rase », comme « une page blanche » où l'éducation et les circonstances inscriront des caractères ; les solidaristes ont justement répondu que l'individu est plutôt comparable à une « phrase d'un récit continu ». La phrase a bien un certain sens en elle-même, mais elle n'acquiert son sens complet que dans le récit dont elle fait partie. Chacun de nous est une phrase, parfois un simple mot·dans l'épopée de l'histoire humaine. Que serait-il resté dans la pensée d'un Nietzsche, qui se croyait à part en son génie individuel, si on en avait ôté tout ce qui venait du « troupeau », y compris la troupe des philosophes les plus récents, des Schopenhauer, des Stirner, des Renan, des Guyau, de tant d'autres qui ont fourni à Nietzsche nombre de pensées, dont, par grossissement et déformation, il a fait des monstres? A. Comte a remarqué avec profondeur que l'homme qui se dit indépendant des autres ne peut *exprimer* cette conception blasphématoire sans se *contredire* immédiatement, puisque la langue dont il se sert n'est pas son œuvre. Quelque persuadé que soit un Nietzsche de son originalité souveraine, il parle pourtant la langue de ces Kant et de ces Hegel qu'il injurie. Tout malheureux qui veut être émancipé *contre* la société ne voit pas qu'il ne peut être émancipé que *dans* et *par* la société.

Le libertaire reproche à la société d'avoir été « organisée en dehors de sa volonté, parfois même en opposition à sa volonté ». — Soit, nous nous trouvons en naissant dans une sorte de corps social organisé, tout comme nous nous trouvons dans un corps plus petit que nous appelons notre corps. Si ce dernier nous déplaît, nous ne pouvons le changer et n'avons que la ressource du suicide. Si le corps social déplaît au libertaire, il a la ressource d'aller vivre seul dans une île déserte ou, tout au moins, dans une autre nation. Que ne le fait-il ? En restant dans notre société française, qu'il n'a pas faite, il l'accepte volontairement et la fait sienne désormais[1].

L'individualiste libertaire a beau prétendre que la société organisée, en général, est « *par nature* » oppressive, tyrannique et ennemie de l'individu ; c'est con-

[1] Le libertaire répond : — La société où je suis et où je reste n'a « aucun droit sur moi au nom des avantages dont les travaux et les progrès de l'humanité passée me font bénéficier. Je ne vois pas en quoi je devrais de la gratitude à mes contemporains, dont une bonne part sont des gredins ou des imbéciles, pour les bénéfices que m'a procurés, comme à eux, le génie d'un Watt, d'un Ampère, ou, dans un autre ordre d'idées, d'un Descartes, d'un Gœthe, d'un Victor Hugo. Si j'éprouve raisonnablement une admiration et une reconnaissance rétrospectives pour les génies qui ont permis l'éclosion de telle grande découverte scientifique ou de tel chef-d'œuvre artistique, je ne vois pas en quoi cela m'oblige envers le troupeau des Homais, des Prudhomme, des Bouvard et des Pécuchet, qui, étant le nombre, auront sans doute la prétention de m'astreindre à leur *idéal*. Je ne vois pas en quoi cela m'oblige envers une organisation sociale qui est, pour une bonne part, un tissu de sottises et de préjugés, ou même envers un État qui est toujours, par *définition*, une oligarchie que je n'ai aucun intérêt à servir, si je ne fais pas partie moi-même des dirigeants[1] ». Pour ce qui concerne l'État, nous pouvons répondre de nouveau : S'il vous gêne, allez-vous-en ailleurs ; puisque vous restez, c'est que vous avez quelque « intérêt » à vous en servir, je ne dis pas même à le servir. De fait, on ne voit pas qu'un État démocratique soit, « par définition » une oligarchie ; s'il l'est, c'est par accident, par contradiction avec sa propre définition. Il n'est pas nécessaire de « faire partie soi-même des dirigeants » pour recueillir les avantages de la protection de l'État, qui assure par des lois et des sanctions, osons dire par des « gendarmes », la sécurité de votre vie et de vos biens, votre pouvoir d'aller et de venir, de Marseille à Paris, par exemple, en chemin de fer, ou, si vous préférez vous rapprocher de la nature, à pied. Jusque dans ce moyen de locomotion, vous rencontrerez le long du chemin des avantages sociaux. Sans doute le gendarme peut être un Pandore ; il a cependant du bon et vous rend quelque service. De même pour tous les Homais chez qui vous allez acheter

[1] M. Palante, *Rev. phil.* juillet 1903, p. 101.

fondre de nouveau *par accident* avec *par nature*. Si la société était essentiellement ennemie de l'individu, il y a longtemps que les hommes seraient retournés dans les bois et les cavernes. Au reste, les libertaires eux-mêmes ne veulent pas supprimer la société ; donc ils reconnaissent que la tyrannie n'en est pas l'essence. Ils s'accordent avec les socialistes pour vouloir seulement la transformation de la société. Selon eux comme selon les socialistes, c'est la libération économique qui doit être le point de départ. Mais, ajoutent-ils, un pareil mouvement ne peut être accompli que par un socialisme purement *économique*, c'est-à-dire libertaire, « nullement asservi aux idéaux de messieurs quelconques ». Cette libération ne sera jamais possible « que pour ceux qui ont en eux-mêmes assez de *volonté de puissance* pour

du sulfate de quinine en cas de fièvre, quoiqu'ils ne soient pas des Claude Bernard ou des Pasteur. S'il vous fallait vous procurer directement ou fabriquer votre quinine, vous seriez quelque peu embarrassé. Vous préférez donc le « conformisme » des pharmaciens, des transports de quinquina sur bateaux par des ignorants et peut-être par des imbéciles. Puisqu'il en est ainsi, on vous demandera toujours : — Ne devez-vous rien à vos coopérateurs, même les plus humbles, fussent les balayeurs des rues qui dispensent votre individualisme raffiné d'une besogne désagréable ? Est-il besoin d'être Ampère ou Watt pour avoir droit à votre reconnaissance ou à un retour quelconque de services ? Si vous montez en wagon, le noir chauffeur qui conduit la locomotive en vertu des découvertes de Watt n'a-t-il aucun titre à quelque respect, à quelque gratitude et même à quelque sympathie de votre part, fût-elle aussi lointaine que celle qu'avait Bismarck pour les Turcs ? — « De ce que, dites-vous, j'éprouve naturellement de la reconnaissance pour mon père, ma mère, pour ceux qui m'ont aimé, je ne vois pas le droit qu'aurait M. Espinas à revendiquer de moi le *moindre respect* ou le *moindre dévouement* pour un système social dont ceux que j'aime ont peut-être eu à souffrir comme moi : c'est là le sophisme de la solidarité, qui consiste à confondre de naturelles et spontanées affections *électives* avec le dévouement au troupeau ou à son pasteur[1]. » — Je crains que, s'il y a en effet des sophismes de solidarité qui méconnaissent la part de l'individu (et nous les avons relevés plus haut), il n'y ait aussi des sophismes d'insolidarité qui méconnaissent la part du « système social ». Ceux qui ont eu à souffrir de ce système social en ont aussi retiré des bienfaits. Il faut être bien déshérité pour que certains avantages ne soient pas associés aux désavantages ; mais si, par impossible, un tel état de misère existait, quel est le solidariste qui ne serait pas le premier à demander qu'on réforme un odieux abus ?

[1] *Ibid.*, 101.

s'*aristocratiser* eux-mêmes. Jamais un système social, pas plus le socialisme qu'un autre, n'a eu le don de changer le plomb en or. » La doctrine libertaire ne nie donc pas « l'existence et l'utilité de la solidarité sur le terrain économique, *purement économique* (division du travail, échange, coopération industrielle); mais, sur le terrain moral et social, il y a presque partout antinomie entre l'intérêt de l'individu et celui du groupe[1] ». La question, répondrons-nous, est de savoir si l'anarchisme peut ainsi conserver la solidarité sociale, avec les lois et sanctions positives, uniquement pour les relations économiques, en excluant toutes les autres. Une telle utopie est la négation d'une des vérités sociologiques les mieux établies, je veux dire cette inter-dépendance ou déterminisme mutuel qui existe entre ce que Comte appelait les diverses séries sociales : série économique, série industrielle, série juridique, série morale, etc. Si la solidarité existe dans l'ordre de la production, de la distribution et de la consommation des biens, comment voulez-vous qu'elle n'existe pas ailleurs et partout? Pour protéger la liberté de travail de l'ouvrier ou du paysan, vous serez obligés de protéger : 1° sa personne ; 2° ses biens, produit de son labeur, quels qu'ils soient, ne fût-ce que la soupe par lui gagnée et à lui délivrée par la cuisine collectiviste ou libertaire; 3° sa liberté d'aller et de venir ; 4° sa liberté de s'associer ou de se désassocier ; 5° sa réputation et son honneur, etc. Tous les vieux droits de l'homme de 1889, tant honnis, vont reparaître, avec l'appareil législatif judiciaire et exécutif qui est nécessaire pour les déterminer et les faire observer. Le code civil et pénal va renaître de ses cendres, ainsi que les juges et les gendarmes. L'anarchie va redevenir *archie*.

De même qu'ils s'insurgent contre l'État et contre les lois, les libertaires individualistes s'insurgent contre l'éducation. Sous prétexte de se façonner eux-mêmes, ils veulent être façonnés par la nature, c'est-à-dire nullement façonnés. « Il peut, disent-ils, être de la plus haute utilité pour l'État et les dirigeants de réaliser

[1] M. Palante, *ibid.*

l'unité intellectuelle et morale, le *conformisme* des gouvernés ; il est, au contraire, de l'intérêt *évident* de l'individu, s'il en est capable, de s'affranchir de cette discipline et de cette tutelle¹. » Nous ne trouvons pas cet intérêt « évident ». Le conformisme des garde-fous est bon pour les passants, celui des rails pour les voyageurs, celui de la boussole pour les navigateurs, celui des lois pour tout le monde, ainsi que celui de l'éducation grammaticale, littéraire, arithmétique, géométrique, physique, et même (*infandum*) de l'éducation « morale ».

Concluons que se soumettre aux conditions sociales, ce n'est pas renoncer à son *individualité*, comme semblèrent le croire les Stirner et les Nietzsche ; c'est, au contraire, accepter les conditions essentielles de sa propre préservation et de son propre développement. C'est encore moins renoncer à sa *personnalité*; c'est recevoir, au contraire, des personnes multipliées à l'infini par elles-mêmes dans la société, tout ce qui est indispensable à la constitution de sa propre personne consciente, raisonnable et aimante.

II

COMMENT L'INDIVIDUALISME SE MORALISE
LE VRAI MOI SELON LES HÉGÉLIENS

La morale individualiste, qui n'était d'abord qu'une doctrine d'utilité ou de puissance, finit, en se développant, par dépasser le point de vue des Hobbes et des La Rochefoucauld, des Stirner et des Nietzsche, pour lesquels l'amour de soi est une gravitation en radicale antithèse avec l'expansion morale. Le véritable individualisme aboutit à placer la fin de l'individu dans la réalisation du vrai moi, et à concevoir le vrai moi comme un moi altruiste. C'est la forme la plus haute du système. L'affirmation de soi, telle que la conçoivent Thrasymaque, Calliclès et Nietzsche, fait place à la réalisation

---

[1] M. Palante, *ibid.*, p. 103.

de soi telle que la conçoivent les Néo-Hégéliens :
« Réalise ton *vrai* moi, ton moi *supérieur* ».

Seulement, il importe de savoir en quoi consiste cette supériorité. Les Néo-Hégéliens ont proposé des signes divers : 1° permanence ; 2° harmonie et totalité ; 3° extension et universalité. — Le moi permanent, dit-on, s'oppose à ce moi passager qui s'épuise dans le désir présent et dans le bien partiel poursuivi par le désir. — Mais, peut-on répondre, l'hédoniste lui-même ne considère pas seulement le plaisir actuel et fugitif, car alors son système n'en serait plus un et ne se distinguerait plus de l'absence de tout système éthique. L'hédoniste considère la plus grande quantité possible de plaisir et la plus permanente ; il est eudémoniste et utilitaire. Dès lors, quelle sera la satisfaction du moi permanent ? Dans la pratique, le moi permanent « n'est pas la simple » forme du *moi* ou du *je*, au sens Kantien : il est le « moi empirique », le caractère. Satisfaire son moi permanent, ce sera donc satisfaire son caractère. Mais, outre qu'il faudrait connaître ce dernier, la satisfaction qu'on lui procurerait serait encore simplement l'intérêt bien entendu de l'individu : on ne voit pas quelle moralité y résiderait.

La « systématisation de nos tendances » en un moi conséquent avec lui-même n'est pas non plus, *ipso facto*, la moralité. Il y a des caractères forts qui ont systématisé des vices aussi bien que des vertus. Un César, un Napoléon, un Borgia présentent à Nietzsche un *tout* systématisé qu'il admire béatement ; il n'y voit pas pour cela un tout moral. Le « prince » de Machiavel est systématique sans être vertueux. « Réalise ton moi *total* », dit-on ; mais, si mon moi enveloppe des tendances en opposition avec le bien de tous, la réalisation de mon moi total pourra être celle d'un moi ambitieux, orgueilleux, voluptueux, insociable, etc. Mon moi total, à vrai dire, enveloppe des tendances que je dois éliminer et non pas développer. L'éducation consiste à retrancher chez l'enfant autant qu'à ajouter. L' « harmonie » même du caractère peut consister dans un ensemble d'inclinations qui ne coïncident pas avec la moralité. Nous sommes toujours moralement obligés d'entrer en opposition et en discorde avec une partie de nous-mêmes ; la lutte contre nous, contre certaines dispositions « permanentes » de notre « moi total », fait partie de la vertu. Nous n'atteignons jamais un tel point de perfection qu'il n'y ait plus en nous d'éléments à supprimer, mais seulement des éléments à « réaliser ». A elles seules, a-t-on remarqué justement, les « passions de l'amour » et tous les appétits suffisent pour empêcher la vie d'un homme d'être un tout sans trouble et toujours en parfaite harmonie. La réalisation morale de soi enveloppe donc une partielle négation de soi et un sacrifice de soi ; la réalisation de notre moi comme tout moral implique la suppression de telles ou telles parties du moi. Loin d'être un développement indistinct de *tous* les penchants naturels, le progrès moral est donc un effort pour les *subordonner* l'un à l'autre selon une *hiérarchie* qui reste toujours à établir.

Sans doute, à pousser jusqu'au fond l'analyse, c'est bien un idéal de moi permanent et de moi complet, harmonieux, parfaitement systématisé, que la moralité se propose ; mais la vraie *permanence* et la vraie *totalité* ne se trouvent que dans une vie idéale où le moi de *chacun* serait en parfaite harmonie avec le moi de *tous* et même avec la *nature extérieure*. S'il reste des désaccords entre nous et le milieu naturel ou social, l'harmonie interne de l'individu ne sera jamais parfaite.

« Développe avec intensité ta puissance », dit Nietzsche ; « développe toutes tes puissances », disait Jouffroy ; mais la puissance ne s'explique et ne se juge que par ses effets, qui sont ses fins. La nature même d'un être, si elle détermine sa fin, est aussi, à son tour, déterminée par sa fin ; car elle enveloppe un devenir ou un progrès, et ce progrès implique un idéal. Or, les *puissances* du moi nous ont paru irréalisables sans la considération du milieu naturel et social où le moi vit, dont il vit, qu'il fait vivre pour sa part. Aussi est-on obligé, comme Guyau, d'ajouter à l'intensité l'*extension* du moi, Nietzsche lui-même conseille de « se dépasser » sans cesse. Je dépasse mon moi actuel et partiel en concevant un moi d'une puissance plus libre, un moi plus courageux, plus maître de soi, moins esclave de ses sens et de ses besoins organiques, plus *conscient* et plus *raisonnable*. Mais toutes ces qualités impliquent encore des relations plus ou moins extensives avec un monde où je vis. Si ce monde est considéré sous son aspect purement *matériel*, l'être *conscient* se concevra comme soutenant avec lui un rapport de *supériorité* tel qu'il ne doive pas se faire l'esclave des besoins physiques, mais qu'il doive tourner ces derniers au profit de son existence consciente. Il n'y aura donc individualité *humaine* que si, par hypothèse, l'animal pensant arrive à un sentiment quelconque de sa *dignité* devant le monde matériel. S'il n'y arrive pas, il restera purement animal ; il ne concevra pas plus de vraie « valeur » que n'en conçoit le chien ou le singe. Si, au contraire, il arrive à un respect quelconque de *soi*, c'est qu'il sera déjà vraiment *homme*, et il ne le sera que s'il vit *en relation avec d'autres hommes*. Seule, cette relation avec eux dégagera de l'homme animal l'homme humain, comme Auguste Comte l'avait senti, de façon à imposer finalement au premier le respect du second. C'est pour cela que le moi est obligé de s'étendre au delà de soi.

— Un homme, direz-vous, ne saurait dépasser entièrement son moi, ni sortir absolument de soi. — Sans doute, mais, d'un moi plus étroit, il peut s'élever à un moi plus large, plus universel, par cela même plus social. Dès qu'un homme accomplit une action réfléchie, il devient le sujet de prédicats universels, il s'exprime ou se *réalise lui-même ;* simultanément, grâce aux prédicats *universels*, il peut dépasser son moi, non pour être *sans moi*, mais pour ne pas être *égoïste*. La « réalisation de soi » implique la compréhension de nos vrais rapports avec la réalité universelle. Et comme la réalité universelle prend pour nous la forme plus étroite de la société où nous vivons et sur laquelle seule nous pouvons agir, *se réaliser soi-même*, c'est *réaliser ses vraies relations avec la société*.

Dans l'antiquité gréco-romaine, l'aspect social de la *moralité* avait été méconnu par l'individualisme stoïcien. Marc-Aurèle voulait que le sage fût comme la source d'eau pure où l'on jette en vain de la boue, et qui a bientôt fait de la dissiper pour couler de nouveau transparente. On aurait pu lui répondre : — Si la montagne même d'où toutes les sources descendent est remplie de souillures, ces sources, dès l'origine, couleront impures et empoisonnées. Le sage ne peut s'isoler en sa vertu orgueilleuse. — « Ils tuent, ils massacrent, ils maudissent ! Qu'y a-t-il là, s'écrie Marc-Aurèle, qui empêche ton âme de rester pure, sage, modérée, juste? » — Que le sage puisse rester *juste* pour son compte au sein de l'injustice, nous ne le nions pas ; mais le sage ne saurait se complaire en cette justice isolée et impuissante. S'il ne lutte pas en faveur du droit universel et, par cela même, en faveur de l'humanité, il n'est pas complètement juste, puisqu'il consent au règne de l'injustice. Enfin, tout Marc-Aurèle que vous soyez, où avez-vous puisé les idées de sagesse, de modération, de justice, sinon au grand héritage social dont la philosophie du stoïcisme est une minime partie? Comment donc vous renfermer dans une vertu prétendue personnelle, qui est le raccourci en vous de tous les efforts humains ?

Je ne sais qui a dit qu'en religion on peut se sauver ou se perdre seul, mais que, en morale, aucun être humain ne se sauve ni ne se perd seul. En religion même, si on entend mieux les choses, l'entier salut de l'un ne peut être indépendant du salut des autres. L'idée de solidarité et d'unité était le fond du vrai christianisme. La conception de l'*Église*, tantôt militante, tantôt triomphante, était celle d'une société où chaque membre est inséparable du tout. Le christianisme, il est vrai, ne se rendit pas toujours compte de lui-même à lui-même : il oublia trop l'église militante, qui est la société réelle, au profit de « l'église triomphante », qui est une société idéale transportée de la terre au ciel. Il rétrécit l'église en excluant les incroyants ou les coupables, en introduisant l'idée du *dam* éternel, contradictoire avec l'idée d'église universelle. Mais, si on élimine ces restes de haine, si on a soin de ne pas sacrifier la société de ce monde à celle de l'autre, on reconnaîtra, en dépit de l'*antéchrist* allemand, que l'idée chrétienne d'une cité parfaite, — idée qui avait été préparée par la notion platonicienne de la raison universelle et par la notion stoïcienne de la cité universelle, — renfermait la conscience plus ou moins vague d'une unité foncière des êtres raisonnables au sein de l'idéal moral; car ils ne peuvent ni concevoir pleinement cet idéal ni pleinement l'atteindre les uns sans les autres.

Selon les Kantiens comme selon les Stoïciens, les individus, êtres *conscients d'eux-mêmes*, seraient une loi et une fin *pour eux-mêmes*, indépendamment de leur relation avec autrui. Mais on peut répondre que, pour se poser comme fin, l'individu doit faire un acte de conscience *réfléchie*, non pas seulement spontanée et animale ; or, l'acte réfléchi par lequel l'individu humain pose à part sa personnalité et la détache du tout dont il faisait partie, — famille ou tribu, — constitue déjà une *relation négative* établie entre lui et la société, en face de laquelle il pose son moi individuel. Cette relation négative, à son tour, présuppose, en fait et en droit, une *relation positive* des êtres conscients l'un à l'égard de l'autre. Les solidaristes peuvent donc soutenir, contre les individualistes, que la *communauté* entre les hommes est la condition préalable de leur indépendance dans leur relations mutuelles. Cela est vrai du moins de l'indépendance réfléchie et volontaire, de l'indépendance greffée sur la dépendance. Les individualistes en morale admettent avec raison un principe de l'autonomie : on peut leur accorder que le bien exige le développement libre de la personne, non une vie réglée par une autorité extérieure. Mais ce n'est là qu'une moitié de la vérité. Le développement libre de l'individu impliquant celui de la société entière, l'autonomie complète de chacun ne se trouve que dans son consentement volontaire au bien de tous.

Kant lui-même a fini par admettre le caractère social de la moralité en sa conception du *royaume des fins*, transformation de la cité stoïcienne et chrétienne. C'est seulement dans ses principes métaphysiques de la morale qu'il avait séparé la moralité de la sociabilité. Hegel lui reprocha plus tard, non sans quelque exagération, d'avoir immobilisé et, pour ainsi dire, stéréotypé ce qui n'est qu'un moment transitoire de l'évolution, ce qui n'est qu'une vue unilatérale du réel : la moralité purement subjective. L'homme en dehors des autres hommes n'étant pas réalisable pleinement comme *homme*, il en résulte qu'individualité morale ne signifie point isolement, mais *situation définie* dans *un tout* et même dans *le tout*. L'idée d'individualité, encore une fois, ne se comprend donc pas sans l'idée d'universalité, qui lui semblait d'abord contraire. D'ailleurs, une fin entièrement individuelle n'aurait pas de sens, puisqu'il n'y a rien d'entièrement individuel : ni la pensée, ni la volonté ne peuvent s'exercer sans des objets autres qu'elles-mêmes.

L'idée de droit, plus encore que l'idée de devoir et de bien suprême, implique l'idée sociale. Certes, le bien du tout n'existe pas en dehors des individus; mais les individus, de leur côté, n'ont de *droits* réels et *définis* que comme membres du tout. En effet, supposez que je ne fasse pas un tout avec vous et avec les autres êtres, nous voilà posés chacun dans une indépendance absolue, excluant tout lien d'amour ou de respect. Nous serons chacun un *imperium*, mais non *in imperio*. Je ne puis me sentir *lié avec vous* que si nous sommes *liés tous deux* à un ensemble dont nous sommes membres. Pour que les hommes se garantissent des droits les uns en face des autres, il faut préalablement qu'ils reconnaissent entre eux des liens par rapport à un tout, et que ce tout, avec ses parties, leur paraisse un bien. De là nous concluons qu'ils doivent sympathiser et s'aimer dans le tout, pour le tout. C'est, selon nous, parce qu'ils s'aiment d'abord entre eux et aiment le tout dont ils sont membres, qu'ils se respectent. Ils sont préalablement *liés entre eux* par des liens sociaux quelconques avant de se considérer comme *indépendants les uns des autres* dans l'exercice de leur liberté au sein de la société; c'est de *l'union* antérieure que naît l'équilibre de la justice; c'est une certaine *unité* qui fonde *l'égalité*, à plus forte raison la *fraternité*[1].

---

[1] Voir sur ce point notre *Science sociale contemporaine*.

La philosophie allemande, que Nietzsche a si mal étudiée ou si mal comprise, avait fini par faire sa part aux diverses doctrines : elle distinguait avec profondeur *l'individualité* et la *personnalité*. L'individualité n'est qu'une *forme* limitative, tenant surtout, comme Kant semblait l'admettre, aux conditions corporelles qui enferment la vie dans l'espace et dans le temps. La personnalité, au contraire, a un *contenu* réel et même « spirituel ». En effet, elle est constituée par la raison, la liberté, l'amour, toutes actions qui ne sont plus vraiment des *choses*, qui débordent les limites du temps, de l'espace, de la vie corporelle, de toute individualité attachée à un organisme déterminé. Si l'on admet cette distinction, on pourra de nouveau conclure : non seulement aucun *individu* n'est *complet* par lui-même, mais *aucune personne n'existe, n'agit et ne se perfectionne par elle seule*. Ce qui constitue la personnalité, c'est précisément l'impersonnalité de l'objet conçu, aimé, voulu par elle. Les rapports de l'homme avec l'ensemble de ses semblables ne sont pas seulement, selon nous, des *additions* externes à sa personnalité ; ils sont aussi des *éléments* essentiels de cette personnalité. « Agis de manière à réaliser ton vrai moi comme un tout harmonieux » : cette maxime, proposée par certains Néo-Kantiens, surtout en Angleterre, a pour côté objectif la maxime de Fichte et de Hegel « agis de manière à réaliser le système social comme un tout harmonieux ». En un mot, le vrai moi ne peut se réaliser que dans et par la société, la société ne peut se réaliser que dans et par le vrai moi.

Examinez de plus près l'idée du *moi*, fondement de l'individualisme psychologique et moral. Il semble, au premier abord, que cette idée ait une signification très précise et une extension bien délimitée. Il n'en est rien.

Jusque dans l'idée de mon moi *individuel*, l'analyse psychologique découvre une partie qui n'est pas réellement objet de conscience immédiate, mais qui est une construction de la pensée. En effet, dans l'intuition de mon moi présent, j'introduis toujours le souvenir de mon moi passé et la prévision de mon moi futur, qui sont évidemment des constructions symboliques, non des intuitions [1]. S'il en est ainsi, on peut demander pourquoi, dans l'idée-force du moi, n'entreraient pas encore d'autres constructions, d'autres prolongements du moi en perspectives plus ou moins éloignées, le prolongement familial, le prolongement national, le prolongement humain et même cosmique. Par ce mot de prolongement, nous n'entendons pas seulement une vue contemplative d'objets plus ou moins éloignés, mais un sentiment personnel et présent de ces objets, un intérêt senti par le moi pour ces objets si bien que le sujet s'y prolonge réellement et activement lui-même. Où donc commence le *moi* et où commence l'*autrui*? Ma femme et mes enfants sont-ils une partie de mon moi? La société où je vis en est-elle une partie ? L'implication des divers moi est sensible dans la famille; corporellement, je subsiste en moi ; spirituellement, je ne suis pas moi sans les miens ; ce qui me les enlève m'enlève quelque chose à moi-même, comme par une amputation qui me laisse mutilé. De même, sans ma patrie, sans ma race, je serais bien différent de ce que je suis: je serais, dit un Néo-hégélien, « plus différent que si j'avais perdu une main ou un pied de mon propre corps ». En ce sens, ma race, ma patrie et ma famille sont toujours moi, mais, en autre sens, c'est moi qui suis eux, qui vis en eux et agis pour eux.

L'individualité proprement dite, comme existence séparée et réduite à soi, est une conception fausse. Dans ce que vous appelez un individu, il y a toute une série d'êtres et de phénomènes, amenée à l'actualité : il y a même une pluralité innombrable de séries qui viennent s'entre-croiser en ce point, s'y mêler en un inextricable nœud. Ce n'est pas seulement en raison de l'hérédité que le prétendu *individu* est la *race*, c'est par lui-même ; c'est lui, au fond, avec les autres analogues, qui constitue la *réalité* actuelle de la race.

Selon Wundt, comme selon Littré, Spencer et Guyau, aucune activité morale n'est définissable comme essen-

---

[1] *Psychologie des idées-forces*, II, p. 73.

tiellement et exclusivement égoïste ou comme essentiellement ou exclusivement altruiste. L'importance exclusive attachée aux catégories tranchées du *moi* et de *l'autrui* est une survivance de la doctrine de l'âme-substance, entité ultime et invinciblement séparée des autres, atome spirituel ou monade. On s'en est délivré en psychologie; en éthique, on demeure victime de cette conception. Sans doute on peut dire que la fin de nos actions est toujours une certaine forme de bien *personnel*. Mais il n'en résulte pas que la personne doive être considérée comme un atome séparé; il n'en résulte pas que le bien soit simplement la satisfaction d'un ou de plusieurs de ces atomes ou même de leur totalité. L'atomisme est non moins faux en morale qu'en psychologie. Nous avons démontré tout à l'heure que le bien vraiment *personnel* est lui-même, pour un être intelligent et sociable, un bien universel et, sous ce rapport, *impersonnel*. Cette impersonnalité n'est pas celle de l'abstrait, elle est une fonction concrète du moi, essentiellement personnelle, et, qui plus est, constitutive de la personnalité même; car nous l'avons vu, la personnalité n'est pas identique à l'individualité fermée; elle est, au contraire, l'individualité ouverte à autrui.

— La satisfaction de notre *idée* d'une société universelle reste encore, dira-t-on, *notre* satisfaction, puisque cette idée est nous-même dans notre acte le plus élevé d'intelligence et d'amour. — Sans doute, mais ce n'est pas là de l'égoïsme raffiné. C'est la satisfaction d'autre chose que nous, puisque l'objet est universel. Notre suprême intérêt comme êtres pensants et aimants ne peut pas ne pas se confondre avec le bien de tous. Il y a là, selon nous, une synthèse du moi et de l'universel, une conciliation des contraires qu'on ne peut ni supprimer ni dépasser. L'individualisme est donc faux, il reste amoral; dès qu'il s'universalise, il se moralise.

CHAPITRE IX

PROGRÈS SIMULTANÉ DU SOLIDARISME ET DE L'INDIVIDUALISME

I. — Les trois stades du progrès moral. — Est-il vrai que, au premier stade, la moralité collective existât seule. — Période de synthèse primitive, période d'analyse, période de synthèse finale.

II. — Comment, de nos jours, le progrès se fait à la fois vers une croissante individuation et vers une croissante socialisation. — Progrès psychologique et moral. — Progrès religieux. — Progrès littéraire et artistique. — Progrès politique. — Rôle des individualités. — Les grands hommes.

1. — L'examen de l'évolution humaine et de ses divers stades confirme la doctrine synthétique par laquelle nous soutenons à la fois que la moralité est un rapport avec la société universelle et que, cependant, la moralité individuelle est essentielle à l'établissement de ce rapport.

Selon les Hégéliens comme selon les évolutionnistes, les observances sociales auraient devancé dans le temps la moralité individuelle, qui ne serait qu'un produit ultérieur de la société. A notre avis, le mot *devancé* est exagéré; il faut admettre seulement une simultanéité, une concomitance nécessaire des observances sociales et des observances individuelles; la moralité personnelle n'aurait pu se développer sans la moralité sociale, mais elle existait déjà en germe chez l'individu primitif. Dès l'origine de l'humanité, elle se manifesta avec les premiers actes de réflexion, d'empire sur soi, de prévoyance et de calme, de courage et de maîtrise. Ces vertus impliquent sans doute un milieu extérieur et même social, mais n'en ont pas moins leur origine et leur valeur propre dans l'individu. M. Durkheim, un de ceux qui identifient purement et simplement moralité et socialité¹, a fort bien montré comment, dans les sociétés inférieures, la conscience de l'individu est envahie par la conscience collective. Voyez les privations que le sauvage s'impose pour obéir à la tradition religieuse, l'abnégation avec laquelle il sacrifie sa vie dès que la société en réclame le sacrifice, le penchant irrésistible qui entraîne la veuve de l'Inde à suivre son mari dans la mort, le Gaulois à ne pas survivre à son chef de clan, le vieux Celte à débarrasser ses compagnons d'une bouche inutile par une fin volontaire. « Tout cela, n'est-ce pas de l'*altruisme ?* On traitera ces pratiques de superstitions ? Qu'importe, pourvu qu'elles témoignent d'une aptitude à *se donner ?* D'ailleurs, où commencent et où finissent les *superstitions ?*... A parler rigoureusement, toute la vie de la sensibilité n'est faite que de superstitions, puisqu'elle précède et domine le jugement plus qu'elle n'en dépend². » On ne saurait mieux dire. Mais ce point de vue altruiste n'exclut pas, jusque chez le sauvage, le sentiment *personnel*, qui lui-même enveloppe déjà le sentiment confus d'une *valeur* et d'une dignité personnelles.

On a dit : — La seule vertu d'apparence individuelle était alors le courage, mais en réalité le courage, comme qualité individuelle, était simplement une supériorité utile à l'individu ; en tant que vertu, il était une supériorité utile à tous, dont l'individu ne faisait montre que devant la tribu et pour la tribu. — Est-ce bien sûr ? Pourquoi refuser obstinément la qualité de *vertu* au courage d'un homme isolé, d'un Robinson sauvage qui supportera plus ou moins bien la faim, la soif, la fatigue, etc. ? — C'est seulement de la force, direz-vous. — Mais c'est de la force morale, et la force de volonté est le commencement de toute vertu. Il est d'ailleurs très vrai que le courage des sauvages est en même temps une vertu d'apparat et d'honneur ; mais les deux points de vue, loin de s'exclure, se

---

¹ Voir plus haut.
² Durkheim. *Division du travail social*, p. 215.

complètent mutuellement. Si la tribu attache une certaine gloire à la bravoure, c'est parce que tous sentent, outre l'utilité individuelle et collective du courage, sa valeur interne, son mérite, sa beauté intrinsèque. L'homme qui a accompli un acte de courage, fût-il sans témoin, se sent supérieur à lui-même, supérieur à ce qu'il fut en tel moment de lâcheté. Il n'éprouve pas uniquement le sentiment qu'il éprouverait à voir que son bras est devenu plus gros ou plus fort; il sent qu'il est pour quelque chose dans sa propre fermeté, que la réflexion et la contention de son intelligence ont coopéré à l'accroissement de sa valeur morale. Le plus sauvage des hommes peut avoir un sentiment de ce genre, puisqu'on en constate le germe jusque chez les singes ou les chiens. Aussi la plus ancienne poésie épique n'est-elle guère que louange du courage.

La conscience morale n'a donc pas commencé par être collective *avant* d'être individuelle; elle était indivisiblement et confusément collective et individuelle, tout comme la conscience psychologique est d'abord confusément objective et subjective, représentative du dehors sans perdre le sentiment du dedans. Mais, de même que la conscience psychologique se *développe* d'abord par les *objets*, par le côté représentatif du dehors, de même la conscience morale se développe d'abord sous forme de conscience commune, par son application objective et sociale à la famille et à la tribu.

Outre le premier stade de synthèse confuse, l'histoire de la moralité nous en offre deux autres. Chez les tribus sauvages et jusque dans les civilisations antiques, la conscience morale n'avait trouvé qu'une réalisation d'elle-même inadéquate; aussi se sépara-t-elle progressivement de ses formes sociales primitives pour se réaliser à part, dans le « for intérieur ». Ce fut le second stade. Nous y voyons se produire à la longue l'isolement apparent de la conscience morale, d'abord dans le stoïcisme, puis dans certaines sectes individualistes du christianisme. Cet isolement avait-il lui-même pour but, comme l'a dit M. E. Caird, de « reconstituer un ordre social supérieur ? » — Sans doute ; mais la thèse opposée est tout aussi juste et est inséparable de l'autre. Je veux dire que l'ordre social supérieur a pour but, à son tour, de reconstituer des individualités supérieures.

C'est l'union complète de l'individualité et de la socialité qui est le terme final de l'histoire morale ; c'est elle qui sera le dernier stade de l'évolution. L'avenir trouvera également faux de méconnaître la valeur de l'individu et celle de la société, composée d'individus en commerce de sympathies et d'idées. Ne nous laissons point séduire à la mythologie des abstractions, dont se leurrent tant de doctrines. Pour l'astronomie, le mouvement de la terre est solidaire de tout le système ; il n'en est pas moins vrai que, si vous supprimez la terre et son action propre, puis Vénus, puis Mars et toutes les autres planètes, il n'y aura plus de système solaire.

II. — L'examen de nos civilisations modernes rend très visible le sens de l'évolution que nous venons de décrire. Loin de n'être aujourd'hui qu'un stade inférieur, l'individualité s'accroît par le progrès de la civilisation et, qui plus est, de la socialisation. Au sein des sociétés modernes, plus les individus sont rapprochés et solidaires, plus nous voyons grandir en eux la personnalité. La croissante socialisation n'empêche nullement, de nos jours, la croissante individuation. On a cent fois remarqué que, depuis les temps héroïques de la Grèce et de Rome, la moralité est devenue de plus en plus personnelle, même chez les Grecs et les Romains ; l'individu a acquis un prix, ou plutôt une valeur qu'il n'avait pas dans la cité primitive. Cette valeur était *sans égale* selon le stoïcisme, parce que la *raison* immanente à tous les êtres raisonnables est elle-même sans égale ; elle devient *infinie* selon le christianisme, parce que la raison qui conçoit l'infini participe à son infinité. En outre, l'idée de *liberté* individuelle est allée croissant. Elle a pris chez les modernes la forme, inconnue aux anciens, d'un libre arbitre absolu qui échapperait aux lois de la nécessité universelle. Quelle que soit la valeur réelle de cette conception, toujours est-il qu'elle s'est développée au sein des nations chrétiennes, qu'elle a agi par la persuasion même où l'on était de sa vérité, par le désir éprouvé ou le devoir imposé d'être libre et maître de soi, pour pouvoir aimer librement Dieu et ses libres créatures.

Avec l'idée-force de liberté se développa celle de responsabilité individuelle, qui prit la place de la responsabilité collective, familière aux anciens. A l'origine, c'était le groupe qui comptait, non l'individu : le groupe était puni, si l'un de ses membres enfreignait une convention, une coutume, ou s'il attaquait un autre membre. Il y avait solidarité entre les individus d'un même tout, et cette solidarité s'étendait dans le temps comme dans l'espace, aux futurs descendants comme aux vivants actuels. Dès lors, l'individu existait et se mouvait dans le groupe plutôt qu'en lui-même. Les Hébreux ne faisaient-ils pas retomber les fautes de l'individu sur sa génération? n'avaient-ils pas conçu un péché collectif commis en Adam? Le christianisme conserva cette idée de faute commune et de solidarité entre les générations; mais il soutint aussi, sans arriver à concilier les deux termes, le libre arbitre de l'homme. Dans les temps modernes, l'idée du péché collectif et de la réversibilité des fautes disparut, au profit de l'imputabilité individuelle, qui même finit par être exagérée. Il a fallu, au XIXe siècle, les travaux des psychologues et des criminalistes pour restituer à la responsabilité un caractère plus collectif et en grande partie social. Il n'en reste pas moins vrai que, dans le progrès de l'humanité, la tendance à l'individuation est manifeste, sans entraver la tendance parallèle à la socialisation. On sait que Spencer fait consister l'évolution dans une individuation progressive. D'autres sociologues soutiennent avec lui que le « volume » des sociétés, en s'accroissant, relâche les liens extérieurs entre les individus, qui se trouvent ainsi de plus en plus plus abandonnés à eux-mêmes sous une multitude de rapports. C'est ce qui résulte des travaux de M. Espinas, de M. Durkheim sur la division du travail social, de M. Bouglé sur le progrès des idées égalitaires. Sous un certain rapport, ces idées égalitaires sont des idées individualistes et libertaires, quoiqu'elles puissent, sous d'autres rapports, tendre à la socialisation graduelle.

Si le progrès s'est accompli dans le sens de l'individuation, c'est parce qu'il s'est fait nécessairement dans le sens de la réflexion. Celle-ci est la conscience individuelle se repliant sur soi avec une clarté et une intensité croissantes, se rendant compte à elle-même des raisons de ses croyances ou de ses actes. Par la réflexion, la personne humaine s'est posée de plus en plus en face des choses extérieures et s'est ressaisie au milieu du monde visible. Elle s'est aussi posée de plus en plus en face des autres personnes, acquérant le sentiment du *moi*, de l'existence indépendante, de la valeur propre à la personne. Un tel résultat était inévitable d'après les lois mêmes de la psychologie et de l'épistémologie. A mesure que l'intelligence se développe, elle ne peut pas ne pas contenir à la fois la représentation plus parfaite d'*objets* complexes, la conscience plus parfaite d'un *sujet* qui s'aperçoit sous l'aspect d'unité.

Outre ce progrès de la réflexion intellectuelle, un mouvement parallèle d'individualisation et d'universalisation se retrouve dans les *sentiments*, à la fois plus personnels et plus larges, dans la *volonté*, à la fois plus maîtresse de soi et plus capable de se dévouer à autrui. Ce qu'on nomme la *loi* morale passe de plus en plus dans la conscience propre de l'individu, qui se sent de plus en plus *sujet* de cette loi. Mais, en même temps, la conscience morale embrasse des *objets* de plus en plus étendus.

C'est pourquoi il est également faux de nier et l'intériorité croissante et l'extériorisation croissante de la moralité. Soutenir que le subjectif, en morale, est « vide [1] », c'est prétendre que l'intelligence de l'individu

---

[1] Voir la discussion entre M. Belot et M. Darlu dans la *Philosophie de la solidarité* (Bibliothèque des Sciences sociales), p. 160.

n'est rien, que sa sensibilité n'est rien, que sa volonté n'est rien, sous prétexte qu'un « objet » est nécessaire à l'intelligence, au sentiment, à la volonté. — C'est, dit-on, cet objet qui seul importe, et il est social. — Mais la société n'est qu'un ensemble d'intelligences, de sensibilités, de volontés. Si ma conscience de moi-même n'avait pas de valeur en soi, les autres consciences en auraient encore moins pour moi, qui ne suis pas elles. Étrange querelle que celle des partisans de la subjectivité et des partisans de l'objectivité, comme si l'une pouvait se poser sans l'autre! Au contraire, l'une et l'autre constituent ensemble la polarité primordiale de la conscience.

II. — Comme le progrès psychologique et moral, le progrès religieux s'est accompli, lui aussi, dans le sens de l'individualisme. Le christianisme est, sous ce rapport, bien en avance sur le paganisme, puisqu'il place la valeur de la personne dans la personne même, à tel point qu'un Dieu se sacrifie pour la sauver : une âme a, pour le chrétien, un prix tel que rien, absolument rien ne peut entrer en comparaison. Dès lors, il est clair que les rites religieux et même sociaux devaient perdre pour le croyant leur empire tyrannique. Le catholicisme ne l'a pas toujours compris; il s'est efforcé, par des moyens qui n'étaient trop souvent ni justes ni efficaces, de maintenir le principe païen d'autorité au-dessus du principe chrétien de liberté. Le protestantisme, revenant à l'esprit du christianisme primitif, a de plus en plus, malgré ses premières intolérances, affranchi la personne au point de vue religieux. Le terme de ce progrès, c'est que chacun se fasse à soi-même sa religion et s'unisse ensuite volontairement à ceux qui s'en seront fait une semblable : c'est « l'irréligion de l'avenir ».

Le triomphe progressif de la personne individuelle est aussi manifeste dans l'évolution politique que dans l'évolution religieuse; il y a là, d'ailleurs, une conséquence inévitable. Si l'homme a une valeur en soi, si, par la raison et la volonté qu'il possède, il est une fin en soi, il en résulte que l'homme a des droits comme tel. Ce sont les « droits de l'homme ». L'institution sociale doit avant tout les reconnaître, les proclamer, en assurer le respect. Par une conséquence non moins inévitable, le droit de l'un *vaut* le droit de l'autre, est *égal* au droit de l'autre, si bien que les hommes sont égaux en droits. De la liberté et de l'égalité résulte logiquement le droit à participer au *gouvernement de tous par tous*. Que le progrès politique se soit fait et se fasse encore dans la direction de la démocratie, c'est ce qui saute aux yeux[1].

Selon Spencer, « l'évolution humaine est un combat dans lequel l'individu a graduellement conquis ses droits naturels sur l'Etat ». Selon Hegel, au contraire, la *personne* et ses droits seraient « le produit de l'Etat ». La personne civile et politique, dit-il, n'est pas un pur résultat « naturel » : elle a été créée par le travail conscient de la loi, de la religion, de l'Etat; ce sont les juristes romains et l'enseignement chrétien de plusieurs siècles qui ont eu la principale part dans l'actuelle différenciation de l'individu par rapport à son milieu social ; la fonction de l'Etat moderne est de poursuivre cette œuvre. Il y a sans doute des droits naturels, concluent les hégéliens, mais ils ne sont pas en avant du progrès politique, ils sont « sur l'arrière ».

A notre avis, toutes ces opinions antagonistes sont incomplètes et doivent être fondues ensemble. Le travail « conscient » de l'Etat, dont parle Hegel, n'est pas le seul : il y a aussi le travail « conscient » de la personne, qui se fixe dans le droit de l'individu. La « conscience » même de l'Etat serait bien en peine de trouver où s'établir, si elle ne se fondait dans celles des citoyens. Je voudrais bien savoir, sans les Allemands, où serait le fameux Etat allemand, adoré de Hegel et même de Fichte. La conscience individuelle est, quoi qu'en disent les Etatistes, un « produit naturel » et les droits qui lui sont inhérents sont « naturels ». L'Etat, d'ailleurs, fût-il allemand, n'est ni la nation entière, ni toute l'humanité, ni le véritable « Universel ». L'éta-

---

[1] Voir, sur ces divers points, les excellentes réflexions de M. Cantecor dans la *Revue de métaphysique et de morale*, 1900.

tisme exclusif est donc aussi incomplet que l'individualisme exclusif. Est-ce à un Hegel qu'il est besoin de rappeler qu'on doit s'élever au-dessus des contraires ? Il a fini d'ailleurs par le faire lui-même en introduisant l'idée synthétique de l'Humanité comme réalisation de l'esprit universel [1].

Le progrès de la littérature et des arts, non moins que celui de la politique, a suivi la voie de l'individualisme, tout en s'élevant à des vues d'ensemble de plus en plus vastes. La littérature classique était surtout l'expression des idées communes et des sentiments généraux, mais abstraits et vagues. Le romantisme fut, dans la poésie, dans le roman, dans le théâtre, le triomphe de l'individualité, la substitution du tempérament au caractère, de l'excentrique et de l'anormal au normal, l'introduction du moi et, trop souvent, l'adoration du moi. Plus tard, le rythme même et la rime ont fini par se disloquer et la métrique est devenue une chose presque individuelle. Enfin l'impressionnisme a éparpillé l'individu même en impressions plus ou moins fugitives. Bref, au moment où la science se perdait en spécialités, l'art disséminait de plus en plus l'inspiration collective en souffles individuels, en petits tourbillons plus ou

---

[1] Vinet a eu raison de demander si la société n'est pas *moyen pour l'individu* aussi bien que l'individu est moyen pour elle; si la garde et le perfectionnement de la société ne sont pas confiés à l'homme, autant que la garde et le perfectionnement de l'homme à la société. M. J. Laffite a dressé une liste des manifestations de l'individualisme à notre époque. Il y place, entre cent autres exemples, le goût du bibelot. M. Darlu a demandé, non sans quelque ironie, s'il ne faudrait pas y ajouter la prédication de l'Evangile, la découverte du mouvement de la terre, « et quelques autres innovations de ce genre qui attestent chez leurs auteurs un désir de se singulariser infiniment plus scandaleux que la manie du bibelot, où l'on doit voir surtout le triomphe de la mode, qui est une puissance sociale ». Et on a bien raison de conclure qu'il y a des libertés individuelles nécessaires comme il y a des autorités sociales nécessaires. L'individualisme « tend à affranchir l'individu de toute autorité *extérieure* », tendance bienfaisante dans les limites compatibles avec l'ordre social ; mais le véritable individualisme n'affranchit pas l'homme de toute autorité intérieure; au contraire, c'est à cette autorité toute morale que, selon Kant, il demande son autonomie. (Voir M. Darlu, *Revue de métaphysique et de morale*, mai 1898.)

moins fermés. Les Iliades, s'il en naissait aujourd'hui, ne seraient plus l'œuvre d'une multitude d'aèdes, mais celle d'un seul homme trouvant en lui-même son génie inspirateur. Nous ne nions pas pour cela que l'inspiration tende aujourd'hui à devenir, *pari passu*, plus sociale : l'art prend, selon la pensée de Guyau et de Tolstoï, une forme de plus en plus « sociologique », mais il ne perd nullement pour cela son originalité personnelle.

Dans le cours de l'histoire, forces individuelles et forces sociales sont en constante corrélation. Tout homme, prétend Emerson, n'est qu'un plagiaire ; tout produit, même une maison, est un plagiat. Ce n'est là qu'une vérité relative, qui ne met en relief que la loi de répétition ou d'imitation. Cette loi ne saurait être absolument primordiale. Nous avons vu plus haut comment les naturalistes placent la variation à l'origine des mouvements biologiques ; il faut bien mettre aussi quelque variation à l'origine des mouvements sociaux. Une fois introduite, toute nouveauté se transmet sans doute par répétition, toute invention se propage par imitation, et cette imitation est par excellence un phénomène social ; mais elle suppose d'abord des unités individuelles et un rapport entre ces unités. Gabriel Tarde a mis ce fait en évidence. C'est l'individu humain qui est au fond et à l'origine de la société humaine. Celle-ci est elle-même, en un sens, une variation heureuse par laquelle les individus se sont adaptés l'un à l'autre. D'ailleurs, où peuvent se produire les nouveautés et variations en matière sociale, sinon chez les membres de la société ? Je conviens que, dans l'individu même, une foule de nouveautés peuvent être une combinaison de facteurs originairement sociaux ; mais il faut faire aussi la part de l'organisme individuel, notamment de la structure cérébrale, où parfois se produisent d'heureuses variations, dues au mélange des germes paternel et maternel, aux circonstances de développement pendant la gestation et après la naissance. Si le hasard ne produit pas dans le cerveau d'un homme supérieur des idées toutes faites, comme les figures tracées par le vent sur le sable, il est cependant certain que le hasard et, à plus forte raison, la volonté réfléchie peuvent produire des courants cérébraux de valeur rare, aboutissant à des inspirations heureuses, à des idées neuves dans le domaine du vrai ou dans celui du bien. L'action du milieu social ne sera jamais suffisante pour tout expliquer ; il faudra toujours y ajouter la réaction propre de l'individu, ce qu'on a justement appelé le « facteur personnel ». Chaque volonté consciente est, dans le milieu collectif, comme « un centre de cristallisation », dit Wundt, autour duquel viennent se ranger, se fixer les idées ou sentiments avec lesquels cette volonté a une affinité particulière. La conscience d'un homme *individualise l'universel*, en lui donnant une forme nouvelle et en découvrant des rapports nouveaux que personne n'avait aperçus. La nouveauté ainsi réalisée dans l'individu devient à son tour universelle, par imitation sympathique ou par éducation. L'individu laisse ainsi à la société un héritage, où il se survit à lui-même. Voilà pourquoi, dans le monde des consciences, ce n'est plus simplement, comme dans le domaine de la vie, le plus fort qui l'emporte et atteint la survivance ; c'est, sous le rapport intellectuel ou moral, le meilleur.

Voulez-vous avoir devant l'esprit comme une image agrandie de la réaction individuelle sur la société, vous pouvez vous en donner le spectacle par le rôle des grands hommes à travers l'histoire. Rien ne changerait qu'avec une désespérante lenteur s'il n'existait qu'une collectivité d' « esprits moyens », c'est-à-dire passifs, esclaves de la tradition, des préjugés, du milieu social, humblement soumis à une réglementation administrative. Par bonheur, dit Wundt, on voit surgir de temps en temps, comme de « grandes forces perturbatrices », les Moïse, les Jésus, les réformateurs moraux. Ce sont là, dans le règne humain, ce qu'un Darwin appellerait des « accidents heureux ». Ces accidents sont des volontés, et des volontés puissantes par l'initiative, qui empêchent le présent de répéter le passé, l'avenir de répéter le présent, l'individu de reproduire la société.

On a discuté à perte de vue sur le rôle historique des grandes individualités et sur celui des grandes collectivités. Selon nous, ces deux rôles existent à la fois, en perpétuelle action et réaction : ils sont tous deux nécessaires. Certains historiens vous diront qu'il ne faut pas s'attacher aux manifestations brillantes, retentissantes et éphémères, « grands événements ou grands hommes » ; qu'il faut insister sur les vastes et lents mouvements des institutions, des « conditions économiques ou sociales », partie vraiment intéressante et permanente de l'évolution humaine. « Les événements et les personnages vraiment importants le sont surtout, dit M. Gabriel Monod, comme des signes et des symboles des divers moments de cette évolution : mais la plupart des *faits* dits historiques ne sont à la véritable histoire humaine que ce que sont, au mouvement constant et profond des marées, les vagues qui s'élèvent à la surface de la mer, se colorent un instant de tous les feux de la lumière, puis se brisent sur la grève sans rien laisser d'elles-mêmes. » — A quoi les philosophes pourraient répondre : — Les lents mouvements des masses sont surtout composés de répétitions accumulant des changements dont il reste à chercher la source initiale. S'il y a en effet des hommes, — surtout politiques, et surtout de nos jours, et surtout en France, — qui ne sont que des signes et symboles, il y en a d'autres dans la science, l'art, la morale, la religion et la politique même, qui sont de vrais initiateurs et de vrais créateurs. Quoique inséparables de leur milieu, ils ne se bornent pas à résumer ce milieu ; ils anticipent l'avenir par l'intelligence ou par le sentiment ; du réel ils font jaillir un nouvel idéal. Ils ne sont plus seulement une vague au milieu d'autres vagues ; ils sont des centres de gravitation nouveaux. Une grande idée introduite parmi les hommes, comme fut l'idée chrétienne, ressemble à l'astre dont l'action constante soulève la mer, non au flot éphémère perdu dans la marée, qui ne s'élève un instant que pour retomber dans la nuit. Cette influence personnelle, si visible chez les grands hommes, existe aussi chez les autres, alors même qu'elle reste invisible. Au sein de la société humaine, il y a des sociétés plus petites qui gravitent autour de la grande, comme les satellites autour des planètes : famille, commune, corporations, Etats. Pour mettre en branle ces sociétés subordonnées, il suffit sans doute de personnalités moindres que celles qui arrivent à ébranler l'humanité entière. Mais, à tous les degrés de l'échelle sociale, Wundt et Tarde ont raison de le dire, « c'est la volonté individuelle qui est la source du changement », par conséquent de l'évolution même. Et Nietzsche n'a fait que répéter cette vérité en l'exagérant jusqu'à la folie. Il faut seulement ajouter, selon nous, que la volonté individuelle suppose les autres volontés dont elle subit l'action, sur lesquelles elle réagit à son tour. Si personnelle qu'elle soit en son foyer, elle devient impersonnelle par son rayonnement à l'infini.

Puisqu'il en est ainsi, l'évolution de l'humanité future aura beau, comme l'espèrent les socialistes, faire à la collectivité une part de plus en plus grande, bien loin d'étouffer pour cela les individualités, elle ne fera qu'étendre de plus en plus le cercle des phénomènes intérieurs et personnels.

LIVRE TROISIÈME
MORALE COSMOLOGIQUE DES IDÉES-FORCES

CHAPITRE PREMIER
MORALE DE L'ÉVOLUTION COSMIQUE

I. La morale de l'évolution cosmique, nécessaire aboutissant de la morale biologique et sociologique. — Évolutionnisme d'Auguste Comte. — Évolutionnisme de Spencer. — II. Mesure du progrès par la place dans le temps, par l'hétérogénéité et l'homogénéité. — III. Le normal n'est-il qu'une moyenne. Théorie de M. Durkheim. Théorie de Guyau. — IV. Les postulats de l'évolutionnisme : 1° l'évolution du monde est un progrès; 2° l'individu doit contribuer au progrès universel. — V. Objections que l'on peut faire à la morale cosmologique de l'évolution.

I. — La morale cosmologique est le nécessaire aboutissant de la morale biologique, parce qu'elle replace la vie dans son milieu : rattachant les lois de la vie aux lois plus générales du monde, elle leur confère, avec une vérité plus large, une autorité plus grande, une valeur plus voisine de l'universalité. Elle est aussi l'aboutissant de toute morale sociologique, utilitarisme ou solidarisme. L'utilitarisme social, en effet, ne peut se soutenir que si on admet l'évolution : 1° pour expliquer comment, dans le passé, les sentiments altruistes ont pu naître, soit des sentiments égoïstes, soit d'inclinations renfermant en germe l'égoïsme et l'altruisme ; 2° pour expliquer comment, dans l'avenir, égoïsme et altruisme pourront se réconcilier, sinon entièrement, du moins approximativement, et comment la solidarité dans la vie succédera à la lutte pour la vie. En d'autres termes, l'évolution est le seul trait d'union empirique entre l'intérêt individuel et le désintéressement social ; c'est un pont *réel* entre les deux, non plus seulement un pont *logique* et *abstrait*.

Chez Auguste Comte, le solidarisme de Saint-Simon, de Fourier, de Pierre Leroux et de Jean Reynaud devient la doctrine altruiste, selon laquelle « vivre pour autrui » est la fin à laquelle tendent, par « évolution », tous les sentiments de l'humanité. L'ordre moral en nous, ayant besoin d'une « base objective », doit être lié à l'ordre de la nature hors de nous. Le monde extérieur façonne d'une manière constante nos penchants et y introduit une certaine règle, « soit par l'*excitation* résultée des *notions* qu'il procure, soit par l'*exercice* correspondant aux *efforts* qu'il exige ». En d'autres termes, les lois du milieu où nous vivons agissent sur nos penchants comme « un régulateur ». L'action de ce régulateur offre trois stades. Au premier, il est subi d'une manière inconsciente par l'activité de l'homme, qui, sans connaître les lois de la nature, n'en obéit pas moins à ces lois. Au second stade, l'homme prend conscience de l'ordre naturel où il est enveloppé ; grâce à son intelligence, il collabore à cet ordre, il obéit aux lois de la nature pour les tourner à son propre avantage. Au troisième stade, l'ordre naturel est accepté non plus seulement par l'intelligence, mais aussi par le sentiment ou le *cœur*. On voit alors se produire un altruisme conscient de sa conformité aux lois de la nature et aux lois de la société, qui elle-même fait partie de la nature. Si donc, selon le positivisme, il y a diversité et incohérence dans les instincts de l'homme, s'il y a en nous, selon l'expression de Spinoza, une perpétuelle « fluctuation », la constance de l'ordre extérieur la modère et la refrène : le régulateur extérieur agit, dit Comte, comme un « frein universel », qui assure le développement progressif des penchants généraux, durables, désintéressés et sociaux. L'ordre du monde, par sa pression incessante, modèle sur soi « notre conduite » et, à la longue, « nos motifs [1] ».

[1] Voir les belles pages de M. Lévy-Bruhl dans sa *Philosophie d'Aug. Comte*, p. 362 et suivantes.

Auguste Comte cherche ainsi à l'extérieur le soutien de la moralité. Il compare le développement de cette dernière à la formation du langage. L'homme, selon lui, a « consolidé » sa pensée en la coordonnant à un ensemble de signes qui sont des mouvements et, comme tels, soumis aux lois générales de l'univers. Pareillement, l'homme « consolide » ses sentiments et ses volontés en les rattachant à des motifs extérieurs, naturels ou sociaux ; il emprunte à ce point d'appui extérieur la fixité qui manquerait à ses états internes. Auguste Comte finit, comme les Stoïciens, par vouloir que l'harmonie de l'esprit soit fondée en *raison*, et fondée en *réalité*, c'est-à-dire sur « l'ordre du monde ». On a pu rapprocher sa doctrine non seulement de la morale stoïcienne, mais encore des théories de Malebranche, de Leibniz, de Descartes lui-même. Il y a toutefois cette différence que l'ordre du monde n'est rattaché par Comte à aucun principe théologique ou métaphysique : il est présenté sous une forme positive, comme principe des lois ou principe des « conditions d'existence ». L'être dont les conditions d'existence sont à la fois naturelles et sociales finit par concevoir, par vouloir, par aimer ces conditions. Auguste Comte aurait pu et dû ajouter, comme nous le faisons nous-même, que l'homme, par son intelligence capable de concevoir l'universel, a des conditions d'existence et de développement *universelles*, qui s'imposent à sa volonté comme à sa pensée [1].

On sait comment, par une marche analogue à celle de Comte, Spencer chercha dans les lois générales du monde la base objective des lois de la conduite, qui, pour les utilitaires, étaient demeurées subjectives. L'identité de l'intérêt privé et public, en vain poursuivie par Bentham et par Mill, fut reportée par Spencer au terme idéal de l'évolution humaine, partie de l'évolution universelle.

La morale cosmologique de Spencer a fini par se résumer dans cette formule de Clifford : « Sois un agent

---

[1] Voir notre *Critique des systèmes de morale contemporains*.

conscient dans l'évolution de l'univers. » Mais ce n'est pas là un impératif *absolu ;* il est subordonné à la persuasion préalable de l'individu. Une telle loi de conduite a donc besoin d'être justifiée rationnellement pour entraîner des êtres raisonnables. Il faut, en premier lieu, démontrer que l'évolution de l'univers constitue ou peut constituer un progrès. Il faut, en second lieu, trouver une raison pleinement convaincante et satisfaisante, au point de vue scientifique et philosophique, pour faire contribuer l'individu à ce progrès universel. Examinons successivement ces deux points.

II. En ce qui concerne l'existence même du progrès, on ne saurait l'établir sans concevoir préalablement un idéal déterminé, pris pour idée-force, et sans prouver que le mouvement des choses est dans le sens de cet idéal. En d'autres termes, il faut avant tout posséder ce que les philosophes appellent un critérium ou signe du bien. Quelle sera donc, pour la cosmologie évolutionniste, cette mesure du bien et conséquemment du progrès ? Telle est la question essentielle.

L'évolutionnisme peut répondre d'abord, au nom de la biologie et de la sociologie, que la *dernière venue* parmi les espèces, l'humanité, doit être aussi la plus haut placée dans la hiérarchie. Au sein des sociétés, les civilisations les plus modernes sont les plus hautes. Mais cette première marque du progrès par la place dans le *temps* ne saurait suffire, puisque la dissolution *suit* dans le temps l'évolution et n'en constitue pas moins une décadence. Il faut donc chercher une mesure plus caractéristique.

Selon Spencer, le progrès consiste dans le passage de l'un au multiple, de l'*homogène* à l'*hétérogène*, en d'autres termes, dans la différenciation croissante des caractères, résultat d'une croissante division du travail et de la spécialisation des fonctions. C'est là un critérium emprunté aux biologistes [1]. — Mais, selon nous, il ne faut pas oublier que le progrès implique aussi, comme les

---

[1] Voir plus haut.

biologistes l'ont montré, la réduction de la multiplicité à une unité supérieure, de la complexité à une simplicité plus haute, de l'hétérogénéité à une homogénéité plus fondamentale, de la différenciation à l'intégration, de la division et de la spécialisation à la coopération et à la solidarité. Celle-ci est, à nos yeux, une mesure meilleure du progrès, et elle doit se définir, comme nous l'avons établi plus haut : *la mutuelle dépendance, en certains points essentiels, d'éléments de plus en plus indépendants sous tous les autres rapports.*

Ces résultats n'ont été nullement infirmés par les philosophes qui, comme M. Lalande, placent le progrès dans une *dissolution* croissante et dans une croissante homogénéité. A notre avis, il faut dire que dissolution et intégration vont *pari passu* et se complètent ; mais, en définitive, c'est la synthèse qui l'emporte et non l'analyse, c'est l'union et la solidarité, non la division. Seulement, nous avons montré plus haut que la solidarité elle-même n'est pas un criterium suffisant : sa valeur dépend des termes entre lesquels elle est établie et des moyens par lesquels elle est établie.

III. — La théorie générale de l'évolution, telle que nous venons de la rectifier, explique en partie ce qu'on nomme la conscience morale. L'évolution du déterminisme universel et, en particulier, du déterminisme de la vie chez les espèces et les individus a dû produire, en moyenne, une connaissance généralement exacte au point de vue pratique, puisqu'elle a détruit les êtres dont les notions s'écartaient trop de la vérité pour qu'ils pussent vivre dans leur milieu. L'homme n'a obtenu ainsi, sans doute, qu'une vérité utilitaire et, en quelque sorte, vitale[1] ; de même, il n'a obtenu ainsi qu'un bien utilitaire, biologique et sociologique ; cependant, c'est déjà beaucoup. Les partisans de Renouvier auront beau dire : — Vos croyances morales, en cette hypothèse, sont fondées sur des prémisses produites par le déter-

---

[1] C'est ce que nous avons fait voir dans notre *Psychologie des idées-forces*, t. I.

minisme des atomes et autres éléments du monde ; or, ces atomes ou éléments, « n'ayant pas de préjugés en faveur de la vérité », ont autant de chances de produire des prémisses fausses que des vraies ; ils ont même plus de chances, car la vérité est une réussite unique et rare, tandis que l'erreur est multiple ; donc vos prémisses sont indignes de foi. — Cette argumentation naïve sent le paralogisme. Les évolutionnistes répondront : — Les éléments du monde n'ont sans doute pas de « préjugés » ; ils ont mieux que cela, ils ont des *nécessités* qui les obligent à s'adapter *les uns aux autres* et au *tout*. L'existence même de l'individu et sa vie sont des réussites d'adaptation et d'harmonie avec la réalité ; elles doivent donc envelopper, pour qui en prend conscience, un certain nombre de rapports vrais et de lois exactes. Certes, il ne s'agit là que de vérités *relatives*, mais ce qu'elles peuvent renfermer d'erreur est également relatif et non fondamental. Tout être qui réussit à vivre, à sentir sa vie, à la penser, à la diriger, à la faire converger avec les vies des autres êtres dans la société, est en majeure partie dans le vrai, comme aussi dans l'utile et le bon. La conscience, étant elle-même un produit de la vie, s'est formée sous l'empire des conditions de l'existence individuelle et collective : elle en résume donc nécessairement les lois les plus essentielles. Elle n'est pas infaillible dans le détail, mais elle ne saurait être erronée dans son ensemble et dans ses idées-forces les plus nécessaires. L'autorité générale de la conscience est ainsi établie, même si la conscience a été inconsciemment formée et façonnée, par adaptation et sélection.

Les anciens regardaient la divination comme un principe universel et, pour ainsi dire, comme une faculté répandue à divers degrés chez tous les êtres. Par là ils croyaient expliquer cette sorte de pressentiment obscur qu'on nomme l'instinct, ce pressentiment clair qu'on nomme la raison. C'est une vue qu'on a reprise de nos jours et qu'on a généralisée. La finalité instinctive ou réflexe, selon certains philosophes, ne serait autre qu'un principe de divination. Dans l'instinct, les moyens s'arrangent en vue de la fin comme si elle existait déjà : les moyens devinent la fin, les organes devinent la fonction ; l'œil pressent la lumière, l'esprit anticipe la réalité. Mais, à notre avis, ce n'est point dans une finalité mystique qu'il faut chercher l'explication de ces faits ; c'est dans la loi évolutive qui fait que, le présent étant gros du passé et de l'avenir, l'avenir peut être pressenti dans le présent, comme il y est prédéterminé. Ce pressentiment même peut faire partie des sentiments-forces contribuant à la détermination. S'il en est ainsi, l'instinct social et moral devient, dans une théorie de l'évolution bien comprise, le plus haut pressentiment de la vérité cachée au fond des choses, tout au moins au fond des choses *humaines* : c'est une clarté illuminant notre nuit et laissant entrevoir le lointain avenir.

Aussi la théorie de l'évolution a-t-elle fini, de nos jours, par devenir une croyance à la réalisation graduelle du mieux dans l'ordre moral et social. Les anciens, eux aussi, avaient conçu l'évolution comme loi de la nature sensible ; mais ils n'y avaient pas introduit pour cela l'idée d'un véritable progrès cosmique ou même humain, se traduisant par un gain final et durable. Héraclite, le grand ancêtre des évolutionnistes, n'avait, par les yeux de l'esprit, aperçu que la suite vertigineuse des phénomènes, révélant une énergie active, mobile, prompte aux métamorphoses ; le monde frémissant et éphémère, la vie tantôt diffuse, tantôt ramassée ; la nature agile, tourbillon éternel, « échange » éternel, « recrue éternelle des choses » ; l'être, trop ténu, trop fragile, trop instable pour offrir jamais une consistance : « tout entre sans cesse dans de nouvelles alliances », tout se remue. « Le monde est un breuvage qui ne se conserve qu'au prix d'une agitation perpétuelle. » Le cosmos est le vase infini qui s'imprègne de senteurs changeantes lorsqu'on mêle les parfums aux parfums. Héraclite sentait l'ironie des apparences : « A quoi bon chercher l'or de la vérité si je ne puis trouver qu'un peu de métal ? » Ce monde était pour lui « un jeu de dés auquel s'est plu l'enfance de Dieu ». Le combat, voilà le père et le roi et le maître de toutes choses.

Héraclite avait déjà décrit la loi de « cette contradiction qui, semblable à l'Artémis d'Ephèse, crée pour détruire et détruit pour créer. » Le monde, par la fatalité de sa nature, est alternativement épris de discorde et d'harmonie. Tour à tour il déchoit et s'élève ; un élan impétueux pousse les êtres à s'unir ; la Vénus féconde les sollicite de perpétuer leur race, mais c'est pour que cette race s'abîme ensuite dans le néant. La force épandue dans l'univers ne permet point la durée aux formes qu'engendre tel ou tel dessin spécial de sa géométrie indifférente et impassible, éternellement immobile dans l'éternel mouvement. D'après cette antique conception, qui était le pur évolutionnisme, ce que nous appelons progrès n'est qu'un résultat passager, relatif aux êtres sensibles. Il se résout en illusion finale dès qu'on replace chaque chose dans le Tout égal à soi.

Selon l'évolutionnisme moderne, au contraire, si le progrès n'est pas définitif, il est cependant réel, au moins sur certains points ; l'être vivant doit se contenter du progrès de la *vie*, l'homme doit se contenter du progrès *humain*. L'évolutionnisme de Spencer admet un certain optimisme relativement à la destinée humaine : il croit à un futur état de félicité sociale qui sera assez merveilleux pour persuader dès à présent notre intelligence d'y contribuer, quoique nous n'en devions point jouir.

IV. — Le postulat fondamental de la morale évolutionniste est donc, comme nous l'avons déjà dit, que l'évolution est un progrès. Malheureusement, il n'y a là aucune certitude, si bien que, de nos jours, on a vu Nietzsche prétendre que toutes choses reviennent dans le monde par un éternel retour qui exclut le progrès indéfini : *eadem sunt omnia semper*.

De plus, la suprême marque du progrès, pour Spencer, Darwin et leur école n'est, psychologiquement, que le plaisir, aspect interne du perfectionnement objectif en hétérogénéité et homogénéité, ou encore en valeur normale et typique. Or il n'est pas démontré que le plaisir croisse toujours et partout en proportion exacte avec le développement de la vie, comme l'admettait Spencer. La nécessité du progrès psychologique, ou même simplement celle du progrès biologique et sociologique n'est donc pas évidente. L'évolutionnisme demande cependant à l'individu de se sacrifier à cette idée, sans autre mobile que la pensée de la grande somme de plaisirs qui en résultera un jour pour les autres. Ce sacrifice est le second postulat de la morale évolutionniste : celle-ci ne peut se réaliser que par la subordination du bonheur individuel au bonheur général. Mais, nous l'avons vu plus haut, il y a dans cet abandon de son plaisir propre pour le plaisir propre de tous les autres une irrationnalité intrinsèque, qui empêche de compter sur la bonne volonté des consciences éclairées et réfléchies [1].

Les partisans de Spencer répondent que, quoi que pense et fasse l'individu, l'évolution avancera quand même et la vie en société progressera. La masse de l'humanité doit nécessairement obéir à certaines lois de conduite ou périr, parce que ces lois sont « vitales pour la société » ; et comme elle ne veut pas périr, elle obéira. — Sans doute ; mais, pour l'individu, l'alternative est-elle aussi impérieuse? Admettons que je ne puisse entraver le progrès final de l'ensemble ; admettons encore que, dans la majorité des cas, je ne puisse m'empêcher moi-même de *sentir* le joug commun, de sentir les freins psychologiques et sociaux qui, combinés par une mécanique savante, me retiennent sur une certaine ligne normale de conduite, comme les rails retiennent le wagon en marche. Est-il sûr qu'il n'y aura pas cependant en certains cas, comme Guyau et Nietzsche l'ont fait voir, des révoltes possibles pour l'individu, des succès possibles de ces révoltes? La biologie évolutionniste nous a appris elle-même qu'il y a deux moyens, pour l'être vivant, de tenir tête à un milieu adverse : s'y conformer, ou le conformer à soi en le dominant. Quand les forces du milieu environnant sont *omnipotentes* et *omniprésentes*, la « conformité au milieu » devient assurément la seule ressource, comme la résignation des Stoïciens et de Nietzsche à la nécessité

---

[1] Voir, plus haut, la *morale biologique utilitaire*.

universelle : *amor fati*. Mais il y a d'autres cas où, au lieu de se conformer, on peut conformer le milieu à soi, surtout le milieu social. Simple question de supériorité de force, simple problème de mécanique. C'est alors que Nietzsche dira avec Stirner « Déployez librement votre puissance, *Macht auslassen.* »

Spencer et Darwin répètent sans cesse avec Comte : — *Tu dois* t'adapter au milieu naturel ou social. — Mais ce mot *tu dois* signifie-t-il seulement : « Tu ne peux pas ne pas t'adapter au milieu ? » Eh bien ! c'est ce qu'il faudra voir. Si je suis assez « surhomme » pour adapter au contraire le milieu à ma volonté, la morale purement cosmologique et évolutionniste me permettra de dire à mon tour : *je dois* l'adapter. Affaire de puissance et de succès ; et le succès, dans une foule de circonstances, est assuré. Guyau et Nietzsche l'ont fait voir : la lutte de l'individu et du milieu social ou cosmique, malgré la conformité croissante des divers termes, ne se résoudra jamais en cette parfaite harmonie que rêvaient Comte et Spencer. En tout cas, je ne contemplerai pas ce beau jour. En attendant qu'il luise pour les autres, j'obéis, moi, à la loi actuelle de la vie : je tâche de détourner à mon profit la plus grande part possible des forces présentement en lutte : *Mihi res, non me rebus subjungere conor*. A moi la puissance, *Wille zur Macht !* Cette action est aussi raisonnable au point de vue de l'intérêt individuel, que les autres actions le sont au point de vue de l'intérêt collectif.

Que pourront objecter les partisans de Spencer ? S'ils opposent un « idéal » supérieur, on leur répondra, avec Spencer même et Stephen Leslie : — L'évolution n'établit aucune moralité « absolue », elle est toujours relative au milieu environnant. Plus une conduite se rapproche de cette perfection toute relative, plus elle est vraiment idéale ; le prétendu « idéal » qu'on imagine parfait, dit Spencer, « n'est pas aussi parfait que la perfection relative », qui est imparfaite. Et Nietzsche, qui se moque des idéaux, admet le même principe. Donc, relativement à l'état présent du monde, il est bon, selon cette théorie, qu'il y ait des individus qui ne se laissent pas exploiter au nom de l'idéal futur, lequel ne sera pas moins relatif que l'idéal présent.

La certitude même du progrès général et final, en dépit des exceptions que je tâche de susciter à mon profit, est faite pour m'encourager encore : je continue d'admirer *intellectuellement* cette loi d'évolution bienfaisante que je viole *volontairement* : elle produira ses effets normaux sur le type humain sans moi, malgré moi. Je suis comme un soldat qui, tout en prenant la fuite, se dirait : — O merveille! la victoire n'est pas moins certaine. — Et si tous les autres soldats prenaient la fuite? — Ils ne la prendront pas; il en restera toujours assez pour gagner la bataille. Au lieu de mourir au poste comme un musulman, n'est-il pas plus agréable et plus rationnel de fuir quand on le peut? Outre que la victoire du plus fort n'en sera pas moins sûre, il y aura une victoire de plus, celle de tel individu particulier en un point particulier, celle d'un « surhomme » sur les « bêtes de troupeau ». Cette double harmonie est faite pour m'enchanter davantage.

Si l'on objecte à cet argument, comme on le doit, qu'il aboutit au *sophisme paresseux*, que le progrès de l'espèce n'aura plus lieu dans l'hypothèse où chacun reculerait en arrière, il faut donc convenir de nouveau que le progrès n'a pas la *certitude* que lui attribuait Spencer, que le mouvement évolutif de l'ensemble ne sera déterminé que par les mouvements en avant des parties. Dès lors, comme Guyau l'a montré, la réflexion pourra, en se généralisant, suspendre ce mouvement ou le changer en un recul. Nous voilà retombés dans un cercle. Ou le progrès du type est certain sans moi, et alors il est inutile que, personnellement, j'y coopère à mes propres dépens; ou il est incertain, et alors il est sans doute nécessaire que j'y coopère; mais de quel ordre est cette « nécessité » ? Elle ne peut être *morale* pour un évolutionnisme purement naturaliste; c'est une nécessité d'ordre physique et toute conditionnelle : — *Si* je veux que le progrès social ait lieu, il faut que j'y contribue. — Mais qui m'oblige à vouloir le progrès social contre mes intérêts personnels? La même

« loi d'évolution » qui dit à la race : « Obéis aux lois de justice ou meurs », dit en certains cas à l'individu : « N'obéis pas ou meurs ». Dans ces cas-là, pourquoi obéir ? L'évolutionnisme pur ne fournit aucune raison suffisante. On demandait un signe *actuel* pour distinguer le vrai bien et le faire accepter de l'individu ; l'évolutionnisme finit par donner en réponse cette simple affirmation : — Les hommes de l'*avenir* n'auront plus à se poser le problème, parce que la moralité sera devenue chez eux spontanée, normale, organique et typique; hommes d'aujourd'hui, nous sommes sans doute placés entre notre intérêt individuel et l'intérêt universel, mais l'évolution décidera la question par le fait dans quelques milliers d'années. Quand sera venu le millénaire, on verra le lion de l'égoïsme paître avec l'agneau de l'altruisme; Borgia donnera la main à Vincent de Paul, au grand scandale de Nietzsche. Nous sommes ainsi renvoyés aux calendes de l'avenir. En quoi sort-il de là une « obligation » ou une « persuasion » pour l'individu de se conformer à la morale du présent, qui le gêne, ou à la morale de l'avenir, qui n'aura plus besoin de lui ?

Devant cette difficulté finale, les évolutionnistes exclusivement naturalistes répondent que, contrairement à la théorie de Guyau, l'individu ne saurait détruire par la réflexion et le raisonnement l'autorité de la conscience spontanée. Cette autorité, selon eux, ne peut être jugée arbitraire par l'individu, puisqu'elle est produite par le contact même du réel ; elle ne peut être taxée d'erreur par l'individu, puisqu'elle est produite par l'expérience même des siècles; l'individu la reconnaîtra donc toujours valable. — Il y a ici, répondrons-nous, une ambiguïté à lever. La conscience a sans doute, nous l'avons établi plus haut, une autorité certaine comme guide de la vie *sociale*, puisque c'est la vie sociale qui l'a façonnée *pour elle-même;* la conscience n'est ni socialement « arbitraire », ni socialement « trompeuse ». Mais est-elle pour cela indiscutable comme guide de *ma* vie, à moi qui suis un individu particulier en même temps qu'un membre de la société, à moi qui n'ai pas façonné ma conscience sociale *pour moi*? Il ne suffit pas que celle-ci me paraisse valable au point de vue d'autrui pour être valable à mon point de vue. Si le « guide de la vie collective » me demande le sacrifice de ma vie personnelle, l'idée de vie et celle même d'évolution normale ou typique suffiront-elles à résoudre l'antinomie ? Pour guider la vie, non seulement la conscience ne doit pas être « étrangère à la vie », mais elle doit lui être *supérieure*. L'évolutionnisme n'a pu établir cette supériorité. Malgré la grande part de vérité qu'il contient, il ne saurait donc suffire au moraliste sous sa forme purement objective : il a besoin, comme nous l'avons toujours soutenu, d'être complété par la considération du mental et des idées-forces.

On connaît la comparaison saisissante de Huxley : — L'homme joue aux échecs, sur l'échiquier de la Nature, avec un adversaire caché qui ne triche jamais, ne fait jamais de fautes et ne passe jamais la moindre faute ; la science consiste à apprendre les règles de ce jeu formidable, où sont engagés la vie, la fortune, le bonheur de chacun de nous et de tous ceux qui se rattachent à nous. — La comparaison est juste et belle, mais on peut la pousser plus loin. Si nous n'avions d'autres adversaires en ce jeu que la Nature, la pratique se confondrait entièrement avec la science et nous n'aurions jamais ni l'occasion de tricher, ni la possibilité de tricher, ni aucun intérêt à tricher. Mais, en fait, nous avons pour partenaires et rivaux, dans ce grand jeu, les autres hommes et l'humanité entière. Tous les enjeux de la partie ne pouvant appartenir à tous, il devient possible à chacun de tricher pour gagner certains biens, qui peuvent être la fortune ou la vie même. Le milieu social, le prétendu Grand Être d'Auguste Comte n'est pas si omnipotent, si omniprésent que l'homme ne puisse, sans être un « surhomme », lui dérober certaines actions : dans la partie qui se joue avec la société, l'individu peut toujours tricher sur bien des points et faire plus d'un gain illégitime, gros ou petit : le tout est d'être habile, de bien cacher son jeu et, *s'il est possible*, de surprendre celles des autres. Dans la sphère de la vie individuelle, la paresse, la volupté et maints autres vices sont autant de plaisirs gagnés. Par là, nous ne violons nullement les lois du jeu avec la Nature ; nous violons seulement les lois du jeu avec les autres hommes. Si l'enjeu n'en vaut pas la peine, nous risquons d'être pris en faute et chassés de la salle : nous avons mal calculé. Mais, dans les grandes circonstances, quand nous jouons le tout pour le tout, en quoi notre fraude est-elle contraire aux lois de la nature ? Elle est conforme à cette grande loi naturelle qui veut que tout être vivant tende à persévérer dans la vie. Il existe, il est vrai, une autre loi de nature qui veut que nous aimions nos semblables et la société entière ; il y a même, ajouterons-nous, une loi de nature qui veut que notre intelligence soit satisfaite par la considération du plus grand bien pour tous, non pas seulement pour nous. Le résultat final est donc un conflit entre diverses lois de nature, qui nous poussent dans des directions différentes ; mais, quoi que nous fassions, notre acte sera toujours conforme à l'une ou à l'autre des lois de la nature, à commencer par *notre* nature.

Tel est le grand cercle où se débat la morale exclusivement naturaliste et évolutionniste, celle qui, pour établir des valeurs, ne considère que les lois de la nature objective, soit hors de nous, soit dans la société, soit même en nous.

La véritable appréciation des valeurs suppose des éléments psychologiques et philosophiques, qui permettent d'établir ces valeurs indépendamment du simple mouvement évolutif par lequel les choses de la nature vont du passé à l'avenir, du simple au complexe, de la diversité confuse à une unité liée. *Evolutionnisme*, comme *positivisme*, est un mot vague, applicable à une foule de conceptions et de doctrines ; il n'indique par lui-même qu'un développement réglé dont les formes, les lois, les effets et surtout les causes demeurent à rechercher. Une fois établies, les lois d'évolution demeurent descriptives, non explicatives ; mais la description n'est pas suffisante pour l'évaluation morale. Voici une espèce animale, bœuf ou lion ; quand vous l'avez dessinée, l'avez-vous jugée ? Il y a une *statique* qui, par des lois d'*équilibre*, rend compte des *formes* animales ou végétales ; il y a une *dynamique* qui, par des lois de *changement*, rend compte de la succession de ces formes ; mais, quand vous aurez déterminé toutes les lois, vous n'aurez que constaté des effets sans analyser les causes. L'Evolution, malgré les majuscules dont on l'orne, n'est pas par elle-même une cause : elle est l'effet d'une multitude de causes, comme la trajectoire d'un boulet de canon est la résultante, non le principe de tous les mouvements élémentaires, centripètes et centrifuges. Au fond, il y a des lois de causation, non des lois d'évolution. L'évolution n'est que l'ordre final dans lequel les effets sont rangés par l'ensemble des causes ; elle résume et exprime le résultat apparent d'une multitude de lois cachées ; mais il reste toujours à l'expliquer elle-même et, pour cela, à en démonter le mécanisme. Elle ne résout ni le mystère de l'être ni le mystère de la pensée. Il en résulte qu'elle ne peut résoudre davantage le mystère de l'action. Dès lors, l'évolutionnisme naturaliste ne peut fonder une morale complète, puisqu'il ne tient compte ni des limites de notre science, ni de ce que nous savons sur notre propre existence consciente, telle que, dans la réflexion, elle se révèle à soi.

Quand, dans un autre volume, nous aurons examiné les bases d'une morale psychologique digne de ce nom, nous reviendrons sur la morale cosmologique, pour en mieux dégager les éléments de vérité, pour la compléter surtout et, par cela même, la réconcilier avec la vue psychologique et philosophique des choses. L'évolutionnisme reparaîtra alors à sa place et sous son véritable aspect : il ne sera plus seulement évolutionnisme mécanique, il sera encore et surtout évolutionnisme psychique des idées-forces.

CHAPITRE II

NÉCESSITÉ DE LA PSYCHOLOGIE ET DE LA PHILOSOPHIE GÉNÉRALE POUR COMPLÉTER LA SCIENCE SOCIOLOGIQUE DES MŒURS

I. La morale n'est pas seulement une science spéciale ou une technique spéciale. Elle est psychologique par son sujet, le moi individuel, et philosophique par son objet, le bien universel. — II. Caractère abstrait et incomplet des sciences particulières. La morale doit être concrète et complète. — III. La morale ne roule pas sur des apparences, mais sur des réalités, objets de la psychologie et de la philosophie. Elle implique la *valeur objective*. — IV. La morale pose des *fins* et, par là, elle est psychologique et philosophique. — V. Conclusion.

I. — La morale des idées-forces admettra tout ce qui peut être emprunté aux diverses sciences positives de la nature et de la société, tout ce qui peut nous éclairer sur l'évolution normale et typique des êtres ; mais elle ira plus loin et plus haut. Telle que nous la concevons pour notre part, telle que nous essaierons de la construire dans un prochain ouvrage, la morale ne saurait être seulement une *science* objective des mœurs et de la vie ; elle est encore une *psychologie* et une philosophie de la vie. Se borner à un seul de ces points de vue, c'est sacrifier ou les sciences objectives à la philosophie, ou la philosophie aux sciences objectives. L'humanité, en fait, ne s'y est jamais bornée, et ce que nous devons chercher, nous philosophes, c'est une synthèse adéquate aux besoins présents et futurs de l'humanité.

La science des mœurs ressemble, dit-on, à toutes les sciences. Elle permet de prévoir et de prédire. Sur chaque science se sont « greffés » un certain nombre d'arts, de « techniques » qui utilisent, sous forme de règles, les prédictions, les prévisions permises par cette science particulière. Considérez, ajoute-on, la partie de la sociologie qui traite des mœurs humaines ; vis-à-vis de cette science la morale sera un art, une technique de la conduite humaine. Elle sera à la sociologie ce que l'arpentage est à la géométrie, ce que l'art de l'ingénieur est à la mécanique et à la physique, ce qu'est l'industrie métallurgique à la chimie des métaux, ce qu'est l'industrie de la teinture à la chimie des matières colorantes, ce qu'est la médecine à la physiologie, etc. [1]. Cette théorie assimile l'art universel et suprême de la morale, qui pose le dernier but à atteindre et les moyens de l'atteindre, aux techniques spéciales, qui posent des buts particuliers et les moyens de les atteindre. Régulus prévoyait qu'il serait torturé s'il revenait ; il prévoyait aussi que, s'il ne revenait pas, sa patrie en souffrirait ; comment choisir entre ces deux « prévisions » ? Voilà le problème. Sociologiquement, Régulus devait se conduire selon la prévision du bien de Rome ; mais, psychologiquement et physiologiquement, selon quelle prévision ou prédiction devait-il se diriger ? Il y a beau temps que le vieux Socrate a parlé des arts particuliers, pour élever au-dessus l'art des arts qui dirige tous les autres et s'en sert comme de moyens en vue d'une fin prise comme ultime. Aujourd'hui, on ne veut plus entendre parler de *fin* ni de *bien* ; mais les arts particuliers ont eux-mêmes des fins : si le teinturier se sert d'aniline, c'est pour teindre, par exemple, en rouge ; si le client veut des étoffes rouges, c'est pour une fin, qui sera, par exemple, le besoin de vêtements et le désir de beaux vêtements. Si l'ingénieur fait un pont, c'est sans doute pour qu'on puisse passer dessus : parmi ses « prévisions » et « prédictions », il y a celle-ci que, si le pont est solide et commode, hommes et bêtes le traverseront sans le faire s'effondrer, pour aller de tel endroit en tel autre, en vue de leurs intérêts et fins de toutes sortes. Le fait de désirer une fin est, lui aussi un fait comme tous les autres ; et le fait de se demander : quelle fin est préférable ?

[1] Voir le livre que vient de publier M. Albert Bayet : *Morale scientifique*, 1905, et l'article de M. Abel Rey dans la *Revue scientifique* du 18 février 1905, p. 210.

est encore un fait, qui domine et s'assujettit les autres.

Nos sociologues ne veulent pas qu'on leur parle de théories. Mais toute technique est une théorie en action, tournée vers un but. La technique ou loi du tir des canons est une théorie des trajectoires et des résistances qui peuvent les altérer. Dès qu'on agit en sachant selon quelles lois on agit, on théorise.

De même, la considération de *l'idéal* a aujourd'hui le don d'irriter nos sociologues, amis exclusifs des réalités. Mais il n'est pas une seule action, une seule technique qui n'ait un idéal. L'idéal de l'arpentage, c'est de savoir exactement combien d'arpents il y a dans un terrain. L'effort des sociologues pour supprimer la théorie de l'idéal moral est donc aussi *antiscientifique* qu'il est *antiphilosophique*.

La morale est essentiellement psychologique par son *sujet*, qui est le moi pensant, et philosophique par l'universalité de son *objet*, qui est le véritable bien de chacun et de tous. Dès lors, comment admettre que l'éthique soit simplement une science particulière analogue à l'économie politique, à la jurisprudence, à la philologie, comme l'ont soutenu MM. Durkheim et Lévy-Bruhl[1]? Cette conception nous a semblé méconnaître un des aspects les plus essentiels de l'éthique. Sans doute, celle-ci enveloppe bien une science *spéciale* ou, comme dit M. Rauh, une « technique »; car elle a pour dernier objet la direction pratique de la volonté. Mais la *volonté* elle-même est *tout notre être agissant*, tout le *sujet* psychique. De plus, notre action *morale* est celle qui a pour objet *tout* le bien, le bien universel. Le bien, à son tour, dépend de la valeur *intrinsèque* que nous aurons attribuée aux états du sujet ou aux objets qu'il poursuit. Enfin cette valeur est subordonnée à l'idée que nous nous serons faite de la *réalité* même, de la nature foncière du sujet psychologique et de ses rapports avec le tout. Une morale complète suppose donc un ensemble d'idées-forces, certaines ou hypothétiques, relatives à l'*élément* et au *tout*, à l'objet dernier de l'ana-

---

[1] Voir plus haut.

lyse psychologique et à l'objet dernier de la synthèse philosophique. Son caractère est tout ensemble radical et universel. Elle est à la fois la science objective en acte, la psychologie en acte, la philosophie en acte, et dans l'individu et dans la société. Son point de vue n'est pas plus provisoire et partiel que ne l'est celui de la psychologie et de la philosophie. La morale joue, dans le domaine de l'action, le rôle que jouent la psychologie et la philosophie générale dans le domaine de la spéculation. Elle n'est point une action indépendante de la spéculation, sinon dans ses applications pratiques les plus élémentaires ; elle est une spéculation en acte, une psychologie vécue et une philosophie vécue.

II. — En second lieu, les sciences positives, particulières demeurent, comme telles, essentiellement abstraites. 1° Elles séparent une classe d'*objets* d'avec l'ensemble des choses. 2° Au sein du *sujet*, elles séparent le savoir et l'action d'avec l'être conscient et agissant. Or, ce sont là deux points de vue incomplets. Comme nous l'avons montré jadis, soit dans l'*Avenir de la métaphysique fondée sur l'expérience*, soit dans le *Mouvement idéaliste*, soit enfin dans le *Mouvement positiviste*, les sciences spéciales ne sont que des perspectives partielles et abstraites sur la réalité ; au contraire, la philosophie fondée par la psychologie est la recherche de la réalité la plus complète et la plus concrète que nous puissions atteindre avec le secours de toute notre expérience et de toutes nos sciences. Or, la source même de l'expérience et de la science est la conscience intérieure, domaine de la psychologie. La philosophie morale doit donc rétablir d'abord l'intime union du sujet conscient avec les objets, puis, dans le sujet même, l'union de l'action avec la pensée, enfin, dans le monde des sujets, l'union de la conscience individuelle avec la société universelle.

III. — En troisième lieu, la morale est psychologique et philosophique par le caractère d'essentielle *réalité* qu'offre son objet propre. Elle n'est plus une science ou une pratique portant, comme la physique ou la chimie, sur des *apparences* extérieures plus ou moins bien liées. Elle porte sur des réalités de conscience comme telles : pensées, plaisirs et peines, désirs et aversions, existence *pour soi* et, autant qu'il est possible, *par soi*, se faisant elle-même, s'apercevant elle-même et jouissant d'elle-même. Voilà la sphère propre du psychologue, et c'est aussi celle du moraliste. En outre, la morale se demande quelle est pour nous, et autant que nous le pouvons apprécier, la valeur de ces réalités ultimes. Les termes des problèmes vraiment moraux sont donc tout ce que nous pouvons, psychologiquement et philosophiquement, poser de réel et de dernier, ce au-delà de quoi il n'y a rien de réel à saisir ni à vouloir. Quand il s'agit de savoir si je dois trahir ma patrie ou mourir, la question porte non sur une simple « technique » ou sur une étude des « mœurs sociales », mais sur la disparition de toute la réalité à moi saisissable dans ma conscience individuelle. Quand il s'agit de savoir si je dois, en accomplissant une promesse, sacrifier mon avantage à votre droit, la question porte sur ce qui se passe réellement, c'est-à-dire psychologiquement, dans votre conscience et dans la mienne ; elle porte sur le contenu réel et intérieur de nos consciences, non sur des apparences objectives comme celles qui constituent le pur mécanisme de la nature. Je ne puis donc plus, ici, me payer de raisons provisoires : j'ai besoin d'une raison définitive. Cette raison doit être : 1° une idée psychologique de la réalité actuelle, telle je la saisis en moi ; 2° une idée philosophique de la réalité possible ; 3° une idée philosophique de la valeur de la première d'après la seconde et par rapport à la seconde. Comme ces trois idées directrices sont accompagnées de sentiments et d'impulsions, ce sont trois idées-forces.

Le physicien interrogé sur la réalité fondamentale des choses, répond : — Je ne m'occupe ni des « substances » intérieures, ni des causes « efficientes » qui produisent le son, la lumière, la chaleur, la gravitation ; je poursuis simplement les rapports réguliers, saisissables pour le sujet pensant, qui existent entre des phénomènes dont le fond demeure hors de mon atteinte. De même pour toutes les sciences spéciales. Qui ne sait qu'elles ont pour objet des formes? Dans les mathématiques, ces formes sont des concepts abstraits, représentés par des signes abstraits ; dans les sciences physiques, biologiques, mentales, ce sont des analogies, des ressemblances, des rapports d'espace, de temps, de simultanéité ou de succession ; mais ce sont toujours des formes considérées indépendamment de leur contenu réel, ce sont des cadres dont les personnages voilés demeurent invisibles. Les purs psychologues eux-mêmes, du moins ceux qui ne considèrent la psychologie que comme science objective, répètent à leur tour : — J'étudie la manière dont se suivent, se combinent, se développent nos états intérieurs sans en prétendre pénétrer ni la nature, ni l'origine, ni la fin ultime. — Toutes les sciences particulières, en un mot, se bornent à décrire la procession des choses, le défilé de l'armée des faits, l'ordre réglé de leurs bataillons. D'où vient, où va cette armée, et quel est le sens de la bataille? C'est ce qui reste hors de question.

— Pour la science, a-t-on objecté, le « fond » empirique des choses se confond avec la forme et, qui plus est, avec la formule ; ainsi, pour le physicien, « la chaleur *est* le mouvement même qui permet d'en déterminer ou d'en formuler les lois ». — Oui, répondrons-nous, cela est vrai *en physique*, parce que le physicien n'a besoin de rien de plus. Mais le moraliste, lui, a besoin de savoir si « l'intérêt général » est un bien *réel*, au lieu d'être une apparence de bien, s'il est mon vrai bien, à moi, pour que je le préfère. Quand il s'agit de se dévouer, on ne peut plus se satisfaire avec des apparences, avec des formes, avec une « formule » : il faut se faire une représentation ou idée-force de la réalité, psychologiquement et philosophiquement considérée, ainsi que de la direction idéale qui résulte de sa nature même.

Dans la morale *sociologique*, quelque hypothèse qu'on fasse sur le fond et les « dessous de la moralité », on sera toujours obligé de donner pratiquement à la moralité l'intérêt social pour détermination, et c'est ce que Kant a fait lui-même. L'intérêt social, par rapport au fond de la moralité, est alors « ce que, dans la parole de l'Evangile, semble être l'amour du prochain à l'amour de Dieu ; la seule manière d'en définir le contenu, la seule manière de le manifester dans la pratique [1] ». C'est ce que Kant eût admis tout le premier. Mais la morale psychologique et philosophique, dépassant à la fois le formalisme de Kant et le réalisme positiviste, doit concevoir quelque idée relative au fond de la moraité, si elle veut justifier la moralité même en face de l'égoïsme.

Un problème lié au précédent, celui de la *validité objective*, se dresse dans toute sa force devant le moraliste. En géométrie ou en physique, la pratique est indépendante de l'idée qu'on se fait de l'objectivité de l'espace ou de la matière, de la validité relative ou absolue de nos conceptions. Pour notre esprit, dans la pratique, tout se passe toujours comme s'il y avait un espace à trois dimensions, une matière douée de résistance, etc. Cela suffit. Mais la pratique morale ou, si vous voulez, la technique morale n'est nullement indépendante de l'idée que je me fais de ce qu'on nomme devoir, de sa valeur objective et de son fondement dans l'être. Si en effet le devoir n'est, comme le prétendent les sceptiques, qu'une représentation toute subjective ou une illusion devenue naturelle par hérédité, — illusion jadis utile, aujourd'hui nuisible selon Stirner et Nietzsche, — du même coup, avec l'objectivité du devoir, s'écroulera son autorité rationnelle et morale. On ne peut plus espérer, de nos jours, une obéissance aveugle à une *loi* de la nature ou de l'esprit dont on suspecterait la valeur objective. Les sciences particulières doivent bien fournir les éléments sociologiques, biologiques ou cosmologiques de la morale ; elles peuvent encore nous enseigner ce que nous devons choisir en fait, *si* nous *devons* quelque chose; mais la psychologie et la philo-

---

[1] M. Belot, *Revue de Métaphysique*, 1895.

[2] M. Belot, *ibid*.

sophie générale peuvent seules déterminer l'objectivité réelle et la validité du : *je dois*.

IV. — En quatrième lieu, au point de vue de la *finalité* comme à celui de la réalité et de l'objectivité, la morale a une portée psychologique et philosophique. Elle ne peut concevoir le bien que comme l'ultime satisfaction de notre volonté intelligente et aimante, non pas seulement comme une conformité aux lois du dehors. Notre idée de la moralité emporte avec elle quelque chose de définitif dans l'ordre des fins, au moins pour nous, étant donnée notre constitution psychologique. La vraie morale devra donc déterminer ce que nous devons faire non plus en vue d'autre chose, — ce qui nous entraînerait à l'infini, — mais pour soi-même, ou, en dernière analyse, *pour nous-mêmes* tels que nous sommes normalement constitués d'après la psychologie. Là où n'intervient pas ainsi la finalité, aucune *évaluation* n'est possible. Le monde de la description causale, objet propre des sciences positives, n'est pas le monde de l'appréciation finale, objet propre de l'éthique. Sans doute nos désirs, quelque élevés qu'ils puissent être, sont encore des « faits » et des forces, des faits *présents*, soumis à des lois de causation naturelle ; leurs objets sont des objets d'expérience *passée*, projetés ensuite dans l'*avenir*, combinés de diverses manières et plus ou moins dégagés de leurs limites. Tout cela se *décrit*, tout cela est objet de connaissance positive. Mais il faut que la morale trouve quelque chose qui lui permette de ne plus seulement décrire, puisqu'elle doit évaluer et apprécier. L'acte désintéressé enveloppe une idée de ce que nous concevons tant bien que mal comme *final*. La vraie morale doit fixer pour chacun et pour tous l'objet dernier du vouloir, autant qu'il nous est possible de nous le représenter. Et ce n'est pas là pour elle une prétention de luxe, c'est une recherche de première nécessité. Engagés tout entiers dans les problèmes moraux, il s'agit, encore un coup, de donner ou de refuser tout notre être ; comment donc la morale pourrait-elle s'arrêter à moitié chemin ? Non. Il faut qu'elle aille jusqu'au bout, tout au moins jusqu'au bout qu'il nous est donné d'atteindre. On n'obtient pas sûrement et délibérément l'abnégation ou le sacrifice sans une raison *suffisante*, comme dirait Leibniz ; or, ce qui est suffisant et final, au moins pour nous autres hommes, comme aussi ce qui est premier et fondamental, constitue l'objet propre de la philosophie.

On a soutenu que la loi morale, exprimée par « je dois », se borne à énoncer une loi naturelle et scientifique encore imparfaite, dont le fonctionnement et l'achèvement ont besoin de notre concours[1]. — Mais pourquoi nous tenons-nous *obligés* à ce concours? ou pourquoi nous *persuadons-nous* à nous-mêmes de perfectionner des lois naturelles existant sans nous ? C'est là une question philosophique qui reparaît toujours après les questions proprement scientifiques. A *supposer* que l'homme *veuille vivre* et vivre en *société*, les lois biologiques, sociologiques et cosmologiques que la science a établies deviennent sans doute règles de conduite ; mais il reste toujours à savoir *si* nous *devons* vouloir vivre, et *comment*, et à *quel prix*. Car voici la difficulté, je ne suis pas seul à vouloir vivre ; tous les autres hommes le veulent aussi, bien plus, tous les êtres vivants. Or, ma vie implique la mort d'un certain nombre d'animaux et de végétaux. Parfois même, dans l'ordre social, il y a des cas où la vie des uns exige la mort des autres, comme la vie de l'officier du régiment d'Auvergne eût impliqué la mort du régiment. Le principe du vouloir-vivre (Schopenhauer) et même celui du devoir-vivre, le principe du vouloir-pouvoir (Nietzsche) et même celui du devoir-pouvoir aboutissent ainsi à des antinomies. L'étude de toutes ces antinomies et des moyens de les lever, soit théoriquement, soit pratiquement, incombe à la psychologie et à la philosophie. La manière dont l'homme agira dans les alternatives difficiles et, comme disent les Allemands, *tragiques*, — la morale profonde en quelque sorte, et non plus superficielle comme celle des positivistes et évolutionnistes purs, — dépendra toujours

---

[1] M. Paulhan.

soit de la psychologie radicale, soit de la philosophie générale, soit de ce substitut des philosophies qui est la religion. Jamais l'homme ne vouera sa vie, jamais il ne la sacrifiera qu'à ce qu'il aura considéré comme l'idéal le plus haut et le plus définitif que, selon ses moyens, tout sujet pensant et voulant puisse atteindre.

Concluons qu'il y a sous tous les rapports, dans la morale, une partie psychologique et philosophique, celle qui a pour tâche d'apprécier la valeur des idées-forces sur lesquelles repose la morale, d'en rechercher l'origine psychologique, d'en étudier la validité finale. Nous nous proposons, en exposant la morale des idées-forces, de faire voir que, dans la psychologie, nous sommes en contact immédiat avec une *réalité*, avec la seule qui soit immédiatement saisie. La psychologie, que quelques-uns voudraient isoler et réduire à une spécialité pure, est et sera toujours la base de la philosophie et, *ipso facto*, de la morale. La philosophie première ne peut qu'étendre la connaissance du réel, acquise en nous-mêmes, à la représentation totale des autres réalités, sur lesquelles les sciences nous fournissent des données de fait et des lois générales, c'est-à-dire des aspects toujours incomplets. La morale doit reposer sur la synthèse aussi compréhensive que possible des sciences et sur l'analyse aussi exhaustive que possible de la conscience ou expérience première ; double tâche qui est celle du philosophe et du psychologue.

S'il est vrai de dire que la science des choses extérieures n'est pas toute l'intelligence, que l'intelligence même n'est pas tout l'homme, que l'homme n'est pas tout l'univers, il en résulte que la psychologie et la philosophie, avec les sentiments et impulsions attachées aux idées qu'elles mettent en lumière, seront toujours le nécessaire complément de la science. A tous les points de vue le philosophe moraliste peut, comme le poète, dire au savant :

> Je regarde d'autres choses,
> D'autres astres, d'autres roses,
> L'autre figure du sort.

Cette figure, c'est celle qui, tournée vers l'intérieur de nous-mêmes, l'est aussi vers l'intérieur de l'univers. Aussi, malgré Comte et Spencer, estimerons-nous nécessaire de passer, dans un ouvrage ultérieur, à la considération du *sujet pensant et voulant* en ses actes les plus essentiels. Nous jugerons aussi nécessaire de faire entrer en ligne de compte non plus seulement les diverses lois de la nature *extérieure* et sensible, mais celles de notre nature *intérieure*, celles mêmes de la Nature entière « dans sa haute et pleine majesté », comprenant la pensée qui la pense, la sensibilité qui s'y intéresse, la volonté qui la modifie et, par les idées-forces, tente de l'achever.

TABLE DES MATIÈRES

TABLE DES MATIÈRES

Préface . . . . .   ɪ

INTRODUCTION
POSSIBILITÉ D'UNE MORALE SCIENTIFIQUE DES IDÉES-FORCES

Chapitre I. — Action morale de la science . . .   1

Chapitre II. — La morale scientifique. Réponse aux objections .   8
    I. Tâche propre de la morale scientifique.   8
    II. Possibilité de la morale scientifique. . .   13

Chapitre III. — L'idée-force et son déterminisme comme fondement de la partie scientifique de la morale   25
    I. L'idée-force au point de vue psychologique et physiologique   25
    II. L'idée-force au point de vue philosophique .   38

Chapitre IV. — La vraie méthode scientifique en morale. Fausse idée que s'en font les savants de profession. .   45

LIVRE PREMIER
ÉLÉMENTS BIOLOGIQUES DE LA MORALE MORALE BIOLOGIQUE

Chapitre I. — La biologie pratique et son objet. La vie et l'idée-force de la vie   57
    I. La biologie pratique et son objet . . .   58
    II. La vie.   61
    III. La nutrition . .   67

IV. La génération 71
   V. Théorie des sentiments et émotions dans leur rapport avec la vie organique. 75
   VI. La mort 78

CHAPITRE II. — **L'hérédité vitale et l'éducation** . .   83
   I. Hérédité et éducation chez l'individu   83
   II. L'hérédité dans l'espèce.   85

CHAPITRE III. — **La morale de la vie** . . .   93
   I. Le *supérieur* en biologie   93
   II. Portée et vraies conclusions de la morale biologique. . 101
   III. Limite de la morale biologique 104

CHAPITRE IV. — **La morale de la vie chez les animaux** . . . 110
   I. La famille et la société 111
   II. Genèse et lois de formation des sociétés animales. . . 114
   III. Morale des images-forces chez les animaux . 123

LIVRE DEUXIÈME

ÉLÉMENTS SOCIOLOGIQUES DE LA MORALITÉ
MORALE SOCIOLOGIQUE

CHAPITRE I. — **Nature de la société humaine** . . . 143

CHAPITRE II. — **La société est-elle une réalité et une conscience**. 159

CHAPITRE III. — **Morale bio-sociologique de la lutte pour la vie** 175
   I. Causes et effets de la concurrence vitale 176
   II. Limites de la concurrence vitale dans la nature. . . . 183
   III. Limites de la concurrence vitale dans les sociétés humaines 186
   IV. Les divers procédés d'évolution sociale sont-ils réductibles à la concurrence 191
   V. Rôle de la coopération 196

CHAPITRE IV. — **Morale bio-sociologique. — Lois de sélection, d'adaptation et de variation** . . 204
   I. Loi de la sélection naturelle 204
   II. Loi de l'adaptation au milieu 216
   III. Loi de la variation 220

CHAPITRE V. — **Positivisme sociologique ou physique sociale**. . 232
   I. La méthode en éthique doit-elle être purement sociologique. 233

II. La physique des mœurs substituée à la morale.	243
III. Le positivisme humanitaire.	273

CHAPITRE VI. — **Morale sociologique utilitaire** 286
CHAPITRE VII. — **Morale sociologique de la solidarité** . 301

CHAPITRE VIII. — **Morale individualiste. — Individualisme libertaire et individualisme moral** 318
    I. Individualisme libertaire 319
    II. Comment l'individualisme se moralise. Le vrai *moi* selon les Hégéliens. 326

CHAPITRE IX. — **Progrès simultané du solidarisme et de l'individualisme** 336

LIVRE TROISIÈME

ÉLÉMENTS COSMOLOGIQUES DE LA MORALITÉ
MORALE COSMOLOGIQUE

CHAPITRE I. — **Morale de l'évolution cosmique** .

CONCLUSION. — **Nécessité de la psychologie et de la philosophie générale pour compléter la science sociologique des mœurs** 379

ÉVREUX, IMPRIMERIE DE CHARLES HÉRISSEY

FÉLIX ALCAN, Éditeur
LIBRAIRIES FÉLIX ALCAN et GUILLAUMIN RÉUNIES

PHILOSOPHIE — HISTOIRE

CATALOGUE
DES
Livres de Fonds

	Pages.		Pages.
BIBLIOTHÈQUE DE PHILOSOPHIE CONTEMPORAINE.		ANNALES DE L'UNIVERSITÉ DE LYON	21
Format in-16	2	RECUEIL DES INSTRUCTIONS DIPLOMATIQUES	21
Format in-8	5	INVENTAIRE ANALYTIQUE DES ARCHIVES DU MINISTÈRE DES AFFAIRES ÉTRANGÈRES	21
COLLECTION HISTORIQUE DES GRANDS PHILOSOPHES	12	REVUE PHILOSOPHIQUE	22
Philosophie ancienne	12	REVUE GERMANIQUE	22
Philosophie médiévale et moderne	12	JOURNAL DE PSYCHOLOGIE	22
Philosophie anglaise	13	REVUE HISTORIQUE	22
Philosophie allemande	13	ANNALES des SCIENCES POLITIQUES	22
Philosophie anglaise contemporaine	14	JOURNAL DES ÉCONOMISTES	23
Philosophie allemande contemporaine	14	REVUE DE L'ÉCOLE D'ANTHROPOLOGIE	22
Philosophie italienne contemporaine	14	REVUE ÉCONOMIQUE INTERNATIONALE	22
LES MAITRES DE LA MUSIQUE	14	SOCIÉTÉ POUR L'ÉTUDE PSYCHOLOGIQUE DE L'ENFANT	22
LES GRANDS PHILOSOPHES	14	BIBLIOTHÈQUE SCIENTIFIQUE INTERNATIONALE	23
MINISTRES ET HOMMES D'ÉTAT	14	RÉCENTES PUBLICATIONS NE SE TROUVANT PAS DANS LES COLLECTIONS PRÉCÉDENTES	26
BIBLIOTHÈQUE GÉNÉRALE DES SCIENCES SOCIALES	15		
BIBLIOTHÈQUE D'HISTOIRE CONTEMPORAINE	16		
PUBLICATIONS HISTORIQUES ILLUSTRÉES	19		
BIBLIOTHÈQUE DE LA FACULTÉ DES LETTRES DE PARIS	19	TABLE DES AUTEURS	31
TRAVAUX DE L'UNIVERSITÉ DE LILLE	20	TABLE DES AUTEURS ÉTUDIÉS	32

On peut se procurer tous les ouvrages qui se trouvent dans ce Catalogue par l'intermédiaire des libraires de France et de l'Étranger.

On peut également les recevoir franco par la poste, *sans augmentation des prix désignés, en joignant à la demande des* TIMBRES-POSTE FRANÇAIS *ou un* MANDAT *sur Paris.*

108, BOULEVARD SAINT-GERMAIN, 108
PARIS, 6°

MARS 1907

F. ALCAN.

Les titres précédés d'un *astérisque* sont recommandés par le Ministère de l'Instruction publique pour les Bibliothèques des élèves et des professeurs et pour les distributions de prix des lycées et collèges.

BIBLIOTHÈQUE DE PHILOSOPHIE CONTEMPORAINE
Volumes in-16, brochés, à 2 fr. 50.
Cartonnés toile, 3 francs. — En demi-reliure, plats papier, 4 francs.

La *psychologie*, avec ses auxiliaires indispensables, l'*anatomie* et la *physiologie du système nerveux*, la *pathologie mentale*, la *psychologie des races inférieures et des animaux*, les *recherches expérimentales des laboratoires*; — la *logique*; — les *théories générales fondées sur les découvertes scientifiques*; — l'*esthétique*; — les *hypothèses métaphysiques*; — la *criminologie et la sociologie*; — l'*histoire des principales théories philosophiques*; tels sont les principaux sujets traités dans cette Bibliothèque.

ALAUX (V.), prof. à l'École des Lettres d'Alger. La philosophie de Victor Cousin.
ALLIER (R.). *La Philosophie d'Ernest Renan. 2ᵉ édit. 1903.
ARRÉAT (L.). *La Morale dans le drame, l'épopée et le roman. 3ᵉ édition.
— *Mémoire et imagination (Peintres, Musiciens, Poètes, Orateurs). 2ᵉ édit.
— Les Croyances de demain. 1898.
— Dix ans de philosophie. 1900.
— Le Sentiment religieux en France. 1903.
— Art et Psychologie individuelle. 1906.
BALLET (G.). Le Langage intérieur et les diverses formes de l'aphasie. 2ᵉ édit.
BAYET (A.). La morale scientifique. 2ᵉ édit. 1906.
BEAUSSIRE, de l'Institut. *Antécédents de l'hégél. dans la philos. française.
BERGSON (H.), de l'Institut, professeur au Collège de France. *Le Rire. Essai sur la signification du comique. 3ᵉ édition. 1904.
BERTAULD. De la Philosophie sociale.
BINET (A.), directeur du lab. de psych. physiol. de la Sorbonne. La Psychologie du raisonnement, expériences par l'hypnotisme. 4ᵉ édit.
BLONDEL. Les Approximations de la vérité. 1900.
BOS (C.), docteur en philosophie. *Psychologie de la croyance. 2ᵉ édit. 1905.
BOUCHER (M.). L'hyperespace, le temps, la matière et l'énergie. 2ᵉ édit. 1905.
BOUGLÉ, prof. à l'Univ. de Toulouse. Les Sciences sociales en Allemagne. 2ᵉ éd. 1902.
— Qu'est-ce que la Sociologie? 1907.
BOURDEAU (J.). Les Maîtres de la pensée contemporaine. 4ᵉ édit. 1906.
— Socialistes et sociologues. 2ᵉ éd. 1907.
BOUTROUX, de l'Institut. *De la contingence des lois de la nature. 5ᵉ éd. 1905.
BRUNSCHVICG, professeur au lycée Henri IV, docteur ès lettres. *Introduction à la vie de l'esprit. 2ᵉ édit. 1906.
— *L'Idéalisme contemporain. 1905.
COSTE (Ad.). Dieu et l'âme. 2ᵉ édit. précédée d'une préface par R. Worms. 1903.
CRESSON (A.). docteur ès lettres. La Morale de Kant. 2ᵉ édit. (Cour. par l'Institut.)
— Le Malaise de la pensée philosophique. 1905.
DANVILLE (Gaston). Psychologie de l'amour. 4ᵉ édit. 1907.
DAURIAC (L.). La Psychologie dans l'Opéra français (Auber, Rossini, Meyerbeer).
DELVOLVÉ (J.), docteur ès lettres, agrégé de philosophie. *L'organisation de la conscience morale. *Esquisse d'un art moral positif*. 1906.
DUGAS, docteur ès lettres. *Le Psittacisme et la pensée symbolique. 1896.
— La Timidité. 3ᵉ édit. 1903.
— Psychologie du rire. 1902.
— L'absolu. 1904.
DUMAS (G.), chargé de cours à la Sorbonne. Le Sourire, avec 19 figures. 1906.
DUNAN, docteur ès lettres. La théorie psychologique de l'Espace.
DUPRAT (G.-L.), docteur ès lettres. Les Causes sociales de la Folie. 1900.
— Le Mensonge. *Etude psychologique*. 1903.

F. ALCAN.

Suite de la *Bibliothèque de philosophie contemporaine*, format in-16, à 2 fr. 50 le vol.

DURAND (de Gros). *Questions de philosophie morale et sociale. 1902.
DURKHEIM (Émile), professeur à la Sorbonne. * Les règles de la méthode sociologique. 3ᵉ édit. 1904.
D'EICHTHAL (Eug.) (de l'Institut). Les Problèmes sociaux et le Socialisme. 1899.
ENCAUSSE (Papus). L'occultisme et le spiritualisme. 2ᵉ édit. 1903.
ESPINAS (A.), de l'Institut, prof. à la Sorbonne. * La Philosophie expérimentale en Italie.
FAIVRE (E.). De la Variabilité des espèces.
FÉRÉ (Ch.). Sensation et Mouvement. Étude de psycho-mécanique, avec fig. 2ᵉ éd.
— Dégénérescence et Criminalité, avec figures. 3ᵉ édit. 1907.
FERRI (E.). *Les Criminels dans l'Art et la Littérature. 2ᵉ édit. 1902.
FIERENS-GEVAERT. Essai sur l'Art contemporain. 2ᵉ éd. 1903. (Cour. par l'Ac. fr.).
— La Tristesse contemporaine, essai sur les grands courants moraux et intellectuels du XIXᵉ siècle. 4ᵉ édit. 1904. (Couronné par l'Institut.)
— * Psychologie d'une ville. *Essai sur Bruges.* 2ᵉ édit. 1902.
— Nouveaux essais sur l'Art contemporain. 1903.
FLEURY (Maurice de). L'Âme du criminel. 1898.
FONSEGRIVE, professeur au lycée Buffon. La Causalité efficiente. 1893.
FOUILLÉE (A.), de l'Institut. La propriété sociale et la démocratie. 4ᵉ édition. 1904.
FOURNIÈRE (E.). Essai sur l'individualisme. 1901.
FRANCK (Ad.), de l'Institut. * Philosophie du droit pénal. 5ᵉ édit.
GAUCKLER. Le Beau et son histoire.
GELEY (Dʳ G.). L'être subconscient. 2ᵉ édit. 1905.
GOBLOT (E.), professeur à l'Université de Lyon. Justice et liberté. 2ᵉ éd. 1907.
GODFERNAUX (G.), docteur ès lettres. Le Sentiment et la Pensée, 2ᵉ éd. 1906.
GRASSET (J.), professeur à la Faculté de médecine de Montpellier. Les limites de la biologie. 3ᵉ édit. 1906. Préface de Paul BOURGET.
GREEF (de). Les Lois sociologiques. 3ᵉ édit.
GUYAU. * La Genèse de l'idée de temps. 2ᵉ édit.
HARTMANN (E. de). La Religion de l'avenir. 5ᵉ édit.
— Le Darwinisme, ce qu'il y a de vrai et de faux dans cette doctrine. 6ᵉ édit.
HERBERT SPENCER. * Classification des sciences. 6ᵉ édit.
— L'Individu contre l'État. 5ᵉ édit.
HERCKENRATH. (C.-R.-C.) Problèmes d'Esthétique et de Morale. 1897.
JAELL (Mᵐᵉ). L'intelligence et le rythme dans les mouvements artistiques, avec fig. 1904.
JAMES (W.). La théorie de l'émotion, préf. de G. DUMAS, chargé de cours à la Sorbonne. Traduit de l'anglais. 1902.
JANET (Paul), de l'Institut. * La Philosophie de Lamennais.
JANKELEWITCH (S. J.). Nature et Société. *Essai d'une application du point de vue finaliste aux phénomènes sociaux.* 1906.
LACHELIER, de l'Institut. Du fondement de l'induction, suivi de psychologie et métaphysique. 5ᵉ édit. 1907.
LAISANT (C.). L'Éducation fondée sur la science. Préface de A. NAQUET. 2ᵉ éd. 1905.
LAMPÉRIÈRE (Mᵐᵉ A.). * Rôle social de la femme, son éducation. 1898.
LANDRY (A.), agrégé de philos., docteur ès lettres. La responsabilité pénale. 1902.
LANGE, professeur à l'Université de Copenhague. * Les Émotions, étude psychophysiologique, traduit par G. Dumas. 2ᵉ édit. 1902.
LAPIE, professeur à l'Univ. de Bordeaux. La Justice par l'État. 1899.
LAUGEL (Auguste). L'Optique et les Arts.
LE BON (Dʳ Gustave). * Lois psychologiques de l'évolution des peuples. 7ᵉ édit.
— * Psychologie des foules. 10ᵉ édit.
LECHALAS. * Étude sur l'espace et le temps. 1895.
LE DANTEC, chargé du cours d'Embryologie générale à la Sorbonne. Le Déterminisme biologique et la Personnalité consciente. 2ᵉ édit.
— * L'Individualité et l'Erreur individualiste. 2ᵉ édit. 1905.
— Lamarckiens et Darwiniens. 2ᵉ édit. 1904.
LEFÈVRE (G.), prof. à l'Univ. de Lille. Obligation morale et idéalisme. 1895.

F. ALCAN.

Suite de la *Bibliothèque de philosophie contemporaine*, format in-16, à 2 fr. 50 le vol.

LIARD, de l'Inst., vice-rect. de l'Acad. de Paris. *Les Logiciens anglais contemp 4ᵉ éd.
— Des définitions géométriques et des définitions empiriques. 3ᵉ édit.
LICHTENBERGER (Henri), maître de conférences à la Sorbonne. *La philosophie de Nietzsche. 9ᵉ édit. 1906.
— * Friedrich Nietzsche. Aphorismes et fragments choisis. 3ᵉ édit. 1905.
LOMBROSO. L'Anthropologie criminelle et ses récents progrès. 4ᵉ édit. 1901.
LUBBOCK (Sir John). * Le Bonheur de vivre. 2 volumes. 9ᵉ édit. 1905.
— *L'Emploi de la vie. 6ᵉ éd. 1905.
LYON (Georges), recteur de l'Académie de Lille. *La Philosophie de Hobbes.
MARGUERY (E.). L'Œuvre d'art et l'évolution. 2ᵉ édit. 1905.
MAUXION, professeur à l'Université de Poitiers. * L'éducation par l'instruction et les *Théories pédagogiques de Herbart*. 1900.
— *Essai sur les éléments et l'évolution de la moralité. 1904.
MILHAUD (G.), professeur à l'Université de Montpellier. * Le Rationnel. 1898.
— *Essai sur les conditions et les limites de la Certitude logique. 2ᵉ édit. 1898.
MOSSO. *La Peur. Étude psycho-physiologique (avec figures). 3ᵉ édit.
— *La Fatigue intellectuelle et physique, trad. Langlois. 5ᵉ édit.
MURISIER (E.), professeur à la Faculté des lettres de Neuchâtel (Suisse). *Les Maladies du sentiment religieux. 2ᵉ édit. 1903.
NAVILLE (E.), prof. à la Faculté des lettres et sciences sociales de l'Université de Genève. Nouvelle classification des sciences. 2ᵉ édit. 1901.
NORDAU (Max). *Paradoxes psychologiques, trad. Dietrich. 5ᵉ édit. 1904.
— Paradoxes sociologiques, trad. Dietrich. 4ᵉ édit. 1904.
— *Psycho-physiologie du Génie et du Talent, trad. Dietrich. 3ᵉ édit. 1902.
NOVICOW (J.). L'Avenir de la Race blanche. 2ᵉ édit. 1903.
OSSIP-LOURIÉ, lauréat de l'Institut. Pensées de Tolstoï. 2ᵉ édit. 1902.
— * Nouvelles Pensées de Tolstoï. 1903.
— * La Philosophie de Tolstoï. 2ᵉ édit. 1903.
— * La Philosophie sociale dans le théâtre d'Ibsen. 1900.
— Le Bonheur et l'Intelligence. 1904.
PALANTE (G.), agrégé de l'Université. Précis de sociologie. 2ᵉ édit. 1903.
PAULHAN (Fr.). Les Phénomènes affectifs et les lois de leur apparition. 2ᵉ éd. 1901.
— * Joseph de Maistre et sa philosophie. 1893.
— *Psychologie de l'invention. 1900.
— * Analystes et esprits synthétiques. 1903.
— * La fonction de la mémoire et le souvenir affectif. 1904.
PHILIPPE (J.). *L'Image mentale, avec fig. 1903.
PHILIPPE (J.) et PAUL-BONCOUR (J.). Les anomalies mentales chez les écoliers. (*Ouvrage couronné par l'Institut*). 2ᵉ éd. 1907.
PILLON (F.). * La Philosophie de Ch. Secrétan. 1898.
PIOGER (Dʳ Julien). Le Monde physique, essai de conception expérimentale. 1893.
QUEYRAT, prof. de l'Univ. * L'Imagination et ses variétés chez l'enfant. 2ᵉ édit.
— *L'Abstraction, son rôle dans l'éducation intellectuelle. 2ᵉ édit. 1907.
— * Les Caractères et l'éducation morale. 2ᵉ éd. 1901.
— * La logique chez l'enfant et sa culture. 2ᵉ édit. 1907.
— *Les jeux des enfants. 1905.
REGNAUD (P.), professeur à l'Université de Lyon. Logique évolutionniste. *L'Entendement dans ses rapports avec le langage*. 1897.
— Comment naissent les mythes. 1897.
RENARD (Georges), professeur au Conservatoire des arts et métiers. Le régime socialiste, *son organisation politique et économique*. 6ᵉ édit. 1907.
RÉVILLE (A.), professeur au Collège de France. Histoire du dogme de la Divinité de Jésus-Christ. 4ᵉ édit. 1907.
RIBOT (Th.), de l'Institut, professeur honoraire au Collège de France, directeur de la *Revue philosophique*. La Philosophie de Schopenhauer. 10ᵉ édition.
— * Les Maladies de la mémoire. 18ᵉ édit.
— * Les Maladies de la volonté. 21ᵉ édit.

F. ALCAN.

Suite de la *Bibliothèque de philosophie contemporaine*, format in-16 à 2 fr. 50 le vol.

RIBOT (Th.), de l'Institut, professeur honoraire au Collège de France, directeur de la *Revue philosophique*. * **Les Maladies de la personnalité. 11° édit.**
— * **La Psychologie de l'attention. 6° édit.**
RICHARD (G.), chargé du cours de sociologie à l'Université de Bordeaux. * **Socialisme et Science sociale. 2° édit.**
RICHET (Ch.). **Essai de psychologie générale. 5° édit. 1903.**
ROBERTY (E. de). **L'Inconnaissable, sa métaphysique, sa psychologie.**
— L'Agnosticisme. Essai sur quelques théories pessim. de la connaissance. 2° édit.
— La Recherche de l'Unité. 1893.
— * Le Bien et le Mal. 1896.
— Le Psychisme social. 1897.
— Les Fondements de l'Ethique. 1898.
— Constitution de l'Éthique. 1901.
— Frédéric Nietzsche. 3° édit. 1903.
ROISEL. De la Substance.
— L'Idée spiritualiste. 2° éd. 1901.
ROUSSEL-DESPIERRES. L'Idéal esthétique. *Philosophie de la beauté.* 1904.
SCHOPENHAUER. ***Le Fondement de la morale**, trad. par M. A. Burdeau. 7° édit.
— ***Le Libre arbitre**, trad. par M. Salomon Reinach, de l'Institut. 8° éd.
— **Pensées et Fragments**, avec intr. par M. J. Bourdeau. 18° édit.
— Écrivains et style. Traduct. Dietrich. 1905.
— Sur la Religion. Traduct. Dietrich. 1906.
SOLLIER (D' P.). Les Phénomènes d'autoscopie, avec fig. 1903.
SOURIAU (P.), prof. à l'Université de Nancy. La Rêverie esthétique. *Essai sur la psychologie du poète.* 1906.
STUART MILL. * **Auguste Comte et la Philosophie positive. 6° édit.**
— * **L'Utilitarisme. 4° édit.**
— Correspondance inédite avec Gust. d'Eichthal (1828-1842)—(1864-1871). 1898. Avant-propos et trad. par Eug. d'Eichthal.
SULLY PRUDHOMME, de l'Académie française. Psychologie du libre arbitre suivi de *Définitions fondamentales des idées les plus générales et des idées les plus abstraites.* 1907.
— et Ch. RICHET, professeur à l'Université de Paris. Le problème des causes finales. 2° édit. 1904.
SWIFT. L'Éternel conflit. 1904.
TANON (L.). * **L'Évolution du droit et la Conscience sociale. 2° édit. 1905.**
TARDE, de l'Institut, **La Criminalité comparée.** 6° édit. 1907.
— * **Les Transformations du Droit. 5° édit. 1906.**
— * **Les Lois sociales. 4° édit. 1904.**
THAMIN (R.), recteur de l'Acad. de Bordeaux. * **Éducation et Positivisme** 2° édit.
THOMAS (P. Félix). * **La suggestion, son rôle dans l'éducation. 2° édit. 1898.**
— **Morale et éducation**, 2° édit. 1905.
TISSIÉ. * **Les Rêves**, avec préface du professeur Azam. 2° éd. 1898.
WUNDT. Hypnotisme et Suggestion. Étude critique, traduit par M. Keller. 3° édit. 1905.
ZELLER. Christian Baur et l'École de Tubingue, traduit par M. Ritter.
ZIEGLER. La Question sociale est une Question morale, trad. Palante. 3° édit.

BIBLIOTHÈQUE DE PHILOSOPHIE CONTEMPORAINE

Volumes in-8, brochés à 3 fr. 75, 5 fr., 7 fr. 50, 10 fr., 12 fr. 50 et 15 fr.
Cart. angl., 1 fr. en plus par vol.; Demi-rel. en plus, 2 fr. par vol.

ADAM (Ch.), recteur de l'Académie de Nancy. * **La Philosophie en France (première moitié du XIX° siècle).** 7 fr. 50
ALENGRY (Franck), docteur ès lettres, inspecteur d'académie. * **Essai historique et critique sur la Sociologie chez Aug. Comte.** 1900. 10 fr.
ARNOLD (Matthew). La Crise religieuse. 7 fr. 50
ARRÉAT. * **Psychologie du peintre.** 5 fr.

Suite de la *Bibliothèque de philosophie contemporaine*, format in-8.

AUBRY (D' P.). La Contagion du meurtre. 1896. 3° édit. 5 fr.
BAIN (Alex.). La Logique inductive et déductive. Trad. Compayré. 2 vol. 3° éd. 20 fr.
— *Les Sens et l'Intelligence. Trad. Cazelles. 3° édit. 10 fr.
BALDWIN (Mark), professeur à l'Université de Princeton (États-Unis). Le Développement mental chez l'enfant et dans la race. Trad. Nourry. 1897. 7 fr. 50
BARDOUX (J.). *Essai d'une psychologie de l'Angleterre contemporaine. Les crises belliqueuses. (Couronné par l'Académie française). 1906. 7 fr. 50
BARTHÉLEMY-SAINT-HILAIRE, de l'Institut. La Philosophie dans ses rapports avec les sciences et la religion. 5 fr.
BARZELOTTI, prof. à l'Univ. de Rome. *La Philosophie de H. Taine. 1900. 7 fr. 50
BAZAILLAS (A.), docteur ès lettres, professeur au lycée Condorcet. *La Vie personnelle, *Étude sur quelques illusions de la perception extérieure*. 1905. 5 fr.
BELOT (G.), agrégé de philosophie. Etudes de morale positive. 1907. 7 fr. 50
BERGSON (H.), de l'Institut, professeur au Collège de France. * Matière et mémoire, essai sur les relations du corps à l'esprit. 2° édit. 1900. 5 fr.
— Essai sur les données immédiates de la conscience. 4° édit. 1904. 3 fr. 75
BERTRAND, prof. à l'Université de Lyon. * L'Enseignement intégral. 1898. 5 fr.
— Les Études dans la démocratie. 1900. 5 fr.
BINET (A.), directeur de laboratoire à la Sorbonne. Les révélations de l'écriture, avec 67 grav. 5 fr.
BOIRAC (Émile), recteur de l'Académie de Dijon. * L'Idée du Phénomène. 5 fr.
BOUGLÉ, prof. à l'Univ. de Toulouse. *Les Idées égalitaires. 1899. 3 fr. 75
BOURDEAU (L.). Le Problème de la mort. 4° édition. 1904. 5 fr.
— Le Problème de la vie. 1901. 7 fr. 50
BOURDON, professeur à l'Université de Rennes. *L'Expression des émotions et des tendances dans le langage. 7 fr. 50
BOUTROUX (E.), de l'Inst. Etudes d'histoire de la philosophie. 2° éd. 1901. 7 fr. 50
BRAUNSCHVIG (M.), docteur ès lettres, prof. au lycée de Toulouse. Le sentiment du beau et le sentiment poétique. *Essai sur l'esthétique du vers*. 1904. 3 fr. 75
BRAY (L.). Du beau. 1902. 5 fr.
BROCHARD (V.), de l'Institut. De l'Erreur. 2° édit. 1897. 5 fr.
BRUNSCHVICG (E.), prof. au lycée Henri IV, doct. ès lett. La Modalité du jugement. 5 fr.
— *Spinoza. 2° édit. 1906. 3 fr. 75
CARRAU (Ludovic), professeur à la Sorbonne. La Philosophie religieuse en Angleterre, depuis Locke jusqu'à nos jours. 5 fr.
CHABOT (Ch.), prof. à l'Univ. de Lyon. *Nature et Moralité. 1897. 5 fr.
CLAY (R.). * L'Alternative, *Contribution à la Psychologie*. 2° édit. 10 fr.
COLLINS (Howard). *La Philosophie de Herbert Spencer, avec préface de Herbert Spencer, traduit par H. de Varigny. 4° édit. 1904. 10 fr.
COMTE (Aug.). La Sociologie, résumé par E. Rigolage. 1897. 7 fr. 50
COSENTINI (F.). La Sociologie génétique. *Essai sur la pensée et la vie sociale préhistoriques*. 1905. 3 fr. 75
COSTE. Les Principes d'une sociologie objective. 3 fr. 75
— L'Expérience des peuples et les prévisions qu'elle autorise. 1900 10 fr.
COUTURAT (L.). Les principes des mathématiques, suivis d'un appendice sur *La philosophie des mathématiques de Kant*. 1906. 5 fr.
CRÉPIEUX-JAMIN. L'Écriture et le Caractère. 4° édit. 1897. 7 fr. 50
CRESSON, doct. ès lettres. La Morale de la raison théorique. 1903. 5 fr.
DAURIAC (L.). *Essai sur l'esprit musical. 1904. 5 fr.
DE LA GRASSERIE (R.), lauréat de l'Institut. Psychologie des religions. 1899. 5 fr.
DELBOS (V.), maître de conf. à la Sorbonne. *La philosophie pratique de Kant. 1905. (Ouvrage couronné par l'Académie française.) 12 fr. 50
DELVAILLE (J.), agr. de philosophie. La vie sociale et l'éducation. 1907. 3 fr. 75
DELVOLVE (J.), docteur ès lettres, agrégé de philosophie. *Religion, critique et philosophie positive chez Pierre Bayle. 1906. 7 fr. 50
DEWAULE, docteur ès lettres. * Condillac et la Psychol. anglaise contemp. 5 fr.
DRAGHICESCO (D.), chargé de cours à l'Université de Bucarest. L'Individu dans le déterminisme social. 1904. 7 fr. 50
— Le problème de la conscience. 1907. 3 fr. 75

F. ALCAN.

Suite de la *Bibliothèque de philosophie contemporaine*, format in-8.

DUMAS (G.), chargé de cours à la Sorbonne. *La Tristesse et la Joie. 1900. 7 fr. 50
— Psychologie de deux messies. *Saint-Simon et Auguste Comte.* 1905. 5 fr.
DUPRAT (G. L.), docteur ès lettres. L'Instabilité mentale. 1899. 5 fr.
DUPROIX (P.), prof. à la Fac. des lettres de l'Univ. de Genève. *Kant et Fichte et le problème de l'éducation. 2ᵉ édit. 1897. (Ouv. cour. par l'Acad. franç.) 5 fr.
DURAND (DE GROS). Aperçus de taxinomie générale. 1898. 5 fr.
— Nouvelles recherches sur l'esthétique et la morale. 1899. 5 fr.
— Variétés philosophiques. 2ᵉ édit. revue et augmentée. 1900. 5 fr.
DURKHEIM, professeur à la Sorbonne. * De la division du travail social. 2ᵉ édit. 1901. 7 fr. 50
— Le Suicide, *étude sociologique.* 1897. 7 fr. 50
— * L'année sociologique : 9 années parues.

  1ʳᵉ Année (1896-1897). — DURKHEIM : La prohibition de l'inceste et ses origines. — G. SIMMEL : Comment les formes sociales se maintiennent. — *Analyses des travaux de sociologie publiés du 1ᵉʳ Juillet 1896 au 30 Juin 1897.* 10 fr.
  2ᵉ Année (1897-1898). — DURKHEIM : De la définition des phénomènes religieux. — HUBERT et MAUSS : La nature et la fonction du sacrifice. — *Analyses.* 10 fr.
  3ᵉ Année (1898-1899). — RATZEL : Le sol, la société, l'État. — RICHARD : Les crises sociales et la criminalité. — STEINMETZ : Classification des types sociaux. — *Analyses.* 10 fr.
  4ᵉ Année (1899-1900). — BOUGLÉ : Remarques sur le régime des castes. — DURKHEIM : Deux lois de l'évolution pénale. — CHARMONT : Notes sur les causes d'extinction de la propriété corporative. *Analyses.* 10 fr.
  5ᵉ Année (1900-1901). — F. SIMIAND : Remarques sur les variations du prix du charbon au XIXᵉ siècle. — DURKHEIM : Sur le Totémisme. — *Analyses.* 10 fr.
  6ᵉ Année (1901-1902). — DURKHEIM et MAUSS : De quelques formes primitives de classification. Contribution à l'étude des représentations collectives. — BOUGLÉ : Les théories récentes sur la division du travail. — *Analyses.* 12 fr. 50
  7ᵉ Année (1902-1903). — H. HUBERT et MAUSS : Esquisse d'une théorie générale de la magie. — *Analyses.* 12 fr. 50
  8ᵉ Année (1903-1904). — H. BOURGIN : La boucherie à Paris au XIXᵉ siècle. — E. DURKHEIM : L'organisation matrimoniale australienne. — *Analyses.* 12 fr. 50
  9ᵉ Année (1904-1905). — A. MEILLET : Comment les noms changent de sens. — M. MAUSS et H. BEUCHAT : Les variations saisonnières des sociétés eskimos. — *Analyses.* 12 fr. 50

EGGER (V.), prof. à la Fac. des lettres de Paris. La parole intérieure. 2ᵉ éd. 1904. 5 fr.
ESPINAS (A.), de l'Institut, professeur à la Sorbonne. *La Philosophie sociale du XVIIIᵉ siècle et la Révolution française. 1898. 7 fr. 50
FERRERO (G.). Les Lois psychologiques du symbolisme. 1895. 5 fr.
FERRI (Enrico). La Sociologie criminelle. Traduction L. TERRIER. 1905. 10 fr.
FERRI (Louis). La Psychologie de l'association, depuis Hobbes. 7 fr. 50
FINOT (J.). Le préjugé des races. 2ᵉ édit. 1905. 7 fr. 50
— La philosophie de la longévité. 11ᵉ édit. refondue. 1906. 5 fr.
FONSEGRIVE, prof. au lycée Buffon. * Essai sur le libre arbitre. 2ᵉ édit. 1895. 10 fr.
FOUCAULT, maître de conf. à l'Univ. de Montpellier. La psychophysique. 1903. 7 fr. 50
— Le Rêve. 1906. 5 fr.
FOUILLÉE (Alf.), de l'Institut. *La Liberté et le Déterminisme. 4ᵉ édit. 7 fr. 50
— Critique des systèmes de morale contemporains. 4ᵉ édit. 7 fr. 50
— *La Morale, l'Art, la Religion, d'après GUYAU. 5ᵉ édit. augm. 3 fr. 75
— L'Avenir de la Métaphysique fondée sur l'expérience 2ᵉ édit. 5 fr.
— *L'Évolutionnisme des idées-forces. 3ᵉ édit. 7 fr. 50
— *La Psychologie des idées-forces. 2 vol. 2ᵉ édit. 15 fr.
— *Tempérament et caractère. 3ᵉ édit. 7 fr. 50
— Le Mouvement positiviste et la conception social. du monde. 2ᵉ édit. 7 fr. 50
— Le Mouvement idéaliste et la réaction contre la science posit. 2ᵉ édit. 7 fr. 50
— *Psychologie du peuple français. 3ᵉ édit. 7 fr. 50
— *La France au point de vue moral. 2ᵉ édit. 7 fr. 50
— *Esquisse psychologique des peuples européens. 2ᵉ édit. 1903. 10 fr.
— *Nietzsche et l'immoralisme. 2ᵉ édit. 1903. 5 fr.
— *Le moralisme de Kant et l'immoralisme contemporain. 1905. 7 fr. 50
— *Les éléments sociologiques de la morale. 1906. 7 fr. 50

F. ALCAN. — 8 —

Suite de la *Bibliothèque de philosophie contemporaine*, format in-8.

FOURNIÈRE (E.). *Les théories socialistes au XIX° siècle, de BABEUF à PROUDHON. 1904. 7 fr. 50
FULLIQUET. Essai sur l'Obligation morale. 1898. 7 fr. 50
GAROFALO, prof. à l'Université de Naples. La Criminologie. 5° édit. refondue. 7 fr. 50
— La Superstition socialiste. 1895. 5 fr.
GÉRARD-VARET, prof. à l'Univ. de Dijon. L'Ignorance et l'Irréflexion. 1899. 5 fr.
GLEY (D' E.), professeur agrégé à la Faculté de médecine de Paris. Études de psychologie physiologique et pathologique, avec fig. 1903. 5 fr.
GOBLOT (E.), Prof. à l'Université de Caen. *Classification des sciences. 1898. 5 fr.
GORY (G.). L'Immanence de la raison dans la connaissance sensible. 5 fr.
GRASSET (J.), professeur à la Faculté de médecine de Montpellier. Demifous et demiresponsables. 1907. 5 fr.
GREEF (de), prof. à l'Univ. nouvelle de Bruxelles. Le Transformisme social. 7 fr. 50
— La Sociologie économique. 1904. 3 fr. 75
GROOS (K.), prof. à l'Université de Bâle. *Les jeux des animaux. 1902. 7 fr. 50
GURNEY, MYERS et **PODMORE.** Les Hallucinations télépathiques, préf. de CH. RICHET. 4° édit. 7 fr. 50
GUYAU (M.). * La Morale anglaise contemporaine. 5° édit. 7 fr. 50
— Les Problèmes de l'esthétique contemporaine. 6° édit. 5 fr.
— Esquisse d'une morale sans obligation ni sanction. 6° édit. 5 fr.
— L'Irréligion de l'avenir, étude de sociologie. 9° édit. 7 fr. 50
— *L'Art au point de vue sociologique. 6° édit. 7 fr. 50
— *Éducation et Hérédité, étude sociologique. 7° édit. 5 fr.
HALÉVY (Élie), docteur ès lettres, professeur à l'École des sciences politiques. *La Formation du radicalisme philosophique, 3 vol., chacun 7 fr. 50
HANNEQUIN, prof. à l'Univ. de Lyon. L'hypothèse des atomes. 2° édit. 1899. 7 fr. 50
HARTENBERG (D' Paul). Les Timides et la Timidité. 2° édit. 1904. 5 fr.
HÉBERT (Marcel), prof. à l'Université nouvelle de Bruxelles. L'Évolution de la foi catholique. 1905. 5 fr.
— Le divin. *Expériences et hypothèses. Études psychologiques.* 1907. 5 fr.
HÉMON (C.), agrégé de philosophie. La philosophie de M. Sully Prudhomme. Préface de M. SULLY PRUDHOMME. 1907. 7 fr. 50
HERBERT SPENCER. *Les premiers Principes. Traduc. Cazelles. 9° édit. 10 fr.
— *Principes de biologie. Traduct. Cazelles. 4° édit. 2 vol. 20 fr.
— *Principes de psychologie. Trad. par MM. Ribot et Espinas. 2 vol. 20 fr.
— *Principes de sociologie. 5 vol., traduits par MM. Cazelles, Gerschel et de Varigny : Tome I. *Données de la sociologie.* 10 fr. — Tome II. *Inductions de la sociologie. Relations domestiques.* 7 fr. 50. — Tome III. *Institutions cérémonielles et politiques.* 5 fr. — Tome IV. *Institutions ecclésiastiques.* 3 fr. 75. — Tome V. *Institutions professionnelles.* 7 fr. 50.
— * Essais sur le progrès. Trad. A. Burdeau. 5° édit. 7 fr. 50
— Essais de politique. Trad. A. Burdeau. 4° édit. 7 fr. 50
— Essais scientifiques. Trad. A. Burdeau. 3° édit. 7 fr. 50
— * De l'Éducation physique, intellectuelle et morale. 10° édit. 5 fr.
— Justice. Traduc. Castelot. 7 fr. 50
— Le rôle moral de la bienfaisance. Trad. Castelot et Martin St-Léon. 7 fr. 50
— La Morale des différents peuples. Trad. Castelot et Martin St-Léon. 7 fr. 50
— Une Autobiographie. Trad. et adaptation H. de Varigny. 10 fr.
HIRTH (G.). *Physiologie de l'Art. Trad. et introd. de L. Arréat. 5 fr.
HOFFDING, prof. à l'Univ. de Copenhague. Esquisse d'une psychologie fondée sur l'expérience. Trad. L. POITEVIN. Préf. de Pierre JANET. 2° éd. 1903. 7 fr. 50
— *Histoire de la Philosophie moderne. Traduit de l'allemand par M. BORDIER, préf. de M. V. DELBOS. 1906. 2 vol. Chacun 10 fr.
ISAMBERT (G.). Les idées socialistes en France (1815-1848). 1905. 7 fr. 50
JACOBY (D' P.). Études sur la sélection chez l'homme. 2° édition. 1904. 10 fr.
JANET (Paul), de l'Institut. * Œuvres philosophiques de Leibniz. 2° édition. 2 vol. 1900. 20 fr.
JANET (Pierre), professeur au Collège de France. * L'Automatisme psychologique, 5° édit. 1907. 7 fr. 50
JAURÈS (J.), docteur ès lettres. De la réalité du monde sensible. 2° éd. 1902. 7 fr. 50
KARPPE (S.), docteur ès lettres. Essais de critique d'histoire et de philosophie. 1902. 3 fr. 75

F. ALCAN.

Suite de la *Bibliothèque de philosophie contemporaine*, format in-8.

LACOMBE (P.). La psychologie des individus et des sociétés chez Taine. 1906. 7 fr. 50
LALANDE (A.), maître de conférences à la Sorbonne. *La Dissolution opposée à l'évolution, dans les sciences physiques et morales. 1899. 7 fr. 50
LANDRY (A.), docteur ès lettres, agrégé de philosophie. *Principes de morale rationnelle. 1906. 5 fr.
LANESSAN (J.-L. de). *La Morale des religions. 1905. 10 fr.
LANG (A.). *Mythes, Cultes et Religion. Introduc. de Léon Marillier. 1896. 10 fr.
LAPIE (P.), professeur à l'Univ. de Bordeaux. Logique de la volonté 1902. 7 fr. 50
LAUVRIÈRE, docteur ès lettres, prof. au lycée Charlemagne. Edgar Poë. Sa vie son œuvre. Essai de psychologie pathologique. 1904. 10 fr.
LAVELEYE (de). *De la Propriété et de ses formes primitives. 5° édit. 10 fr.
— *Le Gouvernement dans la démocratie. 2 vol. 3° édit. 1896. 15 fr.
LE BON (D' Gustave). *Psychologie du socialisme. 5° éd. refondue. 1907. 7 fr. 50
LECHALAS (G.). *Études esthétiques. 1902. 5 fr.
LECHARTIER (G.). David Hume, moraliste et sociologue. 1900. 5 fr.
LECLÈRE (A.), docteur ès lettres. Essai critique sur le droit d'affirmer. 1901. 5 fr.
LE DANTEC, chargé de cours à la Sorbonne. L'unité dans l'être vivant. 1902. 7 fr. 50
— Les Limites du connaissable, la vie et les phénom. naturels. 2° éd. 1904. 3 fr. 75
LÉON (Xavier). *La philosophie de Fichte, ses rapports avec la conscience contemporaine, Préface de E. BOUTROUX, de l'Institut. 1902. (Couronné par l'Institut.) 10 fr.
LEROY (E. Bernard). Le Langage. La fonction normale et pathologique de cette fonction. 1905. 5 fr.
LÉVY (A.), maître de conf. à l'Un. de Nancy. La philosophie de Feuerbach. 1904. 10 fr.
LÉVY-BRUHL (L.), prof. adjoint à la Sorbonne. *La Philosophie de Jacobi. 1894. 5 fr.
— *Lettres inédites de J.-S. Mill à Auguste Comte, publiées avec les réponses de Comte et une introduction. 1899. 10 fr.
— *La Philosophie d'Auguste Comte. 2° édit. 1905. 7 fr. 50
— *La Morale et la Science des mœurs. 2° édit. 1905. 5 fr.
LIARD, de l'Institut, vice-recteur de l'Acad. de Paris. *Descartes, 2° éd. 1903. 5 fr.
— * La Science positive et la Métaphysique, 5° édit. 7 fr. 50
LICHTENBERGER (H.), maître de conférences à la Sorbonne. *Richard Wagner, poète et penseur. 3° édit. 1902. (Couronné par l'Académie française.) 10 fr.
— Henri Heine penseur. 1905. 3 fr. 75
LOMBROSO. * L'Homme criminel (criminel-né, fou-moral, épileptique), précédé d'une préface de M. le docteur LETOURNEAU. 3° éd., 2 vol. et atlas. 1895. 36 fr.
— Le Crime. *Causes et remèdes.* 2° édit. 10 fr.
LOMBROSO et FERRERO. La femme criminelle et la prostituée. 15 fr.
LOMBROSO et LASCHI. Le Crime politique et les Révolutions. 2 vol. 15 fr.
LUBAC, agrégé de philosophie. * Esquisse d'un système de psychologie rationnelle. Préface de H. BERGSON. 1904. 3 fr. 75
LUQUET (G.-H.), agrégé de philosophie. Idées générales de psychologie. 1906. 5 fr.
LYON (Georges), recteur de l'Académie de Lille. * L'Idéalisme en Angleterre au XVIII° siècle. 7 fr. 50
MALAPERT (P.), docteur ès lettres, prof. au lycée Louis-le-Grand. *Les Éléments du caractère et leurs lois de combinaison. 2° édit. 1906. 5 fr.
MARION (H.), prof. à la Sorbonne. * De la Solidarité morale. 6° édit. 1907. 5 fr.
MARTIN (Fr.), docteur ès lettres, prof. au lycée Voltaire. * La Perception extérieure et la Science positive, essai de philosophie des sciences. 1894. 5 fr.
MAXWELL (J.), docteur en médecine, avocat général près la Cour d'appel de Bordeaux. Les Phénomènes psychiques. Recherches, Observations Méthodes. Préface de Ch. RICHET. 3° édit. 1906. 5 fr.
MULLER (Max), prof. à l'Univ. d'Oxford. *Nouvelles études de mythologie. 1898. 12 fr. 50
MYERS. La personnalité humaine. *Sa survivance après la mort, ses manifestations supra-normales*. Traduit par le docteur JANKÉLÉVITCH. 1905. 7 fr. 50
NAVILLE (E.), correspondant de l'Institut. La Physique moderne. 2° édit. 5 fr.
— * La Logique de l'hypothèse. 2° édit. 5 fr.
— * La Définition de la philosophie. 1894. 5 fr.
— Le libre Arbitre. 2° édit. 1898. 5 fr.
— Les Philosophies négatives. 1899. 5 fr.

F. ALCAN

Suite de la *Bibliothèque de philosophie contemporaine*, format in-8.

NAYRAC (J.-P.). **Physiologie et Psychologie de l'attention**. Préface de M. Th. RIBOT. (Récompensé par l'Institut.) 1906. 3 fr. 75
NORDAU (Max). *Dégénérescence, 7° éd. 1904. 2 vol. Tome I. 7 fr. 50. Tome II. 10 fr.
— **Les Mensonges conventionnels de notre civilisation.** 7° édit. 1904. 5 fr.
— *Vus du dehors. *Essais de critique sur quelques auteurs français contemp.* 1903. 5 fr.
NOVICOW. **Les Luttes entre Sociétés humaines.** 3° édit. 10 fr.
— * **Les Gaspillages des sociétés modernes.** 2° édit. 1899. 5 fr.
— *La Justice et l'expansion de la vie. *Essai sur le bonheur des sociétés.* 1905. 7 fr. 50
OLDENBERG, professeur à l'Université de Kiel. *Le Bouddha, sa Vie, sa Doctrine, sa Communauté, trad. par P. FOUCHER, maître de conférences à l'École des Hautes Études. Préf. de SYLVAIN LÉVI, prof. au Collège de France. 2° éd. 1903. 7 fr. 50
— *La religion du Véda. Traduit par V. HENRY, prof. à la Sorbonne. 1903. 10 fr.
OSSIP-LOURIÉ. **La philosophie russe contemporaine.** 2° édit. 1905. 5 fr.
— * **La Psychologie des romanciers russes au XIX° siècle.** 1905. 7 fr. 50
OUVRÉ (H.), professeur à l'Université de Bordeaux. *Les Formes littéraires de la pensée grecque. 1900. (Couronné par l'Académie française.) 10 fr.
PALANTE (G.), agrégé de philos. Combat pour l'individu. 1904. 3 fr. 75
PAULHAN. **L'Activité mentale et les Éléments de l'esprit.** 10 fr.
— * **Les Caractères.** 2° édit. 5 fr.
— Les Mensonges du caractère. 1905. 5 fr.
— Le mensonge de l'Art. 1907. 5 fr.
PAYOT (J.), recteur de l'Académie de Chambéry. La croyance. 2° édit. 1905. 5 fr.
— * **L'Éducation de la volonté.** 26° édit. 1907. 5 fr.
PÉRÈS (Jean), professeur au lycée de Caen. *L'Art et le Réel. 1898. 3 fr. 75
PÉREZ (Bernard). **Les Trois premières années de l'enfant.** 5° édit. 5 fr.
— L'Éducation morale dès le berceau. 4° édit. 1901. 5 fr.
— *L'Éducation intellectuelle dès le berceau. 2° éd. 1901. 5 fr.
PIAT (C.). La Personne humaine. 1898. (Couronné par l'Institut). 7 fr. 50
— *Destinée de l'homme. 1898. 5 fr.
PICAVET (E.), secrét. général du Collège de France, chargé de cours à la Sorbonne. *Les Idéologues. (Couronné par l'Académie française.) 10 fr.
PIDERIT. **La Mimique et la Physiognomonie.** Trad. par M. Girot. 5 fr.
PILLON (F.). *L'Année philosophique, 17 années : 1890, 1891, 1892, 1893 (épuisée). 1894, 1895, 1896, 1897, 1898, 1899, 1900 à 1906. 16 vol. Chac. 5 fr.
PIOGER (J.). La Vie et la Pensée, essai de conception expérimentale. 1894. 5 fr.
— **La Vie sociale, la Morale et le Progrès.** 1894. 5 fr.
PRAT (L.), doct. ès lettres. Le caractère empirique et la personne 1906. 7 fr. 50
PREYER, prof. à l'Université de Berlin. **Éléments de physiologie.** 5 fr.
PROAL, conseiller à la Cour de Paris. * **La Criminalité politique.** 1895. 5 fr.
— *Le Crime et la Peine. 3° édit. (Couronné par l'Institut.) 10 fr.
— Le Crime et le Suicide passionnels. 1900. (Couronné par l'Ac. française.) 10 fr.
RAGEOT (G.), prof. au Lycée St-Louis. *Le Succès. *Auteurs et Public.* 1906. 5 fr.
RAUH, chargé de cours à la Sorbonne. *De la méthode dans la psychologie des sentiments. 1899. (Couronné par l'Institut.) 5 fr.
— *L'Expérience morale. 1903. (Récompensé par l'Institut.) 3 fr. 75
RÉCÉJAC, doct. ès lett. Les Fondements de la Connaissance mystique. 1897. 5 fr.
RENARD (G.), professeur au Conservatoire des arts et métiers. *La Méthode scientifique de l'histoire littéraire. 1900. 10 fr.
RENOUVIER (Ch.) de l'Institut. *Les Dilemmes de la métaphysique pure. 1900. 5 fr.
— *Histoire et solution des problèmes métaphysiques. 1901. 7 fr. 50
— Le personnalisme, avec une étude sur la *perception externe et la force.* 1903. 10 fr.
— *Critique de la doctrine de Kant. 1906. 7 fr. 50
RIBERY, doct. ès lett. Essai de classification naturelle des caractères. 1903. 3 fr. 75
RIBOT (Th.), de l'Institut. *L'Hérédité psychologique. 8° édit. 7 fr. 50
— *La Psychologie anglaise contemporaine. 3° édit. 7 fr. 50
— *La Psychologie allemande contemporaine, 6° édit. 7 fr. 50
— La Psychologie des sentiments. 6° édit. 1906. 7 fr. 50
— L'Évolution des idées générales. 2° édit. 1904. 5 fr.
— * Essai sur l'Imagination créatrice. 2° édit. 1905. 5 fr.
— *La logique des sentiments. 2° édit. 1907. 3 fr. 75

F. ALCAN.

Suite de la *Bibliothèque de philosophie contemporaine*, format in-8.

RIBOT (Th.), de l'Institut. **Essai sur les passions.** 1907. 3 fr. 75
RICARDOU (A.), docteur ès lettres. * **De l'Idéal.** (Couronné par l'Institut.) 5 fr.
RICHARD (G.), chargé du cours de sociologie à l'Univ. de Bordeaux. * **L'idée d'évolution dans la nature et dans l'histoire.** 1903. (Couronné par l'Institut.) 7 fr. 50
RIEMANN (H.), prof. à l'Université de Leipzig. **Les éléments de l'esthétique musicale.** Trad. de l'allemand par M. G. Humbert. 1906. 5 fr.
RIGNANO (E.). **Sur la transmissibilité des caractères acquis.** *Hypothèse d'une centro-epigenèse*. 1906. 5 fr.
RIVAUD (A.), maître de conf. à l'Univ. de Rennes. **Les notions d'essence et d'existence dans la philosophie de Spinoza.** 1906. 3 fr. 75
ROBERTY (E. de). **L'Ancienne et la Nouvelle philosophie.** 7 fr. 50
— * **La Philosophie du siècle** (positivisme, criticisme, évolutionnisme). 5 fr.
— **Nouveau Programme de sociologie.** 1904. 5 fr.
ROMANES. * **L'Évolution mentale chez l'homme.** 7 fr. 50
RUYSSEN (Th.), chargé de cours à l'Université de Dijon. * **Essai sur l'évolution psychologique du jugement.** 5 fr.
SAIGEY (E.). * **Les Sciences au XVIIIe siècle. La Physique de Voltaire.** 5 fr.
SAINT-PAUL (Dr G.). **Le Langage intérieur et les paraphasies.** 1904. 5 fr.
SANZ Y ESCARTIN. **L'Individu et la Réforme sociale,** trad. Dietrich. 7 fr. 50
SCHOPENHAUER. **Aphor. sur la sagesse dans la vie.** Trad. Cantacuzène. 7e éd. 5 fr.
— * **Le Monde comme volonté et comme représentation.** 3e éd. 3 vol., chac. 7 fr. 50
SÉAILLES (G.), prof. à la Sorbonne. **Essai sur le génie dans l'art.** 2e édit. 5 fr.
— * **La Philosophie de Ch. Renouvier.** *Introduction au néo-criticisme*. 1905. 7 fr. 50
SIGHELE (Scipio). **La Foule criminelle.** 2e édit. 1901. 5 fr.
SOLLIER. **Le Problème de la mémoire.** 1900. 3 fr. 75
— **Psychologie de l'idiot et de l'imbécile,** avec 12 pl. hors texte. 2e éd. 1902. 5 fr.
— **Le Mécanisme des émotions.** 1905. 5 fr.
SOURIAU (Paul), prof. à l'Univ. de Nancy. **L'Esthétique du mouvement.** 5 fr.
— **La Beauté rationnelle.** 1904. 10 fr.
STAPFER (P.), doyen honoraire de la Faculté des lettres de Bordeaux. **Questions esthétiques et religieuses.** 1906. 3 fr. 75
STEIN (L.), professeur à l'Université de Berne. * **La Question sociale au point de vue philosophique.** 1900. 10 fr.
STUART MILL. * **Mes Mémoires.** Histoire de ma vie et de mes idées. 3e éd. 5 fr.
— * **Système de Logique déductive et inductive.** 4e édit. 2 vol. 20 fr.
— * **Essais sur la Religion.** 3e édit. 5 fr.
— **Lettres inédites à Aug. Comte et réponses d'Aug. Comte.** 1899. 10 fr.
SULLY (James). **Le Pessimisme.** Trad. Bertrand. 2e édit. 7 fr. 50
— * **Études sur l'Enfance.** Trad. A. Monod, préface de G. Compayré. 1898. 10 fr.
— **Essai sur le rire.** Trad. Terrier. 1904. 7 fr. 50
SULLY PRUDHOMME, de l'Acad. franç. **La vraie religion selon Pascal.** 1905. 7 fr. 50
TARDE (G.), de l'Institut, prof. au Coll. de France. * **La Logique sociale.** 3e éd. 1898. 7 fr. 50
— * **Les Lois de l'imitation.** 3e édit. 1900. 7 fr. 50
— **L'Opposition universelle.** *Essai d'une théorie des contraires*. 1897. 7 fr. 50
— * **L'Opinion et la Foule.** 2e édit. 1904. 5 fr.
— * **Psychologie économique.** 1902. 2 vol. 15 fr.
TARDIEU (E.). **L'Ennui.** *Étude psychologique*. 1903. 5 fr.
THOMAS (P.-F.), docteur ès lettres. * **Pierre Leroux, sa philosophie.** 1904. 5 fr.
— * **L'Éducation des sentiments.** (Couronné par l'Institut.) 3e édit. 1904. 5 fr.
VACHEROT (Et.), de l'Institut. * **Essais de philosophie critique.** 7 fr. 50
— **La Religion.** 7 fr. 50
WEBER (L.). * **Vers le positivisme absolu par l'idéalisme.** 1903. 7 fr. 50

COLLECTION HISTORIQUE DES GRANDS PHILOSOPHES

PHILOSOPHIE ANCIENNE

ARISTOTE. **La Poétique d'Aristote**, par HATZFELD (A.), et M. DUFOUR. 1 vol. in-8. 1900. 6 fr.

SOCRATE. ***Philosophie de Socrate**, par A. FOUILLÉE. 2 v. in-8. 16 fr.

— **Le Procès de Socrate**, par G. SOREL. 1 vol. in-8..... 3 fr. 50

PLATON. **La Théorie platonicienne des Sciences**, par ÉLIE HALÉVY. In-8. 1895............. 5 fr.

— Œuvres, traduction VICTOR COUSIN revue par J. BARTHÉLEMY-SAINT-HILAIRE : *Socrate et Platon ou le Platonisme — Eutyphron — Apologie de Socrate — Criton — Phédon.* 1 vol. in-8. 1896. 7 fr. 50

ÉPICURE. *** La Morale d'Épicure et ses rapports avec les doctrines contemporaines**, par M. GUYAU. 1 volume in-8. 5ᵉ édit...... 7 fr. 50

BÉNARD. **La Philosophie ancienne, ses systèmes.** *La Philosophie et la Sagesse orientales.— La Philosophie grecque avant Socrate. Socrate et les socratiques. — Les sophistes grecs.* 1 v. in-8... 9 fr.

FAVRE (Mᵐᵉ Jules), née VELTEN. **La Morale de Socrate.** In-18. 3 50

— **Morale d'Aristote.** In-18. 3 fr. 50

OUVRÉ (H.) **Les formes littéraires de la pensée grecque.** In-8. 10 fr.

GOMPERZ. **Les penseurs de la Grèce.** Trad. REYMOND. (*Trad. cour. par l'Acad. franç.*).
I. *La philosophie antésocratique*. 1 vol. gr. in-8.......... 10 fr.
II. *Athènes, Socrate et les Socratiques.* 1 vol. gr. in-8.... 12 fr.
III. *Sous presse*).

RODIER (G.). *** La Physique de Straton de Lampsaque.** In-8. 3 fr.

TANNERY (Paul). **Pour la science hellène.** In-8........ 7 fr. 50

MILHAUD (G.).* **Les philosophes géomètres de la Grèce.** In-8. 1900. (*Couronné par l'Inst.*). 6 fr.

FABRE (Joseph). **La Pensée antique** *De Moïse à Marc-Aurèle.* 2ᵉ éd. In-8. 5 fr.

— **La Pensée chrétienne.** *Des Evangiles à l'Imitation de J.-C.* In-8 9 fr.

LAFONTAINE (A.). **Le Plaisir**, *d'après Platon et Aristote.* In-8. 6 fr.

RIVAUD (A.), maître de conf. à l'Univ. de Rennes **Le problème du devenir et la notion de la matière**, *des origines jusqu'à Théophraste.* In-8. 1906. 10 fr.

GUYOT (H.), docteur ès lettres. **L'Infinité divine** *depuis Philon le Juif jusqu'à Plotin.* In 8 1906.. 5 fr.

— **Les réminiscences de Philon le Juif chez Plotin.** *Etude critique.* Broch. in-8........ 2 fr.

PHILOSOPHIE MÉDIÉVALE ET MODERNE

* **DESCARTES**, par L. LIARD, de l'Institut 2ᵉ éd. 1 vol. in-8. 5 fr.

— **Essai sur l'Esthétique de Descartes**, par E. KRANTZ. 1 vol. in-8. 2ᵉ éd. 1897............ 6 fr.

— **Descartes, directeur spirituel**, par V. de SWARTE. Préface de E. BOUTROUX. 1 vol. in-16 avec pl. (*Couronné par l'Institut*). 4 fr. 50

LEIBNIZ. *** Œuvres philosophiques**, pub. par P. JANET. 2ᵉ éd. 2 vol. in-8. 20 fr.

— * **La logique de Leibniz**, par L. COUTURAT. 1 vol. in-8.. 12 fr.

— **Opuscules et fragments inédits de Leibniz**, par L. COUTURAT. 1 vol. in-8............ 25 fr.

— **Leibniz et l'organisation religieuse de la Terre**, *d'après des documents inédits*, par JEAN BARUZI. 1 vol. in-8...... 10 fr.

PICAVET, chargé de cours à la Sorbonne. **Histoire générale et comparée des philosophies médiévales.** 1 vol. in-8. 2ᵉ éd 1907. 7 fr. 50

WULF (M. de) **Histoire de la philos. médiévale.** 2ᵉ éd In-8. 10 fr.

FABRE (JOSEPH). *** L'Imitation de Jésus-Christ.** Trad. nouvelle avec préface. In-8............ 7 fr.

SPINOZA. **Benedicti de Spinoza opera**, quotquot reperta sunt, recognoverunt J. Van Vloten et J.-P.-N. Land. 2 forts vol. in-8 sur papier de Hollande........... 45 fr.
Le même en 3 volumes. 18 fr.

FIGARD (L.), docteur ès lettres. **Un Médecin philosophe au XVIᵉ siècle.** *La Psychologie de Jean*

Fernel. 1 v. in-8. 1903. 7 fr. 50
GASSENDI. **La Philosophie de Gassendi**, par P.-F. Thomas. In-8. 1889 .... 6 fr.
MALEBRANCHE. * **La Philosophie de Malebranche**, par Ollé-Laprune, de l'Institut. 2 v. in-8. 16 fr.
PASCAL. **Le scepticisme de Pascal**, par Droz. 1 vol. in-8...... 6 fr.
VOLTAIRE. **Les Sciences au XVIII° siècle**. Voltaire physicien, par Em. Saigey. 1 vol. in-8. 5 fr.
DAMIRON. **Mémoires pour servir à l'histoire de la philosophie au XVIII° siècle**. 3 vol. in-8. 15 fr.
J.-J. ROUSSEAU* **Du Contrat social**, édition comprenant avec le texte définitif les versions primitives de l'ouvrage d'après les manuscrits de Genève et de Neuchâtel, avec introduction par Edmond Dreyfus-Brisac. 1 fort volume grand in-8. 12 fr.
ERASME. **Stultitiæ laus des. Erasmi Rot. declamatio**. Publié et annoté par J.-B. Kan, avec les figures de Holbein. 1 v. in-8. 6 fr. 75

PHILOSOPHIE ANGLAISE

DUGALD STEWART. * **Éléments de la philosophie de l'esprit humain**. 3 vol. in-16..... 9 fr.
— * **Philosophie de François Bacon**, par Ch. Adam. (Couronné par l'Institut). In-8..... 7 fr. 50
BERKELEY. **Œuvres choisies**. *Essai d'une nouvelle théorie de la vision. Dialogues d'Hylas et de Philonoüs.* Trad. de l'angl. par MM. Beaulavon (G.) et Parodi (D.). In-8. 5 fr.

PHILOSOPHIE ALLEMANDE

FEUERBACH. **Sa philosophie**, par A. Lévy. 1 vol. in-8..... 10 fr.
JACOBI. **Sa Philosophie**, par L. Levy-Bruhl. 1 vol. in-8......... 5 fr.
KANT. **Critique de la raison pratique**, traduction nouvelle avec introduction et notes, par M. Picavet. 2° édit. 1 vol. in-8.. 6 fr.
—* **Critique de la raison pure**, traduction nouvelle par MM. Pacaud et Tremesaygues. Préface de M. Hannequin. 1 vol. in-8.. 12 fr.
— **Éclaircissements sur la Critique de la raison pure**, trad. Tissot. 1 vol. in-8...... 6 fr.
— **Doctrine de la vertu**, traduction Barni. 1 vol. in-8........ 8 fr.
— * **Mélanges de logique**, traduction Tissot. 1 v. in-8..... 6 fr.
— * **Prolégomènes à toute métaphysique future qui se présentera comme science**, traduction Tissot. 1 vol. in-8........ 6 fr.
—* **Essai critique sur l'Esthétique de Kant**, par V. Basch. 1 vol. in-8. 1896..... 10 fr.
— **Sa morale**, par Cresson. 2° éd. 1 vol. in-12........ 2 fr. 50
— **L'Idée ou critique du Kantisme**, par C. Piat, D° ès lettres. 2° édit. 1 vol. in-8....... 6 fr.
KANT et FICHTE et **le problème de l'éducation**, par Paul Duproix. 1 vol. in-8. 1897...... 5 fr.
SCHELLING. **Bruno, ou du principe divin**. 1 vol. in-8....... 3 fr. 50
HEGEL.* **Logique**. 2 vol. in-8. 14 fr.
— * **Philosophie de la nature**. 3 vol. in-8............. 25 fr.
— * **Philosophie de l'esprit**. 2 vol. in-8............. 18 fr.
— * **Philosophie de la religion**. 2 vol. in-8............ 20 fr.
— **La Poétique**, trad. par M. Ch. Bénard. Extraits de Schiller, Gœthe, Jean-Paul, etc., 2 v. in-8. 12 fr.
— **Esthétique**. 2 vol. in-8, trad. Bénard............... 16 fr.
— **Antécédents de l'hégélianisme dans la philos. franç.**, par E. Beaussire in-18. 2 fr. 50
— **Introduction à la philosophie de Hegel**, par Véra. in-8. 6 fr. 50
—* **La logique de Hegel**, par Eug. Noel. In-8. 1897.... 3 fr.
HERBART. * **Principales œuvres pédagogiques**, trad. A. Pinloche. In-8. 1894........... 7 fr. 50
La métaphysique de Herbart et la critique de Kant, par M. Mauxion. 1 vol. in-8... 7 fr. 50
MAUXION (M.). **L'éducation par l'instruction et les théories pédagogiques de Herbart**. 2° éd. In-12. 1906.............. 2 fr. 50
SCHILLER. **Sa Poétique**, par V. Basch. 1 vol. in-8. 1902... 4 fr.
Essai sur le mysticisme spéculatif en Allemagne au XIV° siècle, par Delacroix (H.), maître de conf. à l'Univ. de Caen. 1 vol. in-8. 1900...... 5 fr.

F. ALCAN

PHILOSOPHIE ANGLAISE CONTEMPORAINE
(Voir *Bibliothèque de philosophie contemporaine*, pages 2 à 11.)

PHILOSOPHIE ALLEMANDE CONTEMPORAINE
(Voir *Bibliothèque de philosophie contemporaine*, pages 2 à 11.)

PHILOSOPHIE ITALIENNE CONTEMPORAINE
(Voir *Bibliothèque de philosophie contemporaine*, pages 2 à 11.)

LES MAITRES DE LA MUSIQUE
Études d'histoire et d'esthétique,
Publiées sous la direction de M. JEAN CHANTAVOINE

Chaque volume in-16 de 250 pages environ.................... 3 fr. 50
Collection honorée d'une souscription du Ministre de l'Instruction publique et des Beaux-Arts.

Volumes parus :
* J.-S. BACH, par André PIRRO (2ᵉ édition).
* CÉSAR FRANCK, par Vincent D'INDY (3ᵉ édition).
* PALESTRINA, par Michel BRENET.
BEETHOVEN, par Jean CHANTAVOINE (2ᵉ édition).

En préparation : Grétry, par PIERRE AUBRY. — Mendelssohn, par CAMILLE BELLAIGUE. — Moussorgsky, par J.-D. CALVOCORESSI. — Orlande de Lassus, par HENRY EXPERT. — Wagner, par HENRI LICHTENBERGER. — Berlioz, par ROMAIN ROLLAND. — Gluck, par JULIEN TIERSOT. — Schubert, par A. SCHWEITZER, etc., etc.

LES GRANDS PHILOSOPHES
Publié sous la direction de M. C. PIAT
Agrégé de philosophie, docteur ès lettres, professeur à l'École des Carmes.

Chaque étude forme un volume in-8° carré de 300 pages environ, dont le prix varie de 5 francs à 7 fr. 50.

*Kant, par M. RUYSSEN, chargé de cours à l'Université de Dijon. 2ᵉ édition.
   1 vol. in-8. (*Couronné par l'Institut.*)   7 fr. 50
*Socrate, par l'abbé C. PIAT. 1 vol. in-8.   5 fr.
*Avicenne, par le baron CARRA DE VAUX. 1 vol. in-8.   5 fr.
*Saint Augustin, par l'abbé JULES MARTIN. 1 vol. in-8.   5 fr.
*Malebranche, par Henri JOLY, de l'Institut. 1 vol. in-8.   5 fr.
*Pascal, par A. HATZFELD. 1 vol. in-8.   5 fr.
*Saint Anselme, par DOMET DE VORGES. 1 vol. in-8.   5 fr.
Spinoza, par P.-L. COUCHOUD, agrégé de l'Université. 1 vol. in-8. (*Couronné par l'Académie Française*).   5 fr.
Aristote, par l'abbé C. PIAT. 1 vol. in-8.   5 fr.
Gazali, par le baron CARRA DE VAUX. 1 vol. in-8. (*Couronné par l'Académie Française*).   5 fr.
*Maine de Biran, par Marius COUAILHAC. 1 vol. in-8. (*Récompensé par l'Institut*).   7 fr. 50
Platon, par l'abbé C. PIAT. 1 vol. in-8.   7 fr. 50
Montaigne, par F. STROWSKI, professeur à l'Université de Bordeaux. 1 vol. in-8.   6 fr.

MINISTRES ET HOMMES D'ÉTAT

HENRI WELSCHINGER, de l'Institut. — *Bismarck. 1 v. in-16. 1900.   2 fr. 50
H. LÉONARDON. — *Prim. 1 vol. in-16. 1901............   2 fr. 50
M. COURCELLE. — *Disraëli. 1 vol. in-16. 1901..........   2 fr. 50
M. COURANT. — Okoubo. 1 vol. in-16, avec un portrait. 1904..   2 fr. 50
A. VIALLATE. — Chamberlain. Préface de E. BOUTMY. 1 vol. in-16.   2 fr. 50

F. ALCAN.

BIBLIOTHÈQUE GÉNÉRALE
des
SCIENCES SOCIALES

SECRÉTAIRE DE LA RÉDACTION : DICK MAY, Secrétaire général de l'École des Hautes Études sociales.
Chaque volume in-8 de 300 pages environ, cartonné à l'anglaise, 6 fr.

1. **L'Individualisation de la peine**, par R. SALEILLES, professeur à la Faculté de droit de l'Université de Paris.
2. **L'Idéalisme social**, par Eugène FOURNIÈRE.
3. *****Ouvriers du temps passé** (xv° et xvi° siècles), par H. HAUSER, professeur à l'Université de Dijon. 2° édit.
4. *****Les Transformations du pouvoir**, par G. TARDE, de l'Institut.
5. **Morale sociale**, par MM. G. BELOT, MARCEL BERNÈS, BRUNSCHVICG, F. BUISSON, DARLU, DAURIAC, DELBET, CH. GIDE, M. KOVALEVSKY, MALAPERT, le R. P. MAUMUS, DE ROBERTY, G. SOREL, le PASTEUR WAGNER. Préface de M. E. BOUTROUX.
6. **Les Enquêtes**, pratique et théorie, par P. DU MAROUSSEM. (*Ouvrage couronné par l'Institut.*)
7. *****Questions de Morale**, par MM. BELOT, BERNÈS, F. BUISSON, A. CROISET, DARLU, DELBOS, FOURNIÈRE, MALAPERT, MOCH, PARODI, G. SOREL (*Ecole de morale*). 2° édit.
8. **Le développement du Catholicisme social depuis l'encyclique *Rerum novarum***, par Max TURMANN.
9. *****Le Socialisme sans doctrines**. *La Question ouvrière et la Question agraire en Australie et en Nouvelle-Zélande*, par Albert MÉTIN, agrégé de l'Université, professeur à l'École Coloniale.
10. ***Assistance sociale**. *Pauvres et mendiants*, par PAUL STRAUSS, sénateur.
11. *****L'Éducation morale dans l'Université**. (*Enseignement secondaire.*) Par MM. LÉVY-BRUHL, DARLU, M. BERNÈS, KORTZ, CLAIRIN, ROCAFORT, BIOCHE, Ph. GIDEL, MALAPERT, BELOT. (*Ecole des Hautes Études sociales*, 1900-1901).
12. *****La Méthode historique appliquée aux Sciences sociales**, par Charles SEIGNOBOS, professeur à l'Université de Paris.
13. *****L'Hygiène sociale**, par E. DUCLAUX, de l'Institut, directeur de l'instit. Pasteur.
14. **Le Contrat de travail**. *Le rôle des syndicats professionnels*, par P. BUREAU, prof. à la Faculté libre de droit de Paris.
15. *****Essai d'une philosophie de la solidarité**, par MM. DARLU, RAUH, F. BUISSON, GIDE, X. LÉON, LA FONTAINE, E. BOUTROUX (*Ecole des Hautes études sociales*). 2° édit.
16. *****L'exode rural et le retour aux champs**, par E. VANDERVELDE, professeur à l'Université nouvelle de Bruxelles.
17. *****L'Éducation de la démocratie**, par MM. E. LAVISSE, A. CROISET, Ch. SEIGNOBOS, P. MALAPERT, G. LANSON, J. HADAMARD (*Ecole des Hautes Études soc.*).
18. *****La Lutte pour l'existence et l'évolution des sociétés**, par J.-L. DE LANNESSAN, député, prof. agr. à la Fac. de méd. de Paris.
19. *****La Concurrence sociale et les devoirs sociaux**, par le MÊME.
20. *****L'Individualisme anarchiste, Max Stirner**, par V. BASCH, professeur à l'Université de Rennes.
21. *****La démocratie devant la science**, par C. BOUGLÉ, prof. de philosophie sociale à l'Université de Toulouse. (*Récompensé par l'Institut.*)
22. *****Les Applications sociales de la solidarité**, par MM. P. BUDIN, Ch. GIDE, H. MONOD, PAULET, ROBIN, SIEGFRIED, BROUARDEL. Préface de M. Léon BOURGEOIS (*Ecole des Hautes Études soc.*, 1902-1903).
23. **La Paix et l'enseignement pacifiste**, par MM. Fr. PASSY, Ch. RICHET, d'ESTOURNELLES DE CONSTANT, E. BOURGEOIS, A. WEISS, H. LA FONTAINE, G. LYON (*Ecole des Hautes Études soc.*, 1902-1903).
24. *****Études sur la philosophie morale au XIX° siècle**, par MM. BELOT, A. DARLU, M. BERNÈS, A. LANDRY, Ch. GIDE, E. ROBERTY, R. ALLIER, H. LICHTENBERGER, L. BRUNSCHVICG (*Ecole des Hautes Études soc.*, 1902-1903).
25. *****Enseignement et démocratie**, par MM. APPELL, J. BOITEL, A. CROISET, A. DEVINAT, Ch.-V. LANGLOIS, G. LANSON, A. MILLERAND, Ch. SEIGNOBOS (*Ecole des Hautes Études soc.*, 1903-1904).
26. *****Religions et Sociétés**, par MM. TH. REINACH, A. PUECH, R. ALLIER, A. LEROY-BEAULIEU, le baron CARRA DE VAUX, H. DREYFUS (*Ecole des Hautes Études soc.*, 1903-1904).
27. *****Essais socialistes**. *La religion, l'art, l'alcool*, par E. VANDERVELDE.
28. **Le surpeuplement et les habitations à bon marché**, par H. TUROT, conseiller municipal de Paris, et H. BELLAMY.
29. **L'individu, la société et l'état**, par E. FOURNIÈRE.

BIBLIOTHÈQUE
D'HISTOIRE CONTEMPORAINE

Volumes in-12 brochés à 3 fr. 50. — Volumes in-8 brochés de divers prix

EUROPE

DEBIDOUR, professeur à la Sorbonne, * **Histoire diplomatique de l'Europe, de 1815 à 1878.** 2 vol. in-8. (*Ouvrage couronné par l'Institut.* 18 fr.
DOELLINGER (I. de). La papauté, ses origines au moyen âge, son influence jusqu'en 1870. Traduit par A. GIRAUD-TEULON, 1904. 1 vol. in-8. 7 fr.
SYBEL (H. de). * **Histoire de l'Europe pendant la Révolution française**, traduit de l'allemand par Mlle DOSQUET. Ouvrage complet en 6 vol. in-8. 42 fr.
TARDIEU (A.). *Questions diplomatiques de l'année 1904. 1 vol. in-12.
(*ouvrage couronné par l'Académie française*). 3 fr. 50

FRANCE
Révolution et Empire

AULARD, professeur à la Sorbonne. * **Le Culte de la Raison et le Culte de l'Être suprême**, étude historique (1793-1794). 2e édit. 1 vol. in-12. 3 fr. 50
— *Études et leçons sur la Révolution française. 5 v. in-12. Chacun. 3 fr. 50
DUMOULIN (Maurice).*Figures du temps passé. 1 vol. in-16. 1906. 3 fr. 50
MOLLIEN (Cte). **Mémoires d'un ministre du trésor public (1780-1815)**, publiés par M. Ch. GOMEL. 3 vol. in-8. 15 fr.
BOITEAU (P.). **État de la France en 1789.** Deuxième éd. 1 vol. in-8. 10 fr.
BORNARD (E.), doct ès-lettres. Cambon et la Révolution française. In-8. 7 fr.
CAHEN (L.), agrégé d'histoire, docteur ès lettres. * **Condorcet et la Révolution française.** 1 vol. in-8. (*Récompensé par l'Institut.*) 10 fr.
DESPOIS (Eug.). * **Le Vandalisme révolutionnaire.** Fondations littéraires, scientifiques et artistiques de la Convention. 4e édit. 1 vol. in-12. 3 fr. 50
DEBIDOUR, professeur à la Sorbonne. *Histoire des rapports de l'Église et de l'État en France (1789-1870). 1 fort vol. in-8. 1898. (*Couronné par l'Institut.*) 12 fr.
— *L'Église catholique et l'État en France sous la troisième République (1870-1906). — I. (1870-1889), 1 vol. in-8. 1906. 7 fr. — II. (1889-1906), paraîtra en 1907.
GOMEL (G.). **Les causes financières de la Révolution française. Les ministères de Turgot et de Necker.** 1 vol. in-8. 8 fr.
— **Les causes financières de la Révolution française ; les derniers contrôleurs généraux.** 1 vol. in-8. 8 fr.
— **Histoire financière de l'Assemblée Constituante (1789-1791).** 2 vol. in-8, 16 fr. — Tome I : (1789), 8 fr. ; tome II : (1790-1791), 8 fr.
— **Histoire financière de la Législative et de la Convention.** 2 vol. in-8, 15 fr. — Tome I : (1792-1793), 7 fr. 50 ; tome II : (1793-1795), 7 fr. 50
MATHIEZ (A.), agrégé d'histoire, docteur ès lettres. **La théophilanthropie et le culte décadaire**, 1796-1801. 1 vol. in-8. 12 fr.
— **Contributions à l'histoire religieuse de la Révolution française.** In-16, 1906. 3 fr. 50
ISAMBERT (G.). * **La vie à Paris pendant une année de la Révolution (1791-1792).** In-16. 1896. 3 fr. 50
MARCELLIN PELLET, ancien député. **Variétés révolutionnaires.** 3 vol. in-12, précédés d'une préface de A. RANC. Chaque vol. séparém. 3 fr. 50
CARNOT (H.), sénateur. * **La Révolution française, résumé historique.** In-16. Nouvelle édit. 3 fr. 50
DRIAULT (E.), professeur au lycée de Versailles. **La politique orientale de Napoléon.** SÉBASTIANI et GARDANE (1806-1808). 1 vol. in-8. (*Récompensé par l'Institut.*) 7 fr.
— *Napoléon en Italie (1800-1812). 1 vol. in-8. 1906. 10 fr.
SILVESTRE, professeur à l'École des sciences politiques. **De Waterloo à Sainte-Hélène** (20 Juin-16 Octobre 1815). 1 vol. in-16. 3 fr. 50
BONDOIS (P.), agrégé de l'Université. *Napoléon et la société de son temps (1793-1821). 1 vol. in-8. 7 fr.
VALLAUX (C.). *Les campagnes des armées françaises (1792-1815). In-16, avec 17 cartes dans le texte. 3 fr. 50

F. ALCAN

Epoque contemporaine

SCHEFER (Ch.), professeur à l'Ecole des sciences politiques. *La France moderne et le problème colonial. I. (1815-1830). 1 vol. in-8. 7 fr.
WEILL (G.), maître de conf. à l'Université de Caen. Histoire du parti républicain en France, de 1814 à 1870. 1 vol in-8. 1900. (*Récompensé par l'Institut.*) 10 fr.
— *Histoire du mouvement social en France (1852-1902). 1 v. in-8. 1905. 7 fr.
— L'Ecole saint simonienne, son histoire, son influence jusqu'à nos jours. In-16 1896. 3 fr. 50
BLANC (Louis). *Histoire de Dix ans (1830-1840). 5 vol. in-8. 25 fr.
GAFFAREL (P.), professeur à l'Université d'Aix. * Les Colonies françaises. 1 vol. in-8. 6ᵉ édition revue et augmentée. 5 fr.
LAUGEL (A.). * La France politique et sociale. 1 vol. in-8. 5 fr.
SPULLER (E.), ancien ministre de l'Instruction publique. * Figures disparues, portraits contemp., littér. et politiq. 3 vol. in-16. Chacun. 3 fr. 50
— Hommes et choses de la Révolution. In-16. 1896. 3 fr. 50.
TAXILE DELORD. *Histoire du second Empire (1848-1870). 6 v. in-8. 42 fr.
TCHERNOFF (J.). Associations et Sociétés secrètes sous la deuxième République (1848-1851). 1 vol. in-8. 1905. 7 fr.
ZEVORT (E.), recteur de l'Académie de Caen. Histoire de la troisième République :
    Tome I. *La présidence de M. Thiers. 1 vol. in-8. 3ᵉ édit. 7 fr.
    Tome II. *La présidence du Maréchal. 1 vol. in-8. 2ᵉ édit. 7 fr.
    Tome III. *La présidence de Jules Grévy. 1 vol. in-8. 2ᵉ édit. 7 fr.
    Tome IV. La présidence de Sadi Carnot. 1 vol. in-8. 7 fr.
LANESSAN (J.-L. de). L'Etat et les Eglises de France. *Histoire de leurs rapports, des origines jusqu'à la Séparation.* 1 vol. in-16. 1906. 3 fr. 50
— Les Missions et leur protectorat. 1 vol. in-16. 1907. 3 fr. 50
WAHL, inspect. général, A. BERNARD, professeur à la Sorbonne. *L'Algérie. 1 vol. in-8. 4ᵉ édit., 1903. (*Ouvrage couronné par l'Institut.*) 5 fr.
NOEL (O.). Histoire du commerce extérieur de la France depuis la Révolution. 1 vol. in-8. 6 fr.
DUVAL (J.). L'Algérie et les colonies françaises, avec une notice biographique sur l'auteur, par J. LEVASSEUR, de l'Institut. 1 vol. in-8. 7 fr.
VIGNON (L.), professeur à l'Ecole coloniale. La France dans l'Afrique du nord. 2ᵉ édition. 1 vol. in-8. (*Récompensé par l'Institut.*) 7 fr.
— Expansion de la France. 1 vol. in-18. 3 fr. 50
LANESSAN (J.-L de). *L'Indo-Chine française. Étude économique, politique et administrative. 1 vol. in-8, avec 5 cartes en couleurs hors texte. 15 fr.
PIOLET (J.-B.). La France hors de France, notre émigration, sa nécessité, ses conditions 1 vol. in-8. 1900. (*Couronné par l'Institut.*) 10 fr.
LAPIE (P.), professeur à l'Université de Bordeaux. *Les Civilisations tunisiennes (Musulmans, Israélites, Européens). In-16. 1898. (*Couronné par l'Académie française.*) 3 fr. 50
LEBLOND (Marius-Ary). La société française sous la troisième République. 1905. 1 vol. 5 fr.
GAISMAN (A.). * L'Œuvre de la France au Tonkin. Préface de M. J.-L. de LANESSAN. 1 vol. in-16 avec 4 cartes en couleurs. 1906. 3 fr. 50

ANGLETERRE

MÉTIN (Albert), Prof. à l'Ecole Coloniale. * Le Socialisme en Angleterre. In-16. 3 fr. 50

ALLEMAGNE

SCHMIDT (Ch.), docteur ès lettres. Le grand duché de Berg (1806-1813) 1905. 1 vol. in-8. 10 fr.
VERON (Eug.). * Histoire de la Prusse, depuis la mort de Frédéric II. In-16. 6ᵉ édit. 3 fr. 50
— * Histoire de l'Allemagne, depuis la bataille de Sadowa jusqu'à nos jours. In-16. 3ᵉ éd., mise au courant des événements par P. BONDOIS. 3 fr. 50
ANDLER (Ch.), prof. à la Sorbonne. *Les origines du socialisme d'État en Allemagne. 1 vol. in-8. 1897. 7 fr.
GUILLAND (A.), professeur d'histoire à l'Ecole polytechnique suisse.*L'Allemagne nouvelle et ses historiens. (NIEBUHR, RANKE, MOMMSEN, SYBEL, TREITSCHKE.) 1 vol. in-8. 1899. 5 fr.
MILHAUD (G.), professeur à l'Université de Genève. *La Démocratie socialiste allemande. 1 vol. in-8. 1903. 10 fr.

MATTER (P.), doct. en droit, substitut au tribunal de la Seine. *La Prusse et la révolution de 1848. In-16. 1903. 3 fr. 50
— *Bismarck et son temps. I. *La préparation* (1815-1863). 1 vol. in-8. 10 fr.
II. *L'action* (1863-1870). 1 vol. in-8. 10 fr.

AUTRICHE-HONGRIE

BOURLIER (J.). * Les Tchèques et la Bohême contemporaine. In-16. 1897. 3 fr. 50
AUERBACH, professeur à l'Université de Nancy. *Les races et les nationalités en Autriche-Hongrie. In-8. 1898. 5 fr.
SAYOUS (Ed.), professeur à la Faculté des lettres de Besançon. Histoire des Hongrois et de leur littérature politique, de 1790 à 1815. In-16. 3 fr. 50
*RECOULY (R.), agrégé de l'Univ. Le pays magyar. 1903. In-16. 3 fr. 50

RUSSIE

COMBES DE LESTRADE (Vte). La Russie économique et sociale à l'avènement de Nicolas II. 1 vol. in-8. 6 fr.

ITALIE

COMBES DE LESTRADE (Vte). La Sicile sous la maison de Savoie. 1 vol. in-18. 3 fr. 50
SORIN (Élie). *Histoire de l'Italie, depuis 1815 jusqu'à la mort de Victor-Emmanuel. In-16. 1888. 3 fr. 50
GAFFAREL (P.), professeur à l'Université d'Aix. * Bonaparte et les Républiques italiennes (1796-1799). 1895. 1 vol. in-8. 5 fr.
BOLTON KING (M. A.). *Histoire de l'unité italienne. Histoire politique de l'Italie, de 1814 à 1871, traduit de l'anglais par M. MACQUART; introduction de M. Yves GUYOT. 1909. 2 vol. in-8. 15 fr.

ESPAGNE

REYNALD (H.). * Histoire de l'Espagne, depuis la mort de Charles III In-16. 3 fr. 50

ROUMANIE

DAMÉ (Fr.). * Histoire de la Roumanie contemporaine, depuis l'avènement des princes indigènes jusqu'à nos jours. 1 vol. in-8. 1900. 7 fr.

SUISSE

DAENDLIKER. *Histoire du peuple suisse. Trad. de l'allem. par Mme Jules FAVRE et précédé d'une Introduction de Jules FAVRE. 1 vol. in-8. 5 fr.

SUÈDE

SCHEFER (C.). * Bernadotte roi (1810-1818-1844). 1 vol. in-8. 1899. 5 fr.

GRÈCE, TURQUIE, ÉGYPTE

BÉRARD (V.), docteur ès lettres. * La Turquie et l'Hellénisme contemporain. (Ouvrage cour. par l'Acad. française). In-16 5° éd. 3 fr. 50
RODOCANACHI (E.). *Bonaparte et les îles Ioniennes (1797-1816). 1 volume in-8. 1899. 5 fr.
MÉTIN (Albert), professeur à l'École coloniale. *La Transformation de l'Égypte. In-16. 1903. (Cour. par la Soc. de géogr. comm.) 3 fr. 50

INDE

PIRIOU (E.), agrégé de l'Université. * L'Inde contemporaine et le mouvement national. 1905. 1 vol. in-16. 3 fr. 50

CHINE

CORDIER (H.), professeur à l'Ecole des langues orientales. *Histoire des relations de la Chine avec les puissances occidentales (1860-1902), avec cartes. 3 vol. in-8, chacun séparément. 10 fr.
— L'Expédition de Chine de 1857-58. Histoire diplomatique, notes et documents. 1905. 1 vol. in-8. 7 fr.
— *L'Expédition de Chine de 1860. Histoire diplomatique, notes et documents. 1906. 1 vol. in-8. 7 fr.
COURANT (M.), maître de conférences à l'Université de Lyon. En Chine. *Mœurs et institutions. Hommes et faits.* 1 vol. in-16. 3 fr. 50

AMÉRIQUE

ELLIS STEVENS. Les Sources de la constitution des États-Unis. 1 vol. in-8. 7 fr. 50
DEBERLE (Alf.). * Histoire de l'Amérique du Sud, in-16. 3° éd. 3 fr. 50

F. ALCAN.

BARNI (Jules). * Histoire des idées morales et politiques en France au XVIII° siècle. 2 vol. in-16. Chaque volume. 3 fr. 50
— * Les Moralistes français au XVIII° siècle. In-16. 3 fr. 50
BEAUSSIRE (Émile), de l'Institut. La Guerre étrangère et la Guerre civile. I·-16. 3 fr. 50
LOUIS BLANC. Discours politiques (1848-1881). 1 vol. in-8. 7 fr. 50
BONET-MAURY. * Histoire de la liberté de conscience (1598-1870). In-8. 1900. 5 fr.
BOURDEAU (J.). * Le Socialisme allemand et le Nihilisme russe. In-16. 2° édit. 1894. 3 fr. 50
— * L'évolution du Socialisme. 1901. 1 vol. in-16. 3 fr. 50
D'EICHTHAL (Eug.). Souveraineté du peuple et gouvernement. In-16. 1895. 3 fr. 50
DESCHANEL (E.), sénateur, professeur au Collège de France. *Le Peuple et la Bourgeoisie. 1 vol. in-8. 2° édit. 5 fr.
DEPASSE (Hector), député. Transformations sociales. 1894. In-16. 3 fr. 50
— Du Travail et de ses conditions (Chambres et Conseils du travail). In-16. 1895. 3 fr. 50
DRIAULT (E.), prof. agr. au lycée de Versailles. * Les problèmes politiques et sociaux à la fin du XIX° siècle. In-8. 1900. 7 fr.
— * La question d'Orient, préface de G. Monod, de l'Institut. 1 vol. in-8. 3° édit. 1905. (Ouvrage couronné par l'Institut). 7 fr.
GUÉROULT (G.). * Le Centenaire de 1789. In-16. 1889. 3 fr. 50
LAVELEYE (E. de), correspondant de l'Institut. Le Socialisme contemporain. In-16. 11° édit. augmentée. 3 fr. 50
LICHTENBERGER (A.). *Le Socialisme utopique, étude sur quelques précurseurs du Socialisme. In-16. 1898. 3 fr. 50
— * Le Socialisme et la Révolution française. 1 vol. in-8. 5 fr.
MATTER (P.). La dissolution des assemblées parlementaires, étude de droit public et d'histoire. 1 vol. in-8. 1898. 5 fr.
NOVICOW. La Politique internationale. 1 vol. in-8. 7 fr.
PAUL LOUIS. L'ouvrier devant l'Etat. Etude de la législation ouvrière dans les deux mondes. 1904. 1 vol. in-8. 7 fr.
— Histoire du mouvement syndical en France (1789-1905). 1 vol in-16. 1907. 3 fr. 50
REINACH (Joseph), député. Pages républicaines. In-16. 3 fr 50
— * La France et l'Italie devant l'histoire. 1 vol. in-8. 5 fr.
SPULLER (E.).* Éducation de la démocratie. In-16. 1892. 3 fr. 50
— L'Évolution politique et sociale de l'Église. 1 vol. in-12. 1893. 3 fr. 50

PUBLICATIONS HISTORIQUES ILLUSTRÉES

*DE SAINT-LOUIS A TRIPOLI PAR LE LAC TCHAD, par le lieutenant-colonel Monteil. 1 beau vol. in-8 colombier, précédé d'une préface de M. DE Vogüé, de l'Académie française, illustrations de Riou. *1895. *Ouvrage couronné par l'Académie française (Prix Montyon)*, broché 20 fr., relié amat., 28 fr.

*HISTOIRE ILLUSTRÉE DU SECOND EMPIRE, par Taxile Delord. 6 vol. in-8, avec 500 gravures. Chaque vol. broché, 8 fr.

BIBLIOTHÈQUE DE LA FACULTÉ DES LETTRES
DE L'UNIVERSITÉ DE PARIS

HISTOIRE et LITTÉRATURE ANCIENNES

*De l'authenticité des épigrammes de Simonide, par M. le Professeur H. Hauvette, 1 vol. in-8. 5 fr.
*Les Satires d'Horace, par M. le Prof. A. Cartault. 1 vol. in-8. 11 fr.
*De la flexion dans Lucrèce, par M. le Prof. A. Cartault. 1 vol. in-8. 4 fr.
*La main-d'œuvre industrielle dans l'ancienne Grèce, par M. le Prof. Guiraud. 1 vol. in-8. 7 fr.

*Recherches sur le Discours aux Grecs de Tatien, suivies d'une *traduction française du discours*, avec notes, par A. PUECH, professeur adjoint à la Sorbonne. 1 vol. in-8. 1903. 6 fr.

*Les « Métamorphoses » d'Ovide et leurs modèles grecs, par A. LAFAYE, professeur adjoint à la Sorbonne. 1 vol. in-8. 1904. 8 fr. 50

MOYEN AGE

*Premiers mélanges d'histoire du Moyen âge, par MM. le Prof. A. LUCHAIRE, DUPONT-FERRIER et POUPARDIN. 1 vol. in-8. 3 fr. 50

Deuxièmes mélanges d'histoire du Moyen âge, publiés sous la direct. de M. le Prof. A. LUCHAIRE, par MM. LUCHAIRE, HALPHEN et HUCKEL. 1 vol. in-8. 6 fr.

Troisièmes mélanges d'histoire du Moyen âge, par MM. le Prof. LUCHAIRE, BEYSSIER, HALPHEN et CORDEY. 1 vol. in-8. 8 fr. 50

Quatrièmes mélanges d'histoire du Moyen âge, par MM. JACQUEMIN, FARAL, BEYSSIER. 1 vol. in-8. 7 fr. 50

*Essai de restitution des plus anciens Mémoriaux de la Chambre des Comptes de Paris, par MM. J. PETIT, GAVRILOVITCH, MAURY et TÉODORU, préface de M. CH.-V. LANGLOIS, prof. adjoint 1 vol. in-8. 9 fr.

Constantin V, empereur des Romains (740-775). *Étude d'histoire byzantine*, par A. LOMBARD, licencié ès lettres. Préface de M. Ch. DIEHL, prof. adjoint. 1 vol. in-8. 6 fr.

Étude sur quelques manuscrits de Rome et de Paris, par M. le Prof. A. LUCHAIRE, membre de l'Institut. 1 vol. in-8. 6 fr.

Les archives de la cour des comptes, aides et finances de Montpellier, par L. MARTIN-CHABOT, archiviste-paléographe. 1 vol. in-8. 8 fr.

PHILOLOGIE et LINGUISTIQUE

*Le dialecte alaman de Colmar (Haute-Alsace) en 1870, grammaire et lexique, par M. le Prof. VICTOR HENRY. 1 vol. in-8. 8 fr.

*Études linguistiques sur la Basse-Auvergne, phonétique historique du patois de Vinzelles (Puy-de-Dôme), par ALBERT DAUZAT. Préface de M. le Prof. A. THOMAS. 1 vol. in-8. 6 fr.

*Antinomies linguistiques, par M. le Prof. VICTOR HENRY. 1 v. in-8. 2 fr.

Mélanges d'étymologie française, par M. le Prof. A. THOMAS. In-8. 7 fr

A propos du corpus Tibullianum. *Un siècle de philologie latine classique*, par M. le Prof. A. CARTAULT. 1 vol. in-8. 18 fr.

PHILOSOPHIE

L'imagination et les mathématiques selon Descartes, par P. BOUTROUX, licencié ès lettres. 1 vol. in-8. 2 fr.

GÉOGRAPHIE

La rivière Vincent-Pinzon. *Étude sur la cartographie de la Guyane*, par M. le Prof. VIDAL DE LA BLACHE, de l'Institut. In-8, avec grav. et planches hors texte. 6 fr.

LITTÉRATURE MODERNE

*Mélanges d'histoire littéraire, par MM. FREMINET, DUPIN et DES COGNETS. Préface de M. le prof. LANSON. 1 vol. in-8. 6 fr. 50

HISTOIRE CONTEMPORAINE

*Le treize vendémiaire an IV, par HENRY ZIVY. 1 vol. in-8. 4 fr.

TRAVAUX DE L'UNIVERSITE DE LILLE

PAUL FABRE. La polyptyque du chanoine Benoît. In-8. 3 fr. 50

A. PINLOCHE. *Principales œuvres de Herbart. 7 fr. 50

A. PENJON. Pensée et réalité, de A. SPIR, trad. de l'allem. In-8. 10 fr.

— L'énigme sociale. 1902. 1 vol. in-8. 2 fr. 50

G. LEFÈVRE. *Les variations de Guillaume de Champeaux et la question des Universaux. Étude suivie de documents originaux. 1898. 3 fr.

J. DEROCQUIGNY. Charles Lamb. *Sa vie et ses œuvres*. 1 vol. in-8 12 fr.

F. ALCAN.

ANNALES DE L'UNIVERSITÉ DE LYON

Lettres intimes de J.-M. Alberoni adressées au comte J. Rocca, par Emile BOURGEOIS, 1 vol. in-8. . . . . 10 fr.
La républ. des Provinces-Unies, France et Pays-Bas espagnols, de 1630 à 1650, par A. WADDINGTON. 2 vol. in-8. 12 fr.
Le Vivarais, essai de géographie régionale, par BURDIN. 1 vol. in-8. 6 fr.

*RECUEIL DES INSTRUCTIONS
DONNÉES AUX AMBASSADEURS ET MINISTRES DE FRANCE
DEPUIS LES TRAITÉS DE WESTPHALIE JUSQU'A LA RÉVOLUTION FRANÇAISE
Publié sous les auspices de la Commission des archives diplomatiques
au Ministère des Affaires étrangères.

Beaux vol. in-8 rais., imprimés sur pap. de Hollande, avec Introduction et notes.

I. — AUTRICHE, par M. Albert SOREL, de l'Académie française. *Épuisé.*
II. — SUÈDE, par M. A. GEFFROY, de l'Institut. . . . . 20 fr.
III. — PORTUGAL, par le vicomte DE CAIX DE SAINT-AYMOUR. . . . . 20 fr.
IV et V. — POLOGNE, par M. Louis FARGES. 2 vol. . . . . 30 fr.
VI. — ROME, par M. G. HANOTAUX, de l'Académie française. . . . . 20 fr.
VII. — BAVIÈRE, PALATINAT ET DEUX-PONTS, par M. André LEBON. 25 fr.
VIII et IX. — RUSSIE, par M. Alfred RAMBAUD, de l'Institut. 2 vol.
 Le 1er vol. 20 fr. Le second vol. . . . . 25 fr.
X. — NAPLES ET PARME, par M. Joseph REINACH, député. . . . . . 20 fr.
XI. — ESPAGNE (1649-1750), par MM. MOREL-FATIO et LÉONARDON (t. I). 20 fr.
XII et XII bis. — ESPAGNE (1750-1789) (t. II et III), par les mêmes. . . . 40 fr.
XIII. — DANEMARK, par M. A. GEFFROY, de l'Institut. . . . . 14 fr.
XIV et XV. — SAVOIE-MANTOUE, par M. HORRIC de BEAUCAIRE. 2 vol. 40 fr.
XVI. — PRUSSE, par M. A. WADDINGTON. 1 vol. (Couronné par l'Institut.) 28 fr.

*INVENTAIRE ANALYTIQUE
DES ARCHIVES DU MINISTÈRE DES AFFAIRES ÉTRANGÈRES
Publié sous les auspices de la Commission des archives diplomatiques

Correspondance politique de MM. de CASTILLON et de MARILLAC, ambassadeurs de France en Angleterre (1537-1542), par M. JEAN KAULEK, avec la collaboration de MM. Louis Farges et Germain Lefèvre-Pontalis. 1 vol. in-8 raisin . . . . 15 fr.
Papiers de BARTHÉLEMY, ambassadeur de France en Suisse, de 1792 à 1797 par M. Jean KAULEK. 4 vol. in-8 raisin.
 I. Année 1792, 15 fr. — II. Janvier-août 1793, 15 fr. — III. Septembre 1793 à mars 1794, 18 fr. — IV. Avril 1794 à février 1795, 20 fr. —
 V. Septembre 1794 à Septembre 1796 . . . . 20 fr.
Correspondance politique de ODET DE SELVE, ambassadeur de France en Angleterre (1546-1549), par M. G. LEFÈVRE-PONTALIS. 1 vol. in-8 raisin . . . . 15 fr.
Correspondance politique de GUILLAUME PELLICIER, ambassadeur de France à Venise (1540-1542), par M. Alexandre TAUSSERAT-RADEL. 1 fort vol. in-8 raisin . . . . 40 fr.

- **Correspondance des Beys d'Alger avec la Cour de France (1759-1833)**, recueillie par Eug. PLANTET, attaché au Ministère des Affaires étrangères. 2 vol. in-8 raisin avec 2 planches en taille-douce hors texte. 30 fr.
- **Correspondance des Beys de Tunis et des Consuls de France avec la Cour (1577-1830)**, recueillie par Eug. PLANTET, publiée sous les auspices du Ministère des Affaires étrangères. 3 vol. in-8 raisin. TOME I (1577-1700). *Épuisé.* — TOME II (1700-1770). 20 fr. — TOME III (1770-1830). 20 fr.
- **Les introducteurs des Ambassadeurs (1589-1900)**. 1 vol. in-4, avec figures dans le texte et planches hors texte. 20 fr.

F. ALCAN. — 22 —

*REVUE PHILOSOPHIQUE
DE LA FRANCE ET DE L'ÉTRANGER
Dirigée par Th. RIBOT, Membre de l'Institut, Professeur honoraire au Collège de France.
(32° année, 1907.) — Paraît tous les mois.
Abonnement : Un an : Paris, **30 fr.** — Départements et Etranger, **33 fr.**
La livraison, **3 fr.**
Les années écoulées, chacune 30 francs, et la livraison, 3 fr.
Tables des matières (1876-1887), in-8. **3 fr.** — (1888-1895), in-8. **3 fr.** — (1896-1905), in-8. **3 fr.**

*REVUE GERMANIQUE (ALLEMAGNE — ANGLETERRE ÉTATS-UNIS — PAYS SCANDINAVES)
Première année, 1905. — Paraît tous les deux mois (*Cinq numéros par an*).
Secrétaire général : M. PIQUET, professeur à l'Université de Lille.
Abonnement : Paris, **14 fr.** — Départements et Etranger, **16 fr.**
La livraison, **4 fr.**

*Journal de Psychologie Normale et Pathologique
DIRIGÉ PAR LES DOCTEURS
Pierre JANET et Georges DUMAS
Professeur au Collège de France. Chargé de cours à la Sorbonne.
(4° année, 1907.) — Paraît tous les deux mois.
Abonnement : France et Etranger, **14 fr.** — La livraison, **2 fr. 60**.
Le prix d'abonnement est de 12 fr. pour les abonnés de la Revue philosophique

*REVUE HISTORIQUE
Dirigée par MM. G. MONOD, Membre de l'Institut, et Ch. BÉMONT
(32° année, 1907.) — Paraît tous les deux mois.
Abonnement : Un an : Paris, **30 fr.** — Départements et Etranger, **33 fr.**
La livraison, **6 fr.**
Les années écoulées, chacune 30 fr.; le fascicule, 6 fr. Les fascicules de la 1re année, 9 fr.
TABLES GÉNÉRALES DES MATIÈRES
I. 1876 à 1880. 3 fr.; pour les abonnés, 1 fr. 50 | III. 1886 à 1890. 5 fr.; pour les abonnés, 2 fr. 50
II. 1881 à 1885. 3 fr.; — 1 fr. 50 | IV. 1891 à 1895. 3 fr.; — 1 fr. 50
V. 1896 à 1900. 3 fr.; pour les abonnés, 1 fr. 50

*ANNALES DES SCIENCES POLITIQUES
Revue bimestrielle publiée avec la collaboration des professeurs
et des anciens élèves de l'Ecole libre des Sciences politiques
(22° année, 1907.)
Rédacteur en chef : M. A. VIALLATE, Prof. à l'Ecole.
Abonnement. — Un an : Paris, **18 fr.**; Départements et Etranger, **19 fr.**
La livraison, **3 fr. 50**.

*JOURNAL DES ÉCONOMISTES
Revue mensuelle de la science économique et de la statistique
Paraît le 15 de chaque mois par fascicules grand in-8 de 10 à 12 feuilles
Rédacteur en chef : G. DE MOLINARI, correspondant de l'Institut
Abonnement : Un an, France et Algérie, **36** fr. Six mois, **19 fr.**
Union postale : Un an, **38 fr.** Six mois, **20 fr.** — Le numéro, **3 fr. 50**
Les abonnements partent de janvier ou de juillet.
Tables des matières (1841 à 1865), in-8. **20 fr.** — (1866 à 1904), in-8. **20 fr.**

*Revue de l'École d'Anthropologie de Paris
Recueil mensuel publié par les professeurs. — (17° année, 1907).
Abonnement : France et Étranger, **10 fr.** — Le numéro, **1 fr.**
TABLE GÉNÉRALE DES MATIÈRES, 1891-1900. . . . **2 fr.**

REVUE ÉCONOMIQUE INTERNATIONALE
(4° année, 1907) Mensuelle
Abonnement : Un an, France et Belgique, **50 fr.**; autres pays, **56 fr.**

Bulletin de la Société libre pour l'Étude psychologique de l'Enfant
10 numéros par an. — Abonnement du 1er octobre : **3 fr.**

F. ALCAN.

BIBLIOTHÈQUE SCIENTIFIQUE
INTERNATIONALE

Publiée sous la direction de M. Émile ALGLAVE

Les titres marqués d'un astérisque * sont adoptés par le *Ministère de l'Instruction publique de France* pour les bibliothèques des lycées et des collèges.

LISTE PAR ORDRE D'APPARITION

109 VOLUMES IN-8, CARTONNÉS A L'ANGLAISE, OUVRAGES A 6, 9 ET 12 FR.

1. TYNDALL (J.). * **Les Glaciers et les Transformations de l'eau**, avec figures. 1 vol. in-8. 7ᵉ édition.   6 fr.
2. BAGEHOT. * **Lois scientifiques du développement des nations**. 1 vol. in-8. 6ᵉ édition.   6 fr.
3. MAREY. * **La Machine animale**. *Épuisé*.
4. BAIN. * **L'Esprit et le Corps**. 1 vol. in-8. 6ᵉ édition.   6 fr.
5. PETTIGREW. * **La Locomotion chez les animaux**, marche, natation et vol. 1 vol. in-8, avec figures. 2ᵉ édit.   6 fr.
6. HERBERT SPENCER. * **La Science sociale**. 1 v. in-8. 13ᵉ édit.   6 fr.
7. SCHMIDT (O.). * **La Descendance de l'homme et le Darwinisme**. 1 vol. in-8, avec fig. 6ᵉ édition.   6 fr.
8. MAUDSLEY. * **Le Crime et la Folie**. 1 vol. in-8. 7ᵉ édit.   6 fr.
9. VAN BENEDEN. * **Les Commensaux et les Parasites dans le règne animal**. 1 vol. in-8, avec figures. 4ᵉ édit.   6 fr.
10. BALFOUR STEWART. * **La Conservation de l'énergie**, avec figures. 1 vol. in-8. 6ᵉ édition.   6 fr.
11. DRAPER. **Les Conflits de la science et de la religion**. 1 vol. in-8. 10ᵉ édition.   6 fr.
12. L. DUMONT. * **Théorie scientifique de la sensibilité. Le plaisir et la douleur**. 1 vol. in-8. 4ᵉ édition.   6 fr.
13. SCHUTZENBERGER. * **Les Fermentations**. 1 vol. in-8, 6ᵉ édit.   6 fr.
14. WHITNEY. * **La Vie du langage**. 1 vol. in-8. 4ᵉ édit.   6 fr.
15. COOKE et BERKELEY. * **Les Champignons**. In-8, av. fig., 4ᵉ éd.   6 fr.
16. BERNSTEIN. * **Les Sens**. 1 vol. in-8, avec 91 fig. 5ᵉ édit.   6 fr.
17. BERTHELOT. * **La Synthèse chimique**. 1 vol. in-8. 8ᵉ édit.   6 fr.
18. NIEWENGLOWSKI (H.). * **La photographie et la photochimie**. 1 vol. in-8, avec gravures et une planche hors texte.   6 fr.
19. LUYS. * **Le Cerveau et ses fonctions**. *Épuisé*.
20. STANLEY JEVONS. * **La Monnaie**. *Épuisé*.
21. FUCHS. * **Les Volcans et les Tremblements de terre**. 1 vol. in-8, avec figures et une carte en couleurs. 5ᵉ édition.   6 fr.
22. GÉNÉRAL BRIALMONT. * **Les Camps retranchés**. *Épuisé*.
23. DE QUATREFAGES. * **L'Espèce humaine**. 1 v. in-8. 13ᵉ édit.   6 fr.
24. BLASERNA et HELMHOLTZ. * **Le Son et la Musique**. 1 vol. in-8, avec figures. 5ᵉ édition.   6 fr.
25. ROSENTHAL. * **Les Nerfs et les Muscles**. *Épuisé*.
26. BRUCKE et HELMHOLTZ. * **Principes scientifiques des beaux-arts**. 1 vol. in-8, avec 39 figures. 4ᵉ édition.   6 fr.

27. WURTZ. *La Théorie atomique. 1 vol. in-8. 9° édition. 6 fr.
28-29. SECCHI (le père). * Les Étoiles. 2 vol. in-8, avec 63 figures dans le texte et 17 pl. en noir et en couleurs hors texte. 3° édit. 12 fr.
30. JOLY.*L'Homme avant les métaux. *Épuisé.*
31. A. BAIN. * La Science de l'éducation. 1 vol. in-8. 9° édit. 6 fr.
32-33. THURSTON (R.).* Histoire de la machine à vapeur. 2 vol. in-8, avec 140 fig. et 16 planches hors texte. 3° édition. 12 fr.
34. HARTMANN (R.). *Les Peuples de l'Afrique. *Épuisé.*
35. HERBERT SPENCER. *Les Bases de la morale évolutionniste. 1 vol. in-8. 6° édition. 6 fr.
36. HUXLEY. *L'Écrevisse, introduction à l'étude de la zoologie. 1 vol. in-8, avec figures. 2° édition. 6 fr.
37. DE ROBERTY. *La Sociologie. 1 vol. in-8. 3° édition. 6 fr.
38. ROOD. * Théorie scientifique des couleurs. 1 vol. in-8, avec figures et une planche en couleurs hors texte. 2° édition. 6 fr.
39. DE SAPORTA et MARION. *L'Évolution du règne végétal (les Cryptogames). *Épuisé.*
40-41. CHARLTON BASTIAN. *Le Cerveau, organe de la pensée chez l'homme et chez les animaux. 2 vol. in-8, avec figures. 2° éd. 12 fr.
42. JAMES SULLY. *Les Illusions des sens et de l'esprit. 1 vol. in-8, avec figures. 3° édit. 6 fr.
43. YOUNG. *Le soleil. *Épuisé.*
44. DE CANDOLLE. *L'Origine des plantes cultivées. 4° éd. 1 v in-8. 6 fr.
45-46. SIR JOHN LUBBOCK. * Fourmis, abeilles et guêpes. *Épuisé.*
47. PERRIER (Edm.). La Philosophie zoologique avant Darwin. 1 vol. in-8. 3° édition. 6 fr.
48. STALLO. *La Matière et la Physique moderne. 1 vol. in-8. 3° éd., précédé d'une Introduction par CH. FRIEDEL. 6 fr.
49. MANTEGAZZA. La Physionomie et l'Expression des sentiments. 1 vol. in-8. 3° édit., avec huit planches hors texte. 6 fr.
50. DE MEYER. *Les Organes de la parole et leur emploi pour la formation des sons du langage. In-8, avec 51 fig. 6 fr.
51. DE LANESSAN.*Introduction à l'Étude de la botanique (le Sapin). 1 vol. in-8. 2° édit., avec 143 figures. 6 fr.
52-53. DE SAPORTA et MARION. *L'Évolution du règne végétal (les Phanérogames). 2 vol. *Épuisé.*
54. TROUESSART. *Les Microbes, les Ferments et les Moisissures. 1 vol. in-8. 2° édit., avec 107 figures. 6 fr.
55. HARTMANN (R.).*Les Singes anthropoïdes. *Épuisé.*
56. SCHMIDT (O.). *Les Mammifères dans leurs rapports avec leurs ancêtres géologiques. 1 vol. in-8, avec 51 figures 6 fr.
57. BINET et FÉRÉ. Le Magnétisme animal. 1 vol. in-8. 4° édit. 6 fr.
58-59. ROMANES.* L'Intelligence des animaux. 2 v. in-8 3° édit. 12 fr.
60. LAGRANGE (F.). Physiol. des exerc. du corps. 1 v. in-8. 7° éd. 6 fr.
61. DREYFUS.* Évolution des mondes et des sociétés. 1 v. in-8. 6 fr.
62. DAUBRÉE. * Les Régions invisibles du globe et des espaces célestes. 1 vol. in-8, avec 85 fig. dans le texte. 2° édit. 6 fr.
63-64. SIR JOHN LUBBOCK. * L'Homme préhistorique. 2 vol. *Épuisé.*
65. RICHET (CH.). La Chaleur animale. 1 vol. in-8, avec figures. 6 fr.
66 FALSAN (A.). *La Période glaciaire. *Épuisé.*
67. BEAUNIS (H.). Les Sensations internes. 1 vol. in-8. 6 fr.
68. CARTAILHAC (E.). La France préhistorique, d'après les sépultures et les monuments. 1 vol. in-8, avec 162 figures. 2° édit. 6 fr.
69. BERTHELOT.*La Révol. chimique, Lavoisier. 1 vol. in-8. 2° éd. 6 fr.
70. SIR JOHN LUBBOCK. * Les Sens et l'instinct chez les animaux, principalement chez les insectes. 1 vol. in-8, avec 150 figures. 6 fr.
71. STARCKE. *La Famille primitive. 1 vol. in-8. 6 fr.
72. ARLOING. *Les Virus. 1 vol. in-8, avec figures. 6 fr.

73. TOPINARD. *L'Homme dans la Nature. 1 vol. in-8, avec fig. 6 fr.
74. BINET (Alf.). *Les Altérations de la personnalité. In-8, 2 éd. 6 fr.
75. DE QUATREFAGES (A.). *Darwin et ses précurseurs français. 1 vol. in-8. 2ᵉ édition refondue. 6 fr.
76. LEFÈVRE (A.). *Les Races et les langues. 1 vol. in-8. 6 fr.
77-78. DE QUATREFAGES (A.). *Les Émules de Darwin. 2 vol. in-8, avec préfaces de MM. Edm. PERRIER et HAMY. 12 fr.
79. BRUNACHE (P.). *Le Centre de l'Afrique. Autour du Tchad. 1 vol. in-8, avec figures. 6 fr.
80. ANGOT (A.). *Les Aurores polaires. 1 vol. in-8, avec figures. 6 fr.
81. JACCARD. *Le pétrole, le bitume et l'asphalte au point de vue géologique. 1 vol. in-8, avec figures. 6 fr.
82. MEUNIER (Stan.).*La Géologie comparée. 2ᵉ éd. in-8, avec fig. 6 fr.
83. LE DANTEC.*Théorie nouvelle de la vie. 3ᵉ éd. 1 v. in-8, avec fig. 6 fr.
84. DE LANESSAN. *Principes de colonisation. 1 vol. in-8. 6 fr.
85. DEMOOR, MASSART et VANDERVELDE. *L'évolution régressive en biologie et en sociologie. 1 vol. in-8, avec gravures. 6 fr.
86. MORTILLET (G. de). *Formation de la Nation française. 2ᵉ édit. 1 vol. in-8, avec 150 gravures et 18 cartes. 6 fr.
87. ROCHÉ (G.). *La Culture des Mers (pisciculture, pisciculture, ostréiculture). 1 vol. in-8, avec 81 gravures. 6 fr.
88. COSTANTIN (J.). *Les Végétaux et les Milieux cosmiques (adaptation, évolution). 1 vol. in-8, avec 171 gravures. 6 fr.
89. LE DANTEC. L'évolution individuelle et l'hérédité. 1 vol. in-8. 6 fr.
90. GUIGNET et GARNIER. *La Céramique ancienne et moderne. 1 vol., avec grav. 6 fr.
91. GELLÉ (E.-M.). *L'audition et ses organes. 1 v. in-8, avec grav. 6 fr.
92. MEUNIER (St.).*La Géologie expérimentale. 2ᵉ éd. in-8, av. gr. 6 fr.
93. COSTANTIN (J.). *La Nature tropicale. 1 vol. in-8, avec grav. 6 fr.
94. GROSSE (E.). *Les débuts de l'art. Introduction de L. MARILLIER. 1 vol. in-8, avec 32 gravures dans le texte et 3 pl. hors texte. 6 fr.
95. GRASSET (J.). Les Maladies de l'orientation et de l'équilibre. 1 vol. in-8, avec gravures. 6 fr.
96. DEMENŸ (G.). *Les bases scientifiques de l'éducation physique. 1 vol. in-8, avec 198 gravures. 3ᵉ édit. 6 fr.
97. MALMÉJAC (F.).*L'eau dans l'alimentation. 1 v. in-8, avec grav. 6 fr.
98. MEUNIER (Stan.). *La géologie générale. 1 v. in-8, avec grav. 6 fr.
99. DEMENŸ (G.). Mécanisme et éducation des mouvements. 2ᵉ édit. 1 vol. in-8, avec 565 gravures. 9 fr.
100. BOURDEAU (L.). Histoire de l'habillement et de la parure. 1 vol. in-8. 6 fr.
101. MOSSO (A.).*Les exercices physiques et le développement intellectuel. 1 vol. in-8. 6 fr.
102. LE DANTEC (F.). Les lois naturelles. 1 vol. in-8, avec grav. 6 fr.
103. NORMAN LOCKYER.*L'évolution inorganique. 1 vol. in-8, avec 42 gravures. 6 fr.
104. COLAJANNI (N.). *Latins et Anglo-Saxons. 1 vol. in-8. 9 fr.
105. JAVAL (E.).*Physiologie de la lecture et de l'écriture. 1 vol. in-8, avec 96 gravures, 2ᵉ édition. 6 fr.
106. COSTANTIN (J.). *Le Transformisme appliqué à l'agriculture. 1 vol. in-8, avec 105 gravures. 6 fr.
107. LALOY (L.).*Parasitisme et mutualisme en agriculture. Préface du Pʳ A. GIARD. 1 vol. in-8, avec 82 gravures. 6 fr.
108. CONSTANTIN (Capitaine). Le rôle sociologique de la guerre et le sentiment national. Suivi de la traduction de *La guerre, moyen de sélection collective*, par le Dʳ STEINMETZ. 1 vol. 6 fr.
109. LOEB. La dynamique de l'apparition de la vie. Traduit de l'allemand par MM. DAUDIN et SCHAEFFER. 1 vol. avec fig. 9 fr.

RÉCENTES PUBLICATIONS
HISTORIQUES, PHILOSOPHIQUES ET SCIENTIFIQUES
qui ne se trouvent pas dans les collections précédentes.

ALAUX. **Esquisse d'une philosophie de l'être.** In-8. 1 fr.
— **Les Problèmes religieux au XIX⁰ siècle.** 1 vol. in-8. 7 fr. 50
— **Philosophie morale et politique.** In-8. 1893. 7 fr. 50
— **Théorie de l'Âme humaine.** 1 vol. in-8. 1895. 10 fr.
— **Dieu et le Monde.** Essai de phil. première. 1901. 1 vol. in 12. 2 fr. 50
AMIABLE (Louis). **Une loge maçonnique d'avant 1789.** 1 v. in-8. 6 fr.
ANDRÉ (L.), docteur ès lettres. **Michel Le Tellier et l'organisation de l'armée monarchique.** 1 vol. in-8 (couronné par l'Institut). 1906. 14 fr.
—**Deux mémoires inédits de Claude Le Pelletier.** In-8. 1906. 3 fr. 50
ARNAUNE (A.), directeur de la Monnaie. **La monnaie, le crédit et le change,** 3ᵉ édition, revue et augmentée. 1 vol. in-8. 1906. 8 fr.
ARRÉAT. **Une Éducation intellectuelle.** 1 vol. in-18. 2 fr. 50
— **Journal d'un philosophe.** 1 vol. in-18. 3 fr. 50 (Voy. p. 2 et 5.)
*Autour du monde, par les BOURSIERS DE VOYAGE DE L'UNIVERSITÉ DE PARIS. (Fondation Albert Kahn). 1 vol. gr. in-8. 1904. 5 fr.
ASLAN (G.). **La Morale selon Guyau.** 1 vol. in-16. 1906. 2 fr.
ATGER (F.). **Hist. des doctrines du Contrat social.** 1 v. in-8. 1906. 8 fr.
AZAM. **Hypnotisme et double conscience.** 1 vol. in-8. 9 fr.
BACHA (E.). **Le Génie de Tacite.** 1 vol. in-18. 4 fr.
BALFOUR STEWART et TAIT. **L'Univers invisible.** 1 vol. in-8. 7 fr.
BELLANGER (A.), docteur ès lettres. **Les concepts de cause et l'activité intentionnelle de l'esprit.** 1 vol. in-8. 1905. 5 fr.
BENOIST-HANAPPIER (L.), docteur ès lettres. **Le drame naturaliste en Allemagne.** In-8. Couronné par l'Académie française. 1905. 7 fr. 50
BERNATH (de). **Cléopâtre.** Sa vie, son règne. 1 vol in-8. 1903. 8 fr.
BERTON (H.), docteur en droit. **L'évolution constitutionnelle du second empire.** Doctrines, textes, histoire. 1 fort vol. in-8. 1900. 12 fr.
BLUM (E.), agrégé de philosophie. *La Déclaration des Droits de l'homme. Texte et commentaire. Préface de M. G. COMPAYRÉ, Inspecteur général. Récompensé par l'Institut. 3ᵉ édit. 1 vol. in-8. 1905. 3 fr. 75
BOURDEAU (Louis). **Théorie des sciences.** 2 vol. in-8. 20 fr.
— **La Conquête du monde animal.** In-8. 5 fr.
— **La Conquête du monde végétal.** In-8. 1893. 5 fr.
— **L'Histoire et les historiens.** 1 vol. in-8. 7 fr. 50
— *Histoire de l'alimentation. 1894. 1 vol. in-8. 5 fr.
BOUTROUX (Em.), de l'Institut. *De l'idée de loi naturelle dans la science et la philosophie. 1 vol. in-8. 2 fr. 50
BRANDON-SALVADOR (Mᵐᵉ). **A travers les moissons.** Ancien Test. Talmud. Apocryphes. Poètes et moralistes juifs du moyen âge. In-16. 1903. 4 fr.
BRASSEUR. **La question sociale.** 1 vol. in-8. 1900. 7 fr. 50
BROOKS ADAMS. **Loi de la civilisation et de la décadence.** In-8. 7 fr. 50
BROUSSEAU (K.). **Éducation des nègres aux États-Unis.** In-8. 7 fr. 50
BUCHER (Karl). **Etudes d'histoire et d'économie polit.** In-8. 1901. 6 fr.
BUDÉ (E. de). **Les Bonaparte en Suisse.** 1 vol. in-12. 1905. 3 fr. 50
BUNGE (C.-O.). **Psychologie individuelle et sociale.** In-16. 1904. 3 fr.
CANTON (G.). **Napoléon antimilitariste.** 1902. In-16. 3 fr. 50
CARDON (G.). *La Fondation de l'Université de Douai. In-8. 10 fr.
CELS (A.). **Science de l'homme et anthropologie.** 1904. 1 v. in-8. 7 fr. 50
CHARRIAUT (H.). **Après la séparation.** Enquête sur l'avenir des Églises. 1 vol. in-12. 1905. 3 fr. 50
CLAMAGERAN. **La Réaction économique et la démocratie.** In-18. 1 fr. 25
— **La lutte contre le mal.** 1 vol. in-18. 1897. 3 fr. 50

CLAMAGERAN. **Études politiques, économiques et administratives.** Préface de M. BERTHELOT. 1 vol. gr. in-8. 1904. 10 fr.
— **Philosophie religieuse.** *Art et voyages.* 1 vol. in-12. 1904. 3 fr. 50
— **Correspondance (1849-1902).** 1 vol. gr. in-8. 1905. 10 fr.
COLLIGNON (A.). **Diderot** 2ᵉ édit. 1907. In-12. 3 fr. 50
COMBARIEU (J.). *Les rapports de la musique et de la poésie considérés au point de vue de l'expression. 1 vol. in-8. 1893. 7 fr. 50
Congrès de l'Éducation sociale, Paris 1900. 1 vol. in-8. 1901. 10 fr.
IVᵉ **Congrès international de Psychologie, Paris 1900.** In-8. 20 fr.
Vᵉ **Congrès international de Psychologie, Rome 1905.** In-8. 20 fr.
Congrès de l'enseignement des Sciences sociales, Paris 1900. 1 vol. in-8. 1901. 7 fr. 50
COSTE. Économie polit. et physiol. sociale. In-18. 3 fr. 50 (V. p. 2 et 6).
COUBERTIN (P. de). **La gymnastique utilitaire.** *Défense. Sauvetage. Locomotion.* 2ᵉ édit. 1 vol. in-12. 2 fr. 50
COUTURAT (Louis). *De l'infini mathématique. In-8. 1896. 12 fr.
DANY (G.), docteur en droit. *Les Idées politiques en Pologne à la fin du XVIIIᵉ siècle. La Constit. du 3 mai 1793. In-8. 1901. 6 fr.
DAREL (Th.). **La Folie.** *Ses causes. Sa thérapeutique.* 1901. In-12. 4 fr.
— **Le peuple-roi.** *Essai de sociologie universaliste.* In-8. 1904. 3 fr. 50
DAURIAC. **Croyance et réalité.** 1 vol. in-18. 1889. 3 fr. 50
— **Le Réalisme de Reid.** In-8. 1 fr.
DEFOURNY (M.). **La sociologie positiviste.** *Auguste Comte.* In-8. 1902. 6 fr.
DÉRAISMES (Mᵐᵉ Maria). **Œuvres complètes.** 4 vol. Chacun. 3 fr. 50
DESCHAMPS. **Principes de morale sociale.** 1 vol. in-8. 1903. 3 fr. 50
DESPAUX. **Genèse de la matière et de l'énergie.** In-8. 1900. 4 fr.
— **Causes des énergies attractives.** 1 vol. in-8. 1902. 5 fr.
— **Explication mécanique de la matière, de l'électricité et du magnétisme.** 1 vol. in-8. 1905. 4 fr.
DOLLOT (R.), docteur en droit. **Les origines de la neutralité de la Belgique (1609-1830).** 1 vol. in-8. 1902. 10 fr.
DUBUC (P.). *Essai sur la méthode en métaphysique. 1 vol. in-8. 5 fr.
DUGAS (L.). *L'amitié antique. 1 vol. in-8. 7 fr. 50
DUNAN. *Sur les formes a priori de la sensibilité. 1 vol. in-8. 5 fr.
DUNANT (E.). **Les relations diplomatiques de la France et de la République helvétique (1798-1803).** 1 vol. in-8. 1902. 20 fr.
DU POTET. **Traité complet de magnétisme.** 5ᵉ éd. 1 vol. in-8. 8 fr.
— **Manuel de l'étudiant magnétiseur.** 6ᵉ éd., gr. in-18, avec fig. 3 fr. 50
— **Le magnétisme opposé à la médecine.** 1 vol. in-8. 6 fr.
DUPUY (Paul). **Les fondements de la morale.** In-8. 1900. 5 fr.
— **Méthodes et concepts.** 1 vol. in-8. 1903. 5 fr.
*Entre Camarades, par les anciens élèves de l'Université de Paris. *Histoire, littérature, philologie, philosophie.* 1901, in-8. 10 fr.
ESPINAS (A.). *Les Origines de la technologie. 1 vol. in-8. 1897. 5 fr.
FERRÈRE (F.). **La situation religieuse de l'Afrique romaine depuis la fin du IVᵉ siècle jusqu'à l'invasion des Vandales.** 1 v. in-8. 1898. 7 fr. 50
FERRIÈRE (Em.). **Les Apôtres,** essai d'histoire religieuse. 1 vol. in-12. 4 fr. 50
— **L'Ame est la fonction du cerveau.** 2 volumes in-18. 7 fr.
— **Le Paganisme des Hébreux.** 1 vol. in-18. 3 fr. 50
— **La Matière et l'Énergie.** 1 vol. in-18. 4 fr. 50
— **L'Ame et la Vie.** 1 vol. in-18. 4 fr. 50
— **Les Mythes de la Bible.** 1 vol. in-18. 1893. 3 fr. 50
— **La Cause première d'après les données expérim.** In-18. 1896. 3 fr. 50
— **Étymologie de 400 prénoms.** In-18. 1898. 1 fr. 50. (V. p. 11.)
Fondation universitaire de Belleville (La). Ch. GIDE. *Travail intellect. et travail manuel;* J BARDOUX. *Prem. efforts et prem. année.* In-16. 1 fr. 50
GELEY (G.). **Les preuves du transformisme et les enseignements de la doctrine évolutionniste.** 1 vol. in-8. 1901. 6 fr.

GILLET (M.). **Fondement intellectuel de la morale.** In-8. 3 fr. 75
GIRAUD-TEULON. **Les origines de la papauté** *d'après Dollinger.* 1 vol. in-12. 1905. 2 fr.
GOURD. **Le Phénomène.** 1 vol. in-8. 7 fr. 50
GREEF (Guillaume de). **Introduction à la Sociologie.** 2 vol. in-8. 10 fr.
— **L'évol. des croyances et des doctr. polit.** In-12. 1895. 4 fr.(V.p.3 et 8.)
GRIVEAU (M.). **Les Éléments du beau.** In-18. 4 fr. 50
— **La Sphère de beauté,** 1901. 1 vol. in-8. 10 fr.
GUEX (F.), professeur à l'Université de Lausanne. **Histoire de l'Instruction et de l'Éducation.** In-8 avec gravures, 1906. 6 fr.
GUYAU. **Vers d'un philosophe.** In-18. 3ᵉ édit. 3 fr. 50
HALLEUX (J.). **L'Évolutionnisme en morale** (H. Spencer). In-12. 1901. 3 fr. 50
HALOT (C.). **L'Extrême-Orient.** *Études d'hier. Événements d'aujourd'hui.* 1 vol. in-16. 1905. 4 fr.
HOCQUART (E.). **L'Art de juger le caractère des hommes sur leur écriture,** préface de J. CRÉPIEUX-JAMIN. Br. in-8. 1898. 1 fr.
HORVATH, KARDOS et ENDRODI. *Histoire de la littérature hongroise, adapté du hongrois par J. KONT. Gr. in-8, avec gr. 1900. Br. 10 fr. Rel. 15 fr.
ICARD. **Paradoxes ou vérités.** 1 vol. in-12. 1895. 3 fr. 50
JAMES (W.). **L'Expérience religieuse,** traduit par F. ABAUZIT, agrégé de philosophie. 1 vol. in-8°. 2ᵉ éd. 1907. Cour. par l'Acad. française. 10 fr.
JANSSENS (E.). **Le néo-criticisme de Ch. Renouvier.** In-16. 1904. 3 fr. 50
— **La philosophie et l'apologétique de Pascal.** 1 vol. in-16. 4 fr.
JOURDY (Général). **L'instruction de l'armée française,** de 1815 à 1902. 1 vol. in-16. 1903. 3 fr. 50
JOYAU. **De l'Invention dans les arts et dans les sciences.** 1 v. in-8. 5 fr.
— **Essai sur la liberté morale.** 1 vol. in-18. 3 fr. 50
KARPPE (S.), docteur ès lettres. **Les origines et la nature du Zohar,** précédé d'une *Étude sur l'histoire de la Kabbale.* 1901. In-8. 7 fr. 50
KAUFMANN. **La cause finale et son importance.** In-12. 2 fr. 50
KINGSFORD (A.) et MAITLAND (E.). **La Voie parfaite ou le Christ ésotérique,** précédé d'une préface d'Edouard SCHURÉ. 1 vol. in-8. 1892. 6 fr.
KOSTYLEFF. **Esquisse d'une évolution dans l'histoire de la philosophie.** 1 vol. in-16. 1903. 2 fr. 50
— **Les substituts de l'âme dans la psychologie moderne.** 1 vol. in-8. 1906. 4 fr.
LACOMBE (Cˡ de). **La maladie contemporaine.** *Examen des principaux problèmes sociaux au point de vue positiviste.* 1 vol. in-8. 1906. 3 fr. 50
LAFONTAINE. **L'art de magnétiser.** 7ᵉ édit. 1 vol. in-8. 5 fr.
— **Mémoires d'un magnétiseur.** 2 vol. gr. in-18. 7 fr.
LANESSAN (de). **Le Programme maritime de 1900-1906.** In-12. 2ᵉ éd. 1903. 3 fr. 50
LASSERRE (A.). **La participation collective des femmes à la Révolution française.** In-8. 1905. 5 fr.
LAVELEYE (Em. de). **De l'avenir des peuples catholiques.** In-8. 25 c.
LEFÉBURE (C'). **Méthode de gymnastique éducative.** 1905. In-8. 5 fr.
LEMAIRE (P.). **Le cartésianisme chez les Bénédictins.** In-8. 6 fr. 50
LEMAITRE (J.), professeur au Collège de Genève. **Audition colorée et phénomènes connexes observés chez des écoliers.** In-12. 1900. 4 fr.
LETAINTURIER (J.). **Le socialisme devant le bon sens.** In-18. 1 fr. 50
LEVI (Eliphas). **Dogme et rituel de la haute magie.** 3ᵉ édit. 2 vol. in-8, avec 24 figures. 18 fr.
— **Histoire de la magie.** Nouvelle édit. 1 vol. in-8, avec 90 fig. 12 fr.
— **La clef des grands mystères.** 1 vol. in-8, avec 22 pl. 12 fr.
— **La science des esprits.** 1 vol. 7 fr.
LEVY (L.-G.), docteur ès lettres. **La famille dans l'antiquité israélite.** 1 vol. in-8. 1905. Couronné par l'Académie française. 5 fr.

LÉVY-SCHNEIDER (L.), docteur ès lettres. **Le conventionnel Jeanbon Saint-André (1749-1813)**. 1901. 2 vol. in-8. 15 fr.
LICHTENBERGER (A.). **Le socialisme au XVIII° siècle.** In-8. 7 fr. 50
LIESSE (A.), prof. au Conservatoire des Arts et Métiers. **La statistique.** *Ses difficultés. Ses procédés. Ses résultats.* In-16, 1905. 2 fr. 50
MABILLEAU (L.). ***Histoire de la philos. atomistique.** In-8. 1895. 12 fr.
MAGNIN (E.). **L'art et l'hypnose.** 1 vol. in-8 avec gravures et planches, cart. 1906. 20 fr.
MAINDRON (Ernest). ***L'Académie des sciences** (Histoire de l'Académie; fondation de l'Institut national; Bonaparte, membre de l'Institut). In-8 cavalier, 53 grav., portraits, plans. 8 pl. hors texte et 2 autographes. 6 fr.
MANDOUL (J.) **Un homme d'État italien : Joseph de Maistre.** In-8. 8 fr.
MARGUERY (E.). **Le droit de propriété et le régime démocratique.** 1 vol. in-16. 1905. 2 fr. 50
MARIÉTAN (J.). **La classification des sciences, d'Aristote à saint Thomas.** 1 vol. in-8. 1901. 3 fr.
MATAGRIN. **L'esthétique de Lotze.** 1 vol. in-12. 1900. 2 fr.
MERCIER (Mgr). **Les origines de la psych. contemp.** In-12. 1898. 5 fr.
MICHOTTE (A.). **Les signes régionaux** (répartition de la sensibilité tactile). 1 vol. in-8 avec planches, 1905. 5 fr.
MILHAUD (G.) ***Le positiv. et le progrès de l'esprit.** In-16. 1902. 2 fr. 50
MILLERAND, FAGNOT, STROHL. **La durée légale du travail.** in-12. 1906. 2 fr. 50
MODESTOV (B). **Introduction à l'Histoire romaine.** *L'ethnologie préhistorique, les influences civilisatrices à l'époque préromaine et les commencements de Rome,* traduit du russe sur MICHEL DELINES. Avant-propos de M. SALOMON REINACH, de l'Institut. 1 vol. in-4 avec 36 planches hors texte et 27 figures dans le texte. 1907. 15 fr.
MONNIER (Marcel). ***Le drame chinois.** 1 vol. in-16. 1900. 2 fr. 50
NEPLUYEFF (N. de). **La confrérie ouvrière et ses écoles,** in-12. 2 fr.
NODET (V.). **Les agnosies, la cécité psychique.** In-8. 1899. 4 fr.
NOVICOW (J.). **La Question d'Alsace-Lorraine.** In-8. 1 fr. (V. p. 4, 10 et 19.)
— **La Fédération de l'Europe.** 1 vol. in-18. 2° édit. 1901. 3 fr. 50
— **L'affranchissement de la femme.** 1 vol. in-16. 1903. 3 fr.
OVERBERGH (C. VAN). **La réforme de l'enseignement.** 2 vol. in-8. 1906. 10 fr.
PARIS (Comte de). **Les Associations ouvrières en Angleterre** (Trades-unions). 1 vol. in-18. 7° édit. 1 fr. — Édition sur papier fort. 2 fr. 50
PARISET (G.), professeur à l'Université de Nancy. **La Revue germanique de Dollfus et Nefftzer.** In-8. 1906. 2 fr.
PAUL-BONCOUR (J.). **Le fédéralisme économique,** préf. de M. WALDECK-ROUSSEAU. 1 vol. in-8. 2° édition. 1901. 6 fr.
PAULHAN (Fr.). **Le Nouveau mysticisme.** 1 vol. in-18. 2 fr. 50
PELLETAN (Eugène). ***La Naissance d'une ville** (Royan). In-18. 2 fr.
— ***Jarousseau, le pasteur du désert.** 1 vol. in-18. 2 fr.
— ***Un Roi philosophe.** *Frédéric le Grand.* In-18. 3 fr. 50
— **Droits de l'homme.** In-16. 3 fr. 50
— **Profession de foi du XIX° siècle.** In-16. 3 fr. 50
PEREZ (Bernard). **Mes deux chats.** In-12, 2° édition. 1 fr. 50
— **Jacotot et sa Méthode d'émancipation intellect.** In-18. 3 fr.
— **Dictionnaire abrégé de philosophie.** 1893. in-12. 1 fr. 50 (V. p. 9.)
PHILBERT (Louis). **Le Rire.** In-8. (Cour. par l'Académie française.) 7 fr. 50
PHILIPPE (J.) **Lucrèce dans la théologie chrétienne.** In-8. 2 fr. 50
PHILIPPSON (J.). **L'autonomie et la centralisation du système nerveux des animaux.** 1 vol. in-8 avec planches. 1905. 5 fr.
PIAT (C.). **L'Intellect actif.** 1 vol. in-8. 4 fr.
— **L'Idée ou critique du Kantisme.** 2° édition 1901. 1 vol. in-8. 6 fr.

PICARD (Ch.). **Sémites et Aryens** (1893). In-18. 1 fr. 50
PICTET (Raoul). **Étude critique du matérialisme et du spiritualisme par la physique expérimentale.** 1 vol. gr. in-8. 10 fr.
PINLOCHE (A.), professeur hon^re de l'Univ. de Lille. *Pestalozzi et l'éducation populaire moderne. In-16. 1902. (Cour. par l'Institut.) 2 fr. 50
POEY. **Littré et Auguste Comte.** 1 vol. in-18. 3 fr. 50
PRAT (Louis). **Le mystère de Platon (Aglaophamos).** 1 v. in-8. 1900. 4 fr.
— **L'Art et la beauté (Kalliklès).** 1 vol. in-8. 1903. 5 fr.
Protection légale des travailleurs (La). 1 vol. in-12. 1904. 3 fr. 50
Les dix conférences composant ce volume se vendent séparées chacune. 0 fr. 60
REGNAUD (P.). L'origine des idées éclairée par la science du langage. 1904. In-12. 1 fr. 50
RENOUVIER, de l'Inst. **Uchronie.** *Utopie dans l'Histoire.* 2ᵉ éd. 1901. In-8. 7 50
ROBERTY (J.-E.) **Auguste Bouvier,** pasteur et théologien protestant. 1826-1893. 1 fort vol. in-12. 1901. 3 fr. 50
ROISEL. **Chronologie des temps préhistoriques.** In-12. 1900. 1 fr.
ROTT (Ed.). **La représentation diplomatique de la France auprès des cantons suisses confédérés.** T. I (1498-1559). Gr. in-8. 1900, 12 fr. — T. II (1559-1610). Gr. in-8. 1902. T. III (1610-1626). Gr. in-8. 1906. 20 fr.
SABATIER (C.). **Le Duplicisme humain.** 1 vol. in-18. 1906. 2 fr. 50
SAUSSURE (L. de). **Psychol. de la colonisation franç.** In-12. 3 fr. 50
SAYOUS (E.), *Histoire générale des Hongrois.* 2ᵉ éd. revisée. 1 vol. grand in-8, avec grav. et pl. hors texte. 1900. Br. 15 fr. Relié. 20 fr.
SCHILLER (Études sur), par MM. SCHMIDT, FAUCONNET, ANDLER, XAVIER LÉON, SPENLÉ, BALDENSPERGER, BRESCH, TIBAL, EHRHARD, Mᵐᵉ TALAYRACH D'ECKARDT, H. LICHTENBERGER, A. LÉVY. In-8. 1906. 4 fr.
SCHINZ. **Problème de la tragédie en Allemagne.** In-8. 1903. 1 fr. 25
SECRÉTAN (H.). **La Société et la morale.** 1 vol. in-12. 1897. 3 fr. 50
SEIPPEL (P.), professeur à l'École polytechnique de Zurich. **Les deux Frances et leurs origines historiques.** 1 vol. in-8. 1906. 7 fr. 50
SIGOGNE (E.). **Socialisme et monarchie.** In-16. 1906. 2 fr. 50
SKARZYNSKI (L.). *Le progrès social à la fin du XIXᵉ siècle. Préface de M. LÉON BOURGEOIS. 1901. 1 vol. in-12. 4 fr. 50
SOREL (Albert), de l'Acad. franç. **Traité de Paris de 1815.** In-8. 4 fr. 50
TEMMERMAN, directeur d'École normale. **Notions de psychologie** appliquées à la pédagogie et à la didactique. In-8, avec fig. 1903. 3 fr.
VALENTINO (Dʳ Ch.). **Notes sur l'Inde.** In-16. 1906. 4 fr.
VAN BIERVLIET (J.-J.). **Psychologie humaine.** 1 vol. in-8. 8 fr.
— **La Mémoire.** Br. in-8. 1893. 2 fr.
— **Études de psychologie.** 1 vol. in-8. 1901. 4 fr.
— **Causeries psychologiques.** 2 vol. in-8. Chacun. 3 fr.
— **Esquisse d'une éducation de la mémoire.** 1904. In-16. 2 fr.
VERMALE (F). **La répartition des biens ecclésiastiques nationalisés dans le département du Rhône.** In-8. 1906. 2 fr. 50
VITALIS. **Correspondance politique de Dominique de Gabre.** 1904. 1 vol. in-8. 12 fr. 50
WYLM (Dʳ A.). **La morale sexuelle.** 1907. In-8. 5 fr.
ZAPLETAL. **Le récit de la création dans la Genèse.** In-8. 3 fr. 50
ZOLLA (D.). **Les questions agricoles d'hier et d'aujourd'hui.** 1894, 1895. 2 vol. in-12. Chacun. 3 fr. 50

TABLE ALPHABÉTIQUE DES AUTEURS

Adam 5,	13	Bücher (Karl)........	26
Alaux.......... 2.	26	Budé.............	26
Alglave	23	Bunge (C.O.)........	26
Allier	2	Burdin............	21
Altmeyr..........	23	Bureau............	15
Amiable..........	26	Cahen (L.).........	16
André	6	Caix de St-Aymour ..	21
Annales de sociologie	27	Candoile............	25
Andler	17	Canton............	26
Angot	25	Cardon............	26
Ansiaux..........	25	Carnot............	16
Aristote..........	12	Carra de Vaux......	14
Arloing..........	24	Carrau............	6
Arnauné..........	26	Cartailhac..........	24
Arnold (Matthew)....	5	Cartault...... 12,	20
Arréat....... 2, 5,	26	Cels..............	26
Aslan	26	Chabot............	6
Atger	26	Chantavoine	14
Aubry	6	Charriaut..........	26
Auerbach..........	18	Charlton Bastian....	24
Aulard	16	Clamageran 26,	27
Azam	26	Clay..............	6
Bachat..........	26	Colajanni..........	25
Bacon	12	Collignon..........	27
Bagehot..........	23	Collins............	6
Bain (Alex.) ... 6, 23,	24	Combarieu..........	27
Ballet (Gilbert)	2	Combes de Lestrade .	18
Baldwin..........	6	Comte (A.)........	6
BalfourStewart.. 23,	24	Constantin..........	25
Bardoux....... 6,	27	Cooke.............	23
Barni	19	Cordier............	18
Barthélemy St-Hilaire	6	Cosentini...........	6
Baruzi	12	Costantin..........	6
Barzelotti..........	6	Coste........ 2, 6,	27
Basch 13,	15	Couailhac..........	14
Bayet	6	Coubertin..........	27
Bazaillas..........	6	Couchoud..........	14
Beaunis..........	24	Courant....... 14,	18
Beaussire..... 2, 13,	19	Courcelle 12, 14,	21
Bellamy..........	15	Couturat..........	6
Bellanger..........	26	Crépieux-Jamin.....	6
Belot.............	6	Cresson........ 2, 6,	26
Benard..........	12	Daendliker.........	18
Beneden (Van).. 21,	23	Damé.............	18
Benoist-Hanappier ..	16	Danville..........	2
Bérard (V.)........	18	Dany.............	27
Bergson 2,	6	Darel (Th.)........	27
Berkeley 13,	23	Daubrée...........	24
Bernard (A.).......	17	Dauriac....... 2, 6,	27
Bernath (de)........	26	Dauzat (A.).........	20
Bernstein..........	23	Deberle............	18
Bertauld..........	2	Debidour...........	16
Berthelot....... 23,	24	Defourny..........	27
Berton	26	Delacroix..........	13
Bertrand..........	6	De la Grasserie.....	6
Binet..... 2, 6, 24,	26	Delbos............	6
Blanc (Louis)... 17,	19	Delord........ 17,	19
Blaserna..........	23	Delvaille..........	6
Blondel	2	Delvolve...... 2,	6
Blum.............	26	Demeny............	25
Boirac...........	6	Demoor...........	25
Boiteau..........	16	Depasse...........	19
Bolton King........	18	Deraismes.........	27
Bondois..........	16	Derocquigny.......	20
Bonet-Maury.......	19	Deschamps........	27
Bos..............	2	Deschanel.........	19
Boucher..........	2	Despaux...........	27
Bouglé...... 2, 6,	15	Despois...........	16
Bourdeau (J.).... 2,	19	Dewaule..........	6
Bourdeau(L.).. 6, 25,	26	Dick May.........	15
Bourdon	6	D'Indy............	14
Bourgeois (E.)......	21	Doellinger.........	16
Bourlier..........	18	Dollot............	27
Boutroux (E.).. 2, 6,	26	Domet de Vergès	14
Boutroux (P.).......	20	Draghicesco........	6
Brandon-Salvador ..	26	Draper............	23
Braunschvicg.......	6	Dreyfus (C.)........	24
Brasseur..........	26	Dreyfus-Brisac......	13
Bray..............	6	Driault....... 16,	19
Brenet	14	Droz..............	13
Brochard..........	6	Dubuc............	27
Brooks Adams......	26	Duclaux...........	15
Brousseau..........	26	Dufour (Médéric)...	12
Brucke..........	23	Dugald-Stewart.....	6
Brunache..........	25	Dugas......... 2,	27
Brunschvicg...... 2,	6	Du Maroussem......	15

Dumas (G.).... 2, 7, ..	22	Hébert............	8
Dumont...........	23	Hegel.............	13
Dumoulin..........	16	Helmholtz.........	23
Dunan........ 2,	27	Hemon............	8
Dunant (E.).......	27	Henneguy..........	27
Du Potet..........	27	Henry (Victor)....	20
Duprat........ 2,	7	Herbart...........	13
Duproix....... 7,	13	Herbert Spencer. Voy.	
Dupuy............	27	Spencer.	
Durand (de Gros). 3,	7	Herckenrath........	3
Durkheim...... 3,	7	Hirth.............	23
Duval.............	17	Hocquart..........	23
Egger.............	7	Höffding..........	8
Eichthal (d')...... 3,	19	Horric de Beaucaire..	21
Ellis Stevens.......	18	Horvath...........	23
Encausse..........	3	Huxley............	24
Endrodi...........	23	Icard.............	3
Erasme...........	13	Isambert....... 8,	16
Espinas...... 3, 7,	17	Jaccard...........	25
Fabre (J.).........	12	Jacoby............	8
Fabre (P.).........	20	Jaell..............	3
Fagnot...........	27	James......... 8,	28
Faivre............	3	Janet (Paul) ... 3, 8,	12
Farges............	21	Janet (Pierre).... 8,	21
Favre (Mme J.)....	12	Janssens..........	28
Fédérici...........	26	Jankelwitch........	3
Féré.......... 3,	24	Jaurès............	3
Ferrère...........	27	Javal.............	25
Ferrero........ 7,	9	Joly (H.).........	14
Ferri (Enrico).... 3,	7	Joly..............	14
Ferri (L.).........	7	Jourdy............	28
Ferrière..........	27	Joyau............	28
Fierens-Gevaert ...	3	Kant..............	13
Figard............	12	Kardos...........	28
Finot.............	7	Karppe........ 8,	28
Fleury (de)........	3	Kauffmann........	28
Fonsegrive........ 3,	7	Kaulek............	21
Foucault...........	3	Kingsford.........	28
Fouillée....... 3, 7,	12	Kostyleff..........	28
Fournière...... 3, 8,	15	Krantz............	12
Franck............	3	Lachelier..........	3
Fuchs............	23	Lacombe..........	9
Fulliquet..........	8	Lacombe (de)......	26
Gaffarel....... 17,	18	Lafaye............	20
Gaisman..........	17	Lafontaine.........	28
Garnier...........	25	Lafontaine (A.)....	17
Garofalo......... 9.		Lagrange..........	24
Gauckler..........	3	Laisant...........	3
Geffroy...........	21	Lalande...........	3
Geley......... 3,	27	Laloy.............	25
Gellé.............	25	Lampérière........	3
Gérard-Varet......	8	Landry........ 3,	9
Gide.............	27	Lanessan (de) 9, 15,	
Gillet.............	28	17, 24, 25,	28
Giraud-Teulon	28	Lang.............	9
Gley.............	3	Lange............	3
Goblot........ 3,	8	Langlois..........	18
Godfernaux........	3	Lanson...........	20
Gomel............	16	Lapie....... 3, 9,	17
Gompers..........	12	Laschi............	9
Gory..............	8	Lasserre...........	9
Gourd............	28	Laugel........ 3,	17
Grasset..... 3, 8,	25	Lauvrière.........	9
Greef (de)..... 3, 8,	28	Laveleye (de .. 9, 19,	28
Griveau...........	28	Leblond (M.-A.)....	17
Groos............	8	Lebon (A.)........	21
Grosse............	25	Le Bon (G.)...... 3,	9
Guéroult..........	19	Léchalas....... 3,	9
Guex.............	28	Lechartier.........	9
Guillard...........	17	Leclère (A.)........	9
Guignet...........	25	Le Dantec..... 3, 9,	25
Guirand...........	19	Lefébure..........	9
Gurney...........	8	Lefèvre (A.).......	25
Guyau...... 3, 8, 12,	28	Lefèvre (G.)..... 3,	20
Guyot............	8	Lefèvre-Pontalis....	21
Halévy (E ic)... 8,	12	Lemaire...........	28
Halleux...........	28	Lemaitre..........	28
Halot.............	28	Léon (Xavier).....	9
Hannequin........	8	Léonardon..... 14,	21
Hanotaux..........	21	Leroy (Bernard)...	9
Hartenberg........	8	Leroy-Beaulieu (A.).	14
Hartmann (E. de)..	3	Letainturier.......	28
Hartmann (R.)....	24	Lévi (Eliphas)....	23
Hatzfeld...... 12,	15	Lévy (A.)...... 9,	13
Hauser...........	15	Lévy-Bruhl..... 9,	13
Hauvette..........	19	Lévy (L.-G.)......	28

Lévy-Schneider	29	Nodet	29	Reinach (J.)	19, 21	Starcke	24
Liard	4, 9, 12	Noël	13	Renard	4, 10	Stein	11
Lichtenberger (A.)	19, 29	Nolen	17	Renouvier	10, 30	Strauss	15
Lichtenberger (H.)	4, 9	Nordau (Max)	4, 10	Réville	4	Strohl	29
Liesse	29	Norman Lockyer	25	Reynald	18	Srrowski	14
Lœb	25	Novicow	4, 10, 19, 29	Ribéry	10	Stuart Mill	5, 11
Lombard	20	Oldenberg	10	Ribot (Th.)	4, 5, 10, 11, 22	Sully (James)	11, 14
Lombroso	4, 9	Ogereau	11	Ricardou	11	Sully Prudhomme	5, 11
Lubac	9	Ollé-Laprune	13	Richard	5, 11	Swarte (de)	12
Lubbock	4, 24	Ossip-Lourié	4, 10	Richet	5, 24	Swift	5
Luchaire	20	Ouvré	10, 12	Riemann	11	Sybel (H. de)	16
Luquet	9	Overbergh (Van)	29	Rignano	11	Tait	26
Lyon (Georges)	4, 9	Palante	4, 10	Rivaud	11, 12	Tannery	12
Mabilleau	29	Papus	3	Roberty (de)	5, 11, 24	Tanon	5
Magnin	29	Paris (Cie de)	29	Roberty	30	Tarde	5, 11, 15
Maitland	28	Pariset	25	Roché	25	Tardieu (E.)	11
Maindron	29	Paul-Boncour	29	Rodier	12	Tardieu (A.)	17
Malapert	9	Paul-Boncour (J.)	4	Rodocanachi	18	Tausserat-Radel	21
Malméjac	25	Paul Louis	19	Roisel	5, 30	Tchernoff	17
Mandoul	29	Paulet	11	Romanes	11, 24	Temmermann	30
Mantegazza	24	Paulhan	4, 10, 29	Rood	24	Thamin	5
Marguery	4, 29	Payot	10	Rott	30	Thomas (A.)	20
Mariétan	29	Pellet	16	Rousseau (J.-J.)	13	Thomas (P.-F.)	5, 11, 13
Marion	9	Pelletan	29	Roussel-Despierres	5	Thurston	24
Martin-Chabot	20	Penjon	10	Ruyssen	11, 14	Tissié	5
Martin (F.)	9	Perès	10	Sabatier (G.)	30	Topinard	25
Martin (J.)	14	Perez (Bernard)	10, 29	Saigey	11, 13	Treuessart	24
Massard	15	Perrier	24	Saint-Paul	11	Turmann	15
Matagrin	29	Pettigrew	23	Saleilles	15	Turot	15
Mathiez	16	Philbert	29	Sanz y Escartin	11	Tyndall	23
Matter	18, 19	Philippe (J.)	4, 29	Saussure	30	Vacherot	11
Maudsley	23	Philippson	29	Sayous	18, 30	Valentino	30
Mauxion	4, 13	Piat	10, 13, 14, 29	Scheffer	17, 18	Vallaux	16
Maxwell	9	Picard (Ch.)	29	Schelling	13	Van Biervliet	30
Mercier (Mgr)	29	Picard (E.)	30	Schinz	30	Vandervelde	15, 25
Métin	15, 17, 18	Picavet	10, 12, 13	Schmidt	23, 24	Vermale	30
Meunier (Stan.)	25	Pictet	30	Schmidt (Ch.)	17	Véra	13
Meyer (de)	24	Piderit	10	Schopenhauer	5, 11	Véron	17
Michotte	29	Pillon	4, 10	Schutzenberger	23	Viallate	14, 22
Milhaud (E.)	4, 12, 29	Pinloche	20, 30	Secrétan (H.)	30	Vidal de la Blache	20
Milhaud (G.)	18	Pioger	4, 10	Seignobos	15	Vignon	17
Mill. Voy. Stuart Mill.		Piolet	17	Séailles	11	Vitalis	30
Millerand	29	Piriou	13	Secchi	24	Waddington	21
Modestor	29	Pirro	14	Seippel	30	Wahl	17
Molinari (G. de)	21	Plantet	21	Sighele	11	Weber	11
Mollien	16	Platon	12	Sigogne	30	Weil (D.)	29
Monnier	29	Podmore	8	Silvestre	16	Weill (G.)	17
Monod (G.)	22	Poey	30	Skarzynski	30	Welschinger	14
Monteil	19	Prat	10, 30	Socrate	12	Whitney	23
Morel-Fatio	21	Preyer	10	Sollier	5, 11	Wulff (de)	12
Mortillet (de)	25	Proal	10	Sorel (A.)	21, 30	Wundt	5
Mosso	4, 25	Puech	20	Sorin	18	Wurtz	24
Muller (Max)	9	Quatrefages (de)	23, 25	Souriau	5, 11	Wylin	30
Murisier		Queyrat	4	Spencer	3, 8, 23, 24	Yung	23, 24
Myers	8, 9	Rageot	10	Spinoza	12	Zapletal	30
Naville (A.)	4	Rambaud (A.)	21	Spir	18	Zeller	5
Naville (Ernest)	9	Rauh	10	Spuller	17, 19	Zevort	17
Nayrac	10	Recéjac	10	Staffer	11	Ziegler	5
Nepluyeff	29	Recouly	18	Stallo	24	Zivy	20
Niewenglowski	23	Regnaud	4, 30	Stanley Jevons	21, 24	Zolla	30

TABLE DES AUTEURS ÉTUDIÉS

Albéroni	21	Diderot	27	Lamennais	3	Renan	2
Aristote	12, 14, 29	Disraëli	14	Lavoisier	24	Renouvier	28
Anselme (Saint)	14	Épicure	12	Leibniz	8, 12	Saint-Simon	7
Augustin (Saint)	14	Érasme	13	Leroux (Pierre)	11	Schiller	13, 30
Avicenne	14	Fernel (Jean)	12, 13	Littré	28, 30	Schopenhauer	4
Bach	14	Feuerbach	9, 13	Lucrèce	19	Secrétan	4
Bacon	13	Fichte	7, 9, 13	Maine de Biran	14	Straton de Lampsaque	12
Barthélemy	21	Gassendi	13	Maistre (J. de)	4	Simonide	19
Baur (Christian)	5	Gazali	14	Malebranche	13, 14	Socrate	12, 14
Bayle	6	Guyau	7, 26	Montaigne	14	Spencer (Herbert)	5, 6
Beethoven	14	Hegel	13	Napoléon	16	Spinoza	6, 11, 12, 14
Bernadotte	4	Heine	9	Nietzsche	4, 5, 7	Stuart Mill	9
Bismarck	14, 18	Herbart	13, 20	Okoubo	20	Sully Prudhomme	8
Bouvier (Aug.)	30	Hobbes	4	Ovide	20	Tacite	26
César Franck	14	Horace	19	Palestrina	14	Taine	6, 9
Chamberlain	14	Hume	9	Pascal	11, 13, 14, 28	Tatien	20
Comte (Aug.)	5, 7, 9, 30	Ibsen	4	Pestalozzi	30	Thomas (Saint)	29
Condillac	6	Jacobi	9, 13	Platon	14	Tibulle	20
Condorcet	16	Kant	2, 7, 10, 13, 14, 29	Poë	9	Tolstoï	4
Cousin	2	Lamarck	3	Prim	14	Voltaire	13
Darwin	3, 25	Lamb	20	Reid	27	Wagner (Richard)	9
Descartes	9, 12						

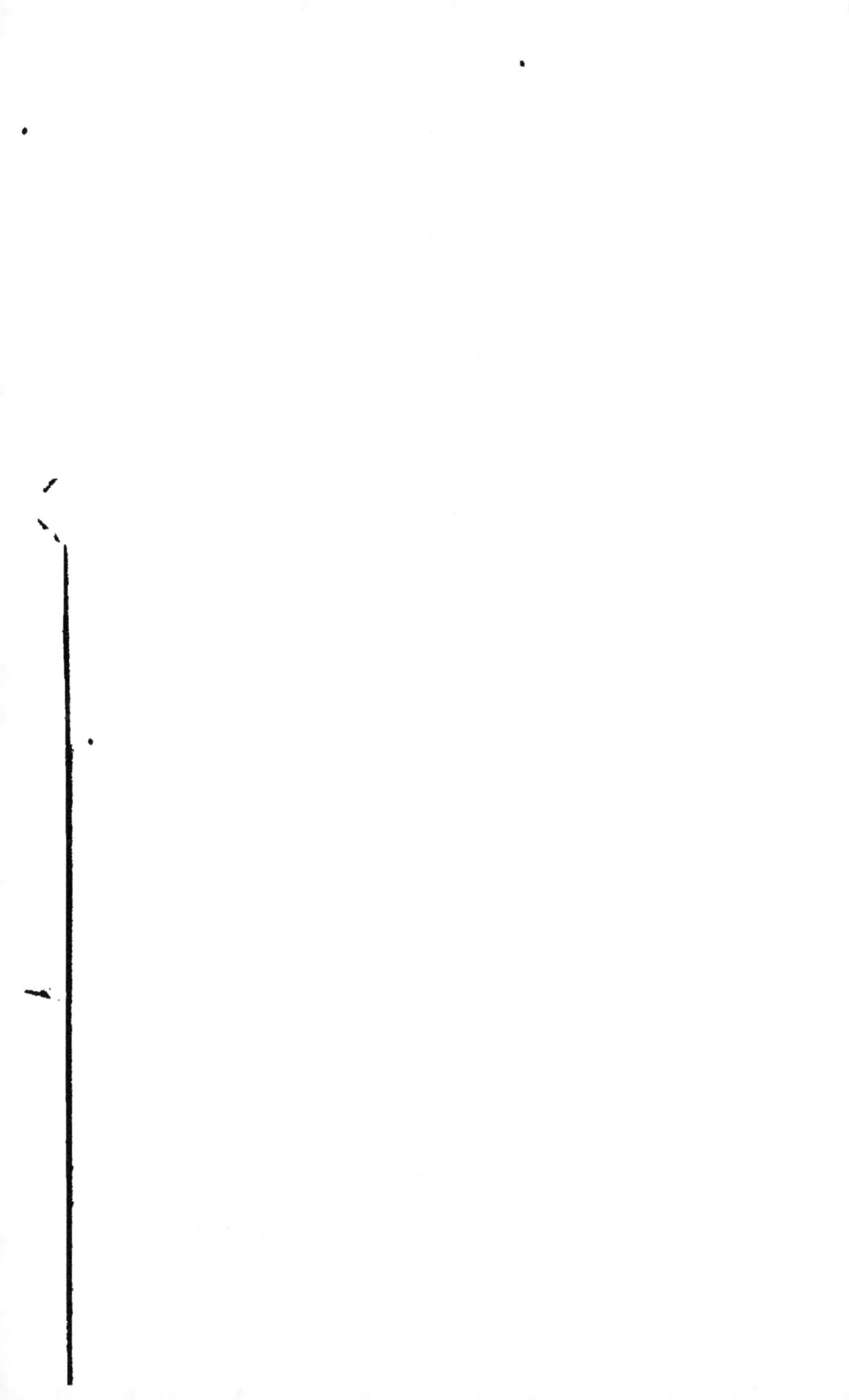

A LA MÊME LIBRAIRIE

FOUILLÉE (Alfred). **La Liberté et le Déterminisme.** 1 vol. in-8°. 6e édit. 7 50
— **Critique des systèmes de morale contemporains.** 1 vol. in-8°. 7e édit. 7 50
— **L'avenir de la métaphysique fondée sur l'expérience.** 2e édit. 1 vol. in-8°. 5 »
— **L'Evolutionnisme des idées-forces.** 3e édit. 1 vol. in-8°. 9 50
— **Psychologie des idées-forces.** 2e édit. 2 vol. in-8°. 15 »
— **La Morale, l'Art et la Religion selon Guyau.** 5e édit. 1 vol. in-8°. 3 75
— **Tempérament et Caractère.** 3e édit. 1 vol. in-8°. 5 50
— **Le mouvement idéaliste et la réaction contre la science.** 2e édit. 7 50
— **Le mouvement positiviste et la conception sociologique du monde.** 2e édit. 7 50
— **Psychologie du peuple français.** 3e édit. 7 50
— **La France au point de vue moral.** 3e édit. 7 50
— **Esquisse psychologique des peuples européens.** 3e édit. 10 »
— **Nietzsche et l'immoralisme.** 3e édit. 5 »
— **Le Moralisme de Kant et l'amoralisme contemporain.** 2e édit. In-8°. 7 50
GUYAU. **La Morale d'Épicure et ses rapports avec les doctrines contemporaines.** 5e édit. 1 vol. in-8°. 7 50
— **La Morale anglaise contemporaine.** 1 vol. in-8°. 5e édit. 7 50
— **Les Problèmes de l'esthétique contemporaine.** 4e édit. 1 vol. in-8°. 5 »
— **Esquisse d'une morale sans obligation ni sanction.** 5e édit. 1 vol. in-8°. 5 »
— **L'irréligion de l'avenir, étude de sociologie.** 1 vol. in-8°. 9e édit. 7 50
— **Vers d'un philosophe.** 3e édit. 1 vol. in-18. 3 50
— **L'Art au point de vue sociologique.** 4e édit. 1 vol. in-8°. 7 50
— **Hérédité et éducation, étude sociologique.** 4e édit. 1 vol. in-8°. 5 »
— **La Genèse de l'idée de temps.** 1 vol. in-18. 3e édit. 2 50

FELIX ALCAN, ÉDITEUR

REVUE PHILOSOPHIQUE
DE LA FRANCE ET DE L'ÉTRANGER

Dirigée par Th. RIBOT
Membre de l'Institut, Professeur honoraire au Collège de France

(30e année, 1905)

Paraît tous les mois, par livraisons de 7 feuilles gr. in-8°, et forme chaque année deux volumes de 680 pages chacun.

Abonnement : Un an, Paris, 30 francs; départements et étranger, **33 francs**. La livraison, **3 francs**.

On s'abonne également chez tous les libraires et dans les bureaux de poste de la France et de l'Étranger.

www.ingramcontent.com/pod-product-compliance
Lightning Source LLC
Chambersburg PA
CBHW070925230426
43666CB00011B/2317